韓日兩國, 서로를 어떻게 記錄했는가?

韓日兩國, 서로를 어떻게 記錄했는가?

한일문화교류기금 편

景仁文化社

발 간 사

　문헌사학자의 입장에서 본다면 역사는 사료와 기록을 남기고, 사료와 기록은 역사를 증언한다. 과거 2천 년간의 한일 양국에서 남긴 사료와 기록은 한일관계를 어떻게 증언하고 있을까? 이 책은 이러한 질문에 답하기 위해 특별히 기획된 한일 국제학술심포지엄 <한일양국, 서로를 어떻게 기록했는가?>의 성과를 단행본으로 엮은 것이다.

　2015년, 광복 70주년에 한일수교 50년을 맞이했다. 그리고 양국 정상이 취임한지 3년이 지나서야 어렵사리 정상회담을 했다. 그러나 정상회담이후 별로 달라진 것도 없이 양국은 갈등을 계속하고 있다.

　나는 2010년 KBS, NHK 방송에서 한일병탄 100년을 회고하면서 과거 한일관계 2천년을 5개의 키워드로 정리한 적이 있다. 선사 고대에서의 한일관계의 만남을 인연, 고·중세에 한일양국이 독립적인 국가가 되면서 적대, 왜구에 의한 침략과 약탈을 반성하면서 공존, 그리고 개항기·일제강점기의 대립, 1945년 이후 한일관계는 재회였다. 그러나 다시 만남의 시대를 맞이했지만 서로가 어떻게 만나야 할지, 한국도 그렇고 일본도 그렇고 준비가 덜된 모양이다. 이 학술회의는 지난 2천 년간의 사료와 기록을 통해 한일양국이 어떻게 만나야 할지를 함께 고민하는 시간을 갖기 위해 기획했다.

　이러한 문제의식에서 기조 강연으로 임진왜란의 최고 학자인 일본의 기타지마 만지[北島万次]교수로 부터 <임진왜란에 관한 일본·한국·중국의 사료와 그 특질>를 통해 임진왜란의 기록을 전쟁의 당사자였던 삼국이 각기 어떻게 기록했는가를 검토했다.

그리고 각론에 들어가 세키네 히데유키[關根英行]교수의 사회로 제1세선에서는 고대의 기록을 동북아역사재단 연민수위원의 <고대 일본의 한국관계 기록과 사례연구>, 구주대학 하마다 고사쿠[濱田耕策]교수의 <고대 한국의 일본관계 기록과 사례연구>를 다루었다.

제2세선에서는 중근세의 기록을 분석하기 위해, 전북대 한문종교수가 <중·근세 한국의 일본관계 기록과 『典客司日記』>를 다루었고, 구주대 마쓰오 히로키[松尾弘毅]교수가 <圖書에서 보는 중세일조관계사>를 통해 양국 사료를 사례를 통해 심층 분석하였다.

제3세선에서는 개항 및 일제강점기의 기록의 조명을 위해, 일본국제문화센타 마쓰다 도시히코[松田利彦]교수가 <일제강점기, 일본의 조선관계 기록>, 건국대의 한상도교수가 <대한민국 임시정부의 한일관계사료집 편찬과 그 내용>을 통해 양국의 사료와 기록을 심층 분석했다.

끝으로 본인의 사회로 나행주, 신종원, 이와가타 히사히코[岩方久彦], 장순순, 김영미, 김인덕교수 등이 참가하여 종합토론을 전개하여 양국 사료와 기록에 대한 발표를 심화하는 기회를 가졌다.

이 글들이 향후 한일관계에 대한 역사인식과 상호간에 이해를 깊이하고 미래를 열어가는 밑거름이 되기를 기대한다.

끝으로 이번 학술심포지엄을 위해 수고해 주신 한일문화교류기금의 김수웅국장, 동북아역사재단의 관계자님께 이 자리를 빌어 감사의 말씀을 드린다.

2017년 3월
한일문화교류기금 이사 손 승 철

개 회 사

韓日兩國, 民間의 바른 歷史認識共有를 위하여

오늘 韓日文化交流基金은 "韓日兩國, 서로를 어떻게 記錄했는가?"라는 다소 挑戰的인 主題를 가지고 韓國과 日本의 碩學들을 모시고 學術會議를 가집니다. 이 會議를 主管하는 基金 理事長으로서 主題 選定에 관하여 말씀드리고자 합니다.

'事實'은 햇볕에 바래지면 歷史가 되고 달빛에 젖으면 神話가 된다는 말이 있습니다. 事實은 變할 수 없으나 事實에 대한 認識은 흐르는 時間 속에서 계속 變하고 進化한다는 것을 뜻하는 말입니다.

오늘은 '내일의 어제'입니다. 어제 있었던 일을 오늘 우리가 記憶하는 것은 오늘의 關心이라는 '認識의 틀'에 따라 어제 있었던 일들 중 몇 가지를 추려서 意識속에서 再構成 해놓은 이야기를 머릿속에 그려보기 때문에 가능합니다. 그러나 그 '오늘'은 계속 앞으로 나아가면서 변합니다. 그래서 歷史的事實은 不變이나 歷史認識은 계속 進化합니다. '오늘'이 계속 바뀌기 때문입니다.

韓國人과 日本人은 가장 가까운 곳에서 가장 많은 삶의 樣式을 共有하고 살고 있는 사람들입니다. 韓日間의 協力과 親和는 選擇이 아니라 必須입니다. 그럼에도 불구하고 현재 韓日間에는 건너기 어려운 感情의 깊은 골이 있어 서로가 서로를 不信하고 있습니다. 그 바탕에는 놀라울 정도로 서로 다른 韓國人과 日本人의 歷史認識이 깔려 있습니다. 같은 歷史的事實에 대하여 서로 다른 認識을 하고 있어 서로간의 歷史論議 자체를 어렵게 만들고 있습니다.

저희 韓日文化交流基金은 지난 30年동안 韓日兩國 國民間의 相互理解를 깊게 하여 서로간의 協力의 基礎를 튼튼하게 하는 일을 해왔습니다. 그동안 여러 가지 交流事業을 해왔습니다만, 항상 부딪히는 問題가 兩國民間의 歷史認識의 差였습니다. 그래서 오늘 이런 主題를 놓고 兩國의 專門學者들을 모시고 이야기를 나누는 모임을 企劃한 것입니다.

歷史認識은 歷史記錄을 바탕으로 합니다. 그런데 그 記錄은 記錄者의 關心과 價値觀으로 形成된 固有의 '認識틀(perceptual frame)'에 비추어 選擇한 事實만을 연결해놓은 이야기(story)입니다. 그래서 같은 事實에 대한 記錄도 記錄者에 따라 相異해집니다. 바른 歷史認識을 가지려면 記錄者의 '認識틀'을 염두에 두고 記錄을 再構成해야 합니다.

오늘 會議에서 古代로부터 中近世에 이르기까지의 兩國의 代表的 記錄物을 事例로 選定하여 歷史記錄들의 背景을 짚어보려고 합니다. 이런 작업을 통하여 韓日兩國民들이 가지고 있는 잘못된 歷史記錄을 바로잡아 相互不信을 除去하자는 것이 이 會議의 目的입니다.

이 會議는 조그마한 시작입니다. 앞으로 이런 論議가 蓄積되어가면서 韓日兩國民間의 相互信賴가 높아지리라 기대합니다.

끝으로, 오늘 이 모임을 기획하고 준비해 오신 우리 基金의 理事 孫承喆 敎授님께 감사의 말씀드립니다.

경청해주서서 고맙습니다.

한일문화교류기금 이사장 이 상 우

목 차

발 간 사 ·· 4

개 회 사 ·· 6

기조강연

임진왜란에 관한 일본·한국·중국의 史料와 그 특질 _ 기타지마 만지
(北島万次)

시작하며 ··· 13

第1章 1592(宣祖25)年 7月 17日(日本曆 16日),
　　　弟1次 平壤戰鬪에 관한 史料와 그 특질 ···················· 14

第2章 1593(宣祖26)年 1月 6~9日(日本曆 5~8日),
　　　第2次 平壤戰鬪에 관한 史料와 그 특질 ···················· 18

第3章 1593(宣祖26)年 1月 25~27日(日本曆 24~26日),
　　　碧蹄館의 싸움에 관한 史料와 그 특질 ······················ 24

총괄 ··· 35

補論 ··· 40

「발표문 원문」壬辰倭亂に關する日本·韓國·中國の史料とその特質 ··· 45

주제발표

고대일본의 한국관계기록과 사례연구 _ 연민수
－『日本書紀』의 왜곡된 歷史像－

1. 서언 ·· 103

2. 神功皇后와 삼한정벌설화 ·· 104

3. 渡來人과 歸化人史觀 ……………………………108

4. 任那日本府와 內官家 사상 ……………………114

5. 영토할양·파병·책립·인질 기사와 복속사상 …………………117

6. 결어 …………………………………………122

「토론문」_ 나행주 ……………………………124

고대한국의 문헌과 문자자료에 나타난 倭·日本 _ 하마다 코사쿠 (濱田耕策)

1 서 언 ……………………………………128

2. 4~5세기의 한국 문자자료에 나타난 「倭」 …………128

4. 8세기의 한국 문헌에 나타난 「日本」 …………145

5. 9세기의 한국 문헌에 나타난 「日本」 …………147

6 결 어 ……………………………………155

「발표문 원문」 古代韓國の文獻と文字資料に表れた倭·日本 ………157

토론문 _ 신종원 …………………………183

중·근세 한국의 일본관계 기록과 『전객사일기』 _ 한문종

1. 머리말 ……………………………………187

2. 조선전기 한일관계 기록 …………………188

3. 조선후기 한일관계 기록 …………………193

4. 『전객사일기』의 내용 및 사료적 가치 …………205

5. 맺음말 ……………………………………226

「토론문」_ 이와가타 히사히코(岩方久彦) ……………………241

圖書를 통해서 본 중세 日朝關係史 _ 마쓰오 히로키(松尾 弘毅)

1. 서 론 ……………………………………245

2. 15세기 圖書제도의 변화와 운용 실태 …………247

3. 조직적 위사파견을 보여주는 물적증거로서의 도서 …………259

4. 도서를 통해서 본 朝鮮通交의 實態
　　－宗像씨의 朝鮮通交를 소재로 하여－ ·······················267
　5. 맺음말 ···282
　「발표문 원문」 圖書から見た中世日朝關係史 ····················287
　「토론문」 _ 장순순 ···330

日帝强占期, 日本의 朝鮮關係記錄 _ 마쓰다 도시히코(松田利彦)
－朝鮮植民地支配에 있어 政策擔當者의 個人記錄을 중심으로－
　　머리말 - 과제 설정 ···333
　1. 個人記錄의 收集保存의 歷史 ·······································335
　2. 總督府 官僚의 個人記錄 ··340
　3. 事例硏究－守屋榮夫 關係文書를 축으로 ·······················346
　「발표문 원문」 日帝强占期, 日本の朝鮮關係記錄 ···············363
　「토론문」 김영미 ··391

대한민국임시정부의 『韓日關係史料集』 편찬과 그 내용 _ 한상도
　1. 머리말 ···395
　2. 『韓日關係史料集』의 편찬 ··396
　3. 『한일관계사료집』의 체재와 내용 ··································402
　4. 맺음말 ···419
　「토론문」 김인덕 ··421

종합토론

韓日兩國, 서로를 어떻게 記錄했는가? _ 녹취 ························ 423

기초강연

임진왜란에 관한 일본·한국·중국의 史料와 그 특질

기타지마 만지(北島万次, 前 日本 共立女子大學)

시작하며

이번 학술회의 주제는 <일본·한국이 서로를 어떻게 기록했는가?>로, 내가 맡은 테마는 「한·중·일의 임진왜란에 관한 기록」이다. 이에 나는 임진왜란에 관한 史實로써 일본과 조선, 나아가 명나라 史料의 사용방법과 그 특징에 대해서 서술하는 것으로 학술회의의 주제에 부합하고자 한다. 이럴 경우, 요컨대 조선·일본·명 3국이 서로 관련되는 경우는 전투 혹은 외교절충의 순간이다. 본고는 임진왜란의 몇몇 전투를 사례로 하여, 조선·일본·명 3국의 史料에 의해 史實이 어떻게 구성되었는가를 살펴보도록 하겠다.

第1章 1592(宣祖25)年 7月 17日(日本曆 16日),
弟1次 平壤戰鬪에 관한 史料와 그 特質

이는 遼東副總兵 祖承訓·遊擊 史儒 등이 小西行長에 함락당한 平壤성을 공격했으나 그 탈환에 실패한 전투이다. 이 사실에 대해서 조선·일본·명 3국의 史料는 어떻게 기술하고 있을까? 먼저 조선 측 史料부터 살펴보자.

1. 조선·일본·명 각국 史料의 내용과 特質

A. 조선 측 史料

*「朝鮮王朝實錄」

1) 1592(宣祖25)年 6月 26日, 朝鮮禮曹判書 尹根壽가 조선 구원을 위해 압록강을 건너온 遼東副總兵 祖承訓에게 인사를 했을 때, 祖承訓은 「명과 조선은 脣齒의 國(이해관계가 긴밀한 국가)」이며 事變이 있으면 서로 돕는 것은 당연」하다고 했다(史料1).

2) *그 후 평안북도 嘉山에 도착한 祖承訓은 平壤성에 倭軍이 여전히 있는 것을 알고 「하늘이시여, 저희가 성공할 수 있게」라고 건배하고 平壤성을 공격했다(史料2-a).

平壤성을 공격한 祖承訓 등은 七星門에서부터 돌입했으나 패했다(史料2-b).

*이 때 祖承訓은 安州로 도망가(史料2-c), 이어 遼東에 돌아와서 遼東鎮에게 「조선군 一陣이 倭軍에게 투항했기 때문에 전황이 불리하게 되었다」고 조선을 誣告했다(史料2-d).

3) 1592(宣祖25)年 7月 17日, 副總兵 祖承訓·遊擊 史儒 등 平壤을 공격하다. 史儒, 선두에서 싸웠으나 총탄에 전사하고 明軍은 무너졌다. 祖承訓은 군대를 철퇴시켰다(史料3-a).

* 이 때문에 조선 측은 兵曹參知 沈喜壽를 遼東 九連城의 副總兵 楊紹勳 슬하에 파견하고 祖承訓에게 平壤성 탈환을 부탁했다. 그런데 楊紹勳은 沈喜壽에게 질책을 가했다. 「지금까지 언제 大國이 小國을 위해서 많은 兵馬를 동원해 小國의 急難을 구제했던 적이 있던가. 그런데 조선 장군들은 이 은혜를 잊어버리고 모두 落後해서 싸우려고 하지 않는다. 단지 明軍만 왜군과 싸웠다. 또 倭軍 중에는 鐵砲隊가 많은 것을(多有善射者) 조선 측이 明軍에게 알려주지 않은 것은 어찌된 일인가. 또 祖承訓의 전갈에 의하면 조선군 중에서 倭軍과 내통한 자가 있다고 하지 않는가」라고(史料3-b)

* 「壬辰日錄」

조선 都體察使 柳成龍과 都元帥 金命元은 祖承訓에게 「비가 내려서 길이 미끄럽기 때문에 急擊은 옳지 않다」고 충고했지만, 祖承訓은 「倭賊은 蟻·蚊과 같은 것이다」고 말하며 이 충고를 듣지 않았다(史料4).

B. 일본 측 史料

* 「朝鮮陣記」

祖承訓이 병사 5,000명을 인솔해서 平壤성을 공격했다. 그날 큰 비가 내려 성 안의 수비도 허술하기 쉬웠다. 때문에 遼東 병사 60~70명이 七星門부터 돌입했지만 성 안 길이 좁고 고불고불 고부라졌기 때문에 말을 뜻대로 부릴 수 없었다. 거기로 倭軍이 총격을 퍼 부니 다수의 明兵 전사자가 발생하고, 祖承訓은 퇴각했다(史料5).

C. 명나라 측 史料

*「明史」

1) 1592(萬曆20, 宣祖25)年 7月 甲戌(17日, 祖承訓은 平壤에서 倭軍과 싸워서 졌다(史料6).

2) 平壤에서 遊擊將 史儒 등은 전사했다. 祖承訓은 군대를 이끌고 史儒 등을 지원하려고 했으나 간신히 빠져 나와 戰死를 면했다(史料7).

*「明實錄」

1) 祖承訓의 平壤성 탈환 실패를 보고 받은 兵科給事中 許弘綱은 祖承訓에게 패배의 책임을 질책했다. 즉 祖承訓은 기회를 봐서 행동해야 할 신중함이 부족했고 공을 지나치게 탐하여 패전했다. 이것은 遼東軍 전체를 낙담시켰고, 倭軍의 세력을 점점 강대하게 만들어 버렸다(史料8).

2) 1592(萬曆20)年7月3日, 明兵部都給事中 許弘綱, 皇帝에게 ①中國의 禦倭는 대문에 해당할 만한 곳, ②四夷인 조선은 藩屛에 지나지 않는다. 명이 그런 조선을 위해 지키는 것은 아니다. ③조선이 兵禍를 입는다면, 을蒙れば、慰諭하고 赴援하는 것뿐이라고 進言했다(史料9).

2. 第1章의 정리

지금까지 테마로 1592(宣祖25)年 7月 17日(日本曆 16日)에 일어난 弟1次 平壤戰鬪의 경위에 대해서 다음과 같이 구성할 수 있다.

* 1592(宣祖25)年 6月 26日, 조선 권을 위해 압록강을 渡河한 遼東 副總兵 祖承訓에게 조선 禮曹判書 尹根壽가 인사를 했을 때, 祖承訓은「명과 조선은 脣齒의 國(이해관계가 긴밀한 국가)」이며 事變

이 있으면 서로 돕는 것은 당연」하다고 말했다(史料1「朝鮮王朝宣
祖實錄」).

＊그 후 평안북도 嘉山에 도착한 祖承訓은 平壤성에 倭軍이 여전히
있는 것을 알고「하늘이시여, 저희가 성공할 수 있게」라고 건배하
고 平壤성을 공격했다(史料2－a「朝鮮王朝宣祖修正實錄」).

＊＊성급하게 平壤성을 공격하려고 하는 祖承訓에게 조선의 都體察
使 柳成龍과 都元帥 金命元은「비가 내려서 길이 미끄럽기 때문에
急擊은 옳지 않다」고 충고했지만, 祖承訓은「倭賊은 蟻·蚊과 같은
것이다」고 말하며 강한 의욕을 가지고 병사를 이끌었다(史料4「壬
辰日錄」).

＊1592(宣祖25)年 7月 17日(日本曆 16日)黎明, 副總兵 祖承訓·遊擊
將軍 史儒·王守官 등은 平壤성 七星門부터 强行突入했다. 말은 진
창에 발이 빠지고 明軍은 小西行長·宗義智 등의 倭軍의 총격을 받
고 패전했다. 明將 史儒 전사했고, 祖承訓은 安州로 도망쳐서 遼東
에 돌아왔다(史料2－b·c「朝鮮王朝宣祖修正實錄」, 史料3「朝鮮王
朝宣祖實錄」, 史料5~7「朝鮮陣記」·「明史」《本紀 神宗》·「明史」
《外國 朝鮮》).

＊祖承訓의 平壤탈환 실패에 대해서, 兵科給事中 許弘綱은 祖承訓을
규탄했다. 즉 祖承訓은 행동에 祖承訓은 행동에 신중함이 부족했고
戰功을 지나치게 탐하여 패전했다. 이것으로 遼東軍 전체는 낙담했
고, 倭軍은 그 세력을 더욱 강대화 시켰다(史料8「明神宗實錄」).

＊한편 祖承訓은 遼東鎭에「朝鮮兵 一陣이 倭軍에 投降했기 때문에,
戰況이 불리하게 됐다」라고 조선을 誣告했다(史料2－d「朝鮮王朝
宣祖修正實錄」).

＊祖承訓이 遼東에 撤兵했기 때문에, 조선 측은 兵曹參知 沈喜壽를
遼東副總兵 楊紹勳 슬하에 파견해서 祖承訓에 다시 한 번 平壤을

공격할 것을 부탁했다. 이에 楊紹勳은 沈喜壽에게 ①조선 장군들
은 大國(明)이 小國(朝鮮)을 위해 兵馬를 동원해 急難을 도우려고
한 은혜를 잊어버리고 싸우려고 하지 않는다. 倭軍과 싸운 것은 明
兵 뿐이다, ②조선은 倭軍 중에는 鐵砲隊가 많은 것을(多有善射
者) 明軍에게 알려주지 않았다(그 때문에 총격을 당했다), ③祖承
訓의 전갈에 의하면 조선군 중에서 倭軍과 내통한 자가 있다고 祖
承訓의 誣告를 들어 질책했다(史料3-b「朝鮮王朝宣祖實錄」).

第2章 1593(宣祖26)年 1月 6~9日(日本曆 5~8日), 第2次 平壤戰鬪에 관한 史料와 그 특질

이것은 조선 救援에 明의 提督 李如松이 小西行長 등이 점령한 平壤
성을 공격하여 그것을 탈환한 전투이다. 이 전투의 경위에 대해서도 우
선 조선 측 史料부터 살펴보자.

1. 朝鮮·日本·明 각국사료의 내용과 특질

A. 조선 측 史料

*「朝鮮王朝實錄」

1) 1593(宣祖26)年 1月 6日, 提督 李如松은 諸軍을 이끌고 평야에 도
착해서, 諸將을 부대로 나누어 平壤성을 에워싸다. 城北의 牡丹峯에 기
인하는 倭軍이 發砲해 왔다.

李如松은 一分隊에게 牡丹峯上에 올라가 공격하는 것처럼 보이도록
하여 倭軍이 鐵炮를 놓으면 퇴각해서 유인했고 倭軍이 성을 나와서 추격

해 오자 軍을 되돌려서 공격했다. 그날 밤 倭軍은 右營(遊擊將 吳惟忠의 營)을 습격했으나 격퇴 당했다(史料10).

　2) 1593(宣祖26)年 1月 7日, 明軍이 普通門에 처들어와 공을 공격하고, 퇴각하는 것처럼 보이게 해서 倭軍을 유인해서 이를 토벌했다(史料11-a).

　＊1593(宣祖26)年 1月 8日, 明軍은 平壤城 西北 측에 해당하는 牧丹
　　峯·七星門·普通門、南側의 含毬門부터 성을 공격하다(史料11-b).

　＊저녁, 李如松은 병사를 일단 퇴각시키고 通事 張大膳을 小西行長
　　슬하에 보내 다음과 같이 말하도록 했다.「나는 兵力으로 한다면
　　그대들 倭軍을 一擧에 殲滅하는 것은 간단하다. 그러나 모든 인명
　　을 죽이는 것은 차마 할 수 없다. 잠시 나는 병사를 퇴각시키고 그
　　대들이 도망가는 길을 열어두겠다」고(史料11-c). 이에 대해 行長은
　　退軍을 부탁하고, 또 그 退路를 막지 말 것을 부탁했다. 李如松은
　　승낙했다(史料11-d).

　＊1593(宣祖26)年 1月 9日, 提督 李如松은 諸軍을 이끌고 平壤성에
　　들어갔다(史料11-e).

　＊「亂中雜錄」

　1593(宣祖26)年 1月 8日, 平壤城을 둘러싼 明軍은 火器로 平壤의 城
舍를 불태웠고 많은 倭兵이 불타 죽었다. 남은 倭兵은 牧丹峰 土窟에 틀
어박혀 방비를 다졌는데, 그날 밤 明軍 병사가 일단 퇴각하자 그 야밤에
行長 등은 平壤城에서 벗어났다(史料12).

　＊「壬辰錄」

　＊1593(宣祖26)年 1月 6日 早朝, 李如松이 이끄는 明軍은 平壤城을
　　에워싸다. 都元帥 金命元이 이끄는 약 8,000명의 조선군도 이를
　　따랐다. 한편 倭軍은 城北의 牡丹峰에 大將旗를 세우고 螺를 불고

鼓를 울리며 성을 巡廻하고 있었다. 如松은 南兵을 牡丹峰에 가도
록 해서 공격하는 것처럼 보이게 하고 鐵盾 등을 버리고 퇴각해서
倭兵을 유인했다. 속은 倭兵은 追擊을 했던 바 明兵은 逆襲했다.
그날 밤 倭軍은 明의 軍營을 襲擊했으나 明軍은 이를 反擊했다(史
料13 - a).

* 1593(宣祖26)年 1月 7日, 李如松은 普通門 앞에 陣을 치고 朝鮮防
禦使 鄭希賢·金應瑞에게 병사를 이끌고 城壁을 오르도록 한 바,
倭軍은 이에 襲擊을 가했다. 鄭希賢·金應瑞는 퇴각하는 것처럼 보
이도록 하고 그들을 유인했는데 병사를 되돌려서 擊破했다. 그날
밤 또 倭軍 精銳 800명 정도가 李如松 軍營을 襲擊했는데 이것도
擊退했다(史料13 - b).

* 1593(宣祖26)年 1月8日, 李如松은 성 공격에 軍을 3隊로 나누고
이어 明軍은 여러 가지 火器를 일제히 놓고 성안에서는 불길이 일
어났다. 이어서 明兵은 성을 타기를 시도했고 攻防戰이 시작하다
(史料13 - c).

* 그 후, 李如松은 行長에게 退去를 勸告했고, 行長은 이를 받아들여
야밤에 平壤에서 脫出했다(史料13 - d).

B. 일본 측 史料

* 「吉野甚五左衛門覺書」

長陣으로부터 米·味噌·酒·肴 등이 부족하고 식량으로서는 粟과 稷이
있을 정도다(史料14 - a).

1593(文祿2)年 1月 7日(明·朝鮮曆 8日), 明軍의 습격이 시작되고 倭
軍이 鐵炮를 쉴 새 없이 쏘아도 병사를 쉴 새 없이 교체하는 明軍의 攻
擊은 계속되고 精魂을 다해버렸다. 더욱이 飯米倉과 陣屋이 타버려 심야

平壤에서 脫出했다(史料14-b, c).

＊「大曲記」

鐵炮를 퍼부으며 싸웠지만 明軍은 大勢의 병사를 교체하며 공격해 왔다. 戰鬪는 아침 6시부터 새벽 4시까지 계속되었으나 倭軍은 精根을 다해 그날 밤 漢城을 목표로 平壤을 脫出했다(史料15-a, b).

C. 명나라 史料

＊「明史」本紀

李如松 平壤의 倭軍을 공격해서 이겼다(史料16).

＊「明史」外國 朝鮮

李如松、諸將을 督戰해서、平壤에서 크게 이겼다. 行長, 大同江을 건너서 龍山에 되돌아왔다(史料17).

＊「明史」列傳 李如松

* 1593(萬曆21 宣祖26)年 1月 6日, 李如松이 이끄는 明軍은 平壤에 도착했다(史料18-a).

* 1593(萬曆21 宣祖26)年 1月 7日, 李如松은 副總兵 祖承訓의 軍을 平壤城 西南에 잠복시키고 遊擊 吳惟忠의 軍으로 하여금 牡丹峯을 공격하도록 했다. 자신의 軍에게는 城의 東南을 공격하도록 시켰다(史料18-b). 이어서 如松은 副將 楊元 등의 軍에 小西門에서 오르게 하여 副總兵 李如柏 등의 軍에게 大西門부터 오르도록 명했다. 明軍은 火器를 일제히 쏘아 공격을 가하고 연기와 불꽃으로 하늘을 가득 덮기에 이르렀다(史料18-c). 이 전투에서 明軍은 倭

兵의 首級을 1,200 정도 취했다. 行長은 야반에 大同江을 건너 龍
山에 도망쳐 돌아왔다(史料18-d).

* 「明實錄」

「倭軍이 朝鮮을 占據하고 朝鮮의 君臣은 明에 의존한다. 明皇帝는
興師를 명했고 明軍은 平壤에 이르러 擒斬하는 倭奴 1,600정도, 焚死·溺
死한 자는 1만 정도이며 中國의 威力을 크게 보였다」고 明의 兵部는 皇
帝に奏上하고 있다(史料19).

2. 第2章 정리

지금까지 주제로 1593(宣祖26)年 1月 6日부터 9日(日本曆 5~8日)에
걸친 第2次 平壤戰鬪의 경위에 대해서 다음과 같이 구성할 수 있다.

* 1593(宣祖26)年 1月 6日(日本曆 5日). 李如松이 이끄는 明軍은 平
  壤城을 둘러싸고 朝鮮 측도 이에 합류했다. 그리고 李如松은 병사
  를 城際에 공격하도록 하여 倭軍을 徵發하고 倭軍이 성을 넘어서
  이를 추격하자 병사를 되돌려서 逆襲했다. 또 倭軍도 그날 밤 明의
  軍營에 夜襲을 하는 등 작은 전투가 있었다(史料13-a「壬辰錄」,
  史料18-a「明史」《列傳 李如松》).
* 1593(宣祖26)年 1月 7日(日本曆 6日). 전날과 마찬가지로 明軍은
  普通門에 쳐들어가서 성을 공격하고 퇴각하는 것처럼 보이게 하여
  倭軍을 유인했고 이를 토벌했다(史料11-a「朝鮮王朝宣祖實錄」、
  13-b「壬辰錄」).
* 1593(宣祖26)年 1月 8日(日本曆 7日). 이른 아침 李如松은 明·朝鮮

軍의 總力을 올려 平壤城을 에워싸다. 副總兵 查大受와 遊擊將軍 吳惟忠은 牡丹峰, 副總兵 楊元과 張世爵은 七星門(平壤城의 北門), 副總兵 李如栢과 參將 李芳春은 普通門, 副總兵 祖承勳과 遊擊 駱尙志는 朝鮮軍의 平安兵使 李鎰·防禦使 金應瑞 등을 따라 含毬門(平壤城의 南門)으로부터 공격했다. 倭軍은 鐵炮를 쏘며 應戰했으나, 병사를 교체하며 쳐들어오는 明軍의 攻擊은 계속되어 火器의 襲擊은 粟과 稷이 조금 남아있는 兵糧倉과 城舍를 태워버리고 倭軍은 精根을 다해 버렸다.

晡時(午後4時), 李如松은 병사를 일단 퇴각시켜 通事 張大膳을 통해서 小西行長에게「나는 병력으로 그대들 倭軍을 一擧에 殲滅하는 것은 간단하다. 그러나 모든 인명을 죽이는 것은 차마 할 수 없다. 잠시 내가 병사를 퇴각시켜 그대들 도망갈 길을 열어주겠다」라고 회유했다. 이에 대해 行長은 退軍을 부탁하고 또한 退路를 막지 말도록 부탁했다. 李如松은 이를 받아들였다. 그날 야밤 小西行長 등은 大同江을 건너 平壤을 脫出했다(史料11-b·c·d「朝鮮王朝宣祖實錄」, 12「亂中雜錄」, 13-c·d「壬辰錄」, 14-a·b·c「吉野甚五左衛門覺書」, 15「大曲記」, 16「明史」《本紀 神宗》, 17「明史」《外國 朝鮮》, 18-c, d「明史」《列傳 李如松》).

* 1593(宣祖26)年 1月 9日(日本曆 8日). 李如松, 諸軍을 이끌고 平壤에 入城(史料11-e).

* 1593(萬曆21)年 2月 1日(日本·明同曆). 明兵部, 李如松의 平壤戰捷을「中國의 威力을 크게 보여주다」라고 皇帝에게 奏上(史料-19「明神宗實錄」).

第3章 1593(宣祖26)年 1月 25~27日(日本曆 24~26日), 碧蹄館의 싸움에 관한 史料와 그 特質

平壤戰鬪에서 승리한 明 提督 李如松은, 그 여세를 몰아 漢城을 목표로 南下해서 開城에 이르렀다. 한편 漢城에 在陣한 倭軍은 李如松의 明軍을 迎擊할 作戰을 세우고, 그 장소를 碧蹄驛으로 했다. 27日, 李如松은 漢城으로의 進擊路를 檢分하기 위해 開城에서 坡州를 걸처 碧蹄驛 溪穀에 도착한 바 小早川隆景·立花宗茂·吉川廣家 등의 倭軍의 銃擊을 받아 패했다. 이에 따라 李如松은 臨津江을 넘어 京畿道 東坡로 退却하고 戰意를 喪失했다. 이 전투의 경위에 대해서도 먼저 조선 측 史料부터 살펴보자.

1. 朝鮮·日本·明 각국 史料의 내용과 特質

A. 조선 측 史料

* 「再造藩邦志」
* 1593(宣祖26)年 1月 25日, 提督 李如松, 副總兵 査大受에 前路를 먼저 가서 적을 상황을 탐색하도록 하고 開城에 著陣(史料20-a).
* 1593(宣祖26)年 1月 27日, 李如松, 坡州에 군사를 駐屯시키다(史料 20-b).
* 1593(宣祖26)年 1月 27日 早朝, 倭兵 數百, 彌勒院(「亂中雜錄」은 이를 「昌陵外」라고 한다. 昌陵은 현재 高陽市 昌陵洞)에 出陣. 明 副總兵 査大受는 조선 京畿防禦使 高彦伯과 함께 數百騎를 이끌고 進擊해서, 賊130 級을 베다. 이에 따라 査大受는 提督 李如松

에게 「倭賊은 이미 전의를 상실했습니다. 빨리 진격해 주십시오」
라고 進言했다(史料20-c).

* 查大受의 進言에 따라 提督 李如松은 슬하의 兵馬 數十을 이끌고
  進軍했고 三協大將(楊元·李如栢·張世爵) 등도 이를 따랐다. 이들
  明軍은 惠陰嶺(현재 京畿道 高陽市 碧蹄洞)을 지나서 倭陣을 멀리
  서 지켜보며 전진했다. 여기서 李如松은 軍을 둘로 나누었다(史料
  20-d).

* 이에 대해 倭軍은 旗를 礪石峴(현재 京畿道 高陽市 梧琴洞)에 세
  우고 군사는 기력을 소진했음을 보이며 明兵을 유인했고 도망치는
  것처럼 보이도록 해서 明兵을 진흙 안에 끌어들였다. 진흙에 빠진
  말은 나가지 못했다. 이를 倭軍이 襲擊했다. 李如松의 兵馬는 北軍
  이며 火器는 업고 단지 短劍을 가지고 있을 뿐으로 정면에서 倭軍
  과 싸우려고 하는 자는 없었다(史料20-e).

* 副總兵 李如栢·參將 李寧 등은 倭軍을 夾擊해서 參將 李如梅는
  金色의 鎧를 두른 倭將을 射倒하고 副總兵 楊元은 火砲隊를 이끌
  고 倭軍의 包圍網을 粉碎했다. 이에 따라 倭軍은 후퇴했지만 큰
  비 때문에 漢城 近郊의 稻田은 진흙탕이 되어 말을 달리게 할 수
  없었고 사람과 말은 서로 밝히고 兵器·甲冑 등은 路上에 던져 버
  려졌다(史料20-f).

* 한편 倭軍은 산을 배후에 두고 漢水(昌陵河?)에 끼고 連珠처럼 布
  陣해서, 飛樓(敵의 城中을 염탐하는데 이용하는 높은 樓閣. 攻城의
  具)를 세우고 그곳에서 銃擊했기 때문에 明兵은 退卻하고 李如松
  은 坡州에 돌아가서 또 東坡에서 퇴각하려고 했다(史料20-g).

* 「朝鮮王朝實錄」

1) * 1593(宣祖26)年 1月 26日, 提督 李如松, 臨津江을 건너 坡州에

병사를 진격시켰다(史料21－a).

* 1593(宣祖26)年 1月 27日, 李如松, 漢城으로의 通路를 스스로 자세히 조사하려고 해서 單騎, 碧蹄로 향하다(史料21－b).
* 李如松이 앞서 적을 살펴보게 한 副總兵 査大受·祖承訓 및 朝鮮 京畿防禦使 高彦伯 등, 迎曙驛(碧蹄館의 北、楊州의 驛院 하나)에서 倭兵과 遭遇해서 600餘級을 베다. 이에 의해 明軍, 倭軍을 輕視하다(史料21－c).
* 先鋒이 明軍에게 擊退당한 것을 안 倭軍의 主力, 總力을 높여 礪石峴(현재 京畿道 高陽市 梧琴洞)에 陣을 치다. 査大受, 倭軍의 勢力 큰 것을 보고 碧蹄로 퇴각하다(史料21－d).
* 李如松, 倭軍의 상황을 듣고 碧蹄로 향해도 南浙의 砲兵、아직 도착하지 않다. 手下의 1000餘의 精騎만으로 倭軍과 交戰. 倭軍, 明兵의 적지 않은 수를 보고 左右散出하고, 中堅을 움직이다. 明兵, 兵器·甲冑 없고, 徒手에서 搏戰해도 提督 直屬의 兵은 四散하고, 李如松은 殿後가 되어서 되돌아가다(史料21－e).
* 碧蹄敗北 때, 죽은 兵馬 많고、李如松, 이에 따라 再擧를 계획하지 않다(史料21－f).

2) * 副總兵 査大受는 兵 數百을 이끌고 朝鮮 京畿防禦使 高彦伯과 함께 앞서 적의 동태를 살피고 碧蹄의 南, 礪石峴에서 倭兵과 遭遇해서 100餘級을 베었다. 이 소식을 들은 李如松은 크게 기뻐하며 親丁(直屬의 配下)의 騎兵 1,000餘를 이끌고 碧蹄 방면에 향했고 大軍도 이에 따랐다(史料22－a).

* 倭軍은 大兵을 礪石峴 後에 복병으로서 배치하고 倭兵 數百人만을 峴에 세워서 약한 척 보이도록 했다. 이를 본 李如松은 병사를 진격토록 했고 倭兵은 峴으로부터 내려왔다. 그 직후 뒤에서부터 복

병이 일어났다. 明兵의 武器는 短劍 뿐, 火器는 없었다. 또 길은
진흙구렁이로 騎馬를 몰 수 없었다. 倭軍은 長刀를 빼앗아 좌우에
서 공격해 들어오고 明軍은 이를 대적할 수 없었고 査大受를 殿後
로 해서 撤退했고, 暮, 李如松은 坡州에 되돌아왔다(史料22-b).
* 碧蹄의 敗北에 의해 李如松은 東坡에 退却하려고 했다. 이에 대해
朝鮮 都體察使 柳成龍 등은 「勝負는 兵家의 常事입니다. 상황을
봐서 다시 進軍해야 합니다」라고 力爭했지만 李如松은 「이 地는
雨後 泥濘이 되었고 駐軍에 적합하지 않다. 東坡에 돌아가서 兵을
쉬게 한 후 進擊하려고 생각한다」라고 하며 東坡에 退却했고 더욱
이 그 후 開城으로 후퇴했다(史料22-c).

* 「懲毖錄」
* 朝鮮 都體察使 柳成龍은 「勝負는 兵家의 常事입니다. 상황을 봐서
다시 進軍해야 합니다」라고 力爭했지만 李如松은 「이 地는 雨後
泥濘이 되었고 駐軍에 적합하지 않다. 東坡에 돌아가서 兵을 쉬게
한 후 進擊하려고 생각한다」라고 했는데 明皇帝에게의 奏本의 草
案에는 「衆寡不敵.저의 병은 매우 중합니다. 提督의 任務를 다른
사람으로 바꿔 주십시오」라고 했다(史料23).

B. 일본 측 史料

* 「加藤光泰·貞泰軍功記」
* 平壤에서 戰捷한 明軍이 漢城奪取를 목표하는 사태를 맞이한 漢城
在陣의 倭軍 사이에는 ①漢城을 퇴거하여 釜山浦까지 후퇴할 것
인가, ②漢城에 籠城할 것인가, ③漢城 밖에서 迎擊할 것인가의
論議 있음. 迎擊으로 정함(史料24).

* 「立齋舊聞記」

* 平壤에서 戰捷한 明軍이 漢城奪取를 목표로 하는 사태를 맞이한 漢城在陣의 倭軍 사이에는 ①漢城을 퇴거하여 釜山浦까지 후퇴할 것인가, ②漢城에 籠城할 것인가, ③漢城 밖에서 迎擊할 것인가의 論議 있음. 迎擊으로 정함(史料25-a).

* 1593(文祿2)年 1月(朝鮮曆 24日), 李如松, 兵馬 40萬騎를 이끌고 南大門에서 4~5裏(朝鮮裏、40~50裏)의 地點까지 밀어닥쳤다(史料25-b).

* 1593(文祿2)年 1月 24日(朝鮮曆 25日), 선봉으로 加藤遠江守光泰·前野但馬守長康이 3,000餘騎를 이끌고 明軍 근처에 쳐들어왔으나 査大受가 이끄는 6,000~7,000餘騎의 明軍과 싸워 패했다(史料25-c).

* *1593(文祿2)年 1月 25日(朝鮮曆 26日), 加藤光泰·前野長康 파견의 斥候隊가 査大受 明兵에게 패한 것을 보고 받은 漢城 在陣의 倭軍, 宇喜多秀家 配下의 병사 8,000명을 斥候로 派遣했으나 새벽녘 柵을 태워서 烽火를 높이고 수비를 강화할 뿐이었다(史料25-d).

* 그 後1), 漢城 在陣의 諸大名 사이에는 누구를 선봉으로 해야 할 것의 評議있음. 小早川隆景, 立花宗茂를 추천하다. 宗茂, 이를 승낙하고 家中에 趣旨를 徹底시켰다(史料25-e).

* 1593(文祿2)年 1月 26日(朝鮮曆 27日), 立花宗茂는 이끄는 3000餘騎를 세 부대로 나누었다. 先陣은 小野和泉·立花三左衛門이 이끄는 700 餘騎, 2陣은 十時傳右衛門·內田市正 이끄는 500 餘騎, 後陣은 立花宗茂의 2000餘騎이었다(史料25-f).

---

1) 「立齋舊聞記」(史料25-e)는 立花宗茂가 선봉으로 정해진 것이 26日(朝鮮曆27日)이라 하지만, 「再造藩邦志」(史料20-d)및 「吉見元賴朝鮮日記」(史料27)의 早朝에는 戰鬪가 시작되었으며 「立齋舊聞記」(史料25-e)에 26日(朝鮮曆27日)로 있는 것은 25日(朝鮮曆26日)의 잘못된 것으로 생각된다. 따라서 「그 後」로 했다.

* 1593(文祿2)年 1月 26日(朝鮮曆 27日), 午前 6時(卯의 刻)부터 午前 10時(巳의刻)까지 전투가 시작되어 立花勢는 十時傳右衛門을 비롯하여 戰死者 300餘人, 明軍 戰死者 2,300餘人이었다(史料25－g).

* 「立花朝鮮記」
* 1593(文祿2)年 1月 24日(朝鮮曆 25日), 明軍 偵察을 위해, 加藤遠江守光泰·前野但馬守長康이 配下의 兵을 이끌고 明軍 근처로 쳐들어갔으나 査大受가 이끄는 6,000~7,000餘騎의 明軍과 싸워 패했다(史料26－a).
* 그 후, 漢城 在陣의 諸大名 사이에 누구를 선봉으로 할 것인가의 評議있음. 小早川隆景, 立花宗茂를 추천하다. 宗茂, 이를 승낙하고 家中에 趣旨를 徹底시켰다(史料26－b).
* 1593(文祿2)年 1月 26日(朝鮮曆 27日)午前 2時(醜의刻), 立花宗茂, 家臣 十時傳右衛門 등을 斥候로 보냄. 十時傳右衛門 등, 漢城 附近에서 明軍의 伏兵과 接戰. 이를 擊退(史料26－d).
* 1593(文祿2)年 1月 26日(朝鮮曆 27日)午前4時(寅의刻), 立花宗茂는 兵을 세 갈래로 나누었다. 先備는 小野和泉·立花三左衛, 中備는 十時傳右衛門·內田忠右衛門, 後備는 立花宗茂로 했다(史料26-c).
* 1593(文祿2)年 1月 26日(朝鮮曆 27日), 戰鬪는 午前 6時(卯의刻)부터 시작하여 立花勢는 十時傳右衛門을 비롯하여 부상자 및 사상자가 100 餘人에 달했으나 立花宗茂는 2,000餘騎를 이끌고 공격해 明兵 2,000餘人을 토벌했으나, 家臣 池辺龍右衛門들 戰死. 부상자 및 사상자가 200 餘人에 이르고 戰鬪는 午前 10時(巳의刻)까지 계속되었다(史料26－f).
* 1593(文祿2)年 1月 26日(朝鮮曆 27日), 正午(午의刻), 小早川隆景은 先陣을 立花宗茂勢, 第2陣을 小早川隆景勢, 第3陣을 宇喜多秀

家勢로 나누어 明軍과 對峙했다. 小早川隆景의 一手粟屋四郎兵衛·井上五郎兵衛 등의 3000餘 병사는 대오를 갖추고, 가까운 곳에서 明軍을 대기했다. 또 立花宗茂의 3,000餘 병사는 明軍을 가까이에서 따라 붙어 이를 銃擊했다(史料26 - g, 史料26 - h).

* 「吉見元賴朝鮮日記」
* 1593(文祿2)年 1月 26日(朝鮮曆 27日), 漢城에 在陣하는 4~5萬의 倭軍, 明軍迎擊의 陣立을 編成. 第1陣, 立花宗茂勢. 第2陣, 小早川隆景勢. 第3陣, 毛利元康·小早川秀包勢 등(史料27 - a).
* 午前6時(卯의刻), 先陣 立花勢, 明 騎馬隊와 싸웠지만 十時傳右衛門(石田右衛門)을 비롯하여 戰死者 많고, 劣勢가 되었다(史料 27 - b).
* 劣勢가 된 바, 小早川隆景勢의 一手粟屋四郎兵衛 들, 戰鬪에 가담해 立花勢를 救援(史料27 - c).
* 그 후(「立花朝鮮記에 의하면 正午」), 小早川隆景·宇喜多秀家·黑田長政勢, 戰鬪에 가담해 明軍 패배(史料27 - d).

C. 명나라 측 史料

* 「明史」

1) 「明史」《本紀 神宗》. 1593(萬曆21)年 1月 27日, 李如松이 漢城으로 향해 進擊하고 碧蹄館에서 倭軍과 遭遇해 敗績했다(史料28).

2) 「明史」《外國 朝鮮》. 李如松은(平壤과 開城) 모조리 승리, 輕裝備의 騎馬를 이끌고 碧蹄館에 갔지만 패해서 開城으로 퇴각했다(史料29).

3) 「明史」《列傳 李如松》. 1593(萬曆21)年 1月 27日, 李如松은 朝鮮人이 「倭軍은 漢城을 버렸다」라고 보고한 것을 믿고 輕裝備의 騎馬를 이

끌고 碧蹄館에 가서 갑자기 倭軍과 조우해서 포위당해서 接戰을 하게 되었으나 明軍의 意氣喪失이 심했고 또 큰 비 때문에 稻田은 진흙투성이가 되고 말은 달릴 수 없었다. 여기서 倭軍 銃擊이 더해서 明軍은 開城으로 퇴각했다(史料30).

* 「明實錄」은 碧蹄館의 패배에 대해서 어떤 기록도 없다.

2. 第3章의 정리

지금까지의 주제로, 1593(宣祖26)年 1月 25~27日(日本曆 24~26日)사이에 일어난 碧蹄館의 싸움 경위에 대해서 다음과 같이 구성할 수 있다.

* 1593(宣祖26)年 1月 25日(日本曆 24日), 提督 李如松, 副總兵 査大受에게 前路를 먼저 탐색하도록 시켜 開城에 著陣(史料20 - a「再造藩邦志」). 先行哨探에 임한 査大受, 병사 數百을 이끌고 朝鮮 京畿防禦使 高彦伯의 선도에 의해 坡州를 출발하여 漢城으로 通路를 斥候 중에, 迎曙驛(碧蹄館의 北、楊州의 驛院 하나)에서 倭兵과 遭遇해서 600 餘級을 베다. 이에 따라 明軍, 倭軍을 輕視했다(史料21 - c「朝鮮王朝宣祖實錄」).

한편, 漢城에 在陣하는 倭軍 사이에서는 明軍이 平壤戰捷의 餘勢를 몰아 漢城 탈환을 목표로 하는 사태로의 對處로 해서, ①漢城을 퇴각해서 釜山浦까지 퇴각할 것인가, ②漢城에 籠城할 것인가, ③漢城 밖에서 迎擊할 것인가의 論議있음. 迎擊으로 결정됨(史料24「加藤光泰·貞泰軍功記」, 史料25 - a「立齋舊聞記」).

이에 따라 明軍의 상황을 염탐하기 위해 선봉으로 加藤遠江守光泰·前野但馬守長康이 3,000餘騎를 이끌고 明軍 근처에 쳐들어왔으나 漢城 附近의 彌勒院(昌陵의 東方에 位置, 昌陵은 현재 高陽市 昌陵洞)에서 査大受가 이끄는 6,000~7,000餘騎의 明軍과 싸워 패했다(史料25-c「立齋舊聞記」, 史料26-a「立花朝鮮記」). 여기에서 査大受는 提督李如松에게 「倭賊은 이미 전의를 상실했습니다. 빨리 進軍해 주십시오」라고 進言했다(史料20-c「再造藩邦志」).

한편, 加藤光泰·前野長康 파견의 斥候隊가 査大受의 明兵에 패했다는 보고를 받은 漢城 在陣의 倭軍은 宇喜多秀家 配下의 병사 8,000명을 斥候로 해서 派遣했지만 새벽녘, 柵을 태워 烽火를 올려 수비를 강화할 뿐이었다(史料25-d「立齋舊聞記」).

때문에 漢城 在陣의 諸大名 사이에는 누구를 선봉으로 해야 할 것의 評議있음. 小早川隆景, 立花宗茂를 추천하다. 宗茂, 이를 승낙하고 家中에 趣旨를 徹底시켰다(史料26-b「立花朝鮮記」).

* 1593(宣祖26)年 1月 26日(日本曆 25日), 提督 李如松은 臨津江을 건너 坡州에 병사를 진격시켜 다음날 27日까지 駐屯하다(史料21-a「朝鮮王朝宣祖實錄」, 史料20-b「再造藩邦志」).

* 1593(宣祖26)年 1月 27日(日本曆 26日), 午前2時(醜의刻), 立花宗茂, 家臣 十時傳右衛門 등을 斥候로 보냄. 傳右衛門 등은 漢城 부근의 礪石峴(현재 京畿道 高陽市 梧琴洞)에서 明副總兵 査大受·朝鮮 京畿防禦使 高彦伯들의 明·朝鮮軍과 接戰을 했다. 그 후 十時傳右衛門 등은 첩자(細作人, 間者)를 漢城에 대기할 立花宗茂 아래에 두고 「明軍 1萬餘騎 정도가 午後 8時(初更)부터 쳐들어와서 복병을 배치해 매복을 계획했다. 날이 밝으면 明의 大軍이 계속해서 쳐들어 올 것으로 생각되므로 빨리 병사를 내어서 明軍의 先

勢를 막아내야 할 것이다」라고 전했다. 立花宗茂는 병사를 이끌고 漢城으로부터 3裏(朝鮮裏30裏)정도 나간 바, 새벽이 되었다(史料 26-d「立花朝鮮記」).

午前4時(寅의刻), 立花宗茂의 3,000餘騎를 세 부대로 나누었다. 先陣은 小野和泉·立花三左衛門의 700 餘騎, 2陣은 十時傳右衛門·內田市正(忠右衛門)의 500 餘騎, 後陣은 立花宗茂의 2,000餘騎였다(史料25-f「立齋舊聞記」, 史料26-c·d「立花朝鮮記」). 이어서 午前 6時(卯의刻), 前日 初更(午後 8時)부터, 漢城에서 가까운 礪石峴에 쳐들어 온 査大受의 明軍과 立花宗茂勢의 戰鬪가 시작되었다. 戰鬪는 午前 11時(巳의半)까지 이어져、立花勢는 十時傳右衛門을 비롯하여 300 餘人의 戰死者를, 明軍은 2,300餘人의 戰死者를 냈다(史料25-e·f·g「立齋舊聞記」, 史料26-e·f「立花朝鮮記」, 史料27-b·c「吉見元賴朝鮮日記」).

앞서「倭賊은 이미 전의를 상실했습니다. 빨리 進軍해 주십시오」라는 査大受의 進言으로부터 提督 李如松은 漢城에의 通路를 스스로 자세히 조사하려고 해서 配下의 兵馬 數十을 이끌고 碧蹄로 향했으나 三協大將(楊元·李如栢·張世爵) 등도 이를 따랐다. 이들 明軍은 惠陰嶺(현재 京畿道 高陽市 碧蹄洞)을 넘어 倭陣을 멀리서 지켜보며 전진했다. 여기서 李如松은 軍을 두 부대로 나누었다(史料20-c·d「再造藩邦志」, 史料21-b「朝鮮王朝宣祖實錄」).

한편, 小早川隆景은 漢城 在陣의 倭軍4~5萬을 明軍迎擊의 陣立에 編成했다. 즉 先陣한 立花宗茂勢에 이어、第2陣을 小早川隆景勢、第3陣을 宇喜多秀家·毛利元康·小早川秀包勢 등으로 했다. 그리고 이 날 正午(午의刻), 小早川隆景勢 이하 倭軍은 立花勢와 合流했다(史料27-a·d「吉見元賴朝鮮日記」, 史料26-g「立花朝鮮記」).

이어서 倭軍은 大兵을 礪石峴 뒤에 복병으로서 배치하고 旗를 礪石

峴에 세워 倭兵 數百人만을 峴에 세워 약한 척 보이게 했다. 이를 본 李如松은 병사를 진격시켜 그 倭兵은 峴에서 내려와 明의 兵馬를 진흙 속으로 끌어들였다. 그 직후 배후에서 伏兵이 일어났다. 이 때, 李如松의 兵馬는 北軍이며 南浙의 砲兵은 아직 도착하지 않았고 주요 무기는 短劍만 있을 뿐, 李如松은 手下의 1,000餘의 精騎만으로 倭軍과 交戰하게 되었다. 그러나 진흙구덩이에 빠진 말은 달릴 수 없었고 이를 倭軍이 襲擊했다. 明兵은 兵器도 甲冑도 없이 맨손으로 격투했지만 提督 直屬의 병사는 四散했다.

한편 明軍 先鋒인 副總兵 李如栢·參將 李寧 등은 倭軍을 夾擊해서 參將 李如梅는 金色의 鎧를 두른 倭將을 쓰러뜨리고 副總兵 楊元은 火砲隊로 倭軍의 包圍網을 박살냈다. 이에 따라 倭軍은 퇴각했지만 큰 비 때문에 漢城 近郊의 稻田은 진흙구덩이가 되어 말을 달리게 할 수 없었고 人馬는 서로 밟히며 兵器·甲冑 등은 路上에 던져 버려졌다.

倭軍은 산을 배후로 漢水(昌陵河?)를 끼고 連珠와 같이 布陣해서 飛樓(敵의 城中을 염탐하는 높은 樓閣. 攻城의 具)를 세워 그곳에서 銃擊했다. 이에 따라 李如松은 査大受를 殿後로 해서 暮, 李如松은 坡州에 돌아가고 더욱 東坡에서 退却하려고 했다(史料20-e·f·g「再造藩邦志」, 史料21-e「朝鮮王朝宣祖實錄」, 史料22-b「朝鮮王朝宣祖修正實錄」).

 * 碧蹄館의 싸움 후, 朝鮮 都體察使 柳成龍은 「勝負는 兵家의 常事입니다. 상황을 봐서 다시 進軍해야 합니다」라고 力爭했지만 李如松은 「이 地는 雨後 泥濘이 되었고 駐軍에 적합하지 않다」고 핑계를 댔다. 그런데 明皇帝에게의 奏本의 草案에는 「衆寡不敵.저의 병은 매우 중합니다. 提督의 任務를 다른 사람으로 바꿔 주십시오」라고 했다. 이후 李如松은 東坡로 퇴각하고 더욱 개성으로 퇴각했다(史料22-c「朝鮮王朝宣祖修正實錄」, 史料23「懲毖錄」).

총 괄

지금까지 ①1592(宣祖25)年 7月 17日(日本曆 16日), 遼東副總兵 祖承訓 등이 小西行長에 뺏긴 平壤을 공격하여 패배한 第1次 平壤戰鬪, ② 1593(宣祖26)年 1月 6~9日(日本曆 5~8日), 明의 提督 李如松이 이끄는 明·朝鮮軍이 小西行長 들에 뺏긴 平壤城을 공격해 이를 탈환한 第2次 平壤戰鬪, ③1593(宣祖26)年 1月 25~27日(日本曆24~26日), 平壤戰捷의 餘勢를 몰아 漢城을 목표로 해서 南下하는 李如松이 碧蹄驛에서 倭軍의 反擊에 遭遇해서 패배하고 戰意喪失한 碧蹄館의 싸움에 대해서, 그 史實이 朝鮮·日本·明 3國의 史料에 의해 어떻게 구성되었는가를 검토해 왔다.

이 때 史料가 사용되는 방법, 史料의 기술 내용 각각의 특징이 나타났다.

A. 조선 측 史料

1) 第1次 平壤戰鬪의 경우. 祖承訓의 鴨綠江 渡河로부터 平壤 攻略 실패까지의 과정에서 구체적인 사건과 그 期日 및 地域名, 祖承訓·史儒 이외의 明將名, 遼東의 朝鮮救援軍로 접한 朝鮮官人의 모습, 祖承訓이 平壤 패배의 원인은 조선 측에 있다고 誣告한 것 등이 자세히 기록되어 있다(「朝鮮王朝實錄」「壬辰日錄」).

2) 第2次 平壤戰鬪의 경우. 1593(宣祖26)年 1月 6日부터 9日까지 사이, 提督 李如松 및 明將의 움직임이나 戰鬪의 전술, 明軍이 平壤城에 突入한 장소(門, 倭軍의 反擊으로부터 平壤撤退까지의 움직임 등을 구체적으로 기술하고 있다(「朝鮮王朝實錄」「壬辰錄」「亂中雜錄」).

3) 碧蹄館의 싸움 경우.

* 提督 李如松의 움직임에 대해서는, 1593(宣祖26)年 1月 25日, 平壤
  으로부터 開城에 著陣해서 다음날 26日, 坡州에 進駐한 것, 그리
  고 同月 27日, 査大受의 進言에 의해 얼마간의 手勢로 碧蹄를 목
  표로 倭軍의 伏兵에 조우해서 패배한 경위. 더욱이「승부는 兵家의
  常事입니다. 狀況을 봐서 다시 進軍해야 합니다」라고 한 柳成龍의
  요청을 물리치고, 戰意를 喪失한 經緯 등을 구체적으로 기술하고
  있다(「再造藩邦志」「朝鮮王朝實錄」「懲毖錄」).

* 이 때 明軍의 움직임에 대해서는, 李如松의 開城 著陣에 앞서서 먼
  저가 적을 염탐에 임했던 査大受의 병사가 漢城으로의 通路를 斥
  候 中 倭兵과遭遇해서 이를 擊退한 것에서 앞서 平壤의 戰捷도 있
  어 明軍은 倭軍을 輕視하게 된 것, 이것이 査大受의 進言에 의해
  李如松으로 하여금 가벼운 裝備 그대로 향하게 하여 패배를 초래
  하는 결과가 된 것, 그리고 同月 27日 이른 아침부터 시작한 戰鬪
  에서는 伏兵을 配置한 倭軍이 礪石峴에 약간의 병사를 세워두고
  약한 척 보이도록 해서 明軍을 진흙구덩이로 유인하여 騎馬의 움직
  임을 봉쇄하고 伏兵의 襲擊을 받은 것 등이 구체적으로 기록되어
  있다(「再造藩邦志」「朝鮮王朝實錄」).

* 조선 측 史料에는 사건의 경위를 기록하는 가운데 구체적인 지명
  이 나온다, 예를 들면 同月 25日, 査大受와 高彦伯勢가 倭軍의 斥
  候 加藤光泰·前野長康勢와 彌勒院 부근에서 싸워서 130餘級을 벤
  것, 또 同月 27日 李如松 및 三協大將(楊元·李如栢·張世爵) 등의
  明軍이 碧蹄館의 北方에 位置하는 惠陰嶺을 넘어간 것 등이다(「再
  造藩邦志」). 이러한 상황은 조선 측 史料가 아니면 알 수 없는 것들
  이다.

B. 일본 측 史料

1) 第1次 平壤戰鬪의 경우. 이 국면에서 일본 측 史料는 없다. 「朝鮮陣記」는 對馬 宗氏關係의 史料이지만 遼東軍의 兵力數와 平壤城 侵入의 루트, 기상조건, 銃擊의 모습 등이 간단하지만 요점을 담고 있다.

2) 第2次 平壤戰鬪의 경우. 여기서 채택한 두 가지 史料 중 「吉野甚五左衛門覺書」는 平戶領主松浦鎭信의 家臣吉野甚五左衛門의 朝鮮從軍記錄이다. 松浦鎭信은 小西行長을 主將으로 하는 第1軍에 가담하여 行長과 함께 平壤에 駐留했다. 따라서 「吉野甚五左衛門覺書」는 平壤戰鬪에서 패배한 것이지만 체험을 기록한 것이다. 또 「大曲記」는 松浦家家臣大曲藤內가 松浦隆信의 事績에 대해서 정리한 覺書이며, 松浦隆信의 체험을 담고 있다. 이러한 史料는 더불어 武器·兵糧不足, 明軍에 비교해 劣勢인 兵力數, 平壤 脫出에 이르는 경위 등, 패배한 측의 모습이 구체적으로 기록되어 있다. 이러한 점들은 조선 측 史料에도, 명나라 측 史料에도 볼 수 없는 것이다.

3) 碧蹄館의 싸움의 경우.

* 여기서 채택한 일본 측 史料, 즉 「加藤光泰·貞泰軍功記」는 加藤光泰·貞泰의 事績을 정리한 것, 「立齋舊聞記」는 立花宗茂의 傳記, 「立花朝鮮記」는 立花宗茂에 從軍한 天野源右衛門貞成의 覺書, 「吉見元賴朝鮮日記」는 毛利輝元의 重臣인 津和野城主吉見元賴의 朝鮮에서의 동향을 元賴家臣下瀨賴直이 기록한 일기이다. 이러한 史料는 이 전투에 참전한 자의 구체적 기록이다.

그 가운데 「加藤光泰·貞泰軍功記」·「立齋舊聞記」에 의하면 漢城奪回를 목표로 南下하는 李如松의 움직임을 察知한 漢城 在陣의 倭軍 사이에서는 漢城 撤退인가 漢城 籠城인가, 迎擊인가의 論議가 있었고 迎擊

로 결정된 것, 이러한 倭軍 內部의 作戰에 관한 경위, 이것은 조선 측
史料에도 명나라 측 史料에서도 볼 수 없는 것이다.

　＊또 「立齋舊聞記」・「立花朝鮮記」・「吉見元賴朝鮮日記」에 의하면,
　　1593(宣祖26)年 1月 27日(日本曆26日)즉 碧蹄館의 싸움 당일 午前
　　2時(醜의刻)에 立花宗茂勢의 중에서 斥候가 나온 것, 午前 4時(寅
　　의刻), 立花宗茂의 3,000餘騎를 세 부대로 나눈 것, 午前 6時(卯의
　　刻)부터 午前 11時(巳의牛)까지 査大受의 明軍과 立花宗茂勢의 戰
　　鬪가 있었다는 것, 正午 (午의刻), 小早川隆景勢 이하 倭軍은 立花
　　勢와 合流해서 戰鬪는 새로운 국면을 맞이한 것 등 시각을 표시해
　　서 전투의 경위를 구체적으로 이해할 수 있다. 이것은 戰鬪에 가담
　　하고 있었던 당사자가 아니면 기록할 수 없는 것이다.
　＊더욱이 일본 측 史料에서는 이 전투에 참전했던 인물의 구체적인
　　이름이 나온다. 예를 들면 1593(宣祖26)年 1月 25日(日本曆24日),
　　明軍의 迎擊 決定에 따라 斥候로서 加藤光泰・前野長康이 보내진
　　것, 27日(日本曆26日)에 立花宗茂가 陣立세워진 때 보이는 家臣의
　　구체적인 이름과 그 활약 모습 등이 명확히 기록되어 있으며 마찬
　　가지로 27日 후반에는 立花勢와 合流한 小早川隆景・毛利元康・築
　　紫廣門・吉川廣家・黑田長政 등의 이름이 나온다. 이 경우, 立花宗
　　茂家臣의 人名이 빈번하게 나오는데 이것은 「立齋舊聞記」도 「立
　　花朝鮮記」도 立花勢의 武勇의 程을 명확히 밝히는 목적에서 정리
　　한 것에 의한 것이다.

C. 명나라 측 史料

1) 第1次 平壤戰鬪의 경우. 이 전투에 대해서 明側 史料 記述은 簡略

하며 매우 상세한 조선 측 史料와는 대조적(正反對)이다. 「明史」의 경우, 副總兵 祖承訓이 平壤에서 패배하고 遊擊將 史儒는 戰死했다고 기록되어 있을 뿐이다. 또 「明實錄」은 明兵部에 의한 祖承訓 糾彈의 記述로 일관하고 있다. 이러한 明 側 史料에는 戰鬪의 경우, 왜 패배했는가에 대한 기술은 볼 수 없다.

2) 第2次 平壤戰鬪의 경우. 이 전투는 明軍이 勝利한 싸움이며 祖承訓이 패한 第1次 平壤戰鬪 경우와는 史料의 記述 내용이 다르다. 「明史」의 《本紀 神宗》 및 《外國 朝鮮》은 李如松이 平壤에서 大捷한 기술만 있지만 「明史」의 《列傳 李如松》은 1593(萬曆21)年 1月 6日 李如松이 平壤에 著陣해서 다음날부터 平壤城 攻擊이 시작된 때의 部將의 움직임, 戰鬪의 成果부터 行長의 平壤 脫出에 이르기 까지 구체적으로 기술되어 李如松을 칭송하는 내용으로 되어 있다. 그리고 「明實錄」에 의하면 明兵部가 李如松의 平壤戰捷을 明의 國威를 높인 것으로서 皇帝에게 奏上하고 있으며 앞서 祖承訓 糾彈의 경우와는 대조적이다.

3) 碧蹄館의 싸움 경우.

* 「明史」 《本紀 神宗》은 1593(萬曆21)年 1月 27日 漢城을 목표로 한 李如松이 碧蹄館에서 倭軍과 遭遇해서 패배했다고 기록되어 있을 뿐이다.

「明史」 《外國 朝鮮》은 李如松은(平壤과 開城)에서 모조리 승리해서 輕裝備의 騎馬를 이끌고 碧蹄館에 가서 패배해서 개성으로 퇴각했다고 기록하고 있을 뿐이다.

「明史」 《列傳 李如松》은 朝鮮人이 倭軍이 漢城을 버렸다고 보고한 것, 그것을 李如松이 믿은 것에 의해 碧蹄館에서 패배에 이르렀다고 책임을 조선에 전가하는 내용으로 되어 있다.

* 「明實錄」은 碧蹄館의 敗軍을 기피한 탓일까, 碧蹄館의 싸움에 대해서는 어떤 내용도 없다.

☆☆ 조선·일본·명 3國의 史料에 의한 史實의 全體像 파악을 위해
－금후 과제－

지금까지 검토해 온 것처럼 각각의 싸움 經緯, 時日, 地域·場所, 武器·兵糧·作戰 등 각 軍의 내부 사정, 인물 등에 대해서 3국 史料 고유의 기술내용이 있다. 전쟁·외교 등 대외관계사 연구의 경우 그것을 일국 史料 만에 의지했을 때 전체상을 파악할 수 없다. 관계 諸國의 史料의 태도와 특징을 포함하여 언제, 어디서, 누가 무엇이 있었는지(무엇을 했는지), 왜 라고 하는 역사인식의 기본에 입각해서 史實을 구축하고 싶은 것이다.

補 論

1) 稷山의 싸움에 관한 史料에 대해서

지금까지 ①第1次 平壤戰鬪, ②第2次 平壤戰鬪, ③碧蹄館의 싸움 사례를 통해서 朝鮮·日本·明, 각각의 史料를 들어 정리해 봤다. 여기서 염두에 둘 것은 명나라 측 史料의 기술이 간략한 것이다.

그것은 여기서 이용한 1593(宣祖26)年 1月 일련의 싸움만이 아니라 第2次 平壤戰鬪·幸州의 싸움과 비견해 「朝鮮 三大戰」으로 평가받는 1597(宣祖30)年 9月 稷山의 싸움에 대해서도 마찬가지라고 할 수 있다. 稷山의 싸움은 黑田長政이 이끄는 倭軍과 副總兵 解生의 明軍과의 싸움이다. 이 경우 일본 측 史料로서는 「黑田家譜 朝鮮陣記」「毛利家記」가 싸움의 경위를 구체적으로 기술한 것이며 또 「黑田文書」로서는 石田三成 등의 奉行衆이 稷山의 戰功을 秀吉에게 披露한 취지를 서술한 것과 軍 目付부터의 鼻請取狀이 있다.

또 조선 측 史料로서는 「朝鮮王朝實錄」「亂中雜錄」「事大文軌」(朝鮮王朝의 宣祖 및 光海君時期의 對明外交文書)가 싸움의 경위를 자세히 서술하고 있다.

이에 반해 명나라 측 史料로서는 「兩朝平攘錄」(明과 周辺의 異國·異域《四夷》와의 對外關係史에 대해서 정리한 명나라 측 文獻. 諸葛元聲 編)이 싸움의 줄거리를 기술한 것이지만 조선 측 사료와 같이 자세하지 않다. 또 「萬曆三大征考」(茅瑞徵·王士琦撰)副總兵解生 등이 忠淸道 稷山·京畿道 水原에 伏兵을 配置해서 倭兵을 斬獲했다고 기록한 것에 그치고 있다. 그리고 「明實錄」에는 稷山의 싸움에 대해서 기술은 보이지 않는다.

2) 蔚山 倭城 攻防(蔚山의 籠城)에 관한 史料에 대해서

또 1597(宣祖30)年 12月末부터 다음해 1598(宣祖31)年 1月 초순 사이의 蔚山 倭城 攻防(蔚山의 籠城) 경우 조선 측 史料(「朝鮮王朝實錄」「再造藩邦志」)는 사건의 經緯를 자세히 일일 순서 있게 기술하고 있다. 이에 반해 명나라 측 史料는 蔚山 攻擊의 前段階 시점과 攻擊開始 후의 다음날(12月 24日) 기술만이 있다.

「明實錄」에 의하면 1597(宣祖30=萬曆25)年 11月 28日, 漢城에 著陣한 明經略邢玠는 宣府·大同·延綏·浙江의 병사를 3大隊로 편성해서 攻擊 목표를 蔚山 築城 중의 加藤淸正으로 정했다「明神宗實錄」萬曆25年 12月 丁亥)로 간단한 기술로 끝났다.

이에 반해 「兩朝平攘錄」은 ①1597(宣祖30=萬曆25)年 11月 29日(「明實錄」은 28日로 됨), 漢城에 著陣한 明經略邢玠는 軍務經理 楊鎬·提督 麻貴와 動兵(이 경우는 蔚山 在陣의 加藤淸正勢에의 襲擊)을 검토한 것, ②宣府·大同·遼薊·延綏·保定·浙江의 4萬 정도의 兵馬와 조선의 兵力을 3大隊로 編成한 것, ③大將軍砲·火箭 등의 火器·火藥을 준비한 것 등을

수치를 들어 기술하고 있다.(「兩朝平攘錄」4).

그리고 蔚山 攻擊 직후인 1597(宣祖30)年 12月 20日에 대해서 「明實錄」에 의하면 慶州에 明軍을 집결시킨 提督 麻貴는 蔚山을 攻擊한 경우 釜山 방면에서 倭軍의 救援이 想定되는 것으로 해서 水陸路의 防備를 강화하는 것으로 했다고 하며 「兩朝平攘錄」도 거의 동일한 기술을 하고 있다(「明神宗實錄」萬曆25年 12月 丁亥.「兩朝平攘錄」4).

게다가 蔚山 攻擊이 시작한 다음날 12月 24日의 상황에 대해서 「明實錄」은 ①蔚山 倭城의 수비가 강하고 石垣은 堅固하게 쌓아져 쳐들어오는 明兵의 대다수가 부상을 당했다는 것, ②倭軍은 水와 兵糧이 不足하며 포위를 견고히 한다면 싸우지 않고 淸正을 잡을 수 있다고 서술하고 있으며 (「明神宗實錄」萬曆26年 1月 丁亥), 籠城이 끝날 때까지 이 이외에 명나라 측 史料는 보이지 않고 조선 측 史料와 일본 측史料에 의해 史實이 구성되어 간다.

3) 거짓 降伏使節 內藤如安에 관한 史料에 대해서

1594(萬曆22)年 12月, 거짓의 秀吉 降伏使節 內藤如安 등이 北京에 도착해서 明兵部로부터 16項目의 詰問을 받은 것에 대해서 경위를 살펴보자.

* 1594(萬曆22)年 12月 7日, 秀吉降伏使節 內藤如安 등의 일행, 北京에 도착했다(史料31「兩朝平攘錄」).
* 1594(萬曆22)年 12月 14日, 秀吉 降伏使節 內藤如安 등 明皇帝에 朝見. 皇帝, 秀吉(=倭軍)은 어떤 목적으로 조선을 침범해 戰敗에 이르러도 더욱 釜山에 駐留하는가, 册封을 구하는데 있어 誠僞를 상세히 하지 않으면 안 된다. ①行長에게, 倭軍은 釜山에 머물지 않으며 모두 본국으로 돌아갔으며 陣營을 소각하도록 전해라, ②

조선에게, 倭軍의 完全 撤退를 끝까지 지켜보고 나서 그 뜻을 奏
上하도록 전해라고 말했다(史料32「明神宗實錄」).

*皇帝의 명에 의해, 內藤如安을 入朝시켜 다수의 官人(明兵部)에 面
議시켜 ①倭軍은 전부 본국으로 돌아갈 것, ②秀吉을 冊封하지만
貢市(通商)는 허락지 않고, ③조선을 침범하지 않고 조선과 함께
明에 聽從할 것을 명세하게 했다(史料33「明史」《外國 朝鮮》).

*1594(萬曆22)年 12月 11日, 內藤如安은 鴻臚寺(外國, 朝貢來聘, 凶
儀·祠廟에 관한 사항 등을 감독하는 官衙)로 禮를 배우고 14日 朝
見 後 兵部의 官人과 東闕(左闕)에 이르러 筆箚를 받아 和議3條件
을 썼다. ①釜山에 駐留하는 倭軍은 한 사람도 朝鮮에 머물지 말
고 또 對馬에도 머물지 말고 멀리 본국으로 돌아갈 것 ②冊封 외
의 다른 貢市(通商)를 청하지 말 것, ③조선과 修好하고 함께 明의
屬國이 되어 다시 侵犯하지 않을 것(史料34「兩朝平攘錄」).

☆☆이처럼 明兵部 尙書石星 등 內藤如安에게 ①秀吉을 冊封한 후
釜山浦 周辺에 駐屯하는 日本軍을 對馬에 머물지 말고 歸國할 것, ②秀
吉은 冊封 외 貢市를 구하지 않고 ③일본은 조선과 修好해서 함께 明의
屬國이 되어 他國을 범하지 말 것, 라는 和議3條件을 제시해서 如安이
이를 받아들였다는 것은 「明實錄」, 「明史」, 「兩朝平攘錄」에 동일하게
기술되어 있다.

그러나 1594(萬曆22)年 12月 20日 明兵部 尙書石星 등이 內藤如安에
게 倭軍이 조선을 침범한 이유 등 16項目을 責問한 것에 대해서 「明實
錄」은 기술이 없다. 그 問答의 모습은 「經略復國要編」과 「兩朝平攘錄」
에 있어 있으며 이처럼 중요한 것이 「明史」와 비견해서 國家의 正史라
고도 할 수 있는 「明實錄」에 수록되어 있지 않는가, 검토의 여지가 있다.
단 明皇帝가 秀吉의 冊封을 허락했다는 기술은 「明實錄」에 있다.

* 1594(萬曆22)年 12月 20日, 明兵部, 內藤如安에게 倭軍의 조선 침범 이유 등 16項目을 責問(史料35「經略復國要編」, 史料36「兩朝平攘錄」).

* 1595(萬曆23)年 1月 2日, 明皇帝, 秀吉을 책봉해서 日本國王으로 칭하는 것을 허락하다(史料37「明神宗實錄」).

4)「明實錄」과「朝鮮王朝實錄」에 대해서,

둘 다 국가의 正史라고도 할 수 있는 史書이지만「朝鮮王朝實錄」을 읽은 경우 명나라에 대해서의 기술은 상세하다. 이에 반해「明實錄」의 경우 조선에 관한 기술은 간략하다. 그것은 조선에 관해서 뿐만 아니라 四夷의 國·地域에 대해서의 기술도 간략하다. 이를 어떻게 생각하는가?

개인적 생각으로는 조선은 명나라에 대해서 事大의 자세를 취하고 있었으며 그것만으로 명나라의 동향을 자세히 파악하지 않으면 안 되는, 기세,「朝鮮王朝實錄」의 명나라에 대해서의 기술은 구체적이다. 한편 명나라는 조선뿐만 아니라 四夷의 各國이나 地域에도 對應하지 않으면 안 되고 그 모든 國·地域에 관한 것 일을「朝鮮王朝實錄」이 명나라와의 관계에 대해서 매우 상세히 한 것과 같은 기술은 불가능에 가깝다고 생각한다.

壬辰倭亂に關する日本・韓國・中國の 史料とその特質

北島万次(前 日本 共立女子大學)

はじめに

　今回の学術会議の主題は、日本・韓国がお互いをどのように記録したのか
であり、私に与えられたテーマは「韓・中・日3国の壬辰倭乱に関する記録」で
あった。これにより、私は壬辰倭乱の史実を素材として、日本と朝鮮、さらに
明の史料の遣り方とその特質について述べ、この学術会議の主題に応えたい
と考える。この場合、朝鮮・日本・明3国が互に関わりあう場面は、戦闘あるい
は外交折衝の場面である。そこで壬辰倭乱におけるいくつかの戦闘場面をとり
あげ、朝鮮・日本・明3国の史料によって、史実がどのように構成されるのかを
見てゆきたい。

第1章 1592(宣祖25)年7月17日(日本暦16日) 第1次平壌の戦いに關する史料とその特質

　　これは遼東副総兵祖承訓・遊撃史儒らが小西行長の拠る平壌を攻めて、反撃に遭遇し、敗北した戦闘である。この出来事について、日本・朝鮮・明3国の史料はどのような記述をしているのであろうか。まず朝鮮側史料からみてゆく。

1. 朝鮮・日本・明 各國史料の内容と特質

A. 朝鮮側史料

＊「朝鮮王朝實錄」

1) 1592(宣祖25)年6月26日、朝鮮礼曹判書尹根寿が朝鮮救援のため鴨緑江を渡った遼東副総兵祖承訓に挨拶したさい、祖承訓は「明と朝鮮は唇歯の国(利害関係が緊密な国)であり、事変があれば互に救い合うのは当然」と言った(史料1)。

2) ＊その後、平安北道嘉山に至った祖承訓は、平壌に倭軍がなお在城しているのを知り、「天、我が成功を助けるか」と言って乾杯し、平壌に迫った(史料2-a)。

　　＊平壌に迫った祖承訓らは、七星門から平壌城に突入したものの、銃撃を浴びて敗北した(史料2-b)。

　　＊この時、祖承訓は安州に逃れ(史料2-c)、ついで遼東に還り、遼東鎮に「朝鮮兵の一陣が倭軍に投降したため、戦況が不利となった」と朝鮮を誣告した(史料2-d)。

3) 1592(宣祖25)年7月17日、副総兵祖承訓・游撃将軍史儒ら平壤に迫る。史儒、先頭となって戦うも、銃弾を受けて戦死し、明軍は崩れた。祖承訓は軍を撤退させた(史料3-a)。

*このため、朝鮮側は兵曹参知沈喜寿を遼東九連城の副総兵楊紹勲のもとへ派遣し、祖承訓に平壤奪回することを願った。ところが楊紹勲は沈喜寿に叱責を加えた。「これまで、どこに大国が小国の為に多くの兵馬を動員し、小国の急難を救済したものがあるだろうか。ところが朝鮮の将官らはこの恩を忘れ、皆な落後して戦おうとしない。ただ明兵だけが倭軍と戦った。また、倭軍の中に鉄砲隊が多くいること(多有善射者)を、朝鮮側が明軍に知らせなかったのはどういうことか。また祖承訓のメモによれば、朝鮮兵の中で倭軍に内応したものがあるというではないか」と(史料3-b)。

*「壬辰日録」
朝鮮の都体察使柳成竜と都元帥金命元は、祖承訓に「雨が降って道路が滑るので、急撃は好ましくない」と忠告したが、祖承訓は「倭賊は蟻・蚊のようなものだ」と言ってこの忠告を聞き容れなかった(史料4)。

B. 日本側史料

*「朝鮮陣記」
祖承訓が兵5,000を率いて平壤を攻めた。その日、大雨であり、城中の守備も怠りがちであった。このため、遼東兵6~70人が七星門より突入したものの、城内の通路は狭く、曲がりくねっているので、馬を思うように走らせることができなかった。そこへ倭軍が銃撃を浴びせ、明兵の戦死者は多く、祖承訓は退却した(史料5)。

C. 明側史料

*「明史」

1) 1592(万暦20、宣祖25)年7月甲戌(17日)、祖承訓は平壌で倭軍と戦い、敗績した(史料6)。

2) 平壌で遊撃将史儒らは戦死した。祖承訓は兵を率いて(史儒ら)を援護しようとしたが、僅かに身をもって戦死) を免れた(史料7)。

*「明実録」

1) 祖承訓の平壌攻略失敗の報を受けた兵科給事中許弘綱は祖承訓平壌敗北の責任を糾弾した。すなわち、祖承訓は機会をみて行動するという慎重さに欠け、戦功を貪るあまり、敗北を喫した。このことは遼東軍全体を落胆させ、倭軍の勢力をますます強大にさせてしまったという(史料8)。

2) 1592(万暦20)年7月3日、明兵部都給事中許弘綱、皇帝に、①中国の禦倭は門庭があたるべきであること、②四夷である朝鮮は藩屏にすぎず。明がその朝鮮のために守ることはない。③朝鮮が兵禍を蒙れば、愍諭し赴援するのみと進言(史料9)。

2. 第1章 のまとめ

これまでのデータで、1592(宣祖25)年7月17日(日本暦16日)に起った第1次平壌の戦いの経緯について、次のように構成できる。

* 1592(宣祖25)年6月26日、朝鮮救援のため鴨緑江を渡河した遼東副総兵祖承訓に朝鮮礼曹判書尹根寿が挨拶したさい、祖承訓は「明と朝鮮は唇歯の国(利害関係が緊密な国)であり、事変があれば互に救い合うのは当然

」と言った(史料1「朝鮮王朝宣祖実録」)

* その後、平安北道嘉山に着陣した祖承訓は、平壌に倭軍がなお在城している
  のを知り、「天、我が成功を助けるか」と言って乾杯し、平壌に迫った(史
  料2-a「朝鮮王朝宣祖修正実録」)。

** 急激に平壌城に迫ろうとする祖承訓に対し、朝鮮の都体察使柳成竜と都
   元帥金命元は「雨が降って道路が滑るので、急撃は好ましくない」と忠告し
   たが、祖承訓は「倭賊は蟻・蚊のようなものだ」と気負って兵を進めた(史料
   4「壬辰日録」)。

* 1592(宣祖25)年7月17日(日本暦16日)黎明、副総兵祖承訓・游撃将軍史儒・
  王守官等は平壌城七星門より強行突入した。馬は泥寧に足をとられ、明
  軍は小西行長・宗義智らの率いる倭軍の銃撃を浴びて敗北した。明将史
  儒、屍を平壌に曝し、祖承訓は安州に遁れ、遼東に還った(史料2-b・c
  「朝鮮王朝宣祖修正実録」、史料3「朝鮮王朝宣祖実録」、史料5~7「朝鮮
  陣記」・「明史」《本紀神宗》・「明史」《外国 朝鮮》)。

* 祖承訓の平壌攻略失敗について、兵科給事中許弘綱は祖承訓を糾弾した。
  すなわち、祖承訓は行動に慎重さを欠き、戦功を貪るあまり、敗北を喫し
  た。これにより、遼東軍全体は落胆し、倭軍をしてその勢力をさらに強大
  化させたという(史料8「明神宗実録」)。

* 一方、祖承訓は、遼東鎮に「朝鮮兵の一陣が倭軍に投降したため、戦況
  が不利となった」と朝鮮を誣告した(史料2-d「朝鮮王朝宣祖修正実録」)。

* 祖承訓が遼東へ撤兵したため、朝鮮側は兵曹参知沈喜寿を遼東副総兵楊
  紹勲のもとへ派遣し、祖承訓に今一度、平壌を攻略することを願った。こ
  れに対し楊紹勲は沈喜寿に、①朝鮮の将官らは大国(明)が小国(朝鮮)の
  為に兵馬を動員し、急難を救おうとして恩を忘れ、戦おうとしない。倭軍と
  戦ったのは明兵だけである。②朝鮮は倭軍の中に鉄砲隊が多くいること
  (多有善射者)を明軍に知らせなかった(そのため銃撃を受けた)。③祖承訓
  のメモによれば、朝鮮兵の中で倭軍に内応したものがあると、祖承訓の

誣告をあげて叱責した(史料3-b「朝鮮王朝宣祖実録」)。

第2章 1593(宣祖26)年1月6~9日(日本暦5~8日)
第2次平壤の戦いに關する史料とその特質

これは、朝鮮救援の明提督李如松が小西行長らの拠る平壤城を攻め、これを奪回した戦闘である。この戦闘の経緯についても、まず、朝鮮側史料からみてゆく。

1. 朝鮮・日本・明 各國史料の内容と特質

A. 朝鮮側史料

*「朝鮮王朝実録」

1) 1593(宣祖26)年1月6日、提督李如松は諸軍を率いて平壤に到り、諸将を部分けして平壤城を取り囲んだ。城北の牡丹峯に拠る倭軍が発砲してきた。李如松は一分隊に牡丹峯上に仰ぎ攻めるように見せかけさせ、倭軍が鉄炮を放ったならば、退却して誘い出し、倭軍が城を出て追撃してきたら、軍を回らせてこれを討った。その夜、倭軍は右営(遊撃将呉惟忠の営)を襲ったが、撃退された(史料10)。

2) 1593(宣祖26)年1月7日、明軍が普通門に迫って城を攻め、退却すると見せかけて、倭軍をおびき出し、これを討った(史料11-a)。

*1593(宣祖26)年1月8日、明軍は平壤城の西北側にあたる牧丹峯・七星門・普通門、南側の含毬門から城攻めをする(史料11-b)。

*夕方、李如松は兵を一旦退かせ、通事張大膳を小西行長のもとに遣わし

てつぎのように言わせた。「我が兵力を以てすれば、汝ら倭軍を一挙に
殲滅するのは簡単である。しかし、尽く人命を殺すのは忍びない。しば
らく我が兵を退かせ、汝らの逃げ道を開いてやろう」と(史料11−c)。こ
れに対して、行長は退軍を願い、さらにその退路を遮らないことを願っ
た。李如松はこれを了承した(史料11−d)。

＊1593(宣祖26)年1月9日、提督李如松は諸軍を率いて平壌に入城した(史
料11−e)。

＊「乱中雑録」
1593(宣祖26)年1月8日、平壌城を囲んだ明軍は火器をもって平壌の城舎
を焼き払い、多くの倭兵が焼け死んだ。残りの倭兵は牧丹峰の土窟に籠っ
て防備を固めたが、夕方、明軍の兵が一旦退くや、その夜半、行長らは
平壌城から逃れた(史料12)。

＊「壬辰録」
＊1593(宣祖26)年1月6日早朝、李如松率いる明軍は平壌城を囲んだ。都元
帥金命元の率いる約8000の朝鮮軍もこれに従った。一方、倭軍は城北の
牡丹峰に大将旗を立て、螺を吹き、鼓を鳴らして城を巡廻していた。如松
は南兵を牡丹峰に行かせ、攻めるとみせて、鉄盾などを棄てて退却し、倭
兵をおびき寄せた。誘いに乗った倭兵が追撃に出たところを、明軍は逆襲
した。その夜、倭軍は明の軍営を襲撃したが、明軍はこれに反撃した(史
料13−a)。

＊1593(宣祖26)年1月7日、李如松は普通門の前に陣を構え、朝鮮防禦使鄭
希賢・金応瑞に兵を率いて城壁を登らせたところ、倭軍はこれに襲撃を加え
た。鄭希賢・金応瑞は退却とみせて、これを誘い出し、兵をめぐらしてこれ
を撃破した。この夜、また倭軍の精鋭800ほどが李如松の軍営を襲撃した
が、これも撃退された(史料13−b)。

＊1593(宣祖26)年1月8日、李如松は城攻めの軍を3隊に分け、つぎに明軍は
さまざまな火器を一斎に放ち、城中では火災が起きた。ついで明兵は登城
を試み、攻防戦がはじまる(史料13－c)。

その後、李如松は行長に退去を勧告し、行長はこれを受け容れて、この日
の夜半、平壌から脱出した(史料13－d)。

B. 日本側史料

＊「吉野甚五左衛門覚書」

長陣により、米・味噌・酒・肴などが不足し、食糧としては粟と稷が有る程
度であった(史料14－a)。

1593(文禄2)年1月7日(明・朝鮮暦8日)、明軍の襲撃が始まり、倭軍は鉄
炮を撃てども撃てども、兵を入れ替え入れ替えする明軍の攻撃は続き、精魂
尽き果ててしまった。さらに、飯米倉と陣屋が焼かれ、深夜、平壌から脱出し
た(史料14－b, c)。

＊「大曲記」

鉄炮を撃ちまくって戦ったものの、明軍は大勢の兵を入れ替え入れ替え攻
めてきた。戦闘は朝6時から夕方4時まで続いたが、倭軍は精根尽き果て、そ
の夜、漢城めざして平壌を脱出した(史料15－a, b)。

C. 明側史料

＊「明史」本紀

李如松、平壌の倭軍を攻めて勝った(史料16)。

＊「明史」外国 朝鮮

李如松、諸将を督戦し、平壌に大捷す。行長、大同江を渡り、竜山に遁
還す(史料17)。

　＊「明史」列伝 李如松

＊1593(万暦21　宣祖26)年1月6日、李如松率いる明軍は平壌に到った(史料
　18－a)。

＊1593(万暦21　宣祖26)年1月7日、李如松は副総兵祖承訓の軍を平壌城の
　西南に潜伏させ、遊撃呉惟忠の軍をして牡丹峯を攻めさせ、みずからの
　軍には城の東南を攻めさせた(史料18－b)。ついで、如松は副将楊元等の
　軍に小西門より登り、副総兵李如柏等の軍に大西門より登るを命じた。この
　明軍は火器を一斎に発して焼き討ちにかかり、烟焔空を蔽うまでに至った
　(史料18－c)。この戦闘で明軍は倭兵の首級を1200ほど取った。行長は夜
　中に大同江を渡り、竜山に遁げ還った(史料18－d)。

　＊「明実録」
　「倭軍が朝鮮を占拠し、朝鮮の君臣は明に頼る。明皇帝は興師を命じ、明
軍は平壌に至り、擒斬する倭奴1600ほど、焚死・溺死したものは1万ほどであ
り、中国の威力は大いに振るえた」と、明兵部は皇帝に奏上している(史料19)。

2. 第2章 のまとめ

　これまでのデータで、1593(宣祖26)年1月6日から9日(日本暦5~8日)にわ
たった第2次平壌の戦いの経緯について、次のように構成できる。

＊　1593(宣祖26)年1月6日(日本暦5日)。李如松率いる明軍は平壌城を囲み、朝
　鮮側もこれに合流した。そして、李如松は兵を城際に迫らせ、倭軍を徴発
　し、倭軍が城を踰えてこれを追撃するや、兵をめぐらして逆襲した。また、
　倭軍もその夜、明の軍営に夜襲をかけるなどの小競合いがあった(史料13－
　a「壬辰録」、史料18－a「明史」《列伝 李如松》)。

* 1593(宣祖26)年1月7日(日本暦6日)。前日と同様に、明軍は普通門に迫って城を攻め、退却すると見せかけて、倭軍をおびき出し、これを討った(史料11−a「朝鮮王朝宣祖実録」、13−b「壬辰録」)。

* 1593(宣祖26)年1月8日(日本暦7日)。早朝、李如松は明・朝鮮軍の総力をあげて平壌城を囲む。副総兵査大受と遊撃将軍呉惟忠は牡丹峰、副総兵楊元と張世爵は七星門(平壌城の北門)、副総兵李如栢と参将李芳春は普通門、副総兵祖承勲と遊撃駱尚志は朝鮮軍の平安兵使李鎰・防禦使金応瑞らを従えて含毬門(平壌城の南門)から攻めた。倭軍は鉄砲を撃って応戦するも、兵を入れ替えながら迫る明軍の攻撃は続き、火器の襲撃は、粟と稷が僅かに残っている兵糧倉と城舎を焼き払い、倭軍は精根尽き果てる。

　晡時(午後4時)、李如松は兵を一旦退かせ、通事張大膳をつうじて、小西行長に、「我が兵力をもって汝ら倭軍を一挙に殲滅するのは簡単である。しかし、尽く人命を殺すのは忍びない。しばらく我が兵を退かせ、汝らの逃げ道を開いてやろう」と諭す。これに対して、行長は退軍を願い、さらにその退路を遮らないことを願った。李如松はこれを了承した。その夜半、小西行長らは大同江を渡って平壌を脱出した(史料11−b・c・d「朝鮮王朝宣祖実録」, 12「乱中雑録」, 13−c・d「壬辰録」, 14−a・b・c「吉野甚五左衛門覚書」, 15「大曲記」, 16「明史」《本紀 神宗》, 17「明史」《外国 朝鮮》, 18−c, d「明史」《列伝 李如松》)。

* 1593(宣祖26)年1月9日(日本暦8日)。李如松、諸軍を率いて平壌に入城(史料11−e)。

* 1593(万暦21)年2月1日(日本・明同暦)。明兵部、李如松の平壌戦捷を「中国の威力大いに振るえり」と皇帝に奏上(史料−19「明神宗実録」)。

第3章 1593(宣祖26)年1月25~27日(日本暦24~26日) ˋ
碧蹄館の戦いに關する史料とその特質

　平壌の戦いで勝利した明提督李如松は、その余勢を駆って漢城をめざして南下し、開城に到った。一方、漢城に在陣する倭軍は李如松の明軍を迎撃する作戦を立て、その場所を碧蹄駅とした。27日、李如松は漢城への進撃路を検分するため、開城から坡州を経て碧蹄駅の渓谷に到ったところ、小早川隆景・立花宗茂・吉川広家らの倭軍の銃撃をうけて敗北した。これにより、李如松は臨津江を越えて京畿道東坡へ退却し、戦意喪失した。この戦闘の経緯についても、まず、朝鮮側史料からみてゆく。

1. 朝鮮・日本・明各國史料の内容と特質

A. 朝鮮側史料

　*「再造藩邦志」
* 1593(宣祖26)年1月25日、提督李如松、副総兵査大受に前路を先行哨探させ、開城に着陣(史料20－a)。
* 1593(宣祖26)年1月27日、李如松、坡州に兵を駐屯させる(史料20－b)。
* 1593(宣祖26)年1月27日早朝、倭兵数百、弥勒院(「乱中雑録」はこれを「昌陵外」とする。昌陵は、現、高陽市昌陵洞)に出陣。明副総兵査大受は朝鮮京畿防禦使高彦伯とともに、数百騎を率いて進撃し、賊130級を斬る。これにより、査大受は提督李如松に、
　「倭賊はすでに気を奪われています。早く進軍してください」と進言した(史料20－c)。
* 査大受の進言により、提督李如松は配下の兵馬数十を率いて進軍し、三協

　　大将(楊元・李如栢・張世爵)らもそれに続いた。これらの明軍は恵陰嶺
　　(現、京畿道高陽市碧蹄洞)を踰え、倭陣を望見して進んだ。ここで李如
　　松は軍を二手に分けた(史料20-d)。

＊これに対し倭軍は旗を砺石峴(現、京畿道高陽市梧琴洞)に並べ立て、兵、
　　弱々しきを示して明兵を誘い込み、逃げると見せかけて、明兵を泥の中に
　　引きずり込んだ。泥濘に陥ちた馬は進むことができなかった。ここを倭軍が
　　襲撃した。李如松の率いる兵馬は北軍であり、火器は無く、ただ短剣を持つ
　　のみであり、正面から倭軍と戦おうとするものはいなかった(史料20-e)。

＊副総兵李如栢・参将李寧らは倭軍を夾撃し、参将李如梅は金色の鎧をまとっ
　　た倭将を射倒し、副総兵楊元は火砲隊を率いて倭軍の包囲網を粉砕し
　　た。これにより倭軍は退いたものの、大雨のため、漢城近郊の稲田は泥沼
　　となり、馬を馳せ巡らすことができず、人馬は互に踏みにじり合うこととなり、
　　兵器・甲冑などは路上に投げ捨てられた(史料20-f)。

＊一方、倭軍は山を背にし、漢水(昌陵河？)に面して、連珠のように布陣し、
　　飛楼(敵の城中を窺うに用いる高い楼閣。攻城の具)を立て、そこから銃撃
　　したため、明兵は退却し、李如松は坡州に還り、さらに東坡に退却しようと
　　した(史料20-g)。

　　＊「朝鮮王朝実録」

1)＊1593(宣祖26)年1月26日、提督李如松、臨津江を渡って坡州に兵を進め
　　る(史料21-a)。

　＊1593(宣祖26)年1月27日、李如松、漢城への通路を自ら詳細に調べようと
　　して、単騎、碧蹄に向かう(史料21-b)。

　＊李如松が先行偵探させた副総兵査大受・祖承訓および朝鮮京畿防禦使
　　高彦伯ら、迎曙駅(碧蹄館の北、楊州の駅院のひとつ)で倭兵と遭遇し、
　　600余級を斬る。これにより明軍、倭軍を軽視す(史料21-c)。

　＊先鋒が明軍に撃退されたことを知った倭軍の主力、総力をあげて砺石峴

(現、京畿道高陽市梧琴洞)に陣を張る。査大受、倭軍の勢力大なるを見て、碧蹄に退く(史料21－d)。

* 李如松、倭軍の様子を聞き、碧蹄へ向かうも、南浙の砲兵、未だ到らず。手下の1000余の精騎のみにて倭軍と交戦。倭軍、明兵の少なきを見て左右散出し、中堅を衝く。明兵、兵器・甲冑なく、徒手で搏戦するも、提督直属の兵は四散し、李如松は殿後となって還る(史料21－e)。

* 碧蹄敗北のさい、死する兵馬多く、李如松、これにより、再挙の計を為さず(史料21－f)。

2) * 副総兵査大受は兵数百を率い、朝鮮京畿防禦使高彦伯と共に先行偵探し、碧蹄の南、砺石峴で倭兵と遭遇し、100 余級を斬った。この知らせを受けた李如松は大いに喜び、親丁(直属の配下)の騎兵1000余を率い、碧蹄方面に赴き、大軍もこれに続いた(史料22－a)。

* 倭軍は大兵を砺石峴の後に伏兵として配置し、倭兵数百人のみを峴に立たせ、弱々しき様子を見せた。これを見た李如松は兵を進ませ、その倭兵は峴から下った。その直後、後ろから伏兵が起った。明兵の武器は短劍のみであり、火器は持っていなかった。また路は泥深く、騎馬を駆け巡らすこともできなかった。倭軍は長刀を奮って左右から攻め懸かり、明軍はこれに敵することができず、査大受を殿後として撤退し、暮、李如松は坡州に還った(史料22－b)。

* 碧蹄の敗北により、李如松は東坡に退却しようとしていた。これに対し、朝鮮都体察使柳成竜らは、「勝負は兵家の常事です。状況をみてあらためて進軍すべきです」と力争したが、李如松は「この地は雨後の泥濘となっており、駐軍に適さない。東坡に還って兵を休めて後、進撃しようと考えている」と言い、東坡に退却し、さらにその後、開城に退いた(史料22－c)。

* 「懲毖録」

* 朝鮮都体察使柳成竜は、「勝負は兵家の常事です。状況をみてあらためて

進軍すべきです」と力争したが、李如松は「この地は雨後の泥濘となっており、駐軍に適さない。東坡に還って兵を休めて後、進撃しようと考えている」と言ったが、明皇帝への奏本の草案には、「衆寡敵せず。私の病は甚だしく重い。提督の任務を他の人に替えていただきたい」とあった(史料23)。

B. 日本側史料

*「加藤光泰・貞泰軍功記」
* 平壌で戦捷した明軍が漢城奪取をめざす事態を迎えた漢城在陣の倭軍の間に、①漢城を引き払って釜山浦まで退くか、②漢城に籠城するか、③漢城の外で迎撃するかの論議あり。迎撃と決まる(史料24)。

*「立斎旧聞記」
* 平壌で戦捷した明軍が漢城奪取をめざす事態を迎えた漢城在陣の倭軍の間に、①漢城を引き払って釜山浦まで退くか、②漢城に籠城するか、③漢城の外で迎撃するかの論議あり。迎撃と決まる(史料25-a)。
* 1593(文禄2)年1月(朝鮮暦24日)、李如松、兵馬40万騎を率い、南大門から4~5里(朝鮮里、40~50里)の地点まで押寄せた(史料25-b)。
* 1593(文禄2)年1月24日(朝鮮暦25日)、先手として、加藤遠江守光泰・前野但馬守長康が3000余騎を率いて明軍の近くに迫ったものの、査大受率いる6~7000余騎の明軍と戦い、敗北した(史料25-c)。
* 1593(文禄2)年1月25日(朝鮮暦26日)、加藤光泰・前野長康派遣の斥候隊が査大受の明兵に破られたとの報告をうけた漢城在陣の倭軍、宇喜多秀家配下の兵8000人を斥候として派遣するも、終夜、柵を焼いて烽火をあげて、守りを固めるのみであった(史料25-d)。
* その後(注)、漢城在陣の諸大名の間に、誰を先手とすべきかの評議あり。小早川隆景、立花宗茂を推す。宗茂、これを承諾し、家中に趣旨徹底さ

せる(史料25-e)。

(注)「立斎旧聞記」(史料25-e)は立花宗茂が先手と決まった時を26日(朝鮮暦27
日)とするが、「再造藩邦志」(史料20-d)および「吉見元頼朝鮮日記」(史
料27)の早朝には戦闘が始まっており、「立斎旧聞記」(史料25-e)に26日
(朝鮮暦27日)とあるのは、25日(朝鮮暦26日)の誤りと考えられる。したがっ
て「その後」とした。

* 1593(文禄2)年1月26日(朝鮮暦27日)、立花宗茂は率いる3000余騎ヲ三手
ニ分けた。先陣は小野和泉・立花三左衛門率いる700 余騎、2陣は十時伝
右衛門・内田市正率いる500余騎、後陣は立花宗茂率いる2000余騎であっ
た(史料25-f)。
* 1593(文禄2)年1月26日(朝鮮暦27日)、午前6時(卯の刻)から午前10

時(巳の刻)まで戦闘が始まり、立花勢は十時伝右衛門をはじめとして、戦
死者300余人、明軍の戦死者2300余人であった(史料25-g)。

* 「立花朝鮮記」
* 1593(文禄2)年1月24日(朝鮮暦25日)、明軍偵察のため、加藤遠江守光泰・
前野但馬守長康が配下の兵を率いて明軍の近くに迫ったものの、査大受率
いる6~7000余騎の明軍と戦い、敗北した(史料26-a)。
* その後、漢城在陣の諸大名の間に、誰を先手とすべきかの評議あり。小早
川隆景、立花宗茂を推す。宗茂、これを承諾し、家中に趣旨徹底させる
(史料26-b)。
* 1593(文禄2)年1月26日(朝鮮暦27日)午前2時(丑の刻)、立花宗茂、家臣
十時伝右衛門らを斥候に出す。十時伝右衛門ら、漢城附近で明軍の伏兵
と接戦。これを撃退(史料26-d)。

* 1593(文禄2)年1月26日(朝鮮暦27日)午前4時(寅の刻)　、立花宗茂は率いる兵を三手に分けた。先備は小野和泉・立花三左衛、中備は十時伝右衛門・内田忠右衛門、後備は立花宗茂とした(史料26－c)。

* 1593(文禄2)年1月26日(朝鮮暦27日)、戦闘は午前6時(卯の刻)から始まり、立花勢は十時伝右衛門をはじめとして、手負死人100 余人を出すも、立花宗茂、2000余騎を率いて駆付け、明兵2000余人を討取るも、家臣池辺竜右衛門ら戦死。手負死人200 余人に及び戦闘は午前10時(巳の刻)まで続いた(史料26－f)。

* 1593(文禄2)年1月26日(朝鮮暦27日)、正午(午の刻)、小早川隆景は、先陣を立花宗茂勢、第2陣を小早川隆景勢、第3陣を宇喜多秀家勢に分けて明軍と対峙した。小早川隆景の先手粟屋四郎兵衛・井上五郎兵衛らの3000余の兵は備えを固めて、近付く明軍を待機した。また立花宗茂率いる3000余の兵は明軍を近くに引き付け、これを銃撃した(史料26－g、史料26－h)。

　*「吉見元頼朝鮮日記」

* 1593(文禄2)年1月26日(朝鮮暦27日)、漢城に在陣する4~5万の倭軍、明軍迎撃の陣立を編成。第1陣、立花宗茂勢。第2陣、小早川隆景勢。第3陣、毛利元康・小早川秀包勢ら(史料27－a)。

* 午前6時(卯の刻)、先陣の立花勢、明の騎馬隊と戦うも、十時伝右衛門(石田右衛門)をはじめとする戦死者多く、劣勢となる(史料27－b)。

* 劣勢となったところへ、小早川隆景勢の一手粟屋四郎兵衛ら、戦闘に加わり立花勢を救援(史料27－c)。

* その後(「立花朝鮮記によれば正午」)、小早川隆景・宇喜多秀家・黒田長政勢、戦闘に加わり、明軍敗北(史料27－d)。

C. 明側史料

*「明史」

1) 「明史」《本紀 神宗》。1593(万暦21)年1月27日、李如松が漢城に向けて進撃し、碧蹄館で倭軍と遭遇して敗績した(史料28)。

2) 「明史」《外国 朝鮮》。李如松は(平壌と開城)でことごとく勝ち、軽装備の騎馬を率いて碧蹄館に行き、敗れて開城に退いた(史料29)。

3) 「明史」《列伝 李如松》。1593(万暦21)年1月27日、李如松は、朝鮮人が「倭軍は漢城を棄てた」と告げたことを信じ、軽装備の騎馬を率いて碧蹄館に行き、俄に倭軍と遭遇し、囲まれて接戦となったが、明軍の意気喪失が甚だしく、また、大雨により、稲田は泥沼となり、馬を馳せ巡らすことができなかった。そこへ倭軍の銃撃が加わり、明軍は開城に退いた(史料30)。

*「明実録」は碧蹄館の敗北について、何も記していない。

2. 第3章 のまとめ

これまでのデータで、1593(宣祖26)年1月25~27日(日本暦24~26日)の間に起った碧蹄館の戦いの経緯について、次のように構成できる。

*1593(宣祖26)年1月25日(日本暦24日)、提督李如松、副総兵査大受に前路を先行哨探させ、開城に着陣(史料20-a「再造藩邦志」)。先行哨探にあたった査大受、兵数百を率い、朝鮮京畿防禦使高彦伯の先導により坡州を発ち、漢城への通路を斥候中、迎曙駅(碧蹄館の北、楊州の駅院のひとつ)で倭兵と遭遇し、600余級を斬る。これにより明軍、倭軍を軽視す(史料21-c「朝鮮王朝宣祖実録」)。

一方、漢城に在陣する倭軍の間では、明軍が平壤戦捷の余勢を駆って漢城奪取をめざす事態への対処として、①漢城を引き払って釜山浦まで退くか、②漢城に籠城するか、③漢城の外で迎撃するかの論議あり、迎撃と決まる(史料24「加藤光泰・貞泰軍功記」, 史料25-a「立斎旧聞記」)。これにより、明軍の様子を探るため、先手として、加藤遠江守光泰・前野但馬守長康が3000余騎を率いて明軍の近くに迫ったものの、漢城附近の弥勒院(昌陵の東方に位置す。昌陵は、現、高陽市昌陵洞)で査大受率いる6~7000余騎の明軍と戦い、敗北した(史料25-c「立斎旧聞記」, 史料26-a「立花朝鮮記」)。ここで査大受は提督李如松に「倭賊はすでに気を奪われています。早く進軍してください」と進言した(史料20-c「再造藩邦志」)。

一方、加藤光泰・前野長康派遣の斥候隊が査大受の明兵に破られたとの報告をうけた漢城在陣の倭軍は宇喜多秀家配下の兵8000人を斥候として派遣するも、終夜、柵を焼いて烽火をあげて、守りを固めるのみであった(史料25-d「立斎旧聞記」)。

このため、漢城在陣の諸大名の間に、誰を先手とすべきかの評議あり。小早川隆景、立花宗茂を推す。宗茂、これを承諾し、家中に趣旨徹底させる(史料26-b「立花朝鮮記」)。

* 1593(宣祖26)年1月26日(日本暦25日)、提督李如松は臨津江を渡って坡州に兵を進め、翌27日まで駐屯する(史料21-a「朝鮮王朝宣祖実録」, 史料20-b「再造藩邦志」)。

* 1593(宣祖26)年1月27日(日本暦26日)、午前2時(丑の刻)、立花宗茂、家臣十時伝右衛門らを斥候に出す。伝右衛門らは漢城近くの砺石峴(現、京畿道高陽市梧琴洞)で、明副総兵査大受・朝鮮京畿防禦使高彦伯らの明・朝鮮軍と接戦となった。その後、十時伝右衛門らは忍び者(細作人、間者)を漢城に待機する立花宗茂のもとに遣わし、「明軍1万余騎ほどが午後8時(初更)より押し寄せ、伏兵を配置して待ち構えている。夜が明ければ、明

の大軍が続々と押し寄せて来ると思われるので、早く兵を出して明軍の先
勢を追払うべきである」と伝えた。立花宗茂は兵を率いて漢城から3里(朝鮮里
30里)ほど出たところで夜明けとなった(史料26−d「立花朝鮮記」)。

　午前4時(寅の刻)、立花宗茂は率いる3000余騎ヲ三手ニ分けた。先陣は
小野和泉・立花三左衛門率いる700　余騎、2陣は十時伝右衛門・内田市
正(忠右衛門)率いる500　余騎、後陣は立花宗茂率いる2000余騎であった
(史料25−f「立斎旧聞記」，史料26−c・d「立花朝鮮記」)。ついで午前6時
(卯の刻)、前日の初更(午後8時)より、漢城に近い砺石峴に押し寄せて来
た査大受率いる明軍と立花宗茂勢の戦闘が始まった。戦闘は午前11時
(巳の半)まで続き、立花勢は十時伝右衛門をはじめとして、300余人の戦
死者を、明軍は2300余人の戦死者を出した(史料25−e・f・g「立斎旧聞記」，
史料26−e・f「立花朝鮮記」，史料27−b・c「吉見元頼朝鮮日記」)。

先に「倭賊はすでに気を奪われています。早く進軍してください」という査大
受の進言により、提督李如松は漢城への通路を自ら詳細に調べようとし
て、配下の兵馬数十を率いて碧蹄に向かい、三協大将(楊元・李如栢・張
世爵)らもそれに続いた。これらの明軍は恵陰嶺(現、京畿道高陽市碧蹄
洞)を踰え、倭陣を望見して進んだ。ここで李如松は軍を二手に分けた(史
料20−c・d「再造藩邦志」，史料21−b「朝鮮王朝宣祖実録」)。

一方、小早川隆景は漢城在陣の倭軍4~5万を明軍迎撃の陣立に編成して
いた。すなわち、先陣した立花宗茂勢についで、第2陣を小早川隆景
勢、第3陣を宇喜多秀家・毛利元康・小早川秀包勢らとした。そして、この
日の正午(午の刻)、小早川隆景勢以下の倭軍は立花勢と合流した(史料
27−a・d「吉見元頼朝鮮日記」，史料26−g「立花朝鮮記」)。

ついで倭軍は大兵を砺石峴の後に伏兵として配置し、旗を砺石峴に並べ
立て、倭兵数百人のみを峴に立たせ、弱々しき様子を見せた。これを見
た李如松は兵を進ませ、その倭兵は峴から下って、明の兵馬を泥の中に
引きずり込んだ。その直後、背後から伏兵が起った。この時、李如松の

率いる兵馬は北軍であり、南浙の砲兵は未だに到っておらず、主要な武器は短剣のみであり、李如松は手下の1000余の精騎のみにて倭軍と交戦することとなった。しかし、泥濘に陥ちた馬は進むことがでず、そこを倭軍が襲撃した。明兵は兵器も甲冑もなく、徒手で博戦するも、提督直属の兵は四散した。

一方、明軍の先鋒をつとめる副総兵李如栢・参将李寧らは倭軍を夾撃し、参将李如梅は金色の鎧をまとった倭将を射倒し、副総兵楊元は火砲隊を率いて倭軍の包囲網を粉砕した。これにより倭軍は退いたものの、大雨のため、漢城近郊の稲田は泥沼となり、馬を馳せ巡らすことができず、人馬は互に踏みにじり合うこととなり、兵器・甲冑などは路上に投げ捨てられた。

倭軍は山を背にし、漢水(昌陵河?)に面して、連珠のように布陣し、飛楼(敵の城中を窺うに用いる高い楼閣。攻城の具)を立て、そこから銃撃した。これにより李如松は査大受を殿後として撤退し、暮、李如松は坡州に還り、さらに東坡に退却しようとした(史料20－e・f・g「再造藩邦志」、史料21－e「朝鮮王朝宣祖実録」、史料22－b「朝鮮王朝宣祖修正実録」)。

＊碧蹄館の戦いのあと、朝鮮都体察使柳成竜は「勝負は兵家の常事です。状況をみてあらためて進軍すべきです」と力争したが、李如松は「この地は雨後の泥濘となっており、駐軍に適さない。東坡に還って兵を休めて後、進撃しようと考えている」と言い訳をした。ところが、明皇帝への奏本の草案には、「衆寡敵せず。私の病は甚だしく重い。提督の任務を他の人に替えていただきたい」とあった。このあと、李如松は東坡に退却し、さらに開城に退いた(史料22－c「朝鮮王朝宣祖修正実録」、史料23「懲毖録」)。

總 括

これまで、①1592(宣祖25)年7月17日(日本暦16日)、遼東副総兵祖承訓らが小西行長の拠る平壌を攻めて敗北した第1次平壌の戦い、②1593(宣祖26)年1月6~9日(日本暦5~8日)、明提督李如松率いる明・朝鮮軍が小西行長らの拠る平壌城を攻め、これを奪回した第2次平壌の戦い、③1593(宣祖26)年1月25~27日(日本暦24~26日)、平壌戦捷の余勢を駆って漢城をめざして南下する李如松が碧蹄駅で倭軍の反撃に遭遇して敗北し、戦意喪失した碧蹄館の戦いについて、その史実が朝鮮・日本・明3国の史料によって、どのように構成されるかをみてきた。

その場合、史料の遺され方、史料の記述内容にそれぞれ特徴のあることが知られる。

A. 朝鮮側史料

1) 第1次平壌の戦いの場合。祖承訓の鴨緑江渡河から平壌攻略失敗までの過程における具体的な出来事とその期日および地域名、祖承訓・史儒以外の明将名、遼東の朝鮮救援軍と接した朝鮮官人の様子、祖承訓が平壌敗北の原因は朝鮮側にありと誣告ことなどが詳細に記されている(「朝鮮王朝実録」「壬辰日録」)。

2) 第2次平壌の戦いの場合。1593(宣祖26)年1月6日から9日までの間、提督李如松および明将の動きや戦闘の駆け引き、明軍が平壌城に突入した場所(門)、倭軍の反撃から平壌撤退までの動きなどを具体的に示している(「朝鮮王朝実録」「壬辰録」「乱中雑録」)。

3) 碧蹄館の戦いの場合。
  * 提督李如松の動きについては、1593(宣祖26)年1月25日、平壌から開城に着陣し、翌26日、坡州に進駐したこと、そして、同月27日、査大受の進

言により、わずかの手勢で碧蹄をめざし、倭軍の伏兵に遭遇し、敗退した経緯、さらに「勝負は兵家の常事です。状況をみてあらためて進軍すべきです」という柳成竜の要請には応えず、戦意を喪失した経緯などを具体的に記している(「再造藩邦志」「朝鮮王朝実録」「懲毖録」)。

＊この時の明軍の動きについては、李如松の開城着陣に先だって、先行哨探にあたった査大受の兵が、漢城への通路を斥候中、倭兵と遭遇し、これを撃退したことにより、先の平壌の戦捷もあり、明軍は倭軍を軽視するようになったこと、これが査大受の進言により、李如松をして軽装備のまま碧蹄館に向かわせ、敗北の羽目に陥らせる結果となったこと、そして、同月27日早朝から始まった戦闘では、伏兵を配置した倭軍が砺石峴に若干の兵を並べて弱々しき様子をみせて、明軍を泥沼に誘い込み、騎馬の動きを封じ、伏兵の襲撃を受けたことなどが具体的に記されている(「再造藩邦志」「朝鮮王朝実録」)。

＊朝鮮側史料には、事の経緯を記す中で、具体的な地名が出てくる。例えば、同月25日、査大受と高彦伯勢が倭軍の斥候加藤光泰・前野長康勢と弥勒院附近で戦い、130　余級を斬ったこと、また、同月27日、李如松および三協大将(楊元・李如栢・張世爵)らの明軍が碧蹄館の北方に位置する恵陰嶺を蹂えたことなどである(「再造藩邦志」)。これらのことは朝鮮側史料でなくては分からない。

B. 日本側史料

1) 第1次平壌の戦いの場合。この局面での日本側史料は少ない。「朝鮮陣記」は対馬の宗氏関係の史料であるが、遼東軍の兵力数と平壌城侵入のルート、気象条件、銃撃の様子などが簡潔ではあるが、要点を抑えている。

2) 第2次平壌の戦いの場合。ここにあげた二つの史料のうち、「吉野甚五左衛門覚書」は、平戸領主松浦鎮信の家臣吉野甚五左衛門の朝鮮従軍記録

である。松浦鎮信は小西行長を主将とする第1軍に加わり、行長とともに平壌に駐留していた。したがって、「吉野甚五左衛門覚書」は平壌の戦いで敗北したものの体験を記したものである。また「大曲記」は松浦家家臣大曲藤内が松浦隆信の事績についてまとめた覚書であり、松浦隆信の体験を載せている。これらの史料は、ともに武器・兵糧不足、明軍に比べて劣勢な兵力数、平壌脱出に至る経緯など、敗北した側の様子が具体的に記されている。これは朝鮮側史料にも、明側史料にもみられないことがらである。

3) 碧蹄館の戦いの場合。

*ここにあげた日本側史料、すなわち、「加藤光泰・貞泰軍功記」は加藤光泰・貞泰の事績をまとめたもの、「立斎旧聞記」は立花宗茂の伝記、「立花朝鮮記」は立花宗茂に従軍した天野源右衛門貞成の覚書、「吉見元頼朝鮮日記」は毛利輝元の重臣である津和野城主吉見元頼の朝鮮における動向を元頼家臣下瀬頼直が記した日記である。これらの史料はこの戦闘に参戦したものの体験記録である。

このうち、「加藤光泰・貞泰軍功記」・「立斎旧聞記」によれば、漢城奪回をめざして南下する李如松の動きを察知した漢城在陣の倭軍の間で、漢城撤退か、漢城籠城か、迎撃かの論議があり、迎撃と決まったこと、このような倭軍内部の作戦に関する経緯、これは朝鮮側史料にも、明側史料にもみられないものである。

* また、「立斎旧聞記」・「立花朝鮮記」・「吉見元頼朝鮮日記」によれば、1593 (宣祖26)年1月27日(日本暦26日)、すなわち碧蹄館の戦いの当日、午前2時(丑の刻)に立花宗茂勢の中から斥候が出たこと、午前4時(寅の刻)、立花宗茂は率いる3000余騎ヲ三手ニ分けたこと、午前6時(卯の刻)から午前11時(巳の半)まで査大受率いる明軍と立花宗茂勢の戦闘があったこと、正午(午の刻)、小早川隆景勢以下の倭軍は立花勢と合流し、戦闘はあらた

な局面を迎えたことなど、時刻を示して戦闘の経緯を詳しく理解できる。これは戦闘に加わっていた当事者でなければ記せないことである。

* さらに日本側史料では、この戦闘に参戦した人物の具体的な名前が出てくる。例えば1593(宣祖26)年1月25日(日本暦24日)、明軍迎撃の決定により、斥候として加藤光泰・前野長康が送られたこと、27日(日本暦26日)に立花宗茂が陣立てしたさいにみられる家臣の具体名とその活躍の様子などが克明に記されており、同じく27日の後半には、立花勢と合流した小早川隆景・毛利元康・筑紫広門・吉川広家・黒田長政らの名が出てくる。この場合、立花宗茂家臣の人名が頻繁に出てくるのであるが、それは「立斎旧聞記」も「立花朝鮮記」も、立花勢の武勇の程を明らかにする目的でまとめたものであることによる。

C. 明側史料

1) 第1次平壌の戦いの場合。この戦闘について、明側史料の記述は簡略であり、詳細をきわめた朝鮮側史料とは対蹠的(正反対)である。「明史」の場合、副総兵祖承訓が平壌で敗北し、遊撃将史儒は戦死したと記されているのみである。また「明実録」は明兵部による祖承訓糾弾の記述に終始している。これら明側史料には、戦闘の経緯、なぜ敗北したのかについての記述はみられない。

2) 第2次平壌の戦いの場合。この戦闘は明軍が勝利した戦いであり、祖承訓が敗北した第1次平壌の戦いの場合とは、史料の記述内容が異なっている。「明史」の《本紀 神宗》および《外国 朝鮮》は、李如松が平壌で大捷したと記すのみであるが、「明史」の《列伝 李如松》は、1593(万暦21)年1月6日、李如松が平壌に着陣し、翌日から平壌城攻撃が始まったさいの部将の動き、戦闘の成果から行長の平壌脱出に至るまで具体的に記述され、李如松をえる内容になっている。そして「明実録」によれば、明兵部が

李如松の平壤戦捷を明の国威を高めたものとして、皇帝に奏上しており、先の祖承訓糾弾の場合とは対蹠的である。

3) 碧蹄館の戦いの場合。

* 「明史」《本紀 神宗》は、1593(万暦21)年1月27日、漢城をめざした李如松が碧蹄館で倭軍と遭遇し敗れた、と記すのみである。

「明史」《外国 朝鮮》は、李如松は(平壤と開城)でことごとく勝ち、軽装備の騎馬を率いて碧蹄館に行き、敗れて開城に退いた、と記すのみである。

「明史」《列伝 李如松》は、朝鮮人が倭軍が漢城を棄てたと告げたこと、これを李如松が信じたことにより、碧蹄館で敗北するに至ったと、責任を朝鮮に転嫁する内容となっている。

* 「明実録」は碧蹄館の敗軍を忌み嫌う故か、碧蹄館の戦いについて何も記していない。

☆☆ 朝鮮・日本・明3国史料による史実の全体像把握をめざして－今後の
　　 課題－

これまで検討してきたように、それぞれの戦いの経緯、時日、地域・場所、武器・兵糧・作戦など各軍の内部事情、人物などについて、3国史料固有の記述内容がある。戦争・外交など対外関係史研究の場合、それを1国の史料のみに頼った場合、全体像は把握できない。関係諸国の史料の遺り方と特質をふまえて、何時、何処で、誰が、何があったのか(何をしたのか)、何故か、という歴史認識の基本にもとづいて、史実を構築したいものである。

補　論

1) 稷山の戦いに關する史料について

　これまで、①第1次平壌の戦い、②第2次平壌の戦い、③碧蹄館の戦いの事例をつうじて、朝鮮・日本・明、それぞれの史料をあげて整理してみた。そこで気付くのは、明側史料の記述が簡略なことである。

　それはここで扱った1593(宣祖26)年1月の一連の戦いだけでなく、第2次平壌の戦い・幸州の戦いと並んで、「朝鮮三大戦」と評価されている1597(宣祖30)年9月の稷山の戦いについても同様なことが言える。　この稷山の戦いは黒田長政率いる倭軍と副総兵解生率いる明軍との戦いである。この場合、日本側史料としては、「黒田家譜　朝鮮陣記」「毛利家記」が戦いの経緯を詳しく記したものであり、また「黒田文書」としては、石田三成らの奉行衆が稷山の戦功を秀吉に披露した旨を述べたものと、軍目付からの鼻請取状がある。

　また、朝鮮側史料としては、「朝鮮王朝実録」「乱中雑録」「事大文軌」(朝鮮王朝の宣祖および光海君時期の対明外交文書)が戦いの経緯を詳しく叙述している。

　これに対し、明側史料としては、「両朝平攘録」(明と周辺の異国・異域《四夷》との対外関係史についてまとめた明側の文献。諸葛元声編)が戦いのあらましが記されているものの、朝鮮側史料のように詳しくはない。また「万暦三大征考」(茅瑞徴・王士琦撰)副総兵解生らが忠清道稷山・京畿道水原に伏兵を配置し、倭兵を斬獲したと記すにとどまっている。そして「明実録」には稷山の戦いについて記述は見当たらない。

2) 蔚山倭城攻防(蔚山の籠城)に關する史料について

　また、1597(宣祖30)年12月末から翌1598(宣祖31)年1月初旬の間の蔚山倭

城攻防(蔚山の籠城)の場合、朝鮮側史料(「朝鮮王朝実録」「再造藩邦志」)は事の経緯を詳しく日ごとに順序立てて叙述している。これに対し、明側史料は蔚山攻撃の前段階の時点と攻撃開始後の翌日(12月24日)の記述のみである。

「明実録」によれば、1597(宣祖30＝万暦25)年11月28日、漢城に着陣した明経略邢玠は、宣府・大同・延綏・浙江の兵を3大隊に編成し、攻撃目標を蔚山築城中の加藤清正に定めた(「明神宗実録」万暦25年12月丁亥)と簡単な記述に終わっている。

これに対し「両朝平攘録」は、①1597(宣祖30＝万暦25)年11月29日(「明実録」は28日とする)、漢城に着陣した明経略邢玠は軍務経理楊鎬・提督麻貴と動兵(この場合は蔚山在陣の加藤清正勢への襲撃)を検討したこと、②宣府・大同・遼薊・延綏・保定・浙江の4万程の兵馬と朝鮮の兵力を3大隊に編成したこと、③大将軍砲・火箭などの火器・火薬を用意したことなどを数値をあげて記述している(「両朝平攘録」4)。

そして蔚山攻撃直前の1597(宣祖30)年12月20日について、「明実録」によれば、慶州に明軍を集結させた提督麻貴は、蔚山を攻撃した場合、釜山方面から倭軍の救援が想定されるものとして、水陸路の防備を固めることとしたとあり、「両朝平攘録」もほぼ同様の記述である(「明神宗実録」万暦25年12月丁亥。「両朝平攘録」4)。

さらに蔚山攻撃が始まった翌12月24日様子について、「明実録」は、①蔚山倭城の守りが堅く、石垣は堅固に築かれ、仰ぎ攻める明兵の多くが損傷したこと、②倭軍は水と兵糧が不足しており、囲みを堅くすれば、戦わずして清正を縛することができると述べており（「明神宗実録」万暦26年1月丁亥)、籠城が終わるまで、これ以外に明側史料はみられず、朝鮮側史料と日本側史料によって史実が構成されてゆく。

3) 偽りの降伏使節内藤如安に關する史料について

1594(万暦22)年12月、偽りの秀吉降伏使節内藤如安らが北京に到って、明兵部から16項目の詰問を受けたことについての経緯を見てゆこう。

* 1594(万暦22)年12月7日、秀吉降伏使節内藤如安らの一行、北京に到着した(史料31「両朝平攘録」)。

* 1594(万暦22)年12月14日、秀吉降伏使節内藤如安ら明皇帝に朝見。皇帝、秀吉(=倭軍)はどのような目的で朝鮮を犯し、戦敗に至っても、なお釜山に駐留するのか、冊封を求めるうえは誠偽を審らかにしなくてはならない。①行長に、倭軍は釜山に留まらず、すべて本国へ還り、陣営を焼却するよう伝えよ、②朝鮮に、倭軍の完全撤退を見届けてから、その旨を奏上するよう伝えよと言った(史料32「明神宗実録」)。

* 皇帝の命により、内藤如安を入朝させ、多くの官人(明兵部)に面議させ、①倭軍はすべて本国へ還ること、②秀吉を冊封するも貢市(通商)は許さず、③朝鮮を犯すことなく、朝鮮と共に明に聴従することを誓わせた(史料33「明史」《外国 朝鮮》)。

* 1594(万暦22)年12月11日、内藤如安は鴻臚寺(外国、朝貢来聘、凶儀・祠廟に関する事項などを掌る官衙)で礼を習い、14日、朝見の後、兵部の官人と東闕(左闕)に赴き、筆札を与えられて、和議3条件を書かせられた。①釜山に駐留する倭軍は一人も朝鮮に留まることなく、また対馬にも留まらず、速かに本国へ還ること、②冊封の外、別に貢市(通商)を求めないこと、③朝鮮と修好し、ともに明の属国となり、再び侵犯しないこと(史料34「両朝平攘録」)。

☆☆このように、明兵部尚書石星ら内藤如安に、①秀吉を冊封して後、釜山浦周辺に駐屯する日本軍を対馬に留まらず帰国すること、②秀吉は冊封のほか貢市を求めず、③日本は朝鮮と修好し、ともに明の属国となり他国を侵

犯せず、という和議3条件を提示して、如安がこれを認めたということは、「明実録」「明史」「両朝平攘録」に同じように記述されている。

しかし、1594(万暦22)年12月20日、明兵部尚書石星らが内藤如安に倭軍が朝鮮を侵犯した理由など16項目を責問したことについて、「明実録」は記述していない。その問答の様子は「経略復国要編」と「両朝平攘録」にあり、このような重要なことが、「明史」と並んで国家の正史ともいうべき「明実録」に収載されないのか、検討の余地がある。ただ、明皇帝が秀吉の冊封を許したという記述は「明実録」にある。

* 1594(万暦22)年12月20日、明兵部、内藤如安に倭軍の朝鮮侵犯理由など16項目を責問(史料35「経略復国要編」、史料36「両朝平攘録」)。
* 1595(万暦23)年1月2日、明皇帝、秀吉を封じて日本国王と為すを許す(史料37「明神宗実録」)。

4) 「明實録」と「朝鮮王朝實録」について、

ともに国家の正史ともいうべき史書であるが、「朝鮮王朝実録」を読んだ場合、明についての記述は詳細である。これに対し、「明実録」の場合、朝鮮に関する記述は簡略である。それは朝鮮に関してのみでなく、四夷の国・地域についての記述も簡略である。このことをどう考えるか？

私の考えとしては、朝鮮は明に対して事大の姿勢をとっており、それだけに明の動向を詳しく把握しなければならず、いきおい、「朝鮮王朝実録」の明についての記述は詳しくなる。一方、明は朝鮮のみでなく、四夷の国々や地域にも対応しなければならず、これらすべての国・地域に関することがらを、「朝鮮王朝実録」が明との関係について詳細をきわめるように記述することは不可能に近いと考える。

北島萬次講演「壬辰倭亂に關する日本・韓國・中國の史料とその特質」關係史料

※史料1

「礼曹判書尹根寿啓曰、昨見祖総兵、総兵曰、上国与儞邦、<u>唇歯之</u>
<u>国</u>、有急当相救」(「朝鮮王朝宣祖実録」宣祖25年6月乙卯)。乙卯＝27日

※史料2

「遼鎮遣総兵祖承訓・参将郭夢徴・遊撃史儒・王守臣・戴朝弁等、攻平壌
不克、史儒死、承訓退屯嘉山、遼鎮先遣承訓等、領馬兵三千来、只為接
救国王一行、而非大挙也、以尹根寿為接伴、承訓、本勇将、慣与虜戦、
意軽倭賊、又聞平壌屯賊数少、謂必全勝取功、至嘉山、
　a)<u>問知平壌倭賊猶在、挙酒祝天曰、賊猶不退、天賛我成功乎、是日、</u>
<u>自順安、三更打発、直薄平壌城外</u>、都元帥遣将領三千兵、従行、不意兵
至、倭人不及城守、惟於城内、拠険伏兵以待、両将、
　b)<u>縦兵直入、七星門賊、左右発丸斎射、適大雨泥濘、漢兵馬陥、史儒</u>
<u>先中丸死、承訓遽退</u>、後軍多被殺傷、戴朝弁与千惣張国忠・馬世隆等、
亦皆中丸死、朝弁軍令甚粛、民間便之、聞其死、人尤痛惜、
　c)<u>承訓、引余兵、馳過順安・粛川、夜半至安州城外</u>、立馬呼城中訳官
曰、吾今日多殺賊、不幸史儒傷死、天時又不利、不能殱賊、当添兵更
進、語汝宰相毋動、仍馳渡両江、至嘉山、阻雨留二日、退還遼東、我

軍、随漢兵亦退、賊不復追撃、金命元等、仍屯順安、

　d)承訓、誣告遼鎮、方戦時鮮兵一陣投降賊陣、故戦不利云、上遣使伸弁」(「朝鮮王朝宣祖修正実録」宣祖25年7月)

　　※史料3

「先是、副総兵祖承訓・游撃将軍史儒・王守官等、進至平壌、

　a)以十七日黎明、進迫平壌、砲城斬閇、分道以入、奮躍督戦、史儒身先士卒、与千総馬・張二官、手斬賊累十級、儒及馬・張二人中丸而死、諸軍退潰、承訓一日之内、疾馳到大定江、将全軍回去、

　b)遣兵曹参知沈喜寿往九連城、呈文于楊総兵、懇告以申勅祖総兵、留撃箕城、喜寿回来啓曰、楊総兵大怒、声色倶厲曰、自古以来、安有大国、為小国、労動許多兵馬、救済急難於数三千里之外者乎、(中略)而你国将官、不此之思、(中略)皆落後不肯上陣、独駆吾兵犯賊、且賊中、多有善射者、不曾説吾、是何等意思也、即出一小帖示臣、乃祖総兵、呈楊総兵者也、帖中、有朝鮮之兵一小営投順等語、(中略)曰、你国、素称礼義之邦、豈、有護賊内応之理」(「朝鮮王朝宣祖実録」宣祖25年7月丁丑)

　　※史料4

「柳成竜・金命元等以為、天雨路滑、不宜急撃、祖総兵以為、我常以三万騎兵、殲尽十万獺子、観倭賊如蟻蚊耳、因要進兵」(「壬辰日録」万暦20年7月)

　　※史料5

「七月十九日、遼東ノ副総兵祖承訓、兵五千ヲ率テ平壌ヲ攻ム、適大

雨、城中守禦ヲ惰ル、<u>遼東ノ軍七星門ヨリ入者六七十人、城内路挾シテ、</u>
<u>委巷多シテ、馬足不展、小野木縫殿助、兵士を指揮險阨ニ依テ火炮ヲ放</u>
<u>チ、入城ノ兵尽ク死ス</u>、於是行長・義智、諸将卜城ヲ出交戰ス、<u>史遊撃火炮</u>
ニ中テ即斃ル、義智ノ部将宗讃岐・仁位民部等属兵ヲ指揮大ニ戰フ、(中略)
遼東ノ軍馬多ク死ス、<u>祖承訓遂ニ軍ヲ退ク</u>」(「朝鮮陣記」)(天正20年7月19日)

※ 史料6

「秋七月(中略)甲戌、副総兵祖承訓帥師援朝鮮、<u>与倭戦於平壤、敗績</u>」
(「明史」本紀 神宗、万暦20年7月)。

※ 史料7

「而倭業抵平壤、朝鮮君臣益急、出避愛州、遊<u>撃史儒等率師至平壤、</u>
<u>戦死、副総兵祖承訓統兵渡鴨緑江援之、僅以身免</u>」(「明史」外国 朝鮮 万
暦20年7月)。

※ 史料8

「兵科給事中許弘綱題、拠報、副総兵祖承訓、征倭兵馬攻入平壤城、
遊総史儒・張国忠・馬世竜等倶傷、官兵多損失、承訓何人、<u>不遵相機進止</u>
<u>之論、而貪功取敗至此、反令全遼喪気、倭勢鴟張、宜亟正失機之罪</u>」(「明
神宗実録」万暦20年8月壬辰)

※ 史料9

「兵科都給事中許弘綱題、(中略)<u>中国禦倭当于門庭</u>(中国の九辺など辺

境の地)、夫辺鄙中国門庭也、四夷則籬輔耳、聞守在四夷、不聞為四夷守、朝鮮雖忠順、然被兵則慰諭、請兵則赴援、献俘則頒賞、尽所以待属国矣」(「明神宗実録」万暦20年7月庚申)

※史料10

「初六日暁、提督、進諸軍、抵平壌城下、部分諸将、囲住本城、豎白旗書曰、朝鮮軍民、自投旗下者免死、倭賊、出一千余兵、拠城北牧丹峯、建青白旗、発喊放砲、又分軍約五千余名、自北城至普通門、擺立城上、前植鹿角柵子、擁楯揚劔、其中大頭児、領勁兵数百余名、立大将旗、吹螺鳴鼓、巡視城上、指麾諸賊、提督、出一枝兵、由牧丹峯上、佯若仰攻者然、賊、乗高下放鳥銃、衆軍引却、賊、踰城出追、天兵、棄鉄盾数十面而去、賊、争取之、天兵、回撃之、賊、入城、哺時、提督、鳴金収軍還営、是夜、賊数百余名、含枚潜出、来襲右営、天兵、一時撲滅旗灯、従拒馬木下、斎放火箭、光明如昼、賊遁還入城」(「朝鮮王朝宣祖実録」宣祖26年1月丙寅)。

※史料11

「初七日己未、」

a)三営倶出、抵普通門攻城、佯退、賊開門出追、天兵還戦、斬三十余級、逐之及門口而回、

b)初八日早朝、提督焚香卜日、伝食三軍訖、与三営将領、分統各該軍兵、環城外西北面、遊撃将軍呉惟忠・原任副総兵查大受、攻牧丹峯、中軍楊元・右協都督張世爵、攻七星門、左協都督李如栢・参将李芳春、攻普通門、副総兵祖承勲・遊撃駱尚志、与本国兵使李鎰・防禦使金応瑞等、攻含毬門、諸軍鱗次漸進、(中略)

c)晡時、提督、以賊窟難抜、衆軍飢疲、退師還営、使張大膳、諭行長等日、以我兵力、足以一挙殲滅、而不忍尽殺人命、姑為退舎、開价生路、速領諸将、来詣轅門、聴我分付、(中略)

d)行長等、回報曰、俺等、情願退軍、請無攔截後面、提督、許諾、(中略)是日、天兵当陣、斬獲一千二百八十五級、生擒二名、并擄浙江人張大膳、奪馬二千九百八十五匹、救出本国被擄男婦一千二百二十五名、

e)初九日、提督率諸軍入城、先酹陣亡将卒、身自痛哭、慰問孤寡」(「朝鮮王朝宣祖実録」宣祖26年1月丙寅)

※ 史料12

「春正月初八日、提督李如松督諸将、攻陥平壌城、斬獲千余級、前十余日、如松自義州率諸将、剋期進兵、結寨于城外五里之地、一捧鑼響、三協将士、一時囲城、厳設火具、延熱城舎、焼死者甚衆、大軍乗之、賊勢披靡、駱尚志等乱投死屍于城上、賊兵以為天兵飛入城、益自惶怯、衆保牧丹峰土窟、以死堅守、天兵不得抜、至昏斂兵、行長等収残兵、夜半潜遁」(「乱中雑録」癸巳1月8日)

(注)「乱中雑録」は、壬辰倭乱のさい、全羅道義兵将として活躍し、倭乱の生き証人でもある趙慶男(1570~1641)が、その体験をふまえて叙述したもの。

※ 史料13

「癸巳正月、李如松、大破平行長於平壌、」(中略)

a)初六日昧爽(明け方)、直抵平壌城外、都元帥金命元、亦合諸軍従之、行長兵二千人、拠城北牡丹峰、自建大将旗、奏鼓吹巡城、如松先遣南兵攻牡丹峰、誘賊下山、天兵皆棄鉄盾而走、賊争取之、天兵回撃破之、賊退屯峯上、如松収

軍回営、*行長夜発三千余人潜襲三営、天兵拒却之*

　　b)　翌日^(7日)如松進陣普通門前、先出兵試之、防禦使鄭希賢・金応瑞率軽騎先登、賊突出古里門襲之、希賢退応瑞益北以誘、回撃破之、*是夜、賊又発精鋭八百、斫李如松営、天兵一時撲滅旗灯*、競放火箭、光明如昼、

　　c)　黎明^(8日)、如松部勒諸将攻城三面属、呉惟忠攻牡丹峯、如松跑馬往来指揮、呉惟忠中丸洞胸、而猶奮呼督戦、天兵斎発各様火器、以攻城、声動天地、火箭布空如織、散落城中、頃之烟熖漲天、林木皆熱、於是鼓諸軍登城、賊竭力拒守、(中略)

　　d)*如松遣使諭行長曰、不忍尽劉人命、開爾生路、可速令諸営来聴約束、行長答曰、俺等当退、無截後路、如松慮其窮寇致死、乃許之、令我軍撤一路伏兵、夜半、行長率余兵、乗氷過江脱去*」(「壬辰録」癸巳正月6日~8日)。

　　　　(注)「壬辰録」は閔順之(丹室居士)が1618(朝鮮光海君10)年に、壬辰倭乱における「天朝(＝明)再造の恩」に対する朝鮮の「事大の誠」、朝鮮民族の「忠義奮発の状」をまとめる意図で著述を思い立ったもの(別称「宣廟中興誌」)。

※史料14

「偖^(扨)長陣の其内に、(中略)

　　a)*詰^(つま)れる物は米と塩噌^(えんそ)の類いと酒・肴^(さかな)、やうやう有は、粟と黍^(きび)、馬もなければいかゝせん*、(中略)

　　b)*明日七日^(6か)の早天に、向ひの山を見渡せは、旗は数々見へにけり、あたりを見れは、野も山も、皆をしなへて人計^(ばかり)、一百万き^(騎)の勢数と、後にそ人は聞へける、味方は敵を待かねて、いつもの手並と思ひつゝ、鉄炮数々射かくれど、面もふらず攻かゝる、味方は幾度たゝかへど、つるに鐙には負ざれど、太刀も刀も打くつし、精魂つきて有上^(うえ)に、大勢に無勢叶はねは、三口より*

して切入は、打つうたれつする程に、石垣城に籠りつゝ、てがたくこそは持れ
けれ、旗を立つゝ小西殿、松山城には松浦法印、引籠り旗を立、其旗下を
標(しるべ)にて散々になりし歩兵ども、思ひ思ひにそ籠りける、(中略) 偖(扨) 敵人ハ、両
城に面もふらす攻かゝり、味方は鉄炮揃へつゝ、狙ひすまして射る程に、
空矢(あたや)はさらになかりけり、日も西山に入りければ、敵はやうやうやうひき取し跡
を見ければ、松山の城の廻りは、あひもなく、死人ばかりになりにけり、かく軍(いくさ)
には勝つれど、

c)飯米倉(はんまいぐら)も陣とこも、焼払らはれてありければ、飯(はん)　米なふて叶はじと、や
かて七日の夜に入は、城をはつして落給ふ」(「吉野甚五左衛門覚書」)

(注)

＊「吉野甚五左衛門覚書」…別名「高麗もろこしの草子」、「吉野日記」。平戸
領主松浦鎮信の家臣吉野甚五左衛門の朝鮮従軍の記録(『続群書類従』
20下)。

※史料15

「正月二日に小西殿衆落城(文禄2年)にて平安をはひきとられ候、其時の軍の事、
唐人のせい(明兵)(勢)百万騎ほとゝ見へて平安の城にかけ候時、法印(松浦鎮信)の持口と小西佐
へもんの持口計てきのより口にて候つる間、

a)鉄炮・玉薬・太刀・かたな(刀)・弓鑓のたまる間ハおもてをふらす戦いけれと
も、唐人大勢入かへかへ、卯の刻(午前6時)より申の刻(午後4時)まての戦(いくさ)にて味方も精魂尽きけ
れハ、大門をは打やふられて攻め入、彼門ハ日高甲斐守一手ニて三百ほと
にて固めけれ共、多勢に無勢叶ハして、主従三十六人一所に打死す、去
程に所々の持口もうしろより敵攻め懸くる間、皆打死す、其中に法印の□丹
州定打死(つきよう)なり、屈強の鑓はしら五十人、雑兵(ぞうひよう)ハ数を知らざるほとに法印の
惣領源三郎殿(鎮信長男、のち平戸藩主)生年廿一にて候、火薬所をはつしかねて御座候を法印引立

て、松山といふつめの城のゝにやうやうの事にて籠り給ひ、日中ハ其構^(かまえ)にて
敵を滅し、

　　b) <u>夜に入て、小西方一所にあいあい相談にて、夜に入て構をはつし給</u>
<u>候、都まで引被取候路中の難儀筆にも尽さず候</u>」(「大曲記」)

　　(注)
　　＊「大曲記」…大曲藤内著。松浦隆信およびその子孫についての覚書。

※史料16

　「二十一年春正月甲戌、<u>李如松攻倭於平壌、克之</u>」(「明史」本紀 神宗、
万暦21年春正月)

※史料17

　「明年正月、<u>如松督諸将進戦、大捷於平壌、行長渡大同江、遁還竜山</u>」
(「明史」外国 朝鮮)

※史料18

　a)六日、<u>次平壌</u>、(中略)如松分布諸軍、抵平壌城、諸軍逡巡未入、
形大露、倭悉登陴拒守、是夜襲如柏営、撃却之、明旦、如松下令諸軍無
割首級、攻囲欠東面、以倭素易朝鮮軍、

　　b) <u>令副将祖承訓詭為其装、潜伏西南、令遊撃呉惟忠攻迤北牡丹峯、</u>
<u>而如松親提大軍直抵城下、攻其東南</u>、倭礮矢如雨、軍少却、如松斬先退
者以徇、募死士、援鈎梯直上、倭方軽南面朝鮮軍、承訓等乃卸装露明
甲、倭大驚、急分兵捍拒、

c)*如松已督副将楊元等軍自小西門先登、如柏等亦従大西門入、火器並発、烟焔蔽空*、惟忠中礮傷胸、猶奮呼督戦、如松馬斃於礮、易馬馳、堕塹、躍而上、麾兵益進、将士無一不一当百、遂克之、

d)*獲首功千二百有奇、倭退保風月楼、夜半、行長渡大同江、遁還竜山*(「明史」列伝 李如松)

※史料19

「兵部題、*倭奴占拠朝鮮、致該国君臣宗祀失守、播越江干仰頼我、皇上慨然命将興師、大兵甫至平壤*、遂一皷而下、前後節拠掲報、大約*擒斬倭奴一千六百有余、焚溺死者以万計、中国之威、已大振矣*」(「明神宗実録」万暦21年2月丙戌)

※史料20

「a)*提督先遣査大受、哨探前路、提督亦継発、二十五日、入開城府*(中略)

b)*二十七日暁、由徳津下営于坡州、*

c)*黎明賊数百出陣于弥勒院前野、査大受与高彦伯、領数百騎進撃、斬賊一百三十級、馳裏于提督曰、賊已奪気、願速進兵、*

d)*提督与麾下数十人、鞭馬而出、三協大将亦与家丁数十、相継馳赴、提督踰恵陰嶺、墜馬傷面、換乗而前、諸将鼓勇争先、望見賊陣而進、於是提督揮其軍為両翼而前、*

e)*賊列植旗幟於砺峴、羸兵誘之、陽北而引入泥淖中、遂陥泥潭、馬不得進、賊乃従山後登山而陣、幾万余人、剣光閃燦、旌旗蔽日、天兵望之、無不心怯、俄而賊衆揮剣而進、囲之数重、提督所領皆北騎、無火器、只持短剣、賊兵迫前突闘、左右揮撃、人馬皆靡、無敢当其鋒者、提*

督見勢危急、督将士殊死戦、従巳至午、一金甲倭将、直搏提督、幾及之、指
揮使李有昇在傍、以身捍蔽、刃数倭、竟中丸墜馬、為倭支解、有昇遼東鉄嶺
衛人、勇力絶倫、常随提督、左右不離、至是死焉、

　　f)而已李如栢·李寧等乃翼遮繞火撃之、李如梅従傍射殪金甲倭、会楊元
率火軍、斫重囲、而倭遂退、天兵之精鋭多死、天且大雨、近王京平地多稲
畦、氷解泥深、馬不得騁、人馬相蹂践、器甲槍戈、散抛路上、

　　g)倭背山岳面漢水、連珠布陣、広樹飛楼、鳥銃自穴中出、応時斃人、
天兵乃退、日暮提督還坡州、路上見元帥旗標喜曰、保此不喪幸矣、招李有
昇婿王審、大慟哭曰、好男児為我死矣、見我国人、雖隠其敗、而神気沮
甚、夜以有昇之死、達朝痛哭、明日欲退東坡（「再造藩邦志」癸巳正月）

※ 史料21

「初、李提督、既抜平壌、乗勝長駆、正月初十日、夜入開城府、見本
府士民飢饉、発銀一百両、米一百石、令張世爵、俵散賑救、牌催劉綎兵
馬、以為進兵之計、

　　a)二十六日、自臨津下流、渉灘以過、進次坡州、

　　b)七日(二十七日の誤)早朝、欲親審京城道路形成、単騎向碧蹄、時京
城之賊、尚有数万、

　　c)提督、先遣査大受·祖承訓等、領精騎三千、与本国防禦使高彦伯、
遇賊於迎曙駅前、大受与彦伯、縦兵急撃、斬獲六百余級、諸将、因此益
軽敵、

　　d)賊将、聞其前鋒為大受所破、悉衆而来、陣於硯石峴、大受見賊騎
勢大、退屯碧蹄、賊、分布山野、看看漸逼、

　　e)提督、方行路上、見彦伯軍官、詳聞賊勢、遂馳往碧蹄、路上馬蹶、
墜落傷瞼、時、南浙砲兵、倶未及到、只有手下精騎千余、提督、即麾已
到之兵、進陣于野、与賊対陣、先放神機箭、初一交戦、賊少却、而已見

天兵小、左右散出、冒死突出、直衝中堅、天兵、全無器機甲冑、徒手搏戦、提督与手下驍将数十人、親自馳射、勢不能支、麾兵四退、提督殿後而還、賊三千余人、直逼提督、提督且射且退、賊遂乗鋭乱斫、天兵死者数百、李備禦・馬千惣、皆死於賊、提督下馬痛哭、本国粮餉、在碧蹄者散失殆尽、先是、提督、以粮餉不敷、中分其一半、留鎮東坡、一半渡江、至是勢急、急遣人促召後軍、纔過瓮巌前、軍已罷還矣、賊、追至恵任嶺、望見大軍、不敢踰嶺、奔還京城、時、

f)*天兵遠来疲弊、又有馬疾、戦馬死者至一万二千余匹、及碧蹄之敗、死傷甚衆、已而清正還自咸鏡道、合陣於京城、賊勢益盛、提督、因此不敢為再挙之計*」(「朝鮮王朝宣祖実録」宣祖26年2月庚寅)

※史料22

「宋経略、進住安州、提督李如松、進兵坡州、戦于碧蹄駅不利、退住開城、提督引大軍而南、柳成竜、先行促辦粮草、幸不乏供、臨津氷解、乃従上流薄氷上、連葛索布籬、作梁以渡軍、列邑士民、始従山谷出、竭力搬運、事皆随辦、提督、徐行至坡州、持重不前、

a)*査大受、与我将高彦伯、領兵数百、先行偵探、至京城西、遇賊於碧蹄駅南砺石峴、斬百余級、提督聞之大喜、独与親丁騎兵千余、馳赴之、令大軍継発、*

b)*賊先伏大兵於峴後、只数百人、拠峴示弱、提督即麾兵進、賊自峴而下、兵未交賊、兵猝起於後、結陣山上、幾万余、天兵、短劍騎馬、無火器、路険泥深、不能馳騁、賊奮長刀、左右突闘、鋒鋭無敵、提督麾下李有升、及勇士八十余人、被砍死、提督、使査大受、殿後奪路而出、大軍継至、賊望見還走、提督暮還坡州、召李有升婿王審大、拊背慟哭曰、好男児、為我死也、提督欲退住東坡、*

c)*柳成竜・兪泓・金命元等、叩帳請見曰、勝負兵家常事、当観勢更進、*

奈何軽動、提督曰、昨日吾軍無不利事、但此地、経雨泥濘、不便住軍、所以欲還東坡、休兵更進耳、遂退陣東坡、明日、退住開城 成竜等、力争不聴、独留査大受、領兵数百、与柳成竜守臨津」(「朝鮮王朝宣祖修正実録」宣祖26年正月)

※ 史料23

「余力争曰、*勝負兵家常事、当観勢更進*、*奈何軽*動、提督曰、吾軍昨日多殺賊、無不利事、但此地*経雨泥濘、不便駐軍、所以欲還東坡、休兵進取耳*、余及諸人争之固、提督出示己奏本草、其中有曰、賊兵在都城者二十余万、*衆寡不敵、末又言、臣病甚、請以他人代其任*」(「懲毖録」)。

※ 史料24

^(文禄)
「同二年癸巳正月、明の軍勢、果して押寄る。*光泰、戦んといふ、諸将同心せす、堅く要害を守らんといふ*、光泰、再三合戦を進む、時に立花左近将監宗茂、光泰の言を感して、合戦ハ吾願ふところなり、我まつ先駆せんといふ、小早川左衛門佐隆景も尤と同心して先陣せんといふ、爰に於て諸将不及異議」(「加藤光泰・貞泰軍功記」(『続々群書類従』3)

※ 史料25

「a) *明兵、行長ヲ攻落シテ勝ホコリ、(中略)開城府マデ押来テ、王城ノ倭軍ヲ攻ント議シテ、其競益強大ナリ、(中略)*^(宇喜多秀家)秀家ヲ始メ大友・小西ガ敗軍ニ懲テ、合戦ノ用意モナク、唯逃支度ノミヲシテ、進退途ニ迷ヒケル、諸将ノ評定ニハ、先王城ヲ去テ釜山浦ニ引取、重テ日本ニ加勢ヲ乞テ、大軍ヲ以テ戦ント云モアリ、又都表ニ柵ヲフリ、惣シテ鉄炮ヲカケ打払ント云モアリ、其外色々ハカモ行又談合ナリ、隆景アマリニ痛間敷思ヒ、秀家ニ対テ云ヤウ、

(中略)唯々合戦ノ用意可然ト申玉ス、(中略)

　　b)正月廿三日(朝鮮暦24日)、明ノ李如松、朝鮮ノ兵ヲ合セ四十万騎ヲ卒<small>(文禄二年)</small>シ、南大門ノ外四五里(日本道)隔テ押寄タリ、都ニハ待儲ル事ナレバ、先一手ノ勢ヲ出シテ呼引ミヨトテ、

　　c)同廿四日、加藤遠江守・前野但馬守、三千余騎ヲ卒シテ敵近ク行向<small>(加藤光泰)　　(前野長康)</small>フ、敵五六千打出暫相戦トゾ見エシ、前野・加藤散々ニ打立ラレ、廿余町追立ラレ、漸ニ死ヲ遁タリ、

　　d)同廿五日(朝鮮暦26日)ニハ、秀家ノ勢ハ千ヲ指向ラル、前ノ敗北ニヤ恐ケン、終日守り暮シ、終夜篝ヲ焼テ、空ク明ス計ナリ、

　　e)同廿六日ニ誰カ向ベキト評議アリ、隆景ノ玉フハ、今ハ立花ナラデハ不可有トテ、宗茂ニ定リケル、(中略)宗茂公、我陣ニ帰リ玉ヒ郎従ヲ集メ、今日ノ僉議ハ如此ノ次第ナリ、明日ハ十死一生ノ合戦ト思ヒ定タリ、皆々モ<small>(僉議)</small>其意ヲ得ベシトテモ夜半計ニ都ヲ打立テ、敵陣ニ趣キ玉フ、(中略)相従人々ニハ(中略)一人当千ノ兵二百余人、今日ヲ最後ト出立ケリ、ソノ外雑兵三千余人、一筋ニ討死ト思定メケレバ、サシモノ大軍明兵モ面ヲ向フベシトモ思ハレズ、

　　f)寅ノ刻ノ事ナルニ、先立テ物見ニヤリシ、森下備中・十時但馬、既ニ<small>(午前4時)</small>合戦スト聞エケレハ、三千余騎ヲ三手ニ分テ押向フ、先陣ハ大将小野和泉、武者奉行立花三左衛門、七百余騎、二陣ハ十時伝右衛門・内田市正(忠右衛門)、五百余騎、後陣ハ宗茂兄弟二千余騎ニテ進タリ、(中略)

　　g)敵ハ宵ヨリ都近ク押寄テ居タリシカバ、卯ノ刻ニハ既ニ敵味方相挑シ<small>(午前6時)</small>ニ、二陣ニ在シ十時伝右衛門、先ンジテ討死セント匇テ、先陣ニゾ進ケル、(中略)敵ハ大勢ナレバ討ルレドモヒルマズ、天地振動シテ戦シガ、余リニ手痛攻ラレ、竟ニ　敗レテ引退ク、左右ヨリカハル敵一ツニナリシ、味方ノ後ロニ廻リテ攻カハル、味方ハ入替ル勢モナク、大敵ニ遇テ戦シカバ、精力既ニ尽ケレドモ、少モタメラウ気色ナク、取テ返シ、大勢ノ中ヲ打敗テ、後ヘツト出ケレバ、十時伝右衛門ヲ始トシテ、二百余人討死シ、残ル兵ドモ大略手ヲ負タリケル、(中略)卯ノ刻ヨリ巳ノ時マデノ合戦ニ、敵ヲ討コト二千三<small>(午前十時)</small>

百余人ナリ、味方モ三百余人討レケリ、宗茂公ヲ始テ皆下居テ、人馬ノ労ヲ休シニ、(中略)係ル処ニ黒田長政・大谷吉隆馳来テ、今ノ合戦大利アリ、此上ハ疾々引取玉フベシ、人数多ク討レ残ル兵ドモ過半ハ疵ヲ被ルト見エタリ、敵大勢ニテカ丶ラバ争カ叶ヒ玉フベキ、二三里引取玉ハヾ都ヨリ打出ル勢モ馳付ベシト」(「立斎旧聞記」)。

　*「立斎旧聞記」…立花宗茂の伝記のひとつ(『続々群書類従』3)。「立斎」は立花宗茂の号。

※史料26

　「(李如松)行長か籠れる平壌の城を攻囲む、行長、労をつんて防といへども、猛勢退治する事叶ずして、郎従多く討せ、其身ハ王城へ退く、李如松、利を得て開城と云所迄押来て、王城に陣する日本の人数を攻んとす、日本の諸将各評議して王城の門々に勢を分って守しむ、李如松大軍たりといへども、日本の兵機健成におそれてさうなく攻ず、王城の諸将ハ、又彼が猛勢に気を呑まれて懸らず、斥候(物見)のせり合計也、

　a)*最初の先手ハ加藤遠江守(加藤光泰)・前野但馬守(前野長康)たり、両人相計て物見を出し、敵の様(よう)を見たるに、日本の軍勢は多き時、十万に越す事希也、近年秀吉の御人数こそ上古にも例なき大軍といへとも、夫にも猶増て四拾万に余る大軍なれバ、目も及びがたき程也、夫によって遠江守も但馬守も大に気を呑まれて見へし処に、敵勢の中より斥候を出すやうにして六七千堅固に備て懸りけれバ、但馬守・遠江守、一支(ささ)もせず敗軍す、*

　b)是によつて諸将相計、誰か先手仕てしからんと詮議区々也、隆景申されけるハ、小勢にてハ候へとも、立花左近将監宗茂こそ先を仕てあやまつまじき仁と存候(中略)左近申されけるハ、若輩の某、かやうの大軍の先手を仕事覚なく候、併各御評議の上にて仰せ付けれらる上ハ、某罷向て善悪につけ

然べき事にてこそ候ハんすれば、辞退をば仕間敷候、(中略)自然軍をはじめられるは、早速一左右を告らるべしとて、衆議一決して各陣所に帰らる、其後左近将監も陣屋に帰り、一家の輩を集て宗茂が一命こそ今宵限りに成つれ、旧功のよしみなれは、各宗茂と一所にともかくもとこそ思ハれんずれば、よく々々したゝめて夜の明るを待へし、明朝、大明・朝鮮の大軍に向ひ一戦を決し、十死励ミをなし、当家の興亡を究んとこそ思ひ定てあれ、何もいかにと申されけれバ、(中略)

c) 先備ハ小野和泉・立花三左衛門、中備は十時伝右衛門・内田忠右衛門、後備ハ宗茂也、(中略)

d) 其夜丑の刻(二十六日、午前二時。朝鮮暦二十七日)計(ばかり)に宗茂、十時・但馬・森下備中と云者に足軽二三十人相添、斥候の為に指出さるゝに敵ハ前の日勝利を得て宵より勢を出し、都近く押寄、人数を爰かしこに伏置たり、備中・但馬、流石武辺功者なるにより、はや其色を悟り、少高き所にあがり、鉄炮五十挺打はなせしかバ、敵の伏勢大に騒ぐ、高き所に少森有、陰に敵二三百人も伏てあらんと見へたるに、態(かざと)鉄炮をば撃たせば、但馬・備中四五十騎一度にかれ込ければ、敵立足(たて)もなく敗北す、其侭六七町引取、すつは(忍び者)もつて、敵勢一万余、宵より押出、人数を伏て相待候、東白ミに成候ハゝ、諸勢大軍にてつつき申べきと存候、早々御馬を出され敵の先勢を追払ハるべくもやと申こしけれバ、其まゝ宗茂人数を押出、都を三里計も出たらんと覚しかバ、日出にけり、(中略)

e) 去程に宗茂ハ備を三に分け、我身ハ前に川を当て、後に森をつて備たり、閑(静か)先手と間を隔る事、二十町計也、敵勢二三千鋒矢に備て閑(静か)にかゝる、先手八百余(丸く備え)、一面に円備合掛り、閑(静か)に懸る、敵近付(ひと)と斎しく、某(本書の著者、天野源右衛門)三十騎計(ばかり)駆寄せて、見候へとも、尺寸の間もなく、皆備たる敵なればも馬を入(よう)べき様なく、既に引返さんとする処へ、十時伝右衛門・内田忠兵衛と名乗て、馬を駆寄せ、鑓を以、真先に控へたる敵を投げ突きにして其侭馬を乗込、五六騎切て落す、某(天野源右衛門)も一所に乗

込、其外皆続いて馬を入、七八十騎切落せば、敵勢咄崩て引退処に、左の方より敵二三千閑(静か)に備て攻懸る、何も此敵に馬の鼻を引むくる処に、右の方の森より敵二三千出来て閑(静か)に懸る、味方も是を見て左右に分て備を立る処に、はじめ崩れたる敵の跡より、又六七千騎、急に攻め懸るによつて、三方の敵防がたく見ゆる処に伝右衛門惣勢を一所に集め、敵近付かば、間近に引請、一方に向て戦ハバ、三方の敵、味方を小勢と見て取包むべし、其時粉骨を尽し切ぬけ、中備まで引とらば、敵ハ己(おのず)と三備一に乱て追懸るべし、其時、中備入替りて戦ハバ、此敵ハ安く払ハんずるぞとて一所に備て待懸けたりむ、間近く成しかば、敵大筒を打ちかけ、黒烟を立、喚(わめき)て懸る、味方の勢も気を屈せず、左右の敵にハ目も懸けず、前より懸る敵六七千に一文字に懸合(かけあい)、しばし戦へは、左右より懸る敵、一に成て、跡を遮り攻よる時、一度に取て返し、一文字に切ぬけ、中備迄引取たり、

　f) 此時、伝右衛門、数多手を負て終死す、其外、手負死人百余人也、小野和泉、入替て戦へども、敵ハ大軍と言ひ、気に乗じたる敵故、左右なく(そう)崩れず、既に危うく見ゆる処に、宗茂二千余騎一度に駆付け、其間三町計隔て関をハどつと揚げ、左の方より横鑓に懸るを見て、敵陣一度に崩て引退、宗茂八百余騎堅固に備て、残る勢にハ追討に討せらる、敵を討事二千余人、此時池辺竜右衛門をはじめとして、究竟の手柄の者共十余人戦死す、其外手負死人二百余に及べり、此戦卯の刻(午前六時)にはじまり、巳の半程(午前十一時)に終れり、宗茂もしばし人馬の息を休て控へらる、(中略)

　g) 扨、都より打出たる軍勢、其日(二十六日、朝鮮暦二十七日)午時(正午)計に隆景を先として押来る、日本惣勢の先陣は立花宗茂、二陣は小早川隆景、三陣は浮田秀家(宇喜多)、夫より段々に備たり、(中略)三陣秀家其勢八千余、敵近づかば宗茂に先じて一戦をなさんと進出て見へしか、敵の大勢を見て、退共なく進ともなく、ためらふと見へしか、四五丁余退く、此時、毛利家の先手三備より宗茂へ軍使を以申けるは、秀家の勢押出たるは定先(さだめて)をせんとの為なるべし、宗茂公は今朝もいさき能一戦を遂られつれば、此方へ先をせさせ下され候へ、其上、秀家と毛利は雌雄を争事なれば、是非とも先を仕度候、御

免あれかしと申越れければ、宗茂手の者共、今日の合戦にハ幾度も当家こ
そ先をすべけれ、誰にか先をさすべき思ひもよらぬ事と申合し時、宗茂何も愚
か成事をいふものかな、私の功を思へばこそ、前後の争もあれ、勝利にさへなれ
バ、誰に先をせさせても、上への忠ぞかし、其上彼者先をして利を得ん事思ひも
よらずとて、先をすべきよし返事せられけれバ、

h)隆景の先手粟屋四郎兵衛・手嶋一島・井上五郎兵衛、其勢三千余、
宗茂備の脇を押通、足場を改め、備を立て敵を待、程なく敵も近付けり、其
勢二万余、先立て五ツに備たり、人数色黒ミ、備閑にして勢い殊の外見事
也、間近に成と柏子を揃へ、太鼓をならし大筒を打、黒烟を立て押よせし
に、毛利家の先手一支もせず敗軍す、(中略)

i)(宗茂)此度ハ前後の備もなく、三千余の勢一所に備、先を望て一騎掛
けすな、下知なきに矢を放すなと堅く下知して足並みを揃へて進たり、敵は弥
競   懸つて、毛利家の者ども引払たる跡を、備も乱さず閑に追て寄せ来る、
宗茂勢の立様を見て、敵少調ぶと見へたり、其相間近く成しかバ、鉄炮二
百挺余入替々々三度討たせ、敵勢色めく様に見ゆると斎く、三千余騎抜連
れて駆入、四五百騎一度に切落せば、立足もなく敗北す、宗茂急に下知し
て追ハせらる、跡より続く数万の敵勢同士崩に崩れ立って一支もせず、敵跡
へまハらんとするに入替々々切崩す事六ヶ度也、(中略)浮田・毛利家の人数
も一二万騎程も押来る、弥敵は敗北してけり、是日本高麗の雌雄の合戦たり」
(「立花朝鮮記」)

*「立花朝鮮記」…別名、「立花宗茂朝鮮記」「天野源右衛門朝鮮軍物語」
「朝鮮南大門合戦記」。立花宗茂に従軍した天野源右衛門貞成が寺沢
広高の指示により書き上げ、立花家の軍功を誇示したもの。『改訂史籍
集覧13』所収。

※ 史料27

(文禄2年1月)
「廿六日、在京、開城府口ニ有大明国衆・唐人打出、夥敷陣取候間、都中・都外の

a) 日本諸勢、段を作り残らず打出で、四五万程にて大働これ有り、一番先に柳川、二番め粟屋四郎と隆景の御人数出され候、三番め元康(毛利元康)御一手殿様・小早川藤四郎殿・筑紫(筑紫広門)・天野五郎右・三吉殿・佐波殿、四番吉川殿(吉川広家)、五番黒田殿(黒田長政)、何れも八番程ニ組レ候、

b) 夫より卯刻に打出で候所、霞深く候、世上少しも見えず候、され共柳川殿先様へ打出され候所ニ、唐人数万騎悉く馬武者にて出合、はればれ敷鑓あり、柳川衆百計(ばかり)討死候、中にも石田右衛門迫(十時伝右衛門)とて、柳川衆一ノ年寄衆討死候、

c) 扨(さて)柳川殿もたくれられ(敗北)候所へ、粟屋四郎兵エ一手、元康・元頼様一手衆、出会われ候処ニ、敵数万人出合候得共、味方強候て、終ニハ彼敵追崩し候、其時頚三ツ、御家頼へ御打取れ候、然所ニ寺川清兵エ、有無を言はず、彼唐人之内へ懸込、克(よき)武者一人引おろし、組合われ候、又唐人を掛ケ返し候て、合力候、左候て清兵エ、右の手を打(折)をり候、同乗馬の頭を切候也、清兵エも息きれて居られ候所へ味方懸付候て引立候、左候て、唐人ハ小坂弐ツ引のき候て、六万計(ばかり)段を作り、勢立を仕候て、しこり候、味方も労(つかれ)候て、五町計(ばかり)引退、息を継候、

d) 然処ニ隆景様・備前宰相殿・三奉行衆・黒田甲斐守殿掛付候て、後詰候間、味方の勢柳川栗屋四郎兵・鉄炮衆・のほり衆自身々々も敵近く掛られ候て、手火矢を討たれ候所ニ、敵も矢を射、手火矢を放ち候事けしからず候、左候処ニ味方の鉄炮衆・のほり(幟)衆・馬上衆迄めら々々とたくれられ(敗北)候、扨々是非に及ばざる体ニ候所ニ元康様一手の旗本より乗越声を作り、有無をいわす(言わず)掛られ候所ニ唐人しばし戦候得共、壱度ニめら々々と崩れ候弥(いよ)、味方強く候て、追討ニ討れ候、即時ニ敵千余打取られ候、其時元康様・元頼

様花々敷分捕召され候克頸一ツ殿様御打取成され候、御家来へ頸数四十
余打取候、彼大明国しゆこしらへの書面ニハ赤きとろめんを仕り候て、裏ニ
ハ黒金を二寸四方程ニ切候て、くさり付候、長き道服のやうニ候、甲も黒金
を白くみかき候て着候、小手も黒金ニて、矢も立たず、刀共ニてハ少も切れ
ず候も武具の事ハ鉄炮丸口三ツ明候て、筒三ツ一はりツ合候、一度ニも三
度ニも事由ニ放し申候、半弓も朝鮮のよりハ強くかは好候、矢の箆木にて
候、又刀ハ三尺計のも弐尺四寸のも有、先を剣の様ニ仕候、馬大キサけし
からす候、男もけしからす大キく候、上衆もけしからずおち入れ候也、日本に
てもか程の働ハ稀成よし、其沙汰に何かも武辺強き唐人かと上衆も手ヲ置か
れ候也」(「吉見元頼朝鮮日記」文禄2年1月26日)。

※ 史料28

「壬午、*李如松進攻王京、遇倭於碧蹄館、敗績*」(「明史」本紀 神宗 万
暦21年1月壬午＝27日)

※ 史料29

「*如松既勝、軽騎趨碧蹄館、敗、退駐開城*」(「明史」外国 朝鮮)

※ 史料30

「官軍既連勝、有軽敵心、二十七日再進師、*朝鮮人以賊棄王京告、如*
松信之、将軽騎趨碧蹄館、距王京三十里、猝遇倭、囲数重、如松督部下
鏖戦、一金甲倭搏如松急、指揮李有声殊死救、被殺、如柏・寧等奮前夾
撃、如梅射金甲倭墜馬、楊元兵亦至、斫重囲入、倭乃退、*官軍喪失甚*
多、会天久雨、騎入稲畦中不得逞、倭背岳山、面漢水、連営城中、広樹

飛楼、箭礮不絶、官軍乃退駐開城」(「明史」列伝 李如松)

　*「明実録」は碧蹄館の敗北について、何も記していない。

※ 史料31

「十二月初七抵京、石司馬礼待甚優、如安等過闕不下、亦不校、館遇如王公」(「両朝平攘録」4)。

※ 史料32

「大学士趙志皐等奏、倭使小西飛見朝、請皇上御門、百官侍班、甲士脩列、庶体統粛而朝廷尊、上謂訳審回称未確、遠夷請封、必須尽得其情、*平秀吉為何侵掠朝鮮、及至戦敗、尚拠釜山、今又差使乞封、豈可不審誠偽*、着該部詳議、封名遣官、*一諭行長、不許留住釜山、倭夷尽還本国、房屋尽行焼燬、一諭朝鮮、待倭夷尽数退回奏報*、仍将小西飛在左闕会官、研審具奏」(「明神宗実録」万暦22年12月甲寅)。

※ 史料33

「詔小西飛入朝、集多官面議、要以三事、*一、勒倭尽帰巣、一、既封不与貢、一、誓無犯朝鮮、倭俱聴従*、以聞」(「明史」《外国 朝鮮》)。

※ 史料34

「十一日、詣鴻臚寺習礼、十四朝見畢、会同多官、赴東闕、面訳給筆札、責令親書三事、

　一、釜山倭衆准封後、一人不敢留住朝鮮、又不留対馬、速回国、

一、 *封外不許別求貢市、*

一、 *修好朝鮮、共為属国、不得復肆侵犯、*

小西飛当時一一親書聴従」(「両朝平攘録」4)。

※史料35

「於本月二十日、会集内閣大学士趙志皐等・後府掌府事国公徐文璧等・吏部尚書孫丕揚等・吏科等科左給事中耿随竜等・浙江等道御史崔景栄等、於左闕、将倭使小西飛請封始末情由、備細開款研加詳審、令其逐一登答、

一問、朝鮮是天朝属国、爾関白上年何故侵犯、

答、日本求封、曾教朝鮮代請、朝鮮隠情、騙了三年、又騙日本人殺了、因此挙兵、

二問、既有此意、只合通好朝鮮令之転奏、如何挙兵相犯、

不答、

三問、朝鮮告急、天兵救援、只合帰順、如何抗拒、有平壤・開城・碧蹄之敗、

答、日本原住平壤、無有接応、及八月二十九日、行長与沈遊撃相会於乾麓山、相約退譲平壤、不期天朝老爺不信、去年正月初九日進兵攻城、殺傷行長兵甚多、碧蹄亦是天兵追殺、死傷日本兵亦多、退還王京、

四問、後来因何退還王京、送還王子・陪臣、

答、是沈遊撃准封言語、又説天兵七十万以到、因此星夜退兵、送還王子・陪臣、并将七道送還、

五問、説退還王京、送還王子・陪臣、以求封、如何、又犯晋州、

答、原是朝鮮人去日本、相遇清正・吉長兵馬殺了、因此相殺、後見天朝兵、即便退去、

六問、原約三事尽従、方許爾封爾、当伝行長等、即令倭戸尽去、房屋尽燬、不復犯朝鮮、不別求貢市、爾能保行長尽従否、

答、前日行長有稟帖、上孫老爺云、一一聴命、不敢有違天命、此係大事、秀吉有命行長、行長有書、小的方敢如此対答、定無反覆、

七問、原来兵二枝、一行長、一清正、今独行長請封、倘清正不肯輸服如何、

不答、

八問、爾等雖一時遵約、至於日久、能保永無他変否、爾当対此、訂盟立誓、方与請封、

答、天朝老爺問的言語、小西飛驒守藤原如俺答的説話、封後不敢求貢、朝鮮不敢再犯、撤兵尽数帰国、如有一字虚説、関白平秀吉并行長・小西飛、俱各不得善終、子孫不得昌盛、蒼天在上、鑒之鑒之、

九問、爾既保永無他変、爾当対此、訂盟立誓、方与請封、

不答、

十問、爾国在我成祖文皇帝時、曾賜玉帯・金印、封源進義道、為日本国王、今有子孫否、其金印安在、

答、日本称王、甚多姓、源姓、橘姓、平姓、秦、十六年前、為信長所殺国王、乃秦姓子孫、金印俱未之聞、

十一問、爾前去朝鮮、既為請封、豈肯復犯他国、但平秀吉受知信長、尚且簒奪、朝鮮一時代奏、彼豈不再犯、

答、信長者簒国王不好、因為部将明智所殺、見今関白秀吉、率信長諸将、興義兵、誅明智、帰併六十六州、若無秀吉平定諸州、日本百姓、至今不安、信長殺国王、信長為明智所殺、秀吉今誅明智、俱十六年前事、

十二問、平秀吉既平了六十六州、便可自立為王、如何又来天朝求封、

答、秀吉因是殺了明智、又見朝鮮有天朝封号、人心安服、故特来請封、

十三問、爾国既称天皇、如何又称国王、不知天皇即是国王否、

答、天皇即国王、以為信長所殺、

十四問、爾国既有天皇、今若立関白為王、将国王置之何地、

不答、

十五問、既如此、当奏皇上、請封爾、爾当写書差倭、去報行長、速帰令関白整備冊使船隻館舎、及一応恭候、礼儀一有不虔、封仍不許、

答、守候已久、件件不敢有違天朝原命、沈遊撃到釜山、兵馬即過海回家、行長守候天使、到日即退、

十六問、既来請封、為何、釜山運糧造房、必有他意、

答、原以封貢相求、因天朝不肯、関白・行長未信、這是求封好事、又運糧蓋房、倶各守候天使、並無他意、天使一到、尽皆焼燬」(「経略復国要編」後付 兵部等衙門一本)

※ 史料36

「是月二十日、石星復会集内閣大学士趙志皐等、定国公徐文璧等、吏部尚書孫丕揚等、及科道官、倶集左闕、将小西飛請封始末情由、備細研審、逐一登答、

一問、朝鮮是天朝恭順属国、爾関白上年何故侵犯、

小西飛答曰、日本求封、曾教朝鮮代請、朝鮮隠情、騙了三年、又騙日本人来殺、因此挙兵、

一問、朝鮮告急、天兵救援、只合帰順、如何抗拒、有平壌・開城・碧蹄之戦、

答曰、日本兵住平壌、要求封納款天朝、並無敢犯之意、二十年七月十五夜、見兵馬殺平壌、無奈接応、及八月二十九、行長与沈遊撃相会、約退譲平壌、不期天朝不信、去年正月初六日進兵攻城、傷殺行長兵甚衆、碧蹄亦是天兵追殺、死傷日本兵亦多、退王京、

一問、後来因何退還王京、送回王子・陪臣、

答曰、一則聴沈遊撃准封言語、又説天兵七十万已到、因此星夜退

兵、送還王子·陪臣、併将七道送還天朝、

　一問、既退還王京、送回王子·陪臣以求封、如何又犯晋州、

　答曰、晋州原係朝鮮人去日本、相遇清正·吉長兵馬殺了、因此相殺、後見天兵、即便還去、

　一問、爾原是声言求貢、本部因爾復犯晋州、情形反覆、故許封不許貢、既許爾封、即当帰国待命、如何又運粮蓋房、久屯釜山不去、

　答曰、已前原封貢並求、因本朝不肯、関白·行長未信、只是求封好了、又運粮蓋房、俱各守候天使、並無他求、天使一差後、尽皆焼燬、

　一問、原約三事尽従、方封爾、当伝行長等、即令倭戸尽去、房屋尽燬、不復犯朝鮮、不別求貢市、爾能保関白·行長尽従否、

　答曰、行長有稟帖上孫総督云、一一聴命、不敢有違、此係大事、秀吉有命行長、行長有命、小的方敢如此対答、定無反覆、

　一問、爾等雖一時遵約、至於日久、能保永無他変否、爾当対此、訂盟立誓、方与請封、

　小西飛誓云、天朝問的言語、小西飛駆守藤原如俺答的説話、如有一字虚謊　、関白秀吉·行長·小西飛等、俱各不得善終、子孫不得昌盛、蒼天在上、鑒之鑒之、

　一問、爾前云、朝鮮既為請封、豈肯復犯、但秀吉受知信長、尚且簒奪、朝鮮一時代奏、彼豈不復再犯、

　答曰、信長者簒国王不好、因為部将明智被殺、見今関白豊臣秀吉、時為摂津守、率信長諸将、興義兵、誅明智、帰併六十六州、若無秀吉平定諸州、日本百姓、至今不安、

　一問、平秀吉既平了六十六島、便可自王、如何又来求封、

　答曰、秀吉因見殺国王為明智、又見朝鮮有天朝封号、人心安服、故特来請封、

　一問、爾国既称天皇、又称国王、不知天皇即是国王否、

　答曰、天皇即国王、已為信長所殺、

一問、爾既如此、当奏請許爾封、爾当写書、差倭去報平行長、速帰、令関白整備冊使船隻・館舎、及一応恭候、礼儀一有不虔、封仍不許、

答曰、守候已久、件件不敢軽易、有違天朝之命、沈遊撃到釜山、兵馬即過海回家、行長守候天使」(「両朝平攘録」4)

※史料37

「兵部石星題、*関白具表乞封、上特准封為日本国王*、査隆慶年間、初封順義王旧例、其頭目効順者、授以竜虎将軍等職、朶顔三衛頭目、見各授都督等官、今平秀吉既受皇上錫封、則行長諸人即為天朝臣子、恭候旨下、将豊臣行長・豊臣秀家・豊臣長盛・豊臣三成・豊臣吉継・豊臣家康・豊臣輝元・豊臣秀保、各授都督僉事、小西飛間関万里納款、仍応加賞賚、以旌其労、其日本禅師僧玄蘇、応給衣帽等項、本部倶于京営、犒賞銀内酌給、奉旨、如議行」(「明神宗実録」万暦23年正月乙酉)

주제발표

고대일본의 한국관계기록과 사례연구

-『日本書紀』의 왜곡된 歷史像-

연민수(동북아역사재단)

1. 서언

『日本書紀』, 『續日本紀』 등 일본고대의 正史인 六國史를 비롯하여 일본고대사료에는 많은 한국관계기사가 실려 있다. 이들 사료에서 공통적으로 나타나는 것은 한반도제국을 일본의 하위에 두는 인식이다. 고대일본의 한반도인식의 키워드는 內官家, 蕃國, 朝貢, 歸化, 人質 등 마치중화의 이념인 華夷思想에 영향 받은 단어들이다. 이러한 인식은 일본고대국가의 완성기에 편찬된『일본서기』의 이념에 의해 생성되었다. 이관찬서에는 일본을 통일국가로 만든 천황가의 유래와 왕권의 정당성, 정통성을 주장하고 있고, 한반도제국에 대해서는 철저한 우월의식이 투영되어 있다. 한편으로는 이들 한국관련기사는 일본적 중화의 이념에 의해채색된 내용을 걸러내면 한국고대사의 복원에 유용한 사료이기도 하다.

일본고대국가의 형성과정은 대외관계 속에서 출발하였고, 왕권과 국가의 성장과 발전에 강한 영향을 끼치게 된다. 대륙으로부터 고립된 지리적인 요인으로 인해 선진문화의 수입을 위한 대륙지향성을 지속되었고 한반도제국은 주요 문물 수입처였다. 특히 일본고대국가의 형성기에 해당하는 480년에서 600년까지는 중국과의 교류는 단절된 채 백제를 중심으로 한 한반도제국과의 교류였고, 7세기후반 30년간은 신라 一國外交의 시대였다. 게다가 8세기 이후의 일본의 신라, 발해와의 교류는 견당사와는 비교가 안 될 정도의 빈번하였다. 고대일본의 한반도인식은 이러한 교류의 과정에서 형성되었고 사료의 윤색과 왜곡, 굴절이 심하여 엄정한 사료비판을 요한다.

중화의 이념에서는 주변국과의 관계에서 가장 중시되는 것이 중화의 문명이 주변으로 전파되어 야만을 개명시키는 것이고, 조공과 책봉을 통해 우월적 지위를 보증하는 교류가 이루어진다. 문물의 수입국이 수출국에 대해 번국사상을 갖는다는 것은 중화의 논리에서 보면 모순되는 일이다. 일본고대국가에서 이러한 주관적 인식이 형성된 요인은 무엇인지, 그 연원은 어디에 있는지 『일본서기』를 중심으로 검토해 보기로 한다.

2. 神功皇后와 삼한정벌설화

신공황후 전설은 신라와의 관계 속에서 형성되었으며 일본고대 지배층의 신라에 대한 의식이 한반도제국 전체로 확산되는 흐름으로 기술되어 있다. 『일본서기』의 신공황후의 한반도 관련 전설에는 첫째, 신공기 섭정전기의 삼한정벌설화, 둘째, 신공기49년조의 신라정벌-가야7국평정-백제복속담으로 이어지는 2개의 구조를 갖는다. 신공황후섭정전기에 보이는 삼한정벌의 내용을 정리하면 다음과 같다.

신공황후는 재보의 나라 신라를 얻기 위해 神意를 묻고 점을 쳤다. 對馬에서 출발하여 風神과 海神이 바람과 파도를 일으키니 大魚가 해

중에 떠올라 황후의 군선을 도왔다. 멀리서 일본의 수군을 보고 놀란 신라왕은 동쪽에 神國 日本이 있고, 聖王인 천황이 있어 대응할 수 없다고 하고 백기를 들어 지도와 호적을 바치고 항복하였다. 황후는 짚고 있던 창을 新羅王門에 세우고 후세의 표시로 삼았다. 신라왕은 微叱己智波珍干岐를 인질로 하여 금은보화를 배에 실어 보냈다. 이때 고구려·백제는 신라의 항복 소식을 듣고 영외로 나와 머리를 조아리고 금후는 길이 西蕃이라 일컫고 조공을 끊이지 않겠다고 하였다. 이것이 이른바 三韓이다.

신공기는 일본의 대외관계 기사의 출발점이면서 신라의 복속으로부터 시작하고 있다. 신공황후의 신라정벌의 근거는 神勅에 있고, 고구려, 백제도 함께 복속하여 內官家가 되었다는 이른바 삼한복속설화이다. 후대에 전승되는 삼한복속담은 고대일본이 고구려, 백제, 신라와 활발한 접촉을 가진 7세기 이후의 경험에 기초한다. 7세기는 삼국 상호간의 영토전쟁이 만성화되어 있었고 이러한 와중에서 對倭 군사외교가 활발히 전개되고 있었다. 왜왕권도 여기에 연동해서 최종적으로는 백제편에 선 한반도의 군사분쟁에 휘말리게 되고 참담한 패전을 경험한다. 백제에 대한 부흥군의 파견, 백제를 멸망시킨 신라에 대한 증오심, 강국으로 인식되던 고구려의 대왜 사절의 파견 등 한반도 삼국에 대한 복합적 경험과 인식이 있고, 패망한 백제, 고구려 왕족들의 왜국으로의 이주와 왜왕권의 지배질서의 편입이라는 현실적 상황이 삼한복속론의 바탕을 이룬다고 할 수 있다.

다음은 신공기46년조에서 52년조에 보이는 일련의 한반도관련 기사는 백제와 왜국간의 국교성립과정을 설명하면서 그 과정에서 한반도제국을 복속시키는 장면이 연출되고 있다. 이 사건의 개요를 정리하면 다음과 같다.

　　탁순국이 중개하여 왜국에 사신을 보낸 백제는 도중에 신라사에게
공물을 빼앗겼다. 신공황후는 탁순국에 병력을 결집시켜 신라를 치고,
이어 비자발, 남가라, 탁국, 안라, 다라, 탁순, 가라 등 7국을 평정하였
다. 다시 침미다례를 쳐서 백제에게 주었다. 비리, 벽중, 포미지, 반고
4읍이 항복하였다. 백제왕은 왜국에 서번으로서 조공할 것을 맹서하고,
칠지도, 칠자경 등 보물을 왜국에 바쳤다.

　　신공기의 한반도 관련기사는 백제사료인 「百濟記」의 왕력을 이용하
여 시기적으로 근초고왕대의 이야기로 설정하고 있다. 일본학계에서는 일찍
부터 왜왕권의 한반도진출 기사로 연구되어 왔으며, 국내에서는 역으로 4세
기후반 백제의 왜, 가야 등 주변제국과의 외교, 전쟁, 교역사로서 복원을 시
도하고 있다. 그러나 내용의 사실성, 기년 등 많은 문제점을 안고 있다.

　　이 기사에서 사실성을 인정할 수 있는 것은 백제가 왜국에 칠지도 등
을 보냈다는 것이고, 석상신궁에 남아있는 실물 칠지도에 의해 확인된다.
그러나 칠지도 명문에 따르면 신공기의 기술은 『일본서기』편찬시의 윤
색이고 백제가 왜국왕에게 보낸 우호의 상징이고 엄밀하게 말하자면 백
제왕의 우월의식이 반영된 하사품의 성격이 강하다. 이 사건에 신라가
개입할 여지는 없으며 신라가 백제의 조공품을 빼앗았다는 것도 신라 적
시관이 만들어낸 허구이며 신라에 대한 군사적 응징을 도입부로 하여 한
반도제국에 대한 복속 이야기를 만들어냈다. 신공황후의 가야7국평정,
침미다례의 백제에 하사, 4읍의 복속 등도 『일본서기』찬자의 창작임은
물론이다. 가야7국평정기사에 대해서 일본학계의 전통적 학설에서는 이
른바 임나일본부의 기원으로서 설명되었고, 국내에서는 백제의 가야진출
로 기사로 해석하고 있지만 전자는 완전한 허구이고 후자 역시 백제의
가야진출에 대한 과잉해석이다. 또 침미다례, 4읍의 복속기사도 왜국의
군사적 진출이라는 해석은 물론 백제 주도의 설명체계도 객관적이지 않
다. 백제의 구 마한지역인 전라도 방면으로의 진출과 영역화는 웅진천도

이후인 5세기후반이 되지 않으면 안 된다. 신공기의 多沙城 하사기사도
계체기23년조의 多沙津 하사기사의 투영이고, 『삼국사기』 백제본기 동
성왕23년(498)에 武珍州 정복과 탐라의 조공기사는 신공기의 침미다례,
4읍 복속기사의 편년에 문제가 있음을 말해준다. 신공기에 열기된 가야7
국 등 제국명은 6세기전반에 편찬된 『梁職貢圖』에 백제의 부용국으로
나와 있는 국가들과 대체로 일치하고 있으며 6세기 전반에 백제가 현실
적으로 점령하고 있던, 혹은 점령해야 된다고 생각하던 지역들이다. 다
만 그 주체가 백제가 아닌 왜국으로 되어 있는 것은 原百濟三書가 『일본
서기』의 편찬과정에서 백제계 망명후예 혹은 그 편찬자에 의해 개변되
었기 때문이다. 『양직공도』의 백제의 대외인식이 원백제삼서의 그것과
이러한 공통점을 갖는 것은 사료 편찬의 주체와 출전이 가야 제국에 대
해 부용의식을 갖고 있었던 백제계 도래인이었기 때문이라고 생각된다.[1]
　신공기에 신라를 일본의 한반도제국에 대한 군사적 진출의 요인이자
출발점으로 나오는 것은 신공황후섭정전기의 삼한정벌기사와 마찬가지
로 후대의 신라에 대한 적시관의 반영이라고 생각한다. 신공황후의 전승
은 신라에 대한 적대의식이 크게 고조되었던 7세기후반에 형성되었으며
왜국과 우호관계에 있던 백제, 고구려의 멸망과도 깊은 관련이 있다. 특
히 이 시기는 일본의 신라에 대한 경쟁의식, 신라를 능가하고자 하는 정
치적 이념 하에서 천황제 율령국가를 수립하고 천황통치의 유래와 정당
성을 밝힌 『일본서기』의 편찬기였다. 일본 지배층들은 망명한 백제, 고
구려의 왕족에게 백제왕, 고려왕이라는 특별 칭호를 하사하여 역사적으
로 백제, 고구려가 일본의 속국이었다고 간주하고, 신라국, 신라왕 역시
일본국, 일본천황의 하위에 두는 번국관념을 투영시켰다. 702년에 편찬
된 대보율령에 신라를 일본의 번국으로 명기한 것도 역사적으로 뿐 아니

---

1) 졸고, 「日本書紀 神功紀의 사료비판」 『日本學』 15, 1996 ; 同 『고대한일관계사』,
　헤안, 1998 재록.

라 법제적으로 명문화하여 신라에 대한 현실적인 우월성을 강조하고 있다. 이것은 일본의 국내법에 한정되고 8세기에 전개된 양국의 사절에 대한 대응방식을 보면 상대의 「無禮」, 「缺禮」를 지적하며 자주 충돌하는 모습도 나타나고 있다. 신공황후 전설에 나타난 한반도 삼국의 일본 복속사상은 이러한 과정을 거쳐 생성된 것이다.2)

3. 渡來人과 歸化人史觀

『고사기』, 『일본서기』 등 일본문헌에는 한반도나 중국으로부터 이주해 온 사람들을 「歸化」, 「投化」, 「化來」라는 용어를 사용하고 이에 근거하여 일본학계에서는 이들을 귀화인으로 불러왔다. 귀화의 고전적 의미는 華夷思想에서 나온 것으로 중국천자의 王化가 미치지 않은 주변의 夷狄들이 왕화를 흠모하여 스스로 귀부하는 것을 말한다. 중화의 이념에서 보면 미개에서 선진, 야만에서 문명의 세계로 들어와 융화하는 형태라 할 수 있다. 따라서 귀화인을 받아들인 지역은 주변제국에 정치적, 문화적으로 잘 정비된 중앙집권적 고대국가의 성립을 전제로 하고 있다. 일본의 고문헌에 보이는 귀화의 개념은 중화사상의 차용으로 고대 일본 지배층의 당시의 역사적 관념에서 나온 대외인식이다. 천황권의 신성성과 절대성을 강조하던 8세기 일본지배층의 정치적 이념이기도 하다.

귀화인 전승이 가장 많이 나타나는 4~6세기는 일본고대국가의 형성기이다. 8세기에 현실적 필요성에 의해 만들어진 역사적 개념을 현대 연구

2) 졸고, 「신공황후전설과 日本人의 對韓觀」『韓日關係史研究』24, 2006 ; 同「일본율령국가의 신라관의 형성과 실태」『8세기 동아시아의 역사상』, 동북아역사재단, 2013 ; 『고대일본의 대한인식과 교류』, 역사공간, 2014, 재록 ; 나행주, 「고대일본의 국제관계와 대외인식」『사림』41, 수선사학회, 2012.

자가 그대로 받아들여 해석하는 것은 문제가 있다. 게다가 귀화라는 용어
는 일본적 우월주의와 상대에 대한 비하, 멸시관이 내재되어 있어 현실적
용어로서는 부적합하다는 의견이 일찍부터 제기되었다. 일본에서도 1970
년대에 들어 이른바 귀화인사관에 대한 비판론이 제기되어 그에 대체되는
용어로서 도래인라는 말을 사용하기 시작했고 현재에는 일반적으로 통용
되고 있다3). 『신찬성씨록』에 기재된 畿內의 1182氏 중 1/3 이상이 도래
계라는 사실에서도 알 수 있듯이 일본열도에는 한반도에서 건너간 수많은
도래인이 있고 그들은 다양한 도래전승과 족적을 남기고 있다. 이들 중에
는 중앙과 지방에서 다양한 분야에 종사하며 거대한 웅족으로 성장한 씨
족도 보이고 있다.

한반도에서 일본열도로의 이주시기에 대해서는 동아시아의 정치적,
군사적 격동기에 인구이동의 흐름 속에서 나타난다. 첫 단계가 한반도로
부터 농경문화, 청동기, 철기가 전해지는 시기로 기원전 3세기에서 기원
후 3세기이다. 이 시기는 일본문화의 여명기로서 야요이시대에 해당한
다. 고고학적 출토자료인 인골의 공통점, 한반도계 유물 등을 통해 인간
의 이주가 확인되고 있다. 2단계는 4세기말 고구려 광개토왕의 남정으로
한반도남부의 다수의 사람들이 일본열도로 이주하고 3단계는 5세기후반
고구려의 백제 침공과 한성의 함락, 웅진 천도기에 일단의 이주민이 발
생한다. 4단계는 7세기후반 백제의 멸망으로 많은 백제인들이 망명길에
오른다.

---

3) 재일사학사 金達壽·李進熙 그리고 上田正昭 등은 1969년부터 간행하기 시작한
  『日本のなかの朝鮮文化』(朝鮮文化社)를 통해서 일본열도 내 한국문화의 흔적과
  한반도로부터의 이주민과 그 자손들이 일본사회에서 담당한 역할에 대해 상세히
  보고하였다. 김달수는 동 잡지 창간호에서 「대화정권이 확립되기 이전은 渡來人이
  라 하고, 시대가 飛鳥에서 奈良로 이행한 이후는 歸化人이라고 하는 것이 좋지
  않을까」라는 제언을 한 후 한반도로부터의 이주자를 歸化人으로부터 渡來人으로
  용어를 바꾸게 하는 등 이른바 歸化人史觀의 극복에 적지 않은 기여를 하였다.

그럼 『일본서기』의 사례를 통해 이주의 실태와 성격을 살펴보자.

① 意富加羅國王의 아들 都怒我阿羅斯等은 일본국에 聖皇이 있다는
   말을 듣고 귀화하였다(垂仁紀2년 춘2월조).
② 신라국 왕자 천일창 일본국에 聖皇이 계시다는 것을 듣고 귀화하였
   다(垂仁紀3년 춘3월조).
③ 弓月君이 백제로부터 인부 120현을 이끌고 귀화하였다(應神紀14
   년 시세조).
④ 倭漢直의 조상 阿知使主와 그의 아들 都加使主가 무리 17현을 데
   리고 내귀하였다(應神紀20년조).
⑤ 백제 직지왕은 누이동생 新齊都媛은 7인의 부녀를 데리고 내귀하
   였다(應神紀39년조).
⑥ 백제국에서 도망쳐 귀화해 온 사람이 있었다(雄略紀14년 추 7월
   조).
⑦ 백제인 己知部가 투화하였다(欽明紀원년 2월조).
⑧ 秦人, 漢人 등 諸蕃의 投化者를 불러 모아 國郡에 안치하고 호적
   을 작성했다(欽明紀원년 8월조).
⑨ 고구려승 慧慈가 귀화하였다.(推古紀3년 5월조).
⑩ 고구려의 승려 僧隆, 雲聰이 함께 귀화하였다. (推古紀10년 윤10월
   조).
⑪ 신라인이 많이 귀화하였다(推古紀16년 是歲條).
⑫ 백제국에서 귀화하는 자가 있었다(推古紀20년 是歲條).
⑬ 백제인 味摩之가 귀화하였다(推古紀20년 2월조).
⑭ 삼한의 여러 사람에게 "귀화한 첫해에 같이 온 자손은 과역을 모두
   면제한다."는 조서를 내렸다(天武紀10년 8월조).
⑮ 귀화해 온 백제의 승니 및 속인 남녀 아울러 23인을 모두 武藏國에
   안치하였다(天武紀13년 5월조).

사료①의 意富加羅國王의 아들 都怒我阿羅斯等은 崇神紀65년에 "임
나국이 蘇那曷叱知를 파견하여 조공하였다. 임나는 축자국을 떠나 2천
여 리, 북으로 바다를 사이에 두고 계림의 서남에 있다"라는 임나국 소나

고대일본의 한국관계기록과 사례연구 _ 111

갈질지과 동일 인물이다. 숭신기65년과 수인기2년은 『일본서기』 편년으로 각각 BC32년, BC29년으로 되어 있으나 후대 사건의 투영이다. 이 사건이 역사적 사실의 반영으로 본다면, 이때의 임나국은 계림의 서남에 있다는 위치에 근거하여 김해의 가야국일 가능성이 높다. 意富加羅는 오호가라라고 읽고 대가라를 가리키는데, 대가라란 큰가야, 중심국가라는 의미가 있고 당시 남부가야지역의 맹주격인 금관국을 가리킨다. 이때의 귀화 전승은 금관국의 대왜 외교관계 기사가 그 후의 왜국으로 이주한 금관국의 후예씨족들에 의해 귀화전승으로 전해졌을 것으로 생각된다.

사료②의 천일창 귀화 전승은 『삼국유사』기이편에 나오는 아달라왕4년(157)에 「연오랑·세오녀」의 도왜 기사와 동일한 모티브, 내용을 담고 있다. 아달라이사금 시대의 2세기후반의 신라는 사로국시대의 경주를 중심으로 하여 성장하고 있을 때였다. 이들의 출발지는 경상북도 영일현으로 『삼국지』「魏書」변진조에 보이는 勤耆國으로 추정된다. 포항시 옥성리 일대에 대한 발굴조사를 했는데, 138기의 고분 유구에 대한 조사 결과 원삼국시대에서 삼국시대까지의 토기류와 철제투구, 철도끼, 철창 등의 철기류, 옥제품 등의 장신구 등이 다량으로 출토되었다.[4] 이들 유구들은 당시 독립해 있던 근기국의 지배층의 분묘로 추정되고 당시의 생활상을 보여주고 있다. 바로 연오랑·세오녀 전승은 사로국의 복속 하에 들어간 근기국 지배층이 일본열도로 이주한 사실을 반영한 것이라고 생각된다.[5]

사료③은 궁월군의 도래전승인데, 백제로부터 이주하는 과정에서 신라의 방해를 받아 인민들이 가라에 머물게 되자 왜왕권이 사람을 보내

---

4) 영남문화재연구원편, 『浦項玉城里古墳群 Ⅰ·Ⅱ』, 1998.
5) 졸고, 「고대한일관계와 울진지방」『고대한일관계사』, 혜안, 1998, 同「新羅國家 形成期의 優由國과 秦氏」『日本文化研究所紀要』16, 京都産業大 日本文化研究 所, 2010.

모두 데리고 왔다고 한다. 이 전승은 신라를 방해자, 악역으로 등장시키는『일본서기』의 신라적시관과 관련이 있지만, 궁월군이 어디에서 왔던가에 대해서는 사료에 따라 차이가 있다.『신찬성씨록』좌경제번조에는 秦忌寸의 조상은 진시황을 선조로 하는 계보전승이 있고, 그 후예가 궁월군이라고 한다. 즉 궁월군의 자손인 秦氏는 계보적으로 보면 중국계가 된다. 이러한 씨족 전승은 조상의 중국 출자를 선호하던 8세기후반 이후에 만들어진 것으로 신뢰하기 어렵다.『신찬성씨록』에 의하면「인덕천황의 때에 姓을 주어 波陀라 하고 지금의 秦字의 訓이다」라고 하듯이 원래 波陀라는 말이 있었고 후에 이를 '秦'으로 썼다. 秦氏와 관련 있는 직종을 보면 정치, 군사, 음악, 불교, 상업, 재무, 학예, 양잠, 베틀 등 다방면에 걸쳐 나온다. 근년에는「하타」=지명설이 제기되었다.『삼국사기』잡지4(지리2)에 울진의 領縣이었던 海曲의 古名이 波且였다고 한다. 波且의 且는 원래 旦으로 생각된다. 울진의 古名 波旦과 관련하여 波旦이라는 말이 울진봉평비에 波旦이라는 지명이 나온다.『삼국사기』에도 울진의 한 지역명으로서 波旦이라는 지명이 남아있다. 일본의 도래씨족인 漢氏를「아야」씨라 하여 安羅國로 비정되고 있듯이 秦氏의 출자도 자신의 고향명을 딴 波旦, 즉 고대의 優由國인 울진으로 추정된다[6]. 즉 궁월군의 집단적 도래전승은 신라계 도래인 秦氏의 조상전승으로부터 나온 것으로 생각된다. 이러한 집단 이주전승은 신라의 중앙정권이 지방세력을 복속시키는 과정에서 울진지방의 지배세력의 일본열도로 이주전승을 보여주는 사례라고 생각된다.

사료④는 大和에 본거를 둔 도래계 씨족으로 倭漢氏(東漢氏) 도래전승이다. 이 씨족은 일찍부터 씨족적 조직이 성립되어 왜왕권 내에서 정치, 군사, 재정, 각종 기술, 불교 등 다방면에 걸쳐 활약한 대표적인 도래

---

6) 上田正昭,「古代史のなかの渡來人」,『古代豪族と朝鮮』新人物往來社, 1991, p.69.

계 씨족이다. 분파된 枝族만 해도 6~7세기에는 20여족에 이르고 平安朝
초기에는 70여 지족으로 확대되는 거대 씨족군을 이룬다.7) 『古事記』履
中天皇段에도 「倭漢直의 祖 阿知直」이라고 하여 阿知直이란 선조의 이
름이 보이고, 사료④의 倭漢直의 선조 阿知使主에 해당한다. 『續日本紀』
延曆4년(785) 6월조에는 東漢氏의 후예인 坂上氏는 자신의 선조가 후한
영제의 증손인 阿知王으로 대방군으로 이주해 살다가 일본으로 건너갔
다고 한다. 이것은 후대에 자신의 출자를 후한의 황제에게 가탁한 것이
다.8) 선조의 출자를 중국황제라고 주장하는 일은 씨족의 지위를 높이는
데 유리하다는 현실적 조건이 있었기 때문이다. 이 씨족 역시 백제 혹은
가야지역에서 이주한 사람들의 조상전승으로 4세기말 고구려 광개토왕
의 南征 시에 집단적 이주의 역사적 배경이 있다.

사료⑤는 백제왕권 차원의 인적 파견기사이고, 사료⑥⑦⑪⑫⑬은
개인의 사적 이주 기사이다. 사료⑨⑩은 고구려 승 파견기사이다. 특히
혜자는 성덕태자의 스승으로 외교자문, 아스카사의 주지 역할을 하는 등
왜왕권의 정치, 외교, 불교 등 다방면에 걸쳐 영향을 준 공로자이다. 사
료⑧⑭⑮는 한반도계 도래인의 왜국 정착에 다른 왜왕권의 행정적인
절차이다.

이상의 사료에서 살펴보았듯이 귀화전승은 왕권 차원 혹은 개인, 집
단 이주의 반영이고 중화의 세계에서 나타나는 현상과는 다르다. 당시
한반도의 정치 정세의 변동에 따른 왕권 상호간의 외교이고, 전란이나
변란의 혼란을 피해 이주하는 자연스러운 인구이동이다.

---

7) 加藤謙吉, 「東漢氏の氏族組織の成立」 『大和政權と古代氏族』, 1991, p.225,
   pp.254~257 表12 참조.
8) 『續群書類從』에 수록된 坂上系圖 所引의 『新撰姓氏錄』逸文에는 그의 선조는
   漢高祖로 되어 있어 앞서 편찬된 『續日本紀』의 後漢의 靈帝說을 압도하는 개변
   을 행하고 있다.

4. 任那日本府와 內官家 사상

『일본서기』흠명기23년조에는 「新羅打滅任那官家」라 하여 가야의 멸망사실을 전하고 있다. 분주의 一書에 「任那가 멸망하다. 전체로는 임나라 하고, 개별적으로는 加羅國, (安羅國, 斯二岐國, 多羅國, 卒麻國, 古嵯國, 子他國, 散半下國, 乞飡國, 稔禮國 도합 10국이다」라고 기록하고 있다. 신라에 병합된 이후 『일본서기』에 나타난 왜왕권의 반응을 보자.

> 신라는 … 우리 官家를 멸하고 백성과 군현을 멸망시켰다. 우리 신공황후는 … 신라가 궁핍해져 가는 것을 불쌍히 여겨 신라왕을 목 베어야 할 것인데도 온전히 놓아두었다. … 간악한 역적을 죽여 천지의 큰 아픔을 씻고 君父의 원수를 갚지 못하면 죽어서도 臣子의 도리를 이루지 못할 것이다.

이 문장은 『양서』王僧弁傳에 나오는 내용을 차용해서 임나를 멸망시킨 신라를 비난하는 내용이다. 여기에는 신공황후의 신라정벌론이 투영되어 있고 임나에 대한 내관가 사상이 나타나 있다. 이것은 한반도 제국을 일본의 복속사상에 의한 작문이다. 가야의 멸망을 본 欽明은 임종 시에 「그대들은 신라를 쳐서 임나를 세워라9)」고 하고, 흠명의 아들인 敏達도 죽음에 이르러 「돌아간 천황의 칙을 배반하지 말고 임나의 政事를 잘 살피라10)」라고 하였고, 崇峻도 「짐의 생각은 임나를 세우는 것이다11)」라고 하여 임나의 부흥문제가 후계왕들이 계승해야 할 중대사로 기술하고 있다. 이것은 가야지역에 대한 일본의 관심도의 반영이고 가야의 멸망이 왜국에 미친 영향이 그만큼 크다는 것을 말해주고 있다. 여기에는

---

9) 『日本書紀』欽明紀32年 夏4月條.
10) 『日本書紀』敏達紀13年 3月條.
11) 『日本書紀』崇峻紀4年 秋8月條.

가야의 멸망으로 가야지역으로부터 수입해 오던 철자원 등의 선진문물이 신라에 의해 장악되자 신라 증오심과 함께 가야지역에 대한 정치적 이데올로기에 의해 윤색된 것이다. 고대의 철산지인 금관국의 대표 지명으로 多多羅가 있고, 『일본서기』神代 제8단·보검출현 一書에는 「踏鞴, 此云多多羅」라 하여 「다다라」에 어원을 갖는 일본식 한자 표기인 踏鞴의 鞴는 제철로에 인공으로 바람을 넣은 기구를 말한다. 이것은 고대일본에서 금관국의 대표지명인 多多羅가 제철의 의미로 전화되어 사용된 것이고 이것은 금관국을 철생산지로서의 인식이 강하게 남았다는 증거이다. 이러한 내관가 사상은 금관국멸망 이후 가야에 파견된 近江毛野臣 전승으로 부터 나온 것으로 보인다. 『일본서기』에 김해지역의 4촌이 왜왕권이 파견한 근강모야신의 집정지로서 기술하고 있듯이 그의 후예씨족들의 가전류에서 나온 기록을 토대로 『일본서기』편자에 의해 한반도 제국을 번국시하는 정치사관에 의해 왜왕권의 지배지로서 탈바꿈되었다.[12] 요컨대 철자원의 수입처의 상실이라는 금관국에 대한 인식과 왜왕권이 파견한 근강모야신이 금관국을 지배하고 있었다는 전승이 융합되어 가야관이 형성되었다고 생각한다.

그럼 『일본서기』흠명기에 기록되어 있는 이른바 임나일본부 관련기사를 살펴보자. 내용을 정리해 보면 다음과 같다.

○ 安羅, 加羅, 多羅 등 가야 7국 지배층이 任那日本府 吉備臣과 함께 백제에 가서 천황의 칙서를 듣다.
○ 백제 성왕은 任那旱岐들에게 말하기를, 천황이 조서를 내린 바는 임나를 부흥하라는 것이고 충성을 다하여 천황의 뜻을 펼치도록 해야 한다고 하다.
○ 임나한기가 백제왕에게 말하기를 임나를 부흥시키는 것은 대왕의

---

12) 拙稿, 「日本書紀에서 본 加耶와 古代日本」, 『고대한일관계사』, 혜안, 1998, p.522.

뜻에 달려있다고 하다.(이상 흠명기2년 하4월조)
○ 성왕이 임나의 日本府에 대해 일본천황이 조칙으로 임나를 부흥시킬 것을 지시했다고 하고, 신라에 속지 말고 임나부흥에 힘쓸 것을 말하다.(이상 흠명기2년 추7월조)
○ 천황은 백제에 조서를 보내 임나의 부흥을 재촉하다.(흠명기4년 추11월조)
○ 성왕이 천황의 조칙을 군신들에게 보이며 임나부흥에 관한 의견을 묻다.(흠명기4년 12월조)
○ 성왕은 日本府卿과 임나집사에게 말하기를 임나의 부흥은 천황의 위엄을 빌리지 않고는 불가능하고, 천황에게 병력을 청하여 임나를 도울 것이라고 하다.(흠명기5년 2월조)
○ 성왕이 임나부흥의 계책을 묻는 질문에 吉備臣과 임나한기가 임나의 부흥은 오직 大王에 달려있다고 하고 천황에 주상해서 칙명을 받고자 하다.(흠명기5년 11월조)

이상의 기록은 이른바 임나일본부 문제와 관련해서 복잡하게 얽혀 있는 임나부흥회의에 관한 내용이다. 그런데 임나부흥문제는 백제가 일본에 사신을 보내 칙서를 받는다든가 일본에서 백제에 사신을 보내 천황의 명을 받아 백제가 대행하고 있는 것으로 나와 있다. 임나부흥문제에 당사자인 가야제국의 의견은 거의 반영되지 않고 오로지 백제왕과 백제왕을 통한 일본천황의 조칙이 있을 뿐이다. 흠명기에는 日本府卿, 日本府臣, 日本府執事 등 마치 일본조정에서 파견된 듯한 관인들이 존재가 보이고 있으나 이들이 일본조정의 직접적인 명령을 받는다거나 일본을 위해 활동하고 있는 모습이 보이지 않는다. 이른바 일본부 관인들이 일본조정에서 파견되어 임나에서 활동하고 있었다면 일본은 백제를 통해서가 아닌 이들에게 직접 명령을 내려야 한다. 즉 천황의 조서를 지참한 사신을 임나에 있는 일본부 관인들에게 보내고 현지에 체재중인 이들은 그 지시를 받아 임나부흥이나 지배를 위해 활동해야 하지만 한다는 것이다. 「백제본기」를 저본으로 한 『일본서기』에서 간취할 수 있는 것은 가야문제에 실질적으로 관여한 것은 백제이고 일본은 임나에 대해 직접적인 영향력은 전혀 행사하지 못하고 있다는 점이다. 이들 사료는 백제 멸망 후에 백제 망명인들이 갖고 있던 백제의 가야 관련 사료가 일본에 영합적인 기사로 윤색된 결과이다.[13]

5. 영토할양·파병·책립·인질 기사와 복속사상

『일본서기』에는 한반도남부 영토의 일부를 백제에 하사했다는 기록이 나온다. 여기에는 해당지역이 일본에 의한 지배가 전제되어 있다. 웅략기21년조에 「천황이 백제가 고구려에게 멸망하였다는 사실을 듣고 久麻那利를 문주왕에게 주어 그 나라를 세우는 것을 도왔다」고 하여 구마나리(熊津)를 할양했다고 한다. 『삼국사기』백제본기에는 한성이 함락되자 문주는 개로왕의 유명을 받들어 웅진으로 천도하여 왕위를 계승한다. 문주왕에 의한 웅진으로의 천도가 『일본서기』에는 백제에의 구마나리 할양으로 조작되었다. 계체기6년조에는 「백제가 사신을 보내어 調를 바치고 따로 표를 올려 任那國의 上哆唎, 下哆唎, 娑陀, 牟婁 4현을 청하였다… 上表에 따라 임나 4현을 주었다」고 한다. 임나4현은 백제가 웅진천도 이후에 섬진강수계를 따라 접수한 전라남도 남원에서 하동 지역에 이르는 지역이다.[14] 백제가 남방진출에 의해 복속시킨 지역이 마치 일본이 점령한 것으로 윤색되었다. 『일본서기』의 백제, 가야에 대한 번국사상이 반

---

13) 졸고, 「古代日本의 加耶觀의 형성과 변용」『日本歷史硏究』20, 2004 ; 同『고대일본의 대한인식과 교류』, 역사공간, 2014 재록

14) 졸고, 「六世紀前半 加耶諸國을 둘러싼 百濟, 新羅의 動向」『新羅文化』7, 1990 ; 同『고대한일관계사』, 혜안, 1998 재록. 同「熊津時代 百濟의 對倭同盟과 外交」『百濟文化』49, 2003 ; 同『고대일본의 대한인식과 교류』, 역사공간, 2014 재록.

영되어 있다. 孝德紀 大化元年조에는 「처음에 우리 먼 선조 시대에 백제
국을 內官家로 삼았는데, …중간에 임나국을 백제에게 속하도록 하였다」
라고 한다. 여기서 「먼 선조 시대」란 신공황후를 말한다. 중간에 임나국
을 백제에게 속하도록 하였다고 하듯이 백제에 대한 가야영토의 할양을
언급하고 있다. 이미 멸망한 가야의 영토를 백제에 주었다는 것은 가야
멸망 이후에도 가야지역에 대한 왜왕권의 지배의 관념이 투영되어 있다.

고대일본의 대외관계에서 외국의 요청을 받고 파병한 사례는 백제가
유일하다. 파병 전후한 시기에 백제에서는 인적, 물적자원을 보내 답례
의 형식이 뒤따른다. 『일본서기』에서는 백제에서 보낸 각종 자원을 貢
物, 調, 朝貢, 獻 등의 용어로서 상하, 우열관계로서 표현하고 있다. 왜왕
권의 파병은 삼국간의 전쟁이라는 정세 속에서 백제의 지속적인 대왜외
교와 양국의 친연관계로 발전해 나가는 과정에서 왜왕권의 일관된 친백
제정책의 결과이다. 양국의 군사협력체제의 시동은 4세기말 고구려 광개
토왕의 백제 침공이다. 이때의 상황은 광개토왕비문을 비롯하여 『삼국사
기』, 『일본서기』에 나타나 있듯이 백제의 아신왕이 왕자 腆支를 왜국에
청병사로 파견하여 왜병의 파견을 이끌어냈다. 『일본서기』에는 파병기
사는 보이지 않지만, 광개토왕비의 「百殘違誓與倭和通」, 『삼국사기』백
제본기 전지왕 즉위년조에는 전지왕의 귀국시 100여명의 호송병력이 보
인다.[15] 웅략기23년(479) 시세조에는 「백제의 조공물이 상례보다도 많았
다. 筑紫의 安致臣, 馬飼臣 등이 선단을 이끌고 고구려를 쳤다」고 하여
백제로부터의 문물의 제공과 파병이 서로 인과관계로 구성되어 있다. 계
체기9년조에 「物部連이 수군 5백 명을 이끌고 帶沙江으로 나아갔다」는
파병기사가 나온다. 이 기사는 백제가 대가야의 세력권인 섬진강중하류
역을 영역화하는 과정에서 왜왕권의 지원을 받은 사실을 말한다. 6세기

---

15) 『三國史記』百濟本紀 腆支王 卽位年條 「王薨, 王仲弟訓解攝政, 以待太子還國,
季弟碟禮殺訓解, 自立爲王 腆支在倭聞訃, 哭泣請歸, 倭王以兵士百人衛送」.

중엽 백제의 한강유역 수복과 곧이어 신라의 배반으로 성왕의 전사, 동 지역이 신라의 수중으로 돌아간 사건이다. 『일본서기』흠명기16년(555)에 백제 餘昌이 왕자 惠를 보내어 지원병을 요청하자, 왜왕권은 용사 1,000명을 파견하였다.

이상의 파병사건은 왜왕권의 파병과 백제의 인적, 물적 자원이 상호 교환되는 외교의 성격을 지녔다. 양국관계에서 백제의 인적자원인 승려를 비롯하여 오경박사, 易박사, 曆박사, 채약사 등 백제의 종교인, 지식인, 각종 기술 전문가 집단이 왜왕권에 교대 파견되고 있다. 이른바 백제의 선진 학문과 기술이 지속적으로 공급되고 있다. 왜왕권의 파병을 백제에 대한 복속사관에서 서술하고 있지만, 파병에 의한 군사적 우월주의가 문물의 수용을 강제하는 정치사관으로 변용되었음을 보여주고 있다. 원래 중화사상의 본질은 문화의 우수성과 문물의 전수에 의해 실현되는 것으로 파병의 논리만으로는 불가능하다. 스스로의 후진성을 노출하면서 군사력 지원이라는 중화주의의 논리는 모순하는 것이다.

왜왕에 의해 백제왕으로 冊立된다는 백제의 왜왕권 종속론은 일본학계에서는 아직도 생명력을 유지하고 있다. 『일본서기』에 나타난 백제왕 책립론 등은 편찬시의 이념이 반영되어 있지만, 개개의 사례는 특수성이 있고 객관적 분석이 필요하다.

① 應神紀2년, 이 해에 백제 辰斯王이 즉위하여 貴國 천황에게 무례하였다. 그래서 기각숙녜 등을 파견하여 그 무례함을 꾸짖었다. 이에 백제국은 진사왕을 죽여 사죄하였다. 기각숙녜 등은 阿花를 왕으로 세우고 돌아왔다.
② 應神紀16년, 이 해에 백제 阿花王이 죽었다. 천황이 直支王을 불러 "그대는 나라로 돌아가서 왕위를 이으라."고 말하고 東韓의 땅을 돌려주면서 보냈다.
③ 雄略紀23년, 백제 文斤王이 죽었다. 天王은 昆支王의 다섯 아들

중 둘째인 末多王이 어린데도 총명하므로 內裏로 불러 친히 머리
와 얼굴을 어루만지며 은근하게 훈계하고 그 나라의 왕으로 삼았
다. 이에 병기를 주고 筑紫國의 군사 500인을 함께 보내어 나라까
지 호송하게 하였다. 이가 東城王이 되었다.

④ 天智紀원년, 대장군 大錦中 阿曇比邏夫連들이 수군 170척을 이끌
고 豊璋 등을 백제국에 보내고 풍장에게 왕위를 계승시키는 칙을
선포하였다.

왜왕권이 백제왕을 책립했다는 사례는 아신왕, 전지왕, 동성왕, 풍장
등 4명이다. 이들이 왕으로 책립되었다고 한 『일본서기』의 인식은 어떠
한 배경에서 나왔는지 검토해 보자.

사료①의 내용과 대응하는 기사는 『삼국사기』 백제본기 진사왕8년조
에 「왕이 狗原에서 사냥하였는데 열흘이 지나도 돌아오지 않았다」. 동
11월조에는 「狗原의 行宮에서 죽었다」고 한다. 이 사건은 진사왕의 죽음
이 정상적이지 않았다는 것을 암시하고 있다. 사냥에서 10일간의 행방불
명과 왕궁이 아닌 사냥터에서 죽음을 맞이하였다는 것은 왕권 싸움에 의
한 타살의 가능성이 높다. 『일본서기』에는 천황에 대한 「無禮」와 질책
그리고 백제인의 손에 의한 죽음, 일본천황에 의한 새로운 왕의 책립으
로 윤색했음은 추측하기 어렵지 않다.

사료②는 백제 腆支王의 즉위사정에 대해 말하고 있다. 고구려의 남
정에 의해 위기에 몰린 백제는 전지를 청병사로 왜국에 파견하고 8년간
체재한 후 백제왕으로 즉위하게 된다. 『일본서기』에 나타난 백제인식은
아신왕의 무례, 동한의 땅 몰수, 왕자 전지의 파견과 동한의 땅 환원, 전
지의 백제왕 책립이라는 도식으로 나타나 있다. 당시의 국제정세와는 전
혀 무관한 일본 중심주의로 윤색되어 있음은 쉽게 간파할 수 있다.

사료③은 동성왕의 즉위사정을 말한 것이다. 동성왕은 곤지의 아들로
서 461년 개로왕 때에 왜국으로 파견된 곤지가 왜국에서 출생한 인물이

다. 웅진천도를 주도했던 문주왕은 정적 에 의해 죽음을 당하고 이어 즉
위한 13세의 어린 삼근왕도 이러한 정변 속에서 불과 2년 만에 사망하여
백제왕권은 혼란상태에 빠진다. 이러한 상황에서 왜왕권과 오랜 우호관
계에 있던 동성왕을 왜국으로부터 귀국시켜 즉위시킨다. 『일본서기』의
동성왕 책립사건은 왜국 출생이라는 사실과 왜왕권과의 친교라는 역사
적 인연이 있고, 귀국시 파견된 파병사건이 왜왕권에 의한 책립으로 『일
본서기』편찬이념에 의해 나타났다고 보인다.

사료④는 백제 멸망 후에 백제왕이 된 풍장의 즉위사정이다. 백제멸
망 직후 좌평 鬼室福信은 왜왕권에 사신을 보내 풍장의 귀국과 지원병을
요청한다. 이에 왜왕권은 풍장에게 왕위를 계승시키는 칙을 선포하였다
고 한다. 이른바 백제왕 책립은 전지왕과 동성왕의 즉위사정과 마찬가지
로 왜국 체재라는 사실과 백제의 위기적 상황 속에서 나왔다고 하는 점
에 공통점이 있다. 인질 기록은 백제왕 뿐 아니라 신라의 김춘추에게도
나타나 있다[16]. 김춘추와 풍장은 동시대의 인물로서 왕족의 신분으로 상
대국을 제압하기 위해 대왜외교를 추진한 인물이다. 고대 일본지배층의
인식에서는 김춘추와 마찬가지로 백제 최후의 왕으로서의 풍장을 인질
로 자리매김하는 일은 백제에 대한 우월성을 과시하고, 역사적으로 백제
와의 관계가 내관가로서 봉사해 온 국임을 나타내기 위한 것이었다고 생
각된다.[17]

---

16) 졸고, 「일본율령국가의 신라관의 형성과 실태」 『고대일본의 대한인식과 교류』, 역
   사공간, 2014.
17) 졸고, 「일본서기의 백제인식과 번국사상」 『백제연구』 59, 2014 ; 同 『고대일본의
   대한인식과 교류』, 역사공간, 2014 재록.

6. 결어

『일본서기』에 나타난 한국관련기사의 왜곡된 歷史像은 고대국가를 완성한 시점인 8세기 천황제 율령국가의 한반도제국에 대한 인식의 반영이다. 한반도제국을 일본의 번국으로 보는 역사상은 신라와의 관계에서 생성되었다. 신공황후의 삼한정벌론은 신라적시관의 반영이다. 가야에 대한 내관가 사상 역시 왜왕권과의 우호관계에 있었던 금관국 등 가야제국이 신라에 복속당했던 사실로부터 연유하였고, 가야로부터의 철자원 등 선진문물을 수입하던 기억에 기반을 둔다. 임나일본부 문제는 백제멸망 후의 『일본서기』 편찬의 원자료가 된 「백제본기」 등 백제계 사료로부터 나온 것이지만, 일본에 영합적인 기록으로 윤색되었고, 천황제 국가의 이념에 의해 만들어졌다.

백제에 대한 영토할양, 파병, 인질, 백제왕 책립 등은 일본적 중화사상의 기초한 것으로 백제멸망 이후에 백제 의자왕의 아들인 선광에게 '백제왕'이라는 특별 성을 주어 일본 천황의 신라로서 자리매김하여 멸망 이전의 백제가 일본의 속국이었다는 복속사관을 만들어냈다. 고구려 왕족인 若光에게 '고려왕'의 성을 내려 고구려에 대한 조공국 관념을 창출했던 것도 동일한 인식에서 나왔다.

『일본서기』의 편찬기였던 680년에서 720년간은 일본의 대신라관계는 사상 유례없는 활발한 교류기였다. 특히 7세기후반 30년간은 일본의 견당사는 단절된 채 신라만을 상대로 한 외교의 시대였다. 일본의 한반도제국을 상대로 한 다국외교 시대로부터 신라 일국외교시대로 전환된 상황에서 신라는 동아시아의 경쟁국이었고 문화적으로 극복해야 할 상대였다. 이를 위해 大寶율령을 제정하면서 신라를 번국으로 명기하였고, 『일본서기』에 문화의 선진국을 상징하는 '금은의 나라', '보화의 나라'를 정벌한다는 신라정벌설화를 만들어냈다. 여기에 일본과 역사적으로 우호관계에 있던 가야, 백제를 멸망시킨 적대국=신라의 관념까지 중첩되면서 한반도제국 전체를 번국시하는 근원이 되었다.

한반도제국으로부터 파견, 이주해 온 도래인들을 귀화라는 개념으로 규정한 것도 문명국 일본을 전제하고 있지만, 현실은 한반도 문화를 수입하는 형태가 되어 조공이라는 개념으로 포장할 수밖에 없었다. 조공과 책립 등은 미개지역에서 문명세계로 들어가 주변국가들이 선진화의 길로 나아가는 교류의 방식이지만, 현실은 그 逆이기 때문에 관념화된 문자로밖에 표현할 수 없었던 것이다. 『일본서기』의 한반도제국에 대한 왜곡된 역사상의 이면에는 양 지역의 교류의 활발함을 나타내고 있고, 일본고대 지배층의 한반도제국에 대한 관심의 반영이자 그만큼 영향이 컸음을 말해주고 있다.

고대일본의 한국관계기록과 사례연구
-『日本書紀』의 왜곡된 歷史像에 대한 토론문

나행주(대진대)

본 발표의 내용 및 의의

본 발표는 『일본서기』로 대표되는 일본고대사료에 나타나는 공통적인 특징이자 동시에 한일고대사학계의 쟁점적인 테마라고도 할 수 있는 고대일본의 한반도 인식문제에 관해, 특히 고대일본의 한반도인식의 키워드로서 內官家, 蕃國, 朝貢, 歸化, 人質 등을 추출하여, 이러한 『일본서기』의 왜곡된 한반도 역사상에 대해 그 구체적인 사례들을 들어 면밀히 분석, 검토하면서, (1)일본고대국가에서 이러한 중화에 기초한 주관적 인식(왜곡된 한반도像)이 형성된 요인은 무엇인지, (2)그 연원은 어디에 있는지, 그리고 해당 사례들에 대한 철저한 사료비판을 통해 얻어진 역사적 사실, 즉 왜국(일본)과 한반도제국의 외교관계의 실체가 무엇인지를 규명하여 그 결과를 매우 요령 있게 잘 정리해 제시하고 있다고 평가할 수 있고, 그런 만큼 많은 공부가 되었습니다.

따라서 전체적으로 본 발표 내용에 대해서는 이론의 여지가 없고 대체적으로 수긍이 가는 내용입니다. 다만, 토론자로서의 임무를 부여받은 만큼 기본적인 질문(사실확인 포함) 몇 가지와 함께 감상을 포함한 의견을 제시하는 것으로 토론자로서의 최소한의 책무를 다하고자 합니다.

몇 가지 질문

1. 칠지도의 이해 문제

칠지도는 4세기 후반 당시의 백제의 왜국에 대한 인식을 보여주는 귀중한 자료입니다. 2절에서 이 칠지도에 대해 "이 기사에서 사실성을 인정할 수 있는 것은 백제가 왜국에 칠지도 등을 보냈다는 것이고, 석상신궁에 남아있는 실물 칠지도에 의해 확인된다. 그러나 칠지도 명문에 따르면 신공기의 기술은 『일본서기』편찬시의 윤색이고 백제가 왜국왕에게 보낸 우호의 상징이고 **엄밀하게 말하자면 백제왕의 우월의식이 반영된 하사품의 성격이 강하다.**"(2쪽)고 평가하고 계십니다.

칠지도의 이해에 있어서는 '백제헌상설', '백제하사설', 그리고 '백제증여설'이 존재하고 있습니다.

선생님께서는 칠지도의 제작주체와 그 시기에 대해 통설(근초고왕, 369~372년)과는 조금 다른 이해를 이미 제시하고 계신데(무령왕, 6세기초), 위의 칠지도에 대한 평가는 선생님의 자설에 기초한 평가인 것인지요. 그렇다면, 칠지도의 제작시기를 4세기 후반으로 보는 통설을 취하는 경우에도 백제의 칠지도를 백제왕 하사설의 입장에서 이해가 가능한 것인지요.

2. '질' 이해 문제

김춘추와 풍장의 '질'로서의 래왜에 대해(5절), "고대 일본지배층의 인식에서는 **김춘추와 마찬가지로 백제 최후의 왕으로서의 풍장을 인질로 자리매김하는 일은 백제에 대한 우월성을 과시하고, 역사적으로 백제와의 관계가 내관가로서 봉사해 온 국임을 나타내기 위한 것이었다.**"(10쪽)고 역사적 의미를 부여하고 계십니다. 그런데, 잘 아시는 바와 같이 김춘추의 경우는 ≪일본서기≫에서만 '질'로 보이고 있지만, 풍장의 경우는 ≪일본서기≫와 ≪삼국사기≫ 모두에서 '질'로 규정되어 있는데 이 점을 어떻게 이해하면 좋은지요? 아울러 김춘추의 경우 ≪일본서기≫에 인질로 자리매김 된 것은 '고대 일본지배층이 신라에 대한 우월성을 과시하기 위한 것'으로 말하자면 그의 '질로서의 래왜'는 역사적 사실이 아닌 이데올로기의 산물이라 할 수 있는지요?

3. 백제왕의 책봉, 책립 문제

5절에서 언급하신 것처럼, **왜왕에 의해 백제왕으로 冊立된다는 백제의 왜왕권 종속론**은 일본학계에서는 아직도 생명력을 유지하고 있다고 할 수 있습니다. 왜왕권이 백제왕을 책립했다는 구체적인 사례는 ①아신왕(應神紀2년), ②전지왕(應神紀16년), ③동성왕(雄略紀23년), ④풍장(天智紀**원년**) 등 4명입니다. 이 가운데 ①아신왕, ②전지왕, ③동성왕의 경우는 물론 지적하신 것처럼 "『일본서기』에 나타난 백제왕 책립론 등은 편찬시의 이념이 반영되어 있"기 때문에 보다 객관적인 분석이 필요하지만,(9쪽) ④풍장(天智紀**원년**)의 경우는 왕위 계승의 칙을 선포했다거나 [천지기 원년5월조] 혹은 왜국의 관위인 직관(織冠)을 수여하고 있는 점, 귀국 시에 일본인 처를 내리고 있는 점[천지즉위전기(9월조)] 등에서 다른 사례 즉 ①, ②, ③의 경우와는 좀 더 구별해서 역사적 의미를 추구해야 하지 않을까 생각됩니다만, 이에 대한 선생님의 고견을 듣고 싶습니다.

4. '도왜인' 용어 문제

3절에서 일본학계에서의 '귀화인'과 '도래인'의 용어 사용과 귀화인사관의 문제를 자세히 검토 하셨는데, 최근 한국학계에서 사용되고 있는 (어디까지나 한반도의 관점에서 나온) '渡倭人' 용어에 대해 어떻게 생각하시는지, 의견을 듣고 싶습니다.

고대한국의 문헌과 문자자료에 나타난 倭·日本

하마다 코사쿠(濱田耕策, 日本 九州大学名誉教授)

1. 서 언

고대한국의 문헌과 문자자료에 기록된 「倭」나 「倭人」, 「倭國」 그리고 「日本」의 상은 이와 교류했던 한국 측 주체인 국가나 개인의 인식을 반영하고 있다. 그 인식에는 주체 측의 정치적, 사회적인 위치가 투영되어 있다. 그 인식이란 「적대」와 「경계」, 또는 「우의」나 「경제교류」 「문화교류」 등 다양하게 나타나게 되는 것이다.

본론에서는 고대한국의 동시대 문헌과 문자자료 기록에 나타난 「왜」, 「왜인」, 「왜국」 「일본」의 기록으로부터 고대한국인의 「倭·日本」像에 대해 고찰한다.

2. 4~5세기의 한국 문자자료에 나타난 「倭」

① 【七支刀銘】
한국의 문자자료 가운데에서는 일본 나라현(奈良縣) 텐리시(天理市)

에 소재한 이소노 카미신궁(石上神宮)이 보관하고 있는 「七支刀」의 뒷면에 새겨진 「倭王」이 현존 최고의 「倭」에 관한 기록이다.

山尾幸久씨는 「칠지도」 앞뒷면에 새겨진 문자의 서풍에 주목하여 다음과 같이 고찰하였다.

즉, 동진(東晉)의 공방에서 「泰和4년(369)」에 칠지도가 제작되었는데, 그 앞면에는 「칠지도」작성의 의도를 기록한 34문자가 상감되어 있었는데 그 뒷면에는 문자가 없었다.

이 칠지도는 372년 정월에 동진에 처음으로 조공한 백제의 사절을 통해서, 혹은 조공 후인 동년 6월에 백제왕을 책봉한 동진의 책봉사를 통해서 백제왕에게 하사되었다. 백제에서는 칠지도 앞면의 문자로부터 백제왕은 동진 황제의 「侯王」이라는 군신관계를 자인했다. 고구려를 경계하는 백제왕은 이 군신이 맺는 국제관계를 백제 스스로 왜국에까지 연장할 목적으로 칠지도를 제작하여 왜왕에게 주었다. 앞면에는 하사된 칠지도에 상감되었던 34문자를 상감하고, 뒷면에는 칠지도를 복제를 해서 이를 「왜왕」에게 주는 의도를 새로운 27문자로 상감하여 372년 9월에 왜왕에게 보냈다. 이것이 칠지도에 대한 山尾씨 이해의 기본이다.

山尾설에서는 동진이 백제왕에게 하사한 칠지도는 「原七支刀」이며, 이것은 지금까지도 그 소재를 알 수 없다. 그리고 石上신궁 보관의 칠지도는 「複製七支刀」이다. 이 山尾說은 연구사에 있어 획기적이다.

백제는 「原七支刀」를 하사받고 이를 복제하여 곧바로 왜왕에게 보낸 것으로 이해된다. 후반의 경위는 『日本書紀』신공황후 섭정52년(372)조에 다음과 같이 기록되어 있다.

「秋九月丁卯朔丙子。久氐等從千熊長彥詣之。則獻七枝刀一口·七子鏡一面·及種々重寶。仍啓曰。臣國以西有水、源出自谷那鐵山、其邈七日行之不及。當飮是水、便取是山鐵、以永奉聖朝。乃

謂孫枕流王曰。今我所通、海東貴國、是天所啓。是以、垂天恩、
割海西而賜我。由是、國基永固。汝當善脩和好、聚斂土物、奉貢
不絶、雖死何恨。自是後、每年相續朝貢焉」

『日本書紀』에서는 백제가 「複製七支刀」 등을 왜국에 헌상한 일을 신
공황후의 소위 「三韓征服」에 의해 백제가 왜국에 조공하는 기원담으로
삼고 있다. 그러나 백제왕이 「複製七支刀」를 왜왕에게 보낸 외교 의도는
「複製七支刀」 앞뒤의 명문을 함께 읽음으로써 이해할 수 있다.

우선, 「複製七支刀」 앞면의 34자는 「原七支刀」의 문자이기도 한데
다음과 같다.

「泰和四年五月十六日丙午正陽造百練□七支刀出辟百兵宜供供
侯王永年大吉祥」

다음으로, 뒷면의 명문 27자는 「複製七支刀」에 새롭게 상감된 백제의
고유한 문장이며 백제의 왜에 대한 인식과 외교의 의도를 읽을 수 있다.

「先世以來未有此刀百濟王世子奇生聖音(晋)故爲倭王旨造傳示
後世」
(□는 판독 불가능한 문자, ▓▓는 잔존하는 자획으로 판정한 문자,
☐ 는 추정한 문자)

뒷면의 명문에서 읽혀지는 백제의 대왜인식과 외교 의도는 아래와 같
다. 백제 근초고왕은 372년 6월에 동진으로부터 鎭東將軍領樂浪太守에
책봉되어 고구려의 남진에 대항하는 안전보장을 얻었다. 그래서 백제는
왜국을 對고구려 대책에 끌어들여 자국의 안전책을 강화하고자 왜국을
동진과 백제의 국제관계에 결부시키는 외교책을 펼쳤다. 「原七支刀」는

동진의 「侯王」이 패용[佩刀]하기에 적합하며, 동진의 「泰和」연호를 새기고 있어서 동진 황제로부터 얻은 책봉의 징표이기도 하다. 백제에서는 「出辟百兵」(전장에 나가서는 모든 병화[百兵]을 피할 수 있다)이라는 호신의 영력을 지닌 「原七支刀」를 복제하여 이를 372년 9월에 왜왕에게 보냈던 것이다.

백제에서는 「複製七支刀」의 뒷면에 「原七支刀」를 복제한(명문에는 「造」라고 되어 있다)경위와 아울러 이것을 왜왕에게 보내어, 왜왕은 백제왕과의 연대하여 양국관계를 오래도록 「後世」에 「傳示」할 것을 요청하는 27문자를 상감했던 것이다.

백제가 「複製七支刀」를 왜왕에게 보낸 외교는 동진황제가 「原七支刀」를 상징물로서 근초고왕과 맺은 군신(皇帝-侯王)관계를 왜왕에게도 연장하는 외교이며, 거기에 백제의 대왜인식을 읽을 수 있다.

즉, ①백제에서는 「倭王」은 백제왕과 마찬가지로 동진황제의 「侯王」의 위치로서 국제관계에 자리매김 되어 마땅하다는 것이며, 그렇기 때문에 백제와 왜는 대등한 관계라는 인식이다. 또한 ②「전장에 나가서는 모든 병화를 면한다.」고 하는 호신의 영도(靈刀)인 칠지도를 상징으로 해서, 왜국을 백제와의 군사적인 연합형성의 대상으로 인식하고, 양국관계를 구축했다는 것이다.

〔參考文獻〕
山尾幸久『古代の日朝關係』(塙書房, 1989년 4월)
濱田耕策「七支刀銘文の判讀と古代東アジアの歴史像」(『朝鮮古代史料研究』吉
　　川弘文館, 2013년 1월)

② 【廣開土王碑】
414년에 건립된 고구려의 광개토왕비는 왕이 21년간의 재위 기간 중

에 전승(戰勝)을 거쳐 구축한 고구려 중심의 국제관계 질서를 왕의「勳績」으로서 명기하고 있다. 그 속에서 4세기 말부터 5세기 초의 고구려의 대왜인식을 읽어낼 수 있다.

비문에서는 고구려의 對백제·신라전략을 표방한 다음의 문장에서 대왜인식의 기본을 읽을 수 있다.

「百殘新羅舊是屬民由來朝貢而倭以辛卯年來渡海破百殘□□新羅以爲臣民」

「倭」는 왕이 즉위한「신묘년」(永樂元年 : 391)에「來渡海」하여, 고구려의 이전부터의「속민」으로서「조공」하고 있었다고 고구려가 인식한「백제와 신라」를「破」하고 왜의「臣民」으로 삼고 말았다고, 對신라·백제·왜 관계와 그 인식을 제시한다. 왜는 고구려의「속민」을 빼앗은 해상으로부터의 적대자라는 고구려의 인식이다.

비문으로부터는 고구려의 세력권에서 왜를 배제시킨 일이 광개토왕의 가장 커다란 훈적이었다는 점을 알 수 있다. 비문의 전적(戰績) 기사의 대다수를 왜의 격퇴전에 할애하고 있다. 비문 가운데「倭」는 7회,「倭人」은 1회,「倭賊」은 1회,「倭寇」는 1회가 기록되어 있다.

또 비문 중에 왜를 인식하는 표현은「倭賊退」(永樂 10년조),「倭不軌侵入帶方界」(동 14년조),「倭寇潰敗」(동 14년조)이다. 왜의 행동은「不軌」(人道에 벗어난다)이고,「賊」이며「寇」이다.「용서할 수 없는 적」으로서 왜를 표현한 用字法이다.

나아가 비문에서는 고구려세력권의 내외에 있는 왕자(王者)에 대해서 적확한 용자법을 채용하고 있는 점이 주목된다.

391년에 왜에「격파(破)」당해 그「臣民」이 된 신라왕은 399년(永樂 9년)에 평양의 광개토왕에게 사신을 파견하여 왕에게「歸」屬되었다. 그래서 왕은 다음 해에 보기(步騎) 5만의 대군을 신라에 파견하여 「倭賊」
을 안라까지 패주시켰다. 이로부터 신라왕은 자신이 직접 고구려에 조공
했다. 이 기록 중에서 비문에서는 신라왕은 「王」이 아니라 「王」을 의미
하는 신라어를 음차해 「寐錦」이라 기록하고 있다. 비문에서는 「王」은 광
개토왕뿐이며 달리 있어서는 안 되는 것이다.

또한 동부여는 고구려의 시조 이래의 「屬民」이었는데, 어느 시점에서
고구려에 모반하여 조공하지 않게 되었다. 그리고 410년(永樂 20년)에
광개토왕은 동부여를 정토했다. 이때에 광개토왕을 「慕化」하여 고구려
에 부족을 이끌고 귀속한 5인의 부족장에 대하여는 東扶餘語를 음사하
여 「鴨盧」라고 기록하고 있다. 여기에 고구려나 광개토왕에 귀순한 왕
과 부족장에게는 그 토착어의 어음을 음사하여 표기했다는 사실을 알 수
있다.

한편, 마찬가지로 고구려의 「屬民」이면서도 391년에 왜에 「격파(破)」
되어 그 「臣民」이 되었던 백제왕은 396년(永樂 6년)에 大王軍에게도 패
배를 당하여 대왕의 「奴客」이 되었는데, 399년(永樂 9년)에는 고구려로
부터 이탈하여 왜와 「和通」했다. 이 백제왕의 배신행위로 인해 비문에
서는 백제는 「殘國」, 「百殘」으로 천칭(賤稱)되었고, 백제왕은 「殘主」로
천칭되었다.

이처럼 비문에서는 고구려에 스스로 조공하기 시작하거나 광개토왕
에 귀순한 왕과 부족장은 그 나라의 토착어를 음사하여 기록하는 한편,
이와는 정반대로 고구려에 이반한 나라나 왕은 이를 천칭하고 있다.

그렇다면 왜에 대해서는 어떨까? 왜의 주체이며, 고구려의 속민이라
고 인식된 「신라」 「백제」를 신민이라고 인식한 「倭王」의 존재를 비문은
기록하지 않았다. 「倭」, 「倭人」, 「倭賊」, 「倭寇」이지 국가로서 「왜국」이
나 「왜왕」이려고 비문은 기록하지 않았다. 4세기 말에서 5세기 초의 고
구려에서는 「왜」는 광개토왕의 「聖德」에 따르지 않는 「不軌」한 존재이

며, 그렇기 때문에「恩澤」이 미치지 않는 불구대천의 존재로 인식되고
있었다. 이 고구려의 왜 인식은 5세기의 장수왕대에도 그대로 통용되고
있다.

〔參考文獻〕

濱田耕策「高句麗廣開土王陵碑文の硏究－碑文の構造と史臣の筆法を中心とし
  て」(『朝鮮古代史料硏究』吉川弘文館, 2013년 1월)
武田幸男『高句麗史と東アジア』(岩波書店, 1989년 6월)

3. 7세기의 한국 문헌에 나타난「倭·日本」

『三國史記』에 의하면, 신라에서는 진흥왕 6년(545)에 왕은 異斯夫의
상서를 받아들여 居柒夫가 문사를 모아「國史」를 편수하였다. 그러나 이
「國史」는 현존하지 않고「新羅古記」나「花郞世紀」의 일문이『삼국사
기』에 남아있지만, 신라문헌의 완본으로는 후술하는 최치원의『桂苑筆
耕集』만이 현존한다.

또한 백제에서는 근초고왕 30년(375)에 박사인 高興이「書記」를 시작
했다. 전게한 칠지도를 통해서도 백제에서는 4세기 후반에는 한자를 사
용하여 기록한 사실이 수긍되지만, 백제인이 기록한 문헌은 현존하지 않
는다.

그런데, 백제인의 기록으로는 720년에 편찬된『日本書紀』에는「百濟
記」,「百濟新撰」,「百濟本記」의 소위「百濟三書」의 일문이 인용되어 있
다.『일본서기』속의 백제와 가야제국과 왜국과의 관계기사에도「백제3
서」를 참고로 한 부분은 적지 않다.

이 백제3서는 백제에서 백제인이 저술한 책을 일본으로 가져간 책인

지, 백제인이 7세기 후반에 일본 땅에서 저술한 책인지, 속단할 수는 없지만 통독하면 후자로 추정된다. 어느 쪽이든 간에 백제의 지식인이 7세기말경에 저술한 역사서임은 인정해도 좋다. 그런 까닭에 백제3서의 일문을 통해서 백제인의 倭國認識을 파악하는 일은 가능할 것이다.

① 【百済記】

『일본서기』에서는 이하의 5곳에서 「百濟記」의 기사를 인용한다.

(1)神功皇后 攝政47년(367) 4월조에는 신라에 파견된 千熊長彦(치쿠마나가히코)을 「百濟記」에서는 「職麻那那加比跪(시쿠마나나가히코)」로 자음가나(字音仮名)표기를 한다. 이 점은 왜인의 인명표기가 특정한자로 분명하게 고정되어 있지 않은 단계이며, 백제에서는 왜인 이외의 인명을 1음1한자의 자음가나로 표기하고 있었음을 알 수 있다.

木下礼仁 씨는 「백제기」의 자음가나와 고대일본의 자음표기의 용례를 서로 대조하여 「백제기」는 6세기말부터 7세기 초인 推古朝의 시대에 저술되었다고 주장한다.(주1)

(2)동62년(382)조에는 葛城襲津彦(카쓰라기소쓰히코)에게 명하여 신라를 공격하게 하였다는 기사에 「백제기」를 인용한다. 즉,

「百濟記云、壬午年(382)、新羅不奉貴國。貴國遣沙至比跪(사치히코)令討之。新羅人莊飾美女二人、迎誘於津。沙至比跪、受其美女、反伐加羅國。加羅國王己本旱岐、及兒百久至、阿首至、國沙利、伊羅麻酒、爾汶至等、將其人民、來奔百濟。百濟厚遇之。加羅國王妹既殿至、向大倭啓云、天皇遣沙至比跪、以討新羅。而納新羅美女、捨而不討、反滅我國。兄弟人民、皆爲流沈、不任憂思。故、以來啓。天皇大怒、卽遣木羅斤資、領兵衆來集加羅、復其社稷」이라고 되어있다.

여기에서는 「백제기」가 간지 기년법을 채용하고 있음을 알 수 있다.

또한 이「백제기」에는「天皇」이라 되어 있다 천황」칭호는 이「백제기」
가 대상으로 한 4세기말의 단계에서는 탄생하고 있지 않으며,「倭國」칭
호에서「日本國」칭호로 발전하는 국제관계 속에서「大王」호가「天皇」
호로 발전적으로 탄생했다고 생각할 수 있으므로,「백제기」의「천황」칭
호로부터 이「백제기」는 천황호가 탄생하는 7세기 말의 天武・持統朝에
저술된 것이 아닐까 판단된다. 그것은 앞에 서술한 木下설보다 약 1세기
이후의 일이 된다.

혹은『일본서기』편찬 시에「백제기」의 용어를 윤색하거나 개필한 것
이 아닐까 하는 津田左右吉설이 상기된다.

그러나「貴國」과「大倭」는 왜국을 존칭하는 용어인데, 이 용어가 윤
색이나 개필이라면「백제기」의 본래의 용어는 무엇이었는지, 검토의 여
지가 있다. 열쇠는「大倭」이다. 이「向大倭」는「向貴國」으로 기록해도
모순되지 않는 문맥인데,「大倭」로 되어있다.「백제기」에는「向倭」로 되
어있던 표현을「大倭」로 윤색하여 왜국을 존칭한 것인지,「백제기」에는
원래부터「대왜」로 기록되어 있었던 것인지, 속단할 수 없다.

또한「貴國」은 존칭의 일반명사로,「백제기」에「왜」나「왜국」으로
되어 있던 용어를『일본서기』편찬 시에「귀국」으로 개필한 것인지 어떤
지는 판단할 수 없다.

나아가「백제기」에서는「大倭」와「天皇」의 조합인데,「백제신찬」에
서는「大倭」와「天王」, 또는「백제본기」에서는「日本」과「天皇」의 조합
이라는 점에 주의를 요한다. 백제3서의 저술연대가「일본국가」의 형성과
정을 왕권의 성립과정에 평행하여 국호와 왕호(천황호)를 표기한 것이거
나, 백제3서의 국호(일본, 대외등)와 왕호(천황호)의 표기의 차이를 파악
할 수 있다.

(3)応神天皇 8년(397)봄3월조에는 백제인의 來朝기사에 대한 割注로
「百濟記云、阿花王立无禮於貴國、故奪我枕彌多禮、及峴南、支侵、谷

那、東韓之地。是以、遣王子直支于天朝、以脩先王之好也」라 보인다.

「天朝」는 다음의 (4)에도 기술되어 있는데 왜국을 존대한 표현이다. (2)의「天皇」용어와도 관련되는「天朝」는「왜국」호에서「일본국」호로 발전하는 7세기말의 정치, 문화의 환경 속에「백제기」의 저술자가 있었음을 반영하는 것일까.

(4)동 25년(414)에 백제 전지왕(直支王)이 죽고(薨) 젊은 구이신왕이 즉위하자 목만치(木滿致)가 섭정한 기사의 割注로「百濟記云、木滿致者、是木羅斤資、討新羅時、娶其國婦、而所生也。以其父功、專於任那、來入我國。往還貴國。承制天朝、執我國政、權重當世。然天朝聞其暴召之」라 되어 있다.

여기에 보이는「我國」이란「백제」를 가리키는 것이므로「백제기」저술자의 시점은 (3)의 사례와 마찬가지로 백제에 두고 있는 것이다.

(5)雄略天皇 20년(476)겨울에 고구려가 백제를 멸망시킨 기사에 割注로 「百濟記云、蓋鹵王乙卯年冬、狛大軍來、攻大城七日七夜。王城降陷、遂失尉禮、國王及大后、王子等、皆沒敵手」라 되어 있다. 여기에는「왜국」,「왜인」像은 표현되어 있지 않지만,「백제기」가 백제왕을「國王」「大后」「王子」로 기술하고 있는 점은「天皇」과 대조적이다.

(주1) 木下礼仁「日本書紀にみえる百濟史料の史料的価値について」(『朝鮮學報』第21·22輯, 1961년 10월)

②【百済新撰】

『일본서기』에서는 다음의 3곳에서「百濟新撰」기사를 인용한다.

(1)雄略천황 2년(458)가을 7월조에 백제의 池津媛(이케쓰히메)이 천황의 부름에 반하여 石河楯(이시카와노타테)과 정을 통했기 때문에 두 사람을 태워죽였는데, 이에 대한 割注로「百濟新撰云、己巳年、蓋鹵王

立。天皇遣阿禮奴跪(아레나코)、來索女郞。百濟莊飾慕尼夫人女、曰適
稽女郞。貢進於天皇」라 보인다.

「백제신찬」은 「백제기」와 마찬가지로 간지기년을 채용하고 있다. 또
한 「天皇」 칭호를 채용하고 있는 점은 「백제기」의 (2)와 같으며, 「백제신
찬」도 천황호가 탄생하는 7세기말의 천무·지통조에 저술된 것이 아닐까
판단된다.

(2)雄略천황 5년(461)7월조에 백제의 개로왕이 아우인 軍君(코니키시)
을 왜국에 파견한 기사에 대한 割注로 「百濟新撰云、辛丑年(461)、蓋鹵
王遣弟昆支君、向大倭、侍天王。以脩兄王之好也」라 되어 있다.

이 「大倭」는 『일본서기』편찬자가 「왜」를 「대왜」로 가필한 것은 아닌
지 추측되기도 하지만,(주2) 「백제기」의 (2)와 마찬가지로 「倭」자에 「大」
자를 붙여 존대한 「백제신찬」의 본문이라고 판단할 수 있다.

또한 「天王」은 「대왕」이나 「왕」에 「天」자를 붙인 존대의 표현이다.
「백제신찬」에는 본래는 「大王」으로 되어 있었다고 추측하기도 하지만
역시 검토가 요구된다.(주3)

이 「大倭」와 「天王」의 조합은 「백제기」의 (2)에 보였던 「大倭」와 「天
皇」의 조합과 비교해 주목된다.

즉, 「天王」칭호는 「천황」칭호가 탄생하는 7세기말의 天武·持統朝에
있어서 「왜왕」에 대한 존대 표현의 하나이며, 「천황」호의 성격의 일단을
나타내는 것이라고 이해된다.

(3)武烈천황 4년(502)시세조에 백제의 동성왕(末多王)이 폐위되고 무
령왕이 즉위했다고 되어있다. 이 기사에 대한 割注로서 「百濟新撰云、
末多王無道、暴虐百姓。國人共除。武寧王立、諱斯麻王。是琨支王子
之子。則末多王異母兄也。琨支向倭、時至筑紫嶋、生斯麻王。自嶋還
送、不至於京、産於嶋、故因名焉」이라 보인다.

전술한 (2)에서는 「大倭」로 존대했는데, 여기에서는 「倭」로만 되어있

다.「백제기」의 (2)에서는「貴國」과「大倭」, 동 (3)과 (4)에서는「貴國」, 「天朝」였지만, 여기에서는「왜」를 존대한 표기는 아니다. 다만,「왜」의 수도를「京」으로 표기하고 있는 점은 주목된다.

(주2)『日本古典文學大系日本書紀』上卷(1967년 3월, 岩波書店, 471쪽의 頭注 17)
(주3) (주2)와 같음

③ 【百済本記】

『일본서기』에는 다음의 10곳에서「百濟本記」의 기사를 인용한다.

(1)継体천황 3년(509)봄2월에 왜국이 백제에 건사한 기사에 割注로 「百濟本記云. 久羅麻致支彌(쿠라마치키미), 從日本來」라 되어 있다.「백제본기」에도「백제기」의 (1)과 마찬가지로 왜인의 이름을 자음가나(字音仮名)로 표기하고 있는데,『일본서기』편찬자는「久羅麻致支彌(쿠라마치키미)」에 상당하는 인물을 擬定하지 못하고 있다.

또한「백제기」와「백제신찬」에 보이지 않았던「日本」이 여기에 처음으로 표기된다. 이하의 (4), (6), (9)에도「일본」이 나온다.『일본서기』편찬자가「백제본기」에서는「왜」나「왜국」으로 표기되어 있었던 것을「日本」으로 개필했다고 추찰하기보다는「백제본기」도「日本國」호칭이 탄생하는 7세기말의 天武·持統朝에 저술된 것이 아닐까 판단된다.

(2)継体천황 7년(513)6월에 백제가 姐彌文貴(사미몬키위)장군과 洲利即爾(쓰리소니)장군을 穗積臣押山(호즈미노오미오시야마)의 부사로 왜국에 파견하고, 오경박사인 단양이(段楊爾)를 보낸 기사 속에 穗積臣押山의 割注로 「百濟本記云、委(야마토노)意斯移麻岐彌(오시야마키미)」라 되어 있다.

「백제본기」도 왜인의 이름을 자음가나(字音仮名)로 표기한 예의 하나이다.

이「委」는「wa」의 통용으로「倭」이지만,(주2)「백제본기」의 (1), (4), (6), (9)의 경우와 같이「日本」으로는 표기하고 있지 않다.(주3)

(3)동 9년(515)2월 甲戌朔丁丑조에서는 文貴(몬키위)장군 등을 백제에 보낸 物部連(모노노베노무라지)에 割注로「百濟本記云、物部至至連(모노노베노 치치노무 라지)」라 되어있다.

여기에서는 왜인의 이름을 왜명과 자음가나를 조합하여 표기하고 있으며,「至至」는「物部伊勢連父根(모노노베노이세노무라지치치네)」의「父(치치)」로 擬定되어 있다.

(4)동 25년(531)봄2월에 繼体천황이 붕어하여 12월에 藍野(아위노)陵에 매장한 기사에 割注로「取百濟本記爲文。其文云、太歲辛亥(531)三月、軍進至于安羅、營乞乇 城。是月、高麗弑其王安。又聞、日本天皇及太子皇子、俱崩薨」이라 되어있다.

「日本天皇及太子皇子」의 用字는 전술한 (1)이나「백제기」의 (2) 및「백제신찬」의 (1)의 천황의 표기에서 판단되는 것처럼「백제본기」는「천황」과「일본」국호가 탄생하는 7세기말의 천무·지통조에 저술된 것이 아닐까 판단된다.

(5)欽明천황 2년(541)가을7월에 신라와 통한「河內直(카후치노아타히)」에 대한 기사의 割注로「百濟本記云、加不至費直(카후치노아타히)·阿賢移那斯 (아케에 나시)·佐魯麻都(사로마쓰)等」이라 되어있다. 여기도 왜인의 이름을 자음가나로 표기한 예이다.

(6)동 5년(544)2월조에, 전년 11월에 왜국에서 백제에 파견된 津守連(쓰모리노무라지)에 대한 割注로 百濟本記云、津守連己麻奴跪 (쓰모리노무라 지코마나코)」라 되어있다. 앞에서 서술한 (3)처럼 인명을 왜명과 자음가나를 조합하여 표기하고 있다.『일본서기』편찬자가「而語訛不正、未詳」이라 注記한 것은「己麻 奴跪」의「말이 전와되어 상세하지 않은」까닭에 왜명으로 擬定할 수 없으며,「己麻奴跪」란 누구인지 알 수 없

는 것이다.

마찬가지로「語訛」의 사례로는 동년 2월조에도「河內直(카후치노아
타히)」에 대해「百濟本記云,河內直(카후치노아타히), 移那斯(에나시), 麻
都(마쓰)」라고 割注를 달고,「而語訛、未詳其正也」라 注記한다. 역시 3
인의 왜명을 擬定할 수 없는 것이다.

또 동조는 河內直의「先祖等」에 대한 割注로「百濟本記云、汝先那
干陀甲背(나칸다카후하이)、加獵直岐甲背(카라후지키카후하이)。亦云
那奇陀甲背(나가타코후하이)、鷹奇岐彌(요우가키미)語訛未詳」이라 되어
있다. 이 3인의 왜명도 擬定되어 있지 않다.

이처럼「백제본기」는 왜인을 자음가나로 표기하지만,『일본서기』의
편찬자는 자음표기를 통해서는 왜인명을 擬定할 수 없는 사례이다.

한편, 같은 곳에서는「爲哥可君(위카카노키미)」에 대해서도 割注로
「百濟本記云、爲哥岐彌(위카키미)、名有非岐(우히키)」라 되어있다. 여
기서는『일본서기』편찬자는「백제본기」의 자음가나 그대로 왜인명을 기
록하지만 그「이름(名)」은 擬定할 수 없는 것이다.

또 같은 곳에서「印奇臣(이가노오미)」에「語訛未詳」이라고 割注한
것은「百濟本記云」이라는 注記는 없으나, 전술한「語訛未詳」의 사례로
보아 이「印奇臣」이란「백제본기」에 기록된 자음가나일 것이며, 그 이름
그대로『일본서기』에 표기한 것일 것이다.

나아가 동년 3월조에는 백제가「日本府와 任那를 부른다(召)」는 문맥
속에서「日本府」에 대한 割注로「百濟本記云、遣召烏胡跋臣 (우고하노
오미)、蓋是的臣(이쿠하노오미)也」라고 되어있다.「백제본기」의 저자가
자음가나 표기인「召烏胡跋臣」을「的臣」으로 擬定하고 있다. 저자가 저
술의 시점에서 왜국내의 인사에 정통하고 있었음을 알 수 있다.

아울러 동월조는 소위「任那復興會議」에 관한 기록 속에서「夫任那
者以安羅爲兄、 唯從其意。安羅人者以日本府爲天、唯從其意」라 되어

있는 문맥에「百濟本記云、以安羅爲父、以日本府爲本也」라고 割注를 달고 있다.『일본서기』의 본문인「以日本府爲天」은「백제본기」의「以日本府爲本也」에 대응한다. 여기서「爲本」을「爲天」의 대응으로 보면,『일본 서기』편찬자의「天」관념을 추찰할 수 있는 반면,「백제본기」에는「백제기」의「天朝」나「백제신찬」의「天王」에서 보았던 것처럼 왜국의 사상(事象)을「天」과 결부시키는 관념은 없었던 것이다.

또 同條에는「於印支彌(이키미) 後來許勢臣(코세노오미)時」의 割注로「百濟本記 云、我留印支彌之後、至旣洒臣(코세노오미)時、皆未詳」이라 되어있다.「旣洒臣」은「백제본기」에 기록된 왜인의 자음가나 표기이며,「許勢臣」으로 擬定된다.

나아가 동년 10월조에는 백제의 사인인 나솔(奈率) 得文(토쿠몬)과 나솔 奇麻(가마)등이 귀국하는 기사에 割注로「百濟本記云、冬十月、奈率 得文、奈率奇麻等還自日本曰、所奏河內直(카후치노아타히)、移那斯(에나시)、麻都(마쓰)等事、無報勅也」라 되어있다. 이「河內直」은 (5)에 서는「加不至費直 (카후치노 아타히)」라고 자음가나로 표기되어 있었다.

이 두 개의 용어예에서「백제본기」속에서「河內直」과「加不至費直 (카후치노 아타히)」정리되어 있지 않았거나, 또는「加不至費直」이 이 원 문이 아니었을까 추측된다.

(7) 동 6년(545)是年條의「高麗大亂」에 대한 割注로「百濟本記云、十二月甲午、高麗國細群與麤群、戰于宮門。伐鼓戰鬪。細群敗不解兵 三日、盡捕誅細群子孫。戊戌、狛國香岡上王薨也」라고 되어있다. 이 기 술에서「百濟本記」에는 고구려에 관한 독자의 기술이 있어서『일본서 기』편찬자가 이 기술을 활용했음을 보여주는 사례이다.

(8) 동 7년(546)是歲條의「高麗大亂」에「凡鬪死者二千餘」라는 기사에 대한 할주(割注)로

「百濟本記云、高麗、以正月丙午立中夫人子爲王、年八歲。狛王有

三夫人、正夫人無子、中夫人生世子其舅氏蠱群也、小夫人生子其舅氏
細群也。及狛王疾篤、細群·蠱群各欲立其夫人之子。故、細群死者二千
餘人也」라 보인다. 이 기록에서「百濟本記」가 백제 본국이나 본국 경유
가 아니라면 알 수 없는 고구려에 대한 정보를 기록하고 있었다는 점은
(7)과 함께 분명하다.

(9)동 11년(550)봄2월 辛巳朔庚寅條에서는 백제에 파견한 사자의 이
름을 명기하고 있지 않으나, 이 기사의 割注로「百濟本記云、三月十二
日辛酉、日本使人阿比多(아히타)、率三舟來至都下」라고 되어있다. 또
한 동년 4월 庚辰朔條에 이 사자의 귀국 기사에 대한 割注로「百濟本記
云、四月一日庚辰、日本阿比多(아히타) 還也」라고 되어있다. 「백제본
기」에 자음표기된「阿比多」를『일본서기』의 편찬자는 擬定하지 않았다.
「阿比多」도 (6)에서 검토한「語訛未詳」의 사례에 해당할 것이다.

또한 이「日本」이라는 용자는 (1), (4), (6)의「일본」용자 사례와 마찬
가지로「백제본기」가 7세기의 천무·지통조에 저술된 것이라는 판단을
뒷받침하고 있다.

(10)동 17년(556)봄 정월조에서는 왜국에서 귀국하는 백제왕자 혜(惠)
를 호위하는 筑紫火君(쓰쿠시노히노키미)에 대한 割注로「百濟本記云、
筑紫君 (쓰쿠시노키미)兒、火中(히노나카노키미)弟」라고 보인다. 여기에
서는「백제 본기」가 왜인의 이름을 자음가나(字音仮名)에 의하지 않고
표기하고 있는 점에 주의하고 싶다.

여기서 백제3서의 서명에 주목하고 싶다. 4~5세기의 백제를 대상으
로 한「百濟記」가 먼저 저술되고, 이를 계승하여 5세기 후반을 대상으로
한「百濟新撰」이, 다음으로 6세기를 대상으로 한「百濟本記」가 저술되
었을 것이다.

그런데, 중국의 역사서는「本紀」나「世家」, 「年表」, 「列伝」, 「百官
志」등의 지류(志類)로 구성된다. 이 역사서의 구성에 비추어보면 백제3

서는 단독의 역사서로서 저술된 것이거나, 혹은 『日本書』또는 『日本紀』라는 역사서가 먼저 구상되어 그 1부문으로서 저술되었던 것일까.

「百濟記」와 「百濟本記」는 「記」이다. 『삼국사기』를 구성하는 「百濟本記」의 「紀」가 아니다. 『史記』나 『古事記』의 「記」와 같은 것이다. 『고사기』는 기사본말체의 체재에 가깝고, 백제3서는 간지기년을 채용한 편년체의 저작인 듯하다.

『일본서기』는 편년체의 역사서이며 지류나 열전을 두지 않는다. 『日本書』가 구상된 것인데, 『日本書』가 『日本書紀』의 「推古天皇紀」와 같이 각 천황의 편년사인 「紀」의 부분에 그치고 지류나 열전이 저술되지 않았다고 생각하는 이해도 있다.(주6)

『일본서기』가 기전체 『日本書』의 미완의 정사라고 한다면, 백제3서는 『日本書』속의 「百濟伝」의 소재로서 저술된 것은 아닐까 추측된다.

혹은 『日本紀』라고 한다면, 이것과 평행하는 역사서로서 백제3서가 저술된 것은 아닐까 추찰된다.

백제3서는 「天皇」호와 「日本國」호가 탄생하는 7세기 후반의 일본의 정치사조 속에서 『일본서기』편찬 이전에 백제인이 저술했던 미정리의 부분도 엿볼 수 있는 백제의 역사서라 말할 수 있다.

(주4) (주2)와 같음.
(주5) 『新編日本古典文學全集3日本書紀2』(1996년 10월, 小學館, 300쪽의 頭注 8)
(注6) 『日本古典文學大系日本書紀』上卷(1967년 3월, 岩波書店, 解說)

〔參考文獻〕
津田左右吉「百濟に關する日本書紀の記載」(『日本古典の研究』下〔岩波書店, 1950년 2월〕)
『日本古典文學大系日本書紀』上「補註9-37」의 「百濟記·百濟新撰·百濟本記」
山尾幸久 『日本古代王權形成史論』(岩波書店, 1983년 4월)
木下礼仁 『日本書紀と古代朝鮮』(塙書房, 1993년 10월)

三品彰英『日本書紀朝鮮關係記事考証』上·下卷(天山舍, 2002년 12월)
遠山美都男編『日本書紀の讀み方』(講談社現代新書, 2004년 3월)
遠藤慶太『東アジアの日本書紀』(吉川弘文館, 2012년 8월)

4. 8세기의 한국 문헌에 나타난 「日本」

「聖德大王神鐘」에 나타난 「隣国」

「성덕대왕신종」은 「大曆 6년」(771)12월 14일에 鑄鍾大博士인 朴□
益이 주조하고, 「朝散大夫前太子司議郎翰林郎」인 「金弼奧」가 혜공왕의
「분부(教)」를 받들어(「奉」) 대왕의 치적을 찬송한 명문(銘文)을 「撰」한
명종(名鐘)으로 널리 알려져 있다.

鐘銘에는 「왜국」에 대한 문자는 기록되어 있지 않으나, 신라의 자국
인식이 표현되어 있다. 거기에 신라말기의 최치원의 저작에 나타난 신라
의 「東國意識」이나 「東人意識」 그리고 「소중화의식」을 읽을 수 있는데,
그 대극에 감춰진 「왜국」, 「왜인」인식을 읽을 수 있다.

종명에서는 「성덕대왕」의 치적을 「王者元功」이라 칭송하고 있다.
「대왕」은 「사십여년」의 치정(治政) 기간 동안 백성을 힘들게 한 일이 없
고(「一無干戈 驚擾百姓」) 「四方의 隣國」은 「萬里」 저 먼 곳에서부터
「歸賓」해 왔다고도 하여 대왕의 인정(仁政)을 칭찬한다.

이 「사방의 인국」에는 일본이 의식되어 있는 것 같다. 『續日本紀』
(797년, 菅野眞道[스가노노마미치]등이 편찬)에는 732년 1월에 來日한
김장손(金長孫)은 일본에 파견하는 사절의 年期(간격)를 「3년에 1번」으
로 하는 것을 인정받았다. 그리고 735년에 일본에 온 김상정(金相貞)은
신라를 「王城國」이라 자칭했다. 신라는 「왕성국」이라는 자부의 표현은

일본 응접관의 불만을 갖게 하여 외교마찰을 낳았다.

「王城國」이란 신라의 수도인 금성(金城), 즉 수도인 「서울」을 「蘇伐」이라 음사하지 않고, 「王城」이라고 자부를 담아 한역한 표현이다. 성덕대왕의 신라에서는 현저하게 정비된 율령국가 체제와 성덕왕이 당조(唐朝)로부터 발해에 대항하는 세력으로서 733년(開元21)에 「開府儀同三司持節寧海軍使」로 책봉된 국내외의 호환경이 「왕성국」이라는 자부의 표현이 생겨났던 것이다.

신라 내외의 호환경은 자국의식을 높였다. 당조의 인사로부터 신라는 「君子國」(734년 : 張九齡 「勅新羅王金興光書」, 737년 : 『册府元龜』 卷975·外臣部 ·褒異2)이라고 칭찬된 것도 이 무렵부터이다. 753년의 당조의 朝賀儀式에서는 신라의 사자는 의식이 시작되기 이전에는 일본 사자보다도 상석을 차지하고 있었다.

종명에서 말하는 이 「四方隣國」이란 대등한 국가관계를 의미한다. 그리고 「歸賓」한다고 하는 것은 「인국」으로부터 찾아오는 사자를 맞아들이는 신라의 입장을 우위에 둔 자존의 표현이다.

성덕왕대의 신라의 「인국」이란 일본, 발해가 우선 인식된다. 8세기에 일본을 「인국」이라고 인식하고, 대등한 교린의 외교를 구한 신라는 일본과의 사이에서 상호간에 외교마찰을 낳은 사례가 『삼국사기』와 『속일본기』에 기록되어 있다.

9세기에 접어들어서도 신라에서는 애장왕(哀莊王) 7년(806), 동 9년(808), 경문왕(景文王) 4년(864)에 일본의 사절을 「인국」대우로 맞이하고 있다. 신라 말에서 고려 초에도 일본을 「隣國」으로 보고 있다. 신라의 승려 안홍(安弘)의 저작으로 가탁된 「東都成立記」는 신라말·고려초의 저작인데, 이 책에서도 「일본」을 「중화」「오월(吳越)」「말갈」 등과 함께 「인국」으로 인식하고 있다

(『三國遺事』卷3「皇龍寺九層塔」)

나아가 종명의 「詞」에서는 신라의 위치를 「山河鎭列, 區宇分張, 東海之上, 衆仙所藏, 地居桃壑, 界接扶桑, 爰有我國, 合爲一鄕」라고 기록하고 있다. 신라는 「東海之上」에 있고 그곳은 「衆仙所藏」(仙人이 사는 땅[靑丘])이며, 중화세계의 동방 쪽에 위치하고 있어 태양이 떠오르는 곳(「扶桑」)에 「접」해 있다고 하는 자국의 지리인식이다. 이러한 자국의 지리인식에서는 일본은 신라의 「인국」이라고는 하지만 종명의 문맥에서는 신라의 동쪽에 위치한 「일본」은 표현되고 있지 않다. 이 신라의 지리인식과 거기에서 벗어난 일본인식은 후술하는 최치원의 인식에도 관통하고 있을 것이다.

〔參考文獻〕

拙稿「日本現代語譯『新羅聖德大王神鐘之銘』」(濱田『朝鮮古代史料硏究』吉川
　　弘文館,2013년 1월)

5. 9세기의 한국 문헌에 나타난 「日本」

① 「新羅誓幢和上碑」의 「日本」

신라화엄종의 개조인 원효법사를 칭양하는 「新羅誓幢和上碑」에 대해서는 동국대학교의 고 황수영, 고 김상현 두 교수와 이기동 교수의 훌륭한 연구가 있다.

비문의 제20행에는 「大曆之末」에 법사의 손자이며, 설총(薛聰)의 아들인 설중업(薛仲業)이 일본에 사행하여 다진 우의를 기록한다. 이 외교는 大曆14년(779년)7월의 일이며, 귀국은 다음 해 2월의 일이라고 『속일본기』에 기록되어 있다. 이것은 어서 『삼국사기』 권46의 설총전과도 대응한다.

우선, 지금까지 「大曆之春」으로 읽혀져 온 字格은 자격상부의 字形으로 보아 「春」은 「末」로 해독하는 것이 타당하며, 「大曆之末」이란 「大曆 14년」의 일이다.

당에서는 大曆 14년 5월 4일에 대종(代宗)이 붕어하고, 연호는 다음 해(780) 정월 정묘삭(丁卯朔)에 「建中」으로 개원될 때까지 「大曆」이다. 설중업이 정사인 김난손(金蘭蓀)과 함께 일본에 사행한 大曆 14년 7월부터 동년 10월 이후에 걸쳐서 외교의례가 진행되고, 薛仲業등은 다음 해인 「建中 元年(780)」정월에는 光仁天皇을 拜賀하고 2월에 일행은 신라로 귀국했다.

설중업의 일본사행은 그야말로 「大曆之末」의 일이며, 이 사행은 일본의 견신라사와 견당사의 귀국을 송사(送使)하고, 더욱이 唐客인 高鶴林까지도 수반하고 있어서 참으로 우의에 가득 차 있었다.

한편, 「新羅誓幢和上碑」의 건립연대는 「貞元年中」(785~804)이나 「角」, 「干金彦 昇公」의 문자로 판단해서 김언승(후의 憲德王)이 애장왕 원년(800년)에 角干의 관위를 수여받고 809년에 즉위하기까지의 사이, 즉 800년에서 804년 사이일 것으로 이해하는 황, 김 두 선생님의 설은 타당하다. (주7)

그래서 碑로부터 일본상을 간취할 수 있는 문자는 「大曆之末」에 이은 「大師之孫翰林字仲業奉使滄溟□□日本」이다. 「奉使滄溟」이란 「큰 바다로 배를 저어 나가서 사행하는」것, 즉 일본에 뱃길로 사행하는 일이다. 이어지는 문자는 「萬里日本」으로 추측되기도 하는데,(주8) 「聘問日本」으로도 추측된다.

전술한 것처럼, 8세기 중반 이래 신라는 일본과 대등한 「隣國」외교를 추진하고 있었다. 비는 사행의 우의의 한 장면을 「彼國上宰因□語知 如是大師 賢孫相歡 之甚傾□」이라 기록한다. 이 문맥은 설총전 속에 기술된 「世傳, 日本國眞人贈 新羅使薛判官詩序云. 嘗覽元曉居士所著金剛三

昧論. 深恨不見其人. 聞新羅國使薛. 卽是居士之抱孫. 雖不見其祖. 而喜
遇其孫. 乃作詩贈之」의 문맥과 괘를 같이하는 것이다.

설총전의「世傳」에 의하면, 대등한 국제관계에 있는「일본국」의 眞
人은 원효거사가 저술한「金剛三昧論」을 읽고, 거사와 만나지 못하는 일
을 한탄했는데, 거사의「抱孫」인 설중업을 만난 기쁨을 한시로 읊어 이
를 설중업에게 보냈던 것이다.

「日本國眞人」의 감격에 대해서 비에서는「彼國」이라 하여 역시 대등
시하고, 그「上宰」와「大師의 賢孫」인 설중업과 함께 이「相歡하기가 매
우 傾蓋(친하게 되다)〔혹은 傾慕하다(따르다)〕」등의 문의로 표현하고 있다.

설중업과 相歡한「彼國의 上宰」즉「일본국의 眞人」이란 이기동 선생
님이 확인한 바와 같이 淡海眞人三船(오우미노마히토미후네)이라는 설
이 堀池春峰 씨나 橫田健一 씨로부터 제시되어 있다.(주9)

『삼국사기』권43·김유신전 속의 김암전에도 김암(金巖)이 이 사행의
부사였다는 사실을「大曆十四年己未. 受命聘日本國. 其國王知其賢. 欲
勒留之. 會大唐使臣高鶴林來. 相見甚懽. 倭人認巖爲大國所知. 故不敢留
乃還」이라 기록한다. 역시 신라는 일본국에「聘」間의 대등외교를 행했
던 점은 명백하다.

「大曆之末」(779년)의 신라의 對일본외교를 기록한「新羅誓幢和上碑」
에서는「일본」을「滄溟」가운데 있는「彼國」으로 인식하고 있었다. 그
외교는 대등한「聘問」이었다는 점이 표현되어 있다. 한편, 일본정부는
신라정부에 조공외교의 형식을 지속적으로 요구해 온 사실이『속일본
기』에 기록되어 있다. 양국의 상호 외교에는 기본적인 차이가 내재되어
있었던 것이다. 신라가 對일본외교에서 추진한「聘問」은 중국고대의 제
후간의 대등한 외교형식이다. 8세기 이래의 신라는 당제국의 세계질서
속에서 일본과는 대등하다고 의식하고 있었던 것이다.

(주7) 黃壽永「新羅誓幢和上碑稅新片」(『考古美術』第108號, 1970년 12월),

金相鉉「新羅誓幢和上의　再檢討」(『蕉雨黃壽永博士古稀紀念美術史學論叢』民族社, 1988년 6월)

(주8) 佐伯有淸『三國史記倭人伝』(岩波書店, 1988년 3월)
(주9) 堀池春峰「華嚴経講說よりみた良弁と審詳」(堀池『南都仏教史の研究』上[東大寺篇][法藏館, 1980년 9월]소수).
　　또한 佐伯有淸『三國史記倭人伝』에서는「上宰因□」의「因□」은 인명일 가능성에 대해 언급하고 이를「石上」의 音寫라면「石上朝臣宅嗣」일 것으로 추측하고 있는데, 음사로는 이해하기 어렵다. 橫田健一「八世紀末葉における日本·新羅·唐三國の外交交涉に關する一揷話」(『古代史の研究』第2號, 關西大學古代史研究會, 1980년 11월)
　　李基東「薛仲業과 淡海三船의 交歡－統一期新羅人과 日本과의문화적교섭의 一斷面－」(『歷史學報』第134·135合輯, 1992년 9월. 일본어역은 佐藤長門 譯「薛仲業と淡海三船の交歡－統一期新羅と日本との文化的交涉の一斷面－」(『國史學』第151호, 1993년 5월)

〔參考文獻〕
拙稿「新羅誓幢和上碑の二字－薛仲業の來日をめぐって－」
(濱田『朝鮮古代史料研究』吉川弘文館, 2013년 1월)

②최치원의 「세계」관

崔致遠(857~924년?)은 12살이 된 868년(景文王 즉위 8년)상선을 타고 당으로 건너갔다. 「십년 동안에 (급)제하지 않으면 바로 내 자식이 아니다. 가서 열심히 하라」는 아버지의 엄훈을 지켜 咸通15년(874)7월경에 진사과(進士科)에 훌륭하게 합격했다(『登科記考』). 그 후, 12년간의 재당 생활의 반을 황소의 난(黃巢の農 民起義) (875~884년)을 토벌하는 양주(揚州)의 淮南節度使였던 高騈아래에서 書記 로서 봉사했다.

최치원은 885년(光啓 元年)29세가 되는 해에 재당생활 18년을 마감하고 귀국했다. 「淮南入新羅兼送詔書等使」라는 절도사의 사자이자 또한 황제의 詔書를 신라에 보내는 사자로서의 귀국이다.

친구인 顧雲은 「(최치원의) 文章은 中華의 나라를 감동 시켰도다.」라

는 이별의 시를 최치원에게 보냈다. 최치원은 귀국 후, 왕경의 지배자층
의 정쟁과 혼란, 그리고 지방사회의 쇠퇴를 실감했다. 최치원은 재당경
험과 그 인맥과 학식을 가지고 고국에 봉사하고 싶은 마음으로 가득 차
있었을 것이다. 그러나 6두품 출신의 최치원은 중앙정부에 중용되지 못
하고, 귀국 다음 해에는 太山郡(전라북도 泰仁)의 태수로서 왕경을 떠났
고, 894년 2월에는 진성여왕에게 綱紀肅正과 지방사회의 구제를 도모하
는 「시무11여조」를 바쳤으나 활용되지 못하고, 동년 무렵에는 富城郡(충
청남도 瑞山)의 태수로 옮겨갔다.

최치원은 그 사이에도 견당사에 임명되었으나 농민반란과 해적 때문
에 입당 길이 막혔다. 이러한 실의 탓인지, 40대의 중반에 관계에서 물러
나 독서와 저술, 그리고 소요의 시간으로 생을 보냈다.

한편, 이 사이 최치원의 문필활동은 크게 3시기로 구분할 수 있다. 제
1기는 도당(渡唐)에서 과거에 급제하기까지 6년간, 그리고 급제에서 高
騈의 막하에 들어가기까지의 6년간이다. 최치원은 급제 후, 동도 낙양을
유람하며 賦 5수, 詩 100수, 雜詩賦 30수를 짓고, 溧水縣尉의 시대에는
그때까지의 작품을 『中山覆簣集』 5권으로 정리했다.

제2기는 高騈의 막하에서 書記로 있었던 6년간이다. 檄書나 詩 1만수
를 지었다. 이들 작품은 귀국 다음 해인 「中和6년(光啓2년 : 886)정월」에
『桂苑筆耕集』 20권에 수록하였다.

제3기는 신라에 귀국 후의 활동이다. 고국인 신라에서 최치원은 詩,
賦 외에 신라 왕이 당 황제에게 보내는 상표문 작성이나 寺院에 소요하
면서 고승전이나 고승비(高僧碑)를 저술했다. 이들 작품은 고려시대에
『崔致遠文集』 30권으로 정리 되었다. 그 일문(逸文)은 『삼국사기』 권11
의 진성여왕의 「謝追贈表」와 「納旌節表」 「讓位表」에 남아있다.

나아가 고려의 崔瀣가 1388년에 편찬한 『東人之文四十六』에도 최치
원의 시가 수록되어 있고, 최해의 『三韓詩龜鑑』에도 24구(句)의 시가 수

록되어 있다.

조선시대에서는 성종 9년(1478)에 서거정(徐居正) 등이 편찬한 『東文選』에 『桂苑筆耕集』과 중복되는 시문 외에도 5言古詩 4수, 5言律詩 4수, 7言律詩 9수, 5言絶句 2수, 7言絶句 10수, 表箋 27, 啓 8, 狀 33, 露布 4, 頌 1, 書 40편의 작품이 수록되어 있다.

최치원의 재당 18년간은 당나라 문인과의 교유와 절도사 서기로서의 문필활동이었는데, 그 작품은 중화의 문화와 정치 속에서 탄생하고 있다. 그런 까닭에 귀국 후의 실의에 찬 처지는 최치원을 모화주의(慕華主義)와 민족주의의 갈등 속으로 내몰았을 것으로 추측되는데, 그 가운데에서도 최치원의 신라인식을 「鄕」과 「日域」에서 간취할 수가 있으며, 그 대극에는 일본인식이 숨겨져 있었다고 생각된다.

우선, 『桂苑筆耕集』권18의 「謝探請料錢狀」에 「無鄕使難附家書」라고 보인다. 권 20의 「上太尉別紙五首」가운데에도 「新羅國入淮南使檢校倉部員外郎守翰林郎 賜緋銀魚 袋」의 「金仁圭」를 「鄕使」로 기록하고 있다. 여기서는 당의 양주를 방문한 신라의 사자를 「鄕使」로 표현하고 있다. 귀국 후에 저술한 「崇福寺碑銘」 속에서는 신라의 역사를 「鄕史」라고 기술하고 있다.

고려시대에서는 고려의 文化事象에 「鄕」자를 관칭한 사례로 「鄕俗」, 「鄕言」(高麗語), 「鄕伝」(고려사회의 전승), 「鄕札」(고려의 語音을 한자로 표기한 문장)이 있다. 이와 같이 「鄕」을 신라, 고려의 사물에 관칭하는 용례는 모화주의에서 나온 것이며, 「중화의 문물」에 신라, 고려의 문물을 대치하여 「鄕」이라는 문자를 관칭했던 것이다.

이 「鄕」이라는 표현이 최치원에서 비롯되었다고는 단언할 수는 없으나, 그 가장 빠르고 확실한 사례가 최치원의 「鄕使」, 「鄕史」이다.

신라·고려는 당·송의 「중화세계」에 포함된다는 인식에서 자국의 여러 사물을 「鄕」자를 붙여 관칭한 것이다. 신라·고려는 「중화세계」와 「중화문화」속에 있는 「鄕」이라고 하는 최치원의 모화주의로부터 생겨난 표현일 것이다.

최치원이 찬한 『帝王年代曆』에서는 尼師今」등이라고 신라어의 왕호를 음사하지 않고, 중화세계에 통용되는 「王」으로 표기하고 있었다. 이 曆은 중국의 皇「帝」에 신라의 「왕」을 대치한 「帝王曆」이 아니었을까 추측된다.

그것은 신라가 중화세계에 포함된다고 하는 최치원의 자국인식을 반영한 모화주의적 역사관의 작품일 것이다.

최치원의 모화주의는 정치·외교 면에서는 신라를 중화세계의 제1의 위치에 두고 행동하게 된다. 그 좋은 사례가 898년(당 昭宗 光化원년, 신라 효공왕 즉위2년)에 당 황제에게 바쳤던 「謝不許北國居上表」라는 상표문이다.

「北國」이란 북쪽의 발해국인데, 9세기말까지 신라와 발해는 서로 경쟁하듯이 빈번히 견당사와 留唐學生을 파견하여 당의 제도나 문화를 수용해 왔다. 신라는 「君子國」으로, 발해는 「海東盛國」으로 당의 문인으로부터 평가되기도 하였다.

그런데, 897년 발해왕자인 大封裔는 元旦朝賀의 의식에서는 신라의 사자보다 상석을 차지하려고 석차의 변경을 요청하고 나섰던 것이다. 昭宗은 구례에 따라 이 요청을 허락하지 않았다. 그래서 효공왕은 황제에게 감사하는 상표문을 작성하도록 최치원에게 명령한 것이다.

최치원은 상표문 속에서 발해는 「粟末의 小蕃」이고, 건국자인 대조영은 건국 당초에 신라의 제5위 관위인 「大阿飡」을 수여받고 있었다고, 발해는 신라의 속국이라는 역사를 주장했다. 즉 발해는 중화세계에서는 신라에 신종하는 국가이며, 그런 까닭에 당왕조의 중화세계에서는 「小蕃」이라고 기술하였다.

최치원은 다른 상표문(「與禮部裴尙書瓚狀」「新羅王與江西大夫湘狀」)

에서도 모화 주의 즉 중화지상주의에 입각하여 발해가 신라에 뒤진다는 점을 주장하고 있다.

최치원의 모화주의와 중화지상주의는 발해의 전사인 고구려, 말갈까지도 이적시 하게 된다. 그 한편으로 管見의 범위에서 말하자면, 최치원의 저작에 일본상(像)은 전혀 나타나지 않는다. 그것은 왜일까?

그 열쇠는 최치원의 신라에 대한 문화의식과 지리인식에 있다. 최치원은 신라를 중화세계 속의 「日域」, 즉 「태양이 떠오르는 곳」으로 인식하고 있었다. 『桂苑筆耕集』 권17의 「再獻啓」에서는 「況某家遙日域、路隔天池」이라고 고국인 신라를 회고하고 있다. 즉 「고향은 저 멀리 해가 떠오르는 곳에 있으며, 길은 큰 바다(天池)가 가로막고 있다」고 하고 있다. 同卷18의 「人參三斤天麻一斤」에서는 헌상하는 인삼과 천마는 「採從日域」(「日域(신라)에서 채취했다」고 기술하고 있다. 여기서도 신라는 「日域」에 위치한다고 하는 최치원의 지리인식이 표현되고 있다.

『桂苑筆耕集』卷20의 「謝賜弟栖遠錢狀」에서는 신라로의 귀국을 「東歸」라고 표현하고 있다. 신라는 「日域」이며, 중화세계의 「동」쪽에 있다는 최치원의 지리인식은 문화의식과도 통한다. 이러한 최치원의 중화세계의 지리인식에서는 신라의 동쪽에 있는 일본은 지리와 문화의 인식으로부터 벗어나 있었던 것은 아닐까.

최치원의 국제적인 행동을 생각하면, 일본을 인식하지 않았을 리가 없다. 그럼에도 불구하고 저작 속에서 일본에 관한 기술을 볼 수 없는 것은 최치원의 모화주의와 중화지상주의에서 생겨난 최치원의 지리관, 문화관에서 일본이 벗어난 것이며, 이 인식은 이어지는 고려의 정치사회에 어떠한 영향을 초래했는지 관심이 가는 문제이다.

〔參考文獻〕

李佑成「南北國時代と崔致遠」(李佑成『韓國の歷史像』平凡社, 1987년 7월)

拙稿「唐朝における渤海と新羅の爭長事件」(『新羅國史の研究』吉川弘文館, 2002
　　　년 2월)
柳承國「최치원의 동인의식」(孤雲國際交流事業會『孤雲崔致遠의 哲學·宗敎思
　　　想』문사철, 2009년 4월)
崔英成「고운 최치원의 동인의식」(孤雲國際交流事業會『孤雲崔致遠의 哲學·宗
　　　敎思想』문사철, 2009년 4월)
張日圭『崔致遠の社會思想研究』(新書苑, 2008년)
濱田耕策編著『古代東アジアの知識人崔致遠の人と作品』(九州大學出版會, 2013
　　　년 12월)

6. 결어

　『삼국사기』는 고려의 인종(仁宗) 23년(1145)에 완성된 칙찬의 역사서
이다. 주지하는 것처럼,『삼국사기』이전에「海東三國史」가 존재했다. 이
역사서는 고려 초기에 편찬되었기 때문에 고려 건국초기의 정부나 지식
인의 역사인식이 침투되어 있었던 역사서였을 것이다. 고구려중심이며
자존의 역사서가 아니었을까 추측되고 있다.
　「海東三國史」속에는 고구려, 신라, 백제가 왜, 왜인, 왜국, 일본과 관
계했던 사항이 기록되어 있었음에 틀림이 없을 것이다. 그러나 그 기록
은 전해지지 않으나, 고구려 중심의 세계관에서 對倭·일본관계사가 기록
되었을 것이다. 저명한 광개토왕비에 기록된 고구려중심의 세계를 바다
저 멀리로부터 침입해오는「왜구」像을 계승하는 왜국, 일본像이 아니었
을까 추측된다.『삼국사기』「신라본기」의 6세기까지의 왜인像이 그렇다.
　그래서 신라사를 중심으로 편찬된 현존하는『삼국사기』는 그 대상이
고대사라고는 해도 고려전기의 역사인식 속에서 편찬되었다는 점에 유
의하고 싶다. 따라서 신라인의 왜, 왜인, 왜국, 일본상을 파악하는 작업은
주의를 요한다.

『삼국사기』에서는 왜·왜인·일본과의 관계를 비교적 구체적이면서도 사실의 기록을 남기고 있다. 왜 관계는 39회, 왜국 관계는 10회, 그리고 일본 관계 기사 16회를 기록하고 있다.

이 전체 65회의 기록은 다음과 같이 구분할 수 있다. 즉, 혁거세 8년 (B.C50)의 왜의 신라침범 이후부터 소지왕 22년(500)까지의 500여 년간 은 왜나 왜인과의 대립(충돌)의 기사이며, 소지왕 22년 이후부터 경덕왕 12년(753)까지는 교류가 기록되어 있지 않다. 그리고 그 후의 헌강왕 8년 (882)까지는 일본국과의 대등한 교섭이 단속적으로 기록되어 있다.

이 기록의 구분은 본론에서 검토한 동시대의 기록사료에서 파악된 한 국고대인이 기록했던 왜, 왜인, 일본상과 부합된다. 고대의 「왜구」에서 시작되어 그 후의 외교교섭의 대상으로서의 왜국·일본국, 그리고 기록되 지 않은 일본국이 된다. 이러한 일본인식의 성쇠는 고려시대에는 부담되 는 인식으로 나타나고 「왜구」로서 파악하는 동시에 그 대책에 고심하게 되는 것이다.

古代韓国の文献と文字資料に
表れた倭・日本

濱田耕策(九州大)

1. はじめに

　古代韓国の文献と文字資料に記録された「倭」や「倭人」、「倭国」そして「日本」の像にはこれと交流した韓国側の主体である国家や個人の認識が反映されている。その認識には主体側の政治的、社会的な位置が投影されている。その認識には「敵対」と「警戒」、また「友誼」や「経済交流」「文化交流」など多様に表れることとなる。

　本論では、古代韓国の同時代の文献と文字資料の記録に表れた「倭」、「倭人」、「倭国」、「日本」の記録から古代韓国人の「倭・日本」像について考察する。

2. 4~5世紀の韓国の文字資料に表れた「倭」

①【七支刀の銘】

韓国の文字資料では、日本の奈良県天理市に所在する石上神宮が保管す

る「七支刀」の裏面に刻まれた「倭王」が現存最古の「倭」に関する記録である。

　山尾幸久氏は「七支刀」の表裏の面に刻まれた文字の書風に注目し、次のように考察された。

　即ち、東晋の工房で「泰和四年(369)」に七支刀が作製されたが、その表面には「七支刀」の作成の意図を記した34文字が象嵌されていた。その裏面は無文であった。

　この七支刀は372年正月に東晋に初めて朝貢した百済の使節を介して、或いは朝貢の後の同年6月に百済王を冊封する東晋の冊封使を介して百済王に下賜された。百済では七支刀の表面の文字から百済王は東晋皇帝の「侯王」であるとの君臣関係を自認した。高句麗を警戒する百済王はこの君臣が結ぶ国際関係を百済のみならず倭国にも延長すべく、七支刀を複製して倭王に贈ることとした。表面には下賜された七支刀に象嵌されていた34文字を象嵌し、裏面には七支刀を複製してこれを「倭王」に贈る意図を新たな27文字に象嵌して、372年9月に倭王に送った。これが山尾氏の理解の基本である。

　山尾説では、東晋が百済王に下賜した七支刀は「原七支刀」であり、これは今日では所在不明である。そして、石上神宮が保管する七支刀は「複製七支刀」である。この山尾説は研究史上では画期的である。

　百済は「原七支刀」を下賜されるやこれを複製し、間もなく倭王に贈ったと理解される。後半の経緯は『日本書紀』の神功皇后摂政52年(372)条に以下のように記されている。

　「秋九月丁卯朔丙子。久氏等従千熊長彦詣之。則献七枝刀一口・七子鏡一面・及種々重宝。仍啓曰。臣国以西有水、源出自谷那鉄山、其邈七日行之不及。当飲是水、便取是山鉄、以永奉聖朝。乃謂孫枕流王曰。今我所通、海東貴国、是天所啓。是以、垂天恩、割海西而賜我。由是、国基永固。汝当善脩和好、聚斂土物、奉貢不絶、雖死何恨。自是後、毎年相続朝貢焉」

　『日本書紀』では、百済が「複製七支刀」等を倭国に献上したことを神功皇后の所謂「三韓征服」によって百済が倭国へ朝貢する起源譚としている。しかし、百済王が「複製七支刀」を倭王へ贈った外交意図は「複製七支刀」の表裏の銘文を併せ読むことによって理解できる。

　まず、「複製七支刀」の表面の34字は「原七支刀」の文字でもあるが、以下である。

　　「泰和四年五月十六日丙午正陽造百練□七支刀出辟百兵宜供供侯王永年大吉祥」

　次に、裏面の銘文27字は「複製七支刀」に新たに象嵌された百済のオリジナルな文であって、百済の倭に対する認識と外交の意図が読み取れる。

　　「先世以来未有此刀百済王世子奇生聖音(晋)故為倭王旨造伝示後世」
　　（□は判読不能の文字、　は残存する字画から判定された文字、□は推定される文字）

　裏面の銘文から読み取れる百済の対倭認識と外交意図とは以下である。百済の近肖古王は372年6月に東晋から鎮東将軍領楽浪太守と冊封され、高句麗の南進に対抗する安全保障を得た。そこで、百済は倭国をも対高句麗策に組み込んで自国の安全策を強化すべく、倭国を東晋と百済の国際関係に結び付ける外交策を図った。

　「原七支刀」は東晋の「侯王」が佩刀するに相応しく、東晋の「泰和」の年号を刻んでおり、東晋皇帝から得た冊封の証でもある。百済では「出出辟百兵」(戦場に出ては百兵を避ける)ことが出来ると言う護身の霊力を秘めた「原七支刀」を複製して、これを372年9月に倭王に贈ったのである。

　百済では「複製七支刀」の裏面に「原七支刀」を複製した(銘文には「造」ったとある)経緯とこれを倭王に贈り、倭王は百済王との連帯の両国関係を長く

「後世」に「伝示」することを求める27文字を象嵌したのである。

　百済が「複製七支刀」を倭王に贈った外交は東晋皇帝が「原七支刀」を象徴物として近肖古王と結んだ君臣(皇帝－侯王)関係を倭王にも延長する外交であり、そこに百済の倭国認識が読める。

　即ち、①百済では「倭王」は百済王と同じく東晋皇帝の「侯王」たるべき国際関係にあり得るのであり、それ故に百済と倭国とは対等の関係であるとの認識である。また②「戦場に出ては百兵を避ける」という護身の霊刀である七支刀を象徴として、倭国を百済との軍事的な連合形成の対象と認識し、両国関係を構築したことである。

〔参考文献〕
山尾幸久『古代の日朝関係』(塙書房、1989年4月)
浜田耕策「七支刀銘文の判読と古代東アジアの歴史像」(『朝鮮古代史料研究』吉
　　川弘文館、2013年1月)

②【広開土王碑】

　414年に建立された高句麗の広開土王碑は、王が21年間の在位中に戦勝を経て構築した高句麗中心の国際関係の秩序を王の「勲績」として銘記している。そのなかに4世紀末から5世紀初めの高句麗の対倭認識を読み取ることができる。

　碑文では高句麗の対百済・新羅戦略を掲げた以下の文に対倭認識の基本が読める。

　　「百残新羅旧是属民由来朝貢而倭以辛卯年来渡海破百残□□新羅以為臣民」

　「倭」は王が即位した「辛卯年」(永楽元年：391)に「来渡海」して、高句麗の古くからの「属民」として「朝貢」していたと高句麗が認識する「百済と新羅」を

「破」り、倭の「臣民」にしてしまったと、対新羅・百済・倭関係とその認識を提示する。倭は高句麗の「属民」を奪った海上からの敵対者であるとの高句麗の基本認識である。

碑文からは高句麗の勢力圏から倭を排除することが広開土王の最も大きな勲績であったことが読み取れる。碑文の戦績記事の多くを対倭撃退戦に費やしている。碑文中に「倭」は7回、「倭人」は1回、「倭賊」は1回、「倭寇」は1回が記されている。

また、碑文中に倭を認識する表現は「倭賊退」(永楽10年条)、「倭不軌侵入帯方界」(14年条)、「倭寇潰敗」(14年条)である。倭の行動は「不軌」(人道に外れる)であり、「賊」であり「寇」である。「許すべからざる敵」として倭を表現した用字法である。

さらに、碑文では高句麗勢力圏の内と外にある王者について、的確な用字法を採用していることに注目される。

391年に倭に「破」られて、その「臣民」となった新羅王は399年(永楽9年)に平壌の広開土王のもとに遣使して、王に「帰」属した。そこで、王は翌年に歩騎5万の大軍を新羅に派遣して「倭賊」を安羅まで敗走させた。これより新羅王は自ら高句麗に朝貢した。この記録の中で、碑文では新羅王を「王」ではなく、「王」を意味する新羅語を音写して「寐錦」と記録している。碑文では「王」は広開土王のみであり、他にあってはならないのである。

また、東扶余は高句麗の始祖以来の「属民」であったが、ある時に高句麗に叛いて朝貢しなくなった。そこで、410年(永楽20年)に広開土王は東扶余を征討した。この時に広開土王に「慕化」し、高句麗に部族を率いて帰属した5つの部族長については東扶余語を音写して「鴨盧」と記録している。ここに高句麗や広開土王に帰順した王や部族長にはその語音を音写して表記したことが理解される。

一方、高句麗の同じく「属民」でありながら391年に倭に「破」れて、その「臣民」となった百済王は396年(永楽6年)に大王軍にも敗北して、大王の「奴客」と

なったが、399年(永楽9年)には高句麗から離れて倭と「和通」した。この百済王の背信行為から碑文では百済は「残国」、「百残」と賎称され、百済王は「残主」と賎称された。

このように碑文では、高句麗に自ら朝貢したり、広開土王に帰順した王や部族長はその土語を音写して記録する一方では、高句麗に離反した国や王はこれを賎称している。

では、倭についてはどうか。倭の主体であり、高句麗の属民であると認識された「新羅」「百済」を「臣民」としたと認識した「倭王」の存在を碑文は記録しない。「倭」、「倭人」、「倭賊」、「倭寇」であり、国家としての「倭国」や「倭王」を碑文は記録していない。4世紀末から5世紀初の高句麗では「倭」は広開土王の「聖徳」に背く「不軌」なる存在であり、それ故に「恩沢」の及ばない、不倶戴天の「賊」と認識されていた。この高句麗の倭認識は5世紀の長寿王代にも通ずる。

〔参考文献〕
浜田耕策「高句麗広開土王陵碑文の研究 − 碑文の構造と史臣の筆法を中心として」(『朝鮮古代史料研究』吉川弘文館、2013年1月)
武田幸男『高句麗史と東アジア』(岩波書店、1989年6月)

3. 7世紀の韓国の文献に表れた「倭・日本」

『三国史記』によれば、新羅では真興王6年(545)に、王は異斯夫の上書を受け入れ、居柒夫が文士を集めて「国史」を編修した。しかし、この「国史」は現存せず、「新羅古記」や「花郎世紀」の逸文が『三国史記』に残るが、新羅の文献の完本では後述する崔致遠の『桂苑筆耕集』が現存するのみである。

また、百済では近肖古王30年(375)に博士の高興が「書記」のことを始めた。前掲の七支刀からも、百済では4世紀後半には漢字を用いて記録したこと

は首肯されるが、百済人が記録した文献は現存しない。

　ところが、百済人の記録では720年に編纂された『日本書紀』には「百済記」、「百済新撰」、「百済本記」の所謂「百済三書」の逸文が引用されている。『日本書紀』のなかの百済と伽耶諸国と倭国との関係記事にも「百済三書」を参考にした部分は少なくない。

　この百済3書は百済において百済人が著述した書を日本にもたらした書であるのか、百済人が7世紀後半に日本の地で著述した書であるのか、即断はできないが、通読すると後者と推定される。どちらにせよ、百済の知識人が7世紀末頃に著述した歴史書であることは認めてよい。それ故に、百済3書の逸文から百済人の倭国認識を読みとることは可能であろう。

①【百済記】

　『日本書紀』では以下の5個所で「百済記」の記事を引用する。

　(1)神功皇后摂政47年(367)4月条には、新羅に派遣された千熊長彦(ちくまながひこ)を「百済記」では「職麻那那加比跪(しくまなながひこ)」と借音表記(字音仮名)する。このことは倭人の人名表記が特定の漢字にはっきりと固定していない段階であり、百済では倭人のほか人名を1音1漢字の借音表記していたことが読み取れる。

　木下礼仁氏は「百済記」の字音仮名と古代日本の他の字音仮名の用例とを対照して、「百済記」は6世紀末から7世紀初の推古朝の時代に著述されたと説く(注1)。

　(2)同62年(382)条には、葛城襲津彦(かつらぎそつひこ)に命じて新羅を攻撃させたとの記事に「百済記」を引用する。即ち、「百済記云、壬午年(382)、新羅不奉貴国。貴国遣沙至比跪(さちひこ)令討之。新羅人荘飾美女二人、迎誘於津。沙至比跪、受其美女、反伐加羅国。加羅国王己本旱岐、及児百久至、阿首至、国沙利、伊羅麻酒、爾汶至等、将其人民、来奔百済。

百済厚遇之。加羅国王妹既殿至、向大倭啓云、天皇遣沙至比跪、以討新羅。而納新羅美女、捨而不討、反滅我国。兄弟人民、皆為流沈、不任憂思。故、以来啓。天皇大怒、即遣木羅斤資、領兵衆来集加羅、復其社稷」とある。

ここでは「百済記」が干支の紀年法を採用していることが知られる。また、この「百済記」では「天皇」とある。「天皇」号はこの「百済記」が対象とした4世紀末の段階では誕生しておらず、「倭国」号から「日本国」号に発展する国際関係のなかで、「大王」号が「天皇」号に発展的に誕生したと考えられるから、この「百済記」の「天皇」号から、「百済記」は天皇号が誕生する7世紀末の天武・持統朝に著述されたかと判断される。それは前述した木下説より約1世紀の後のこととなる。

或いは『日本書紀』の編纂時に「百済記」の用語を潤色や改筆したかとの津田左右吉説が想起される。

しかし、「貴国」と「大倭」は倭国を尊称する用語であるが、この用語が潤色や改筆ならば、「百済記」の本来の用語は何であったか、検討の余地がある。鍵は「大倭」である。この「向大倭」は「向貴国」と記録しても矛盾のない文脈であるが、「大倭」とある。「百済記」には「向倭」とあった表現を「大倭」と潤色して倭国を尊称したのか、「百済記」にはもとより「大倭」と記されていたのか、即断できない。

また、「貴国」は尊称の一般名詞であり、「百済記」に「倭」や「倭国」とあった用語を『日本書紀』の編纂時に「貴国」と改筆したとまでは判断できない。

さらに、「百済記」では「大倭」と「天皇」の組み合わせであるが、「百済新撰」では「大倭」と「天王」、また「百済本記」では「日本」と「天皇」の組み合わせであることに注意される。百済3書の著述が「日本国家」の形成過程と王権の成立過程に平行して、国号と王号(天皇号)を表記したのか、百済3書の国号(日本、大倭等)と王号(天皇号)の表記の相違が読み取れる。

(3)応神天皇8年(397)春3月条には、百済人の来朝記事に割注して、「百

済記云、阿花王立无礼於貴国、故奪我枕弥多礼、及峴南、支侵、谷那、東韓之地。是以、遣王子直支于天朝、以脩先王之好也」とある。

「天朝」は次の(4)にも記されるが、倭国を尊対した表現である。(2)の「天皇」の用語にも連関する「天朝」は「倭国」号から「日本国」号に発展する7世紀末の政治、文化の環境のなかに「百済記」の著述者がいたことを反映するのであろうか。

(4)同25年(414)に百済の直支王が薨じて、若い久爾辛王が即位すると、木満致が摂政した記事に割り注して、「百済記云、木満致者、是木羅斤資、討新羅時、娶其国婦、而所生也。以其父功、専於任那、来入我国。往還貴国。承制天朝、執我国政、権重当世。然天朝聞其暴召之」とある。

ここの「我国」とは「百済」のことであるから、「百済記」の著述者の視点は(3)の事例と同じく百済にあることとなる。

(5)雄略天皇20年(476)冬に高句麗が百済を滅ぼした記事に割り注して、「百済記云、蓋鹵王乙卯年冬、狛大軍来、攻大城七日七夜。王城降陥、遂失尉礼、国王及大后、王子等、皆没敵手」とある。ここには「倭国」、「倭人」像は表現されていないが、「百済記」が百済王を「国王」「大后」「王子」と記述していることは「天皇」と対照的である。

(注1)木下礼仁「日本書紀にみえる百済史料の史料的価値について」(『朝鮮学報』第21・22輯、1961年10月)

②【百済新撰】

『日本書紀』では次の3ヶ所で「百済新撰」の記事を引用する。

(1)雄略天皇2年(458)秋7月条に、百済の池津媛(いけつひめ)が天皇の招きに反して石河楯(いしかわのたて)に通じたから、2人を焼き殺したが、これに割り注して、「百済新撰云、己巳年、蓋鹵王立。天皇遣阿礼奴跪(あれなこ)、来索女郎。百済荘飾慕尼夫人女、曰適稽女郎。貢進於天皇」とある。

　「百済新撰」は「百済記」と同じく干支紀年を採用している。また、「天皇」号を採用していることは「百済記」の(2)と同様であり、「百済新撰」も天皇号が誕生する7世紀末の天武・持統朝に著述されたかと判断される。

　(2)雄略天皇5年(461)7月条に、百済の蓋鹵王が弟の軍君(こにきし)を倭国に遣わした記事に割り注して、「百済新撰云、辛丑年(461)、蓋鹵王遣弟昆支君、向大倭、侍天王。以脩兄王之好也」とある。

　この「大倭」は『日本書紀』の編纂者が「倭」を「大倭」と加筆したかと推測されもするが(注2)、「百済記」の(2)と同じく「倭」字に「大」字を付して尊対した「百済新撰」の本文かと判断できる。

　また、「天王」は「大王」や「王」に「天」字を付した尊対の表現である。「百済新撰」では本来は「大王」とあったと推測するにもやはり検討が求められる(注3)。

　この「大倭」と「天王」の組み合わせは「百済記」の(2)に見られた「大倭」と「天皇」の組み合わせに対照して注目される。

　即ち、「天王」号は「天皇」号が誕生する7世紀末の天武・持統朝において、「倭王」に対する尊対の表現のひとつであり、「天皇」号の性格の一端を表すものと理解される。

　(3)武烈天皇4年(502)是歳条に百済の末多王が廃位され、武寧王が即位したとある。この記事に割り注して、「百済新撰云、末多王無道、暴虐百姓。国人共除。武寧王立、諱斯麻王。是琨支王子之子。則末多王異母兄也。琨支向倭、時至筑紫嶋、生斯麻王。自嶋還送、不至於京、産於嶋、故因名焉」とある。

　前述の(2)では「大倭」と尊対したが、ここでは「倭」とのみある。「百済記」の(2)では「貴国」と「大倭」、同(3)と(4)では「貴国」、「天朝」あったが、ここでは「倭」を尊対した表記ではない。ただ、「倭」の都を「京」と表記していることには注目される。

(注2)『日本古典文学大系日本書紀』上巻(1967年3月、岩波書店、471頁の頭注
17)
(注3)(注2)に同じ

③【百済本記】

『日本書紀』では次の10ヶ所で「百済本記」の記事を引用する。

(1)継体天皇3年(509)春2月に、倭国が百済に遣使した記事に割り注し
て、「百済本記云。久羅麻致支弥(くらまちきみ)、従日本来」とある。「百済本
記」でも「百済記」の(1)と同じく、倭人の名前を字音仮名で表記しているが、
『日本書紀』の編纂者は「久羅麻致支弥(くらまちきみ)」に相当する人物を擬定
できていない。

また、「百済記」と「百済新撰」に見なかった「日本」がここに初めて表記され
る。以下の(4)、(6)、(9)にも「日本」が現れる。『日本書紀』編纂者が「百済本
記」では「倭」や「倭国」と表記されたものを「日本」に改筆したと推察するよりも、
「百済本記」も「日本」の国号が誕生する7世紀末の天武・持統朝に著述された
かと判断される。

(2)継体天皇7年(513)6月に、百済が姐弥文貴(さみもんゐ)将軍と洲利即
爾(つりそに)将軍を穂積臣押山(ほづみのおみおしやま)の副使として倭国に派
遣して、五経博士の段楊爾を送った記事のなかで、穂積臣押山に割り注し
て、「百済本記云、委(やまとの)意斯移麻岐弥(おしやまきみ)」とある。「百済
本記」も倭人の名前を字音仮名で表記した例のもう1つである。

この「委」は「ｗａ」の通用であり、「倭」であるが(注4)、「百済本記」の(1)、
(4)、(6)、(9)のようには「日本」とは表記していない(注5)。

(3)同9年(515)2月甲戌朔丁丑では、文貴(もんきゐ)将軍等を百済に送った
物部連(もののべのむらじ)に割注して、「百済本記云、物部至至連(もののべ
のちちのむらじ)」とある。ここでは倭人の名前を倭名と字音仮名を組み合わせ
て表記しており、「至至」は「物部伊勢連父根(もののべのいせのむらじちち

ね)」の「父(ちち)」に擬定されている。

(4)同25年(531)春2月に継体天皇が崩御し、12月に藍野(あゐの)陵に埋葬した記事に割注して「取百済本記為文。其文云、太歳辛亥(531)三月、軍進至于安羅、営乞乇城。是月、高麗弑其王安。又聞、日本天皇及太子皇子、俱崩薨」とある。

「日本天皇及太子皇子」の用字は前述の(1)や「百済記」の(2)や「百済新撰」の(1)の「天皇」の表記から判断されたように、「百済本記」は「天皇」と「日本」国号が誕生する7世紀末の天武・持統朝に著述されたかと判断される。

(5)欽明天皇2年(541)秋7月に、新羅に通じた「河内直(かふちのあたひ)」に割り注して、「百済本記云、加不至費直(かふちのあたひ)・阿賢移那斯(あけえなし)・佐魯麻都(さろまつ)等」とある。ここも倭人の名を字音仮名で表記した例である。

(6)同5年(544)2月条に、前年11月に倭国から百済に派遣された津守連(つもりのむらじ)に割注して、「百済本記云、津守連己麻奴跪(つもりのむらじこまなこ)」とある。前記の(3)のように人名を倭名と字音仮名とを組み合わせて表記している。『日本書紀』の編纂者が「而語訛不正、未詳」と注記したのは、「己麻奴跪」の「語が訛って、ただしからず、未詳」の為に倭名を擬定できず、「己麻奴跪」とは誰であるか不明なのである。

同じく、「語訛」の事例では同年2月条でも、「河内直(かふちのあたひ)」に「百済本記云、河内直(かふちのあたひ)、移那斯(えなし)、麻都(まつ)」と割り注し、「而語訛、未詳其正也」と注記する。やはり3人の倭名が擬定できないのである。

また、同条は河内直の「先祖等」に割り注して、「百済本記云、汝先那干陀甲背(なかんだかふはい)、加猟直岐甲背(からふぢきかふはい)。亦云那奇陀甲背(ながたこふはい)、鷹奇岐弥(ようがきみ、)語訛未詳」とある。この3人の倭名も擬定されていない。

このように、「百済本記」は倭人を字音仮名で表記するが、『日本書紀』の

編纂者は字音表記から倭人名を擬定できない事例である。

一方、同所では「為哥可君(ゐかかのきみ)」にも割り注して「百済本記云、為哥岐弥(ゐかきみ)、名有非岐(うひき)」とある。ここでは『日本書紀』の編纂者は「百済本記」の字音仮名のままに倭人名を記すが、その「名」は擬定できていないのである。

また、同所で「印奇臣(いがのおみ)」に「語訛未詳」と割り注したのは、「百済本記云」との注記はないが、前述の「語訛未詳」の事例から、この「印奇臣」とは「百済本記」に記された字音仮名であろうし、その名のままに『日本書紀』に表記したのであろう。

さらに、同年3月条には百済が「日本府と任那とを召す」との文脈のなかで、「日本府」に割注して、「百済本記云、遣召烏胡跛臣(うごはのおみ)、蓋是的臣(いくはのおみ)也」とある。「百済本記」の著者が字音仮名の「召烏胡跛臣」を「的臣」と擬定している。著者が著述の時点において、倭国内の人事に通じていることがわかる。

さらに、同月条は所謂「任那復興会議」の記録のなかで、「夫任那者以安羅為兄、唯従其意。安羅人者以日本府為天、唯従其意」とある文脈に「百済本記云、以安羅為父、以日本府為本也」と割り注する。『日本書紀』の本文である「以日本府為天」は「百済本記」の「以日本府為本也」に対応する。この「為本」と「為天」の対応を見ると、『日本書紀』編纂者の「天」観念を推察することができる反面、「百済本紀」には「百済記」の「天朝」や「百済新撰」の「天王」に見られたように倭国の事象を「天」に結ぶ観念はなかったこととなる。

また、同条には「於印支弥(いきみ)後来許勢臣(こせのおみ)時」に割注して、「百済本記云、我留印支弥之後、至既洒臣(こせのおみ)時、皆未詳」とある。「既洒臣」は「百済本記」に記録された倭人の字音仮名であり、「許勢臣」に擬定される。

さらに、同年10月条には百済の使人の奈率得文(なそちとくもん)と奈率奇麻(そなちがま)らが帰国する記事に割り注して、「百済本記云、冬十月、奈

率得文、奈率奇麻等還自日本曰、所奏河内直(かふちのあたひ)、移那斯(えなし)、麻都(まつ)等事、無報勅也」とある。この「河内直」は(5)では「加不至費直(かふちのあたひ)」と字音仮名で表記されていた。

この2つの用語例から、「百済本記」のなかで「河内直」と「加不至費直(かふちのあたひ)」が整理されていないのか、または「加不至費直」がここの原文ではなかったかと推測される。

(7)同6年(545)是年条の「高麗大乱」に割り注して、「百済本記云、十二月甲午、高麗国細群与麁群、戦于宮門。伐鼓戦闘。細群敗不解兵三日、尽捕誅細群子孫。戊戌、狛国香岡上王薨也」とある。「百済本記」には高句麗に関する独自な記述があり、『日本書紀』編纂者がその記述を活用したことを示す事例である。

(8)同7年(546)の是歳条の「高麗大乱」に「凡闘死者二千余」とある記事に割注して、「百済本記云、高麗、以正月丙午立中夫人子為王、年八歳。狛王有三夫人、正夫人無子、中夫人生世子其舅氏麁群也、小夫人生子其舅氏細群也。及狛王疾篤、細群・麁群各欲立其夫人之子。故、細群死者二千余人也」とある。この記述から「百済本記」が百済本国や本国経由でなければ知らぬ高句麗情報を記録していたことが(7)とともに明らかである。

(9)同11年(550)春二月辛巳朔庚寅条では、百済に派遣した使者の名前を明記しないが、これに割り注して、「百済本記云、三月十二日辛酉、日本使人阿比多(あひた)、率三舟来至都下」とある。また、同年4月庚辰朔条にこの使者の帰国に割り注して、「百済本記云、四月一日庚辰、日本阿比多(あひた)還也」とある。「百済本記」に字音表記された「阿比多」を『日本書紀』の編纂者は擬定していない。「阿比多」も(6)で検討した「語訛未詳」の事例に相当しよう。

また、この「日本」の用字は(1)(4)(6)の「日本」の用字例と同じく「百済本記」が7世紀の天武・持統朝に著述されたとの判断を後押しする。

(10)同17年(556)春正月条では、倭国から帰国する百済王子の恵を護衛する筑紫火君(つくしのひのきみ)に割り注して、「百済本記云、筑紫君(つくし

のきみ)児、火中(ひのなかのきみ)弟」とある。ここでは「百済本記」が倭人の名前を字音仮名に依らずに表記していることに注意される。

ここで百済3書の書名に注目したい。4〜5世紀の百済を対象とした「百済記」がまず著述され、これを承けて5世紀後半を対象とした「百済新撰」が、次に6世紀を対象とした「百済本記」が著述されたのであろう。

さて、中国の歴史書は「本紀」や「世家」、「年表」、「列伝」、「百官志」等の志類で構成される。この歴史書の構成に対照すれば、百済3書は単独の歴史書として著述されたのか、或いは『日本書』または『日本紀』の歴史書がまず構想され、その1部門として著述されたのであろうか。

「百済記」と「百済本記」は「記」である。『三国史記』を構成する「百済本紀」の「紀」ではない。『史記』や『古事記』の「記」である。『古事記』は記事本末体の体裁に近く、百済3書は干支紀年を採用した編年体の著作であるらしい。

『日本書紀』は編年体の歴史書であり、志類や列伝を持たない。『日本書』が構想されたのだが、『日本書』が『日本書紀』の「推古天皇紀」のように各天皇の編年史である「紀」の部分に止まり、志類や列伝が著述されなかったと考えられてもいる(注6)。

『日本書紀』が紀伝体の『日本書』の未完の正史であるならば、百済3書は『日本書』のなかの「百済伝」の素材として著述されたのではないかと推測される。

或いは『日本紀』であるならば、これと平行する歴史書として百済3書は著述されたのではないかと推察される。

百済3書は「天皇」号と「日本国」号が誕生する7世紀後半の日本の政治思潮のなかで、『日本書紀』編纂以前に百済人が著述した未整理の部分も伺える百済の歴史書と言える。

(注4) (注2)と同じ
(注5) 『新編日本古典文学全集3日本書紀2』(1996年10月、小学館、300頁の頭注8)

(注6)『日本古典文学大系日本書紀』上巻(1967年3月、岩波書店、解説)

〔参考文献〕
津田左右吉「百済に関する日本書紀の記載」(『日本古典の研究』下〔岩波書店、
　　1950年2月〕)
『日本古典文学大系日本書紀』上「補註9－37」の「百済記・百済新撰・百済本記」
山尾幸久『日本古代王権形成史論』(岩波書店、1983年4月)
木下礼仁『日本書紀と古代朝鮮』(塙書房、1993年10月)
三品彰英『日本書紀朝鮮関係記事考証』上・下巻(天山舎、2002年12月)
遠山美都男編『日本書紀の読み方』(講談社現代新書、2004年3月)
遠藤慶太『東アジアの日本書紀』(吉川弘文館、2012年8月)

4. 8世紀の韓国文献に表れた「日本」
「聖徳大王神鐘」に表れた「隣国」

　「聖徳大王神鐘」は「大暦六年」(771)12月14日に鋳鐘大博士の朴□益が鋳造し、「朝散大夫前太子司議郎翰林郎」の「金弼奥」が恵恭王の「教」を「奉」じて大王の治績を称えた銘文を「撰」した名鐘として広く知られている。

　鐘銘には「倭国」の文字は記されていないが、新羅の自国認識が表現されている。そこに、新羅末期の崔致遠の著作に現れる新羅の「東国意識」や「東人意識」、そして「小中華意識」が読み取れるが、その対極に隠れた「倭国」、「倭人」認識を読み取ることができる。

　鐘銘では「聖徳大王」の治績を「王者元功」と称える。「大王」は「四十余年」の治政の間、民を苦しめることはなく(「一無千戈驚擾百姓」)「四方の隣国」は「万里」の向こうから「帰賓」してきたとも大王の仁政を称賛する。

　この「四方の隣国」には日本が意識されていよう。『続日本紀』(797年、菅野真道〔すがののまみち〕等撰)には、732年1月に来日した金長孫は日本へ派遣する使節の年期(間隔)は「3年に1度」とすることを認められた。そして735年

に日本に出かけた金相貞は新羅を「王城国」と自称した。新羅は「王城国」であるとの自負の表現は日本の応接官に不満を呼び、外交摩擦を生んだ。

　「王城国」とは新羅の都の金城、即ち都の「서울」を「蘇伐」と音写せず、「王城」と自負を込めて漢訳した表現である。聖徳王代の新羅では顕著に整備された律令国家の体制と、聖徳王が唐朝から渤海に対抗する勢力として、733年(開元21)に「開府儀同三司持節寧海軍使」と冊封された国内外の好環境が「王城国」と言う自負の表現を生んだのである。

　新羅内外の好環境は自国意識を高めた。唐朝の人士から新羅は「君子国」(734年：張九齢「勅新羅王金興光書」、737年：『冊府元亀』巻975・外臣部・褒異2)と称賛されたのもこの頃からである。753年の唐朝の朝賀の儀式では新羅の使者は儀式の開始以前では日本の使者よりも上席を得ていた。

　鐘銘に言うこの「四方隣国」とは対等な国家関係を意味する。そして「帰賓」するとは「隣国」からやって来る使者を受け入れる新羅の立場を優位に置いた自尊の表現である。

　聖徳王代の新羅の「隣国」とは日本、渤海がまず認識される。8世紀に日本を「隣国」と認識し、対等な交隣の外交を求める新羅は、日本との間で相互に外交摩擦を生じた事例が『三国史記』と『続日本記』に記録されている。

　9世紀に至っても新羅では哀荘王7年(806)、同9年(808)、景文王4年(864)と日本の使節を「隣国」待遇で迎えている。新羅末から高麗初にも日本を「隣国」視している。新羅僧の安弘の著作に仮託された「東都成立記」は新羅末・高麗初の著作であるが、この書でも「日本」を「中華」「呉越」「靺鞨」等とともに「隣国」と認識している(『三国遺事』巻3「皇竜寺九層塔」)。

　さらに、鐘銘の「詞」では、新羅の位置を「山河鎮列、区宇分張、東海之上、衆仙所蔵、地居桃壑、界接扶桑、爰有我国、合為一郷」と記す。新羅は「東海之上」にあって、そこは「衆仙所蔵」(仙人が生きる地〔青丘〕)であり、中華世界の東方辺にあって太陽の昇る所(「扶桑」)に「接」しているとの自国の地理認識である。こうした地理認識では日本は新羅の「隣国」であるとは

言え、鐘銘の文脈では新羅の東隣に位置する「日本」は表現されないのである。この新羅の地理認識とそこから外れる日本認識は後述する崔致遠の認識にも通じよう。

〔参考文献〕
拙稿「日本現代語訳『新羅聖徳大王神鐘之銘』」(浜田『朝鮮古代史料研究』吉川
　　弘文館、2013年1月)

5. 9世紀の韓国文献に表れた「日本」

①「新羅誓幢和上碑」の「日本」

　新羅華厳宗の開祖である元暁法師を称揚する「新羅誓幢和上碑」については東国大学校の故・黄寿永、故・金相鉉両教授や李基東教授に優れた研究がある。

　碑文の第20行には「大暦之末」に法師の孫であり、薛聡の子の薛仲業が日本に使行した友誼を記録する。この外交は大暦14年(779年)7月のことであり、帰国は翌年2月のことと『続日本紀』に記録される。このことは『三国史記』巻46の薛聡伝とも対応する。

　まず、これまで「大暦之春」と読まれて来た字格は、字格の上部の字形から「春」は「末」と釈読するのが妥当であり、「大暦之末」とは「大暦14年」のことである。

　唐では大暦14年5月4日に代宗が崩御し、年号は翌年(780)正月丁卯朔に「建中」と改元されるまで「大暦」である。薛仲業が正使の金蘭蓀とともに日本に使行した大暦14年7月から同年10月以後にかけて外交儀礼は進行し、薛仲業らは翌年の「建中元年(780)」正月には光仁天皇に拝賀し、2月に一行は新羅に帰国した。

薛仲業の日本使行はまさに「大暦之末」のことであり、この使行は日本の遣新羅使と遣唐使の帰国を送り、さらに唐客の高鶴林をも随伴しており、真に友誼に満ちていた。

さて、「新羅誓幢和上碑」の立碑の年は「貞元年中」(785～804)や「角」、「干金彦昇公」の文字から判断して、金彦昇(後の憲徳王)が哀荘王元年(800年)に角干の官位を受け、809年に即位する間、即ち、800年から804年の間であろうと説く黄、金両先生の説は妥当である(注7)。

そこで、碑から日本像を読み取る文字は「大暦之末」に続く「大師之孫翰林字仲業奉使滄溟□□日本」である。「奉使滄溟」とは「大海に漕ぎ出して使する」こと、即ち日本に海路で使行することである。つづく文字は「万里日本」と推測されもするが(注8)、「聘問日本」とも推測される。

前述のように、8世紀半ば以来、新羅は日本と対等な「隣国」外交を進めていた。碑は使行の友誼の一幕を「彼国上宰因□語知如是大師賢孫相歓之甚傾□」と記す。この文脈は薛聡伝のなかに記された「世伝、日本国真人贈新羅使薛判官詩序云。嘗覧元暁居士所著金剛三昧論。深恨不見其人。聞新羅国使薛。即是居士之抱孫。雖不見其祖。而喜遇其孫。乃作詩贈之」の文脈と軌を一にするものである。

薛聡伝の「世伝」によれば、対等な国際関係にある「日本国」の真人は、元暁居士が著した「金剛三昧論」を読み、居士に会えないことを恨んだが、居士の「抱孫」の薛仲業に逢えた喜びを漢詩に詠じ、これを薛仲業に贈ったのである。

「日本国真人」の感激について、碑では「彼国」とやはり対等視して、その「上宰」が「大師の賢孫」の薛仲業とともに「相歓すること甚だ傾蓋(親しくなる)〔或いは傾慕する(したう)〕」などの文意で表現している。

薛仲業と相歓した「彼国の上宰」即ち、「日本国の真人」とは李基東先生が確認されたように淡海真人三船とする説が堀池春峰氏や横田健一氏から提出されている(注9)。

　『三国史記』巻43・金庾信伝のなかの金巌伝にも、金巌がこの使行の副使であったことを「大暦十四年己未。受命聘日本国。其国王知其賢。欲勒留之。会大唐使臣高鶴林来。相見甚懽。倭人認巌為大国所知。故不敢留乃還」と記録する。やはり新羅は日本国に「聘」問の対等外交を行ったことは明らかである。

　「大暦之末」(779年)の新羅の対日本外交を記録する「新羅誓幢和上碑」では「日本」を「滄溟」のなかにある「彼国」と認識していた。その外交は対等な「聘問」であったことが表現されている。一方、日本政府は新羅政府に朝貢外交の形式を求め続けたことが『続日本紀』に記録されている。両国の相互の外交には基本的な齟齬が潜んでいたのである。新羅が対日本外交で進めた「聘問」は、中国古代の諸侯間の対等な外交の形式である。8世紀以来の新羅は、唐帝国の世界秩序のなかで日本とは対等であると意識していたのである。

(注7) 黄寿永「新羅誓幢和上碑의 新片」(『考古美術』第108号、1970年12月)
　　　金相鉉「新羅誓幢和上의 再検討」(『蕉雨黄寿永博士古稀紀念美術史学論叢』民族社、1988年6月)
(注8) 佐伯有清『三国史記倭人伝』(岩波書店、1988年3月)
(注9)　堀池春峰「華厳経講説よりみた良弁と審詳」(堀池『南都仏教史の研究』上〔東大寺篇〕〔法蔵館、1980年9月〕に収載)。また、佐伯有清『三国史記倭人伝』では「上宰因□」の「因□」は人名である可能性に触れて、これを「石上」の音写ならば、「石上朝臣宅嗣」と推測するが、音写とは理解できない。
　　　横田健一「八世紀末葉における日本・新羅・唐三国の外交交渉に関する一挿話」(『古代史の研究』第2号、関西大学古代史研究会、1980年11月)
　　　李基東「薛仲業과 淡海三船의 交歓-統一期新羅人과 日本과의 文化的交渉의 一断面-」(『歴史学報』第134・135合輯、1992年9月。日本語訳は佐藤長門訳「薛仲業と淡海三船の交歓-統一期新羅と日本との文化的交渉の一断面-」〔『国史学』第151号、1993年5月〕)

〔参考文献〕
拙稿「新羅誓幢和上碑の二字-薛仲業の来日をめぐって-」(浜田『朝鮮古代史料研究』吉川弘文館、2013年1月)

② 崔致遠の「世界」観

　崔致遠(857～924年？)は12歳となった868年(景文王の即位8年)、商船に乗り唐に渡った。「十年にして(及)第せざれば、即ち、吾が子に非ず。行きて勉めよ」との父の厳訓を守り、咸通15年(874)7月頃、進士科に見事に合格した(『登科記考』)。その後、12年の間の在唐生活の半分を黄巣の農民起義(875～884年)を討伐する揚州の淮南節度使であった高駢に書記として仕えた。

　崔致遠は885年(光啓元年)の29歳の年に、在唐生活18年を終えて帰国した。「淮南入新羅兼送詔書等使」という節度使の使者にして、また皇帝の詔書を新羅に送る使者としての帰国である。

　友人の顧雲は「(崔致遠の)文章は中華の国を感動せしめたり」との別離の詩を崔致遠に贈った。崔致遠は帰国後、王京の支配者層の政争と混乱そして地方社会の衰退を実感した。崔致遠は在唐経験とその人脈と学識をもって故国新羅に奉仕したい思いに満ちていたであろう。しかし、六頭品出身の崔致遠は中央政府に重用されず、帰国の翌年には太山郡(全羅北道の泰仁)の太守として王京を去り、894年2月には真聖女王に綱紀粛正と地方社会の救済を図る「時務11余条」を進めたが活かされず、同年頃には富城郡(忠清南道瑞山)の太守に転じた。

　崔致遠はその間にも遣唐使に任ぜられたが、農民叛乱と海賊の為に入唐の道は塞がれた。こうした失意の故か、40歳代の半ばに官界を退き、読書と著述と逍遥の生活を送った。

　さて、この間の崔致遠の文筆活動は大きく3区分できる。第1期は渡唐より科挙に及第するまでの6年間、そして及第から高駢の幕下に入るまでの6年間である。崔致遠は及第後では、東都洛陽に遊んで賦五首、詩百首、雑詩賦三十首を作り、溧水県尉の時代にはそれまでの作品を『中山覆簣集』5巻にまとめた。

　第2期は高駢の幕下で書記の任にあった6年間である。檄書や詩1万首を作った。それらは帰国の翌年の「中和六年(光啓2年：886)正月」に『桂苑筆耕集』20巻に収めた。

　第3期は新羅へ帰国した後の活動である。故国の新羅において、崔致遠は詩、賦のほか新羅王が唐の皇帝に奉る上表文や寺院に逍遥して高僧伝や高僧碑を著述した。それらの作品は高麗時代に『崔致遠文集』30巻に収められた。その逸文は『三国史記』巻11の真聖女王紀の「謝追贈表」と「納旌節表」「譲位表」に残る。

　さらには、高麗の崔瀣が1388年に編纂した『東人之文四十六』にも崔致遠の詩が収載されており、崔瀣の『三韓詩亀鑑』にも24句の詩が収められている。

　朝鮮王朝時代では、成宗9年(1478)に徐居正らが編纂した『東文選』に『桂苑筆耕集』と重複する詩文の外にも、5言古詩4首、5言律詩4首、7言律詩9首、5言絶句2首、7言絶句10首、表箋27、啓8、状33、露布4、頌1、書40篇の作品が収まっている。

　崔致遠の在唐18年間は、唐の文人との交遊と節度使の書記としての文筆活動であったが、その作品は中華の文化と政治のなかから生まれている。それ故に、帰国後の失意の境遇は崔致遠を慕華主義と民族主義の葛藤のなかに追いやったであろうが、そのなかでは崔致遠の新羅認識を「郷」と「日域」の表現に読み取ることが可能であり、その対極に日本認識が隠されていたと考察される。

　まず、『桂苑筆耕集』巻18の「謝探請料銭状」に「無郷使難附家書」とある。巻20の「上太尉別紙五首」のなかにも、「新羅国入淮南使検校倉部員外郎守翰林郎賜緋銀魚袋」の「金仁圭」を「郷使」と記している。ここでは、唐の揚州を訪れる新羅からの使者を「郷使」と表現している。帰国後に著した「崇福寺碑銘」のなかでは新羅の歴史を「郷史」と記している。

　高麗時代では高麗の文化事象に「郷」字を冠した例として「郷俗」、「郷言」

(高麗語)、「郷伝」(高麗社会の伝承)、「郷札」(高麗の語音を漢字で表記した文章)がある。

このように、「郷」を新羅、高麗の事物に冠する用語例は慕華主義から生まれたところであり、「中華の文物」に新羅、高麗の文物を対置して、「郷」の文字を冠したのである。

この「郷」の表現が崔致遠から始まったとは断言はできないが、その最も早く確かな事例が崔致遠の「郷使」、「郷史」である。

新羅・高麗は唐・宋の「中華世界」に包摂されるとの認識から、自国の諸物に「郷」字を冠したのであう。新羅・高麗は「中華世界」と「中華文化」のなかにある「郷」であると言う崔致遠の慕華主義から生まれた表現であろう。

崔致遠撰の『帝王年代暦』では新羅の王号を「尼師今」などと新羅語の王号を音写せず、中華世界に通用する「王」と表記していた。この暦は中国の皇「帝」に新羅の「王」を対置した「帝王暦」ではなかったかと推測される。それは新羅が中華世界に包摂されると言う崔致遠の自国認識を反映した慕華主義的歴史観の作品であろう。

崔致遠の慕華主義は政治外交面では、新羅を中華世界の第一の位置に置いて行動することとなる。その好例が898年(唐の昭宗の光化元年、新羅の孝恭王即位2年)に唐の皇帝に奉った「謝不許北国居上表」の上表文である。

「北国」とは北の渤海国であるが、9世紀末まで新羅と渤海は競うように盛んに遣唐使や留唐学生を派遣して、唐の制度と文化・文物を受容してきた。新羅は「君子国」と、渤海は「海東盛国」と唐の文人から評価されてもいた。

ところが、897年、渤海王子の大封裔は元旦朝賀の儀では新羅の使者より上席を得ようと、席次の変更を唐朝に要請したのである。昭宗は旧例に従ってこの要請を許さなかった。そこで、孝恭王は皇帝に感謝する上表文の撰述を崔致遠に命じたのである。

崔致遠は上表文のなかで、渤海は「粟末の小蕃」であり、建国者の大祚栄は建国当初に新羅の第5位の官位である「大阿飡」を受けていたと、渤海は

180 _ 韓日兩國, 서로를 어떻게 記錄했는가?

新羅の属国である歴史を主張した。即ち、渤海は中華世界では新羅に臣従する国家であり、それ故に唐朝の中華世界では「小蕃」であると述べた。

崔致遠は他の上表文(「与礼部裴尚書瓚状」、「新羅王与江西大夫湘状」)でも、慕華主義、即ち、中華至上主義に立脚して、渤海が新羅に劣ることを主張している。

崔致遠の慕華主義と中華至上主義は渤海の前史である高句麗、靺鞨をも夷狄視することとなる。

その一方、管見の限り、崔致遠の著作に日本像は全く表れない。それはなぜか。その鍵は崔致遠の新羅に対する文化意識と地理認識にある。崔致遠は新羅を中華世界のなかの「日域」、即ち「太陽の昇る処」と認識していた。『桂苑筆耕集』巻17の「再献啓」では、「況某家遥日域、路隔天池」と故国の新羅を回顧している。即ち「故郷は遥かな日の昇る処にあって、道は大海(天池)を隔てている」と言う。同巻18の「人参三斤天麻一斤」では、献上する人参と天麻は「採従日域」(「日域(新羅)から採取した」と紹介している。ここにも新羅は「日域」に位置すると言う崔致遠の地理認識が表現されている。

『桂苑筆耕集』巻20の「謝賜弟栖遠銭状」では、新羅へ帰国することを「東帰」と表現している。新羅は「日域」であり、中華世界の「東」辺にあると言う崔致遠の地理認識は文化意識にも通ずる。

こうした崔致遠の中華世界の地理認識では新羅の東にある日本はその地理と文化の認識から外れてしまったのではないだろうか。

崔致遠の国際的な行動を考えると、日本を認識していなかったはずはない。しかしながら、著作のなかに日本に関する記述を見ないことは、崔致遠の慕華主義と中華至上主義から生まれる崔致遠の地理観、文化観から日本が外されたことであり、この認識は続く高麗の政治社会にどのような影響をもたらしたのか、関心が及ぶ問題である。

〔参考文献〕

李佑成「南北国時代と崔致遠」(李佑成『韓国の歴史像』平凡社、1987年7月)

拙稿「唐朝における渤海と新羅の争長事件」(『新羅国史の研究』吉川弘文館、
　　　2002年2月)

柳承国「최치원의 동인의식」(孤雲国際交流事業会『孤雲崔致遠의 哲学・宗教思
　　　想』문사철、2009年4月)

崔英成「고운 최치원의 동인의식」(孤雲国際交流事業会『孤雲崔致遠의 哲学・宗
　　　教思想』문사철、2009年4月)

張日圭『崔致遠の社会思想研究』(新書苑、2008年12月)

浜田耕策編著『古代東アジアの知識人崔致遠の人と作品』(九州大学出版会、
　　　2013年12月)

6. おわりに

　『三国史記』は高麗の仁宗23年(1145)に完成した奉勅撰の歴史書である。
周知のように、『三国史記』以前に「海東三国史」が存在した。この歴史書は
高麗初期に編纂されたから、高麗の建国初期の政府や知識人の歴史意識
が浸透していた歴史書であったであろう。高句麗中心にして自尊の歴史書で
あったかと推測されている。

　「海東三国史」のなかには高句麗、新羅、百済が倭、倭人、倭国、日本
と関係した事項が記録されていたに間違いないであろう。しかし、その記録は
伝わらないが、高句麗中心の世界観から対倭・日本関係史が記録されたで
あろう。かの広開土王碑に記録された高句麗中心の世界を海の彼方から侵
す「倭寇」像を継承する倭国、日本像ではなかったかと推測される。『三国史
記』「新羅本紀」の6世紀までの倭人像がそうである。

　そこで、新羅史を中心に編纂された現存する『三国史記』は対象が古代史と
は言え、高麗前期の歴史意識のなかで編纂されたことに留意したい。それ故
に、新羅人の倭、倭人、倭国、日本像を読み取ることは注意が必要である。

　『三国史記』では倭・倭人・日本との関係を比較的に具体的かつ事実の記録をも残している。倭関係は39回、倭国関係は10回、そして日本関係の16回を記録する。

　この全65回の記録は以下の様に区分することができる。即ち、赫居世8年(B.C50)の倭の新羅侵入以降から炤知王22年(500)までの500余年間は倭や倭人との対立(衝突)の記事であり、炤知王22年以後から景徳王12年(753)までは交流が記録されない。そしてその後の憲康王8年(882)までは日本国との対等な交渉が断続的に記録されている。

　この記録の区分は本論で検討した同時代の記録史料から読み取った韓国古代人が記録した倭、倭人、日本像と符合する。古代の「倭寇」から始まり、その後の外交交渉の対象としての倭国、日本国、そして、記録されない日本国となる。この韓国古代の日本認識の盛衰は高麗には負の認識として現れ、「倭寇」の把握とその対策に悩まされることとなる。

濱田耕策,「古代韓國の文獻と文字資料に表れた 倭・日本」에 대한 토론문

신종원(한국학중앙연구원)

濱田 선생은 고대 한국의 문자자료 가운데 倭・日本에 대하여 전반적으로 언급하고 있는데, 자신이 이 분야에 오랜 기간 연구를 한 권위자인 까닭에 깊이 있고, 폭 넓은 안목을 제시하였다. 토론자(辛)는 이 분야에 이렇다 할 연구가 없는 문외한에 가까운 관계로 귀한 글을 읽으면서 배운 바가 많다. 토론이라기보다는 읽다가 잘 이해가 안 되는 부분에 대해 보충설명을 듣고 싶은 바를 두서없이 질문해보겠다.

1. 七支刀

첫째, 東晋이 태화4년(369)에 그들의 侯王 백제(왕)에 '原七支刀'를 주었다 하였는데 이러한 예가 백제 이외에 다른 나라에게도 준 바 있는지 묻고 싶다. 만약 그렇지 않다면 原七支刀說은 여전히 少數의 異說에 지나지 않는다. 둘째, 칼의 뒷면 글씨를 보면 백제가 왜왕에게 준다는 내용인데, 그 이유가 앞면의 '侯王'이기 때문이라고 보는 것이 順理다. 하나의 칼에 앞면은 동진이 백제에 칼을 下賜한 사실을 (다시) 적고, 그 뒷면에는 백제가 왜왕에게 하사한 내용을 적는 식으로 이해하면 혼란스럽다.

七支刀에 대한 또 다른 少數異說에 刀劍 자체가 僞造라는 說이 있다(김정학). 일본서기 기사를 보고 後代에 만들었다는 要旨다. 이와 관련하여 생각나는 것은 '漢委奴國王' 金印으로서 이 유물이 위조라는 설에 대

해 일본 학계에서 攻防이 있는데 칠지도에 대해서도 일본 안에서 위조설
이 있는지오?

2. 廣開土王碑

비문에 '倭王'이 보이지 않는 이유는 그들이 광개토왕에 '不軌'하였고,
그만큼 不俱戴天의 존재이기 때문이라 하였다. 이러한 표현은 왜왕을 광
개토왕과 맞먹는[對敵] 존재임을 喚起시키는 것으로 보인다. 토론자가 생
각하는 '倭王'이 보이지 않는 이유는, 고구려와 왜 사이에는 勝敗를 막론
하고 講和 史實이 없었기 때문에 '倭王'이 등장할 素地는 애초부터 없다.
오히려 廣開土王碑가 勳績碑임을 想起하면 고구려와 對敵한 相對를 더
욱 强大하게 표현하였을 것이므로 碑文의 記事 이상으로 倭를 언급하기
는 어려웠던 게 아닌가도 싶다. 같은 이유로 碑文의 倭 기사 모두를 반드
시 사실로 보아야 할 이유도 없다. 碑文에서 "백제[百殘]와 신라가 예[舊]
부터 (고구려의) 屬民이다."라고 한 기사는 사실이 아님을 인정하면서 다
른 기사에 대해서는 달리 의심을 하지 않는 讀法도 이상하다.

3. 7世紀 韓國 文獻에 나타난 「倭·日本」

所謂 '百濟三書'를 인용한 사료를 분석하고 있다. 발표자는 이들 책이
백제에서 저술된 원래의 모습이 아니라 왜에 건너온 사람들이 쓴 것이라는
학계의 통설을 인정하고 있다. 즉 장소가 변경되었고, 저술 시기도 약간 後
代라는 '오리지널'에서 얼마간 變質된 史料다. 그러한 아쉬움을 지닌 사료
라고 하면 한국쪽 史書인 三國史記나 三國遺事도 시간적으로 많이 후대의
記述이라는 短點은 있지만 참고하지 않을 수 없다. 이들 史書에 대해 발표
자는 언급하지 않았지만 혹시 高見이 있는지 한두 가지 듣고 싶다.

新羅僧 慈藏이 중국 五臺山의 神人에게 "我國北連靺鞨 南接倭人"이라고 말하였는데, 이 경우의 倭人은 신라와 連接해 있는 집단 또는 세력으로 이해된다. 三國史記 新羅本紀에 보이는 '倭'도 바다 건너의 倭 즉 列島의 倭와는 無關해 보이는 기사가 더러 보인다. 그렇다면 이들 倭에 대한 呼稱은 이웃나라나 종족에 대한 정확한 이해가 缺如되어 있던 시절의 사료라고 이해되므로 倭・倭人을 일률적으로 볼 수는 없지 않을까 한다. 이웃나라나 종족에 대한 호칭이 생각보다 정확하지 않으며, 혼동과 오해의 소지가 많음은 중국에서 발견되는 韓半島古代人의 墓誌에서 잘 드러난다. 그 단적인 예가 百濟遺民 祢君墓誌銘에 보이는 '日本'으로서 이 경우는 백제를 가리킨다는 주장 등 아직 논란이 많은데 발표자는 어떻게 보시는지 궁금하다.

4. 8世紀의 韓國文獻에 보이는 「日本」, 「聖德大王神鐘」에 보이는 「隣國」

"新羅僧 安弘의 著作으로 仮託된 「東都成立記」는 新羅末・高麗初の著作"이라 하였는데, '安弘記'가 현재 소개된 모습은 아니더라도 그가 살던 시대(선덕여왕)의 저작일 수밖에 없다는 한국학계의 연구가 있다(신종원, 〈안홍과 신라불국토설〉). 僞作說은 1) 讖文과 解說書를 혼동함. 2) '東都'는 고려시대 開京・西京과 상관되는 지명이라 하지만, 인도나 중국의 西都에 대비한 지명이다. 3) 僞作說은 安弘이라는 인물 자체가 五里霧中(安含과 對比)이라 한 데서 발전한 것이나 그의 생존연대(579~640)나 가계(神行禪師의 先代)는 정확히 밝혀졌다.

5. 9世紀の韓國文獻に表れた「日本」 ─일본에 대한 정확한 이해와 交隣

중·근세 한국의 일본관계 기록과 『전객사일기』

한문종(전북대)

1. 머리말

조선시대 한일관계사 연구는 1960년대에 활성화되기 시작하여 1990년대에 들어와서 양적·질적으로 괄목할만한 발전을 이룩하였다. 특히 조선전기는 외교체제와 문화교류, 상호인식, 임란의병에 대한 연구가, 조선후기는 통신사와 문위행, 일본사행록, 왜관, 표류민 등에 대한 연구가 크게 진전되었다.[1] 이러한 연구에 활용된 자료는 『조선왕조실록』『비변사등록』 등의 관찬사서를 비롯하여 『邊例集要』『增正交隣志』『通文館志』 등의 외교자료집, 대일외교를 담당하였던 禮曹와 속사인 典客司 그리고 대일교섭의 실질적인 창구였던 東萊府 등의 지방관청에서 기록한 각종 謄錄類, 일본사행원들이 남긴 일본사행록, 실학자 등의 개인문집 등이 중심이 되었다. 그러나 최근에는 對馬宗家文庫와 『分類記事大綱』, 각 번

---

1) 조선시대 한일관계사 연구에 연구사 정리는 다음과 같은 논저가 있다. 한문종, 「조선전기의 한일관계사연구의 회고와 전망」(『한일관계사연구의 회고와 전망』, 국학자료원, 2002) ; 민덕기, 「조선후의 회고와 전망」(『한일관계사연구의 회고와 전망』, 국학자료원, 2002) ; 장순순, 「조선시대 대마도 연구의 현황과 과제」(『동북아역사논총』 41, 2013).

에 소장되어 있는 藩政資料 등 일본 자료를 활용하여 연구하는 경향이 많이 나타나고 있다.

그러나 조선시대 한일관계사 연구에 활용되었던 자료들에 대한 개별 연구는 있지만 이들 자료를 종합적으로 정리한 연구는 거의 없는 실정이다.[2] 따라서 본 연구에서는 한국 내에 존재하고 있는 조선시대 일본관계 자료를 개괄적으로 종합 정리하고, 이러한 자료를 보충할 수 있는 자료 중의 하나인 『전객사일기』의 내용과 사료적 가치를 소개하고자 한다.

2. 조선전기 한일관계 기록

조선전기[3] 한일관계 기록은 『조선왕조실록』(태조~선조)을 비롯하여 『鶴坡實記』(이예), 『老松堂日本行錄』(송희경), 『海東諸國記』(신숙주), 『海槎錄』(김성일) 등이 있지만 조선후기의 자료에 비해서는 그 양이 매우 적다. 그렇지만 『조선왕조실록』은 조선전기 한일관계사 연구는 물론 중세일본의 지방세력, 문화, 풍습 등을 파악할 수 있는 필수적인 자료 중의 하나이다.[4] 『조선왕조실록』에 수록되어 있는 조선전기의 일본관계 기록을 정리해보면 다음 〈표 1〉과 같다.

---

2) 한문종, 『朝鮮後期 日本에 관한 著述의 조사 연구-對日關係 謄錄類를 중심으로-』『국사관논총』86, 1999 ; 손승철, 『조선시대 한일관계사 연구-교린관계의 허와 실』, 경인문화사, 2006.
3) 조선전기는 편의상 조선의 건국부터 임진왜란까지로 시기구분 하였다.
4) 『조선왕조실록』은 조선 태조로부터 철종에 이르기까지 25대 472년간의 역사를 연월일 순서에 따라 編年體로 기록한 책이다 이 책에는 조선시대의 정치·경제·사회·문화·외교·군사·법률·풍속·천문·지리·문학·예술 등 각 방면의 역사적 사실을 망라하고 있다. 특히 이 책에는 일본, 중국, 여진, 유구 등 동아시아 제국의 역사와 관계사 연구에 귀중한 기본 자료들이 많이 수록되어 있다.

〈표 1〉 『조선왕조실록』의 일본 관계 기록 일람표(조선 전기)

왕대	년도	왜구침입과 왜구대책	통교왜인 내조	대일 사행	왜인 통제	향화 왜인	피로 쇄환	기타	계
태조	1392~1398	152	22	3		2	8	3	190
정종	1399~1400	20	11	2			2	4	39
태종	1401~1418	217	263	16		3	32	94	625
세종	1418~1450	686	584	23		20	22	742	2077
문종	1450~1452	71	52	1	16	4		34	178
단종	1452~1455	40	118		6	1		52	217
세조	1455~1468	103	315	1	23	31		228	701
예종	1468~1469	4	29		4	3		13	53
성종	1469~1494	475	756	14	173	44		576	2038
연산군	1494~1506	112	138		15			142	407
중종	1506~1544	1038	55		222			611	1926
인종	1545	4	1		4			4	13
명종	1545~1567	432	14		62			233	741
선조	1567~1608	3028	5	7				1224	4264
선조 (修正)	1567~1608	476	6	4				42	528
계		6858	2369	71	525	108	64	4002	13997

* 이 표는 손승철, 『조선시대 한일관계사 연구―교린관계의 허와 실』(경인문화사, 2006)의 (부록 1)「조선시대 한일관계 사료소개」에 나와 있는 〈『조선왕조실록』 의 일본관계사료 일람〉을 참조하여 재작성 하였다.

위의 〈표 1〉에 나타난 것처럼 『조선왕조실록』에 수록된 조선전기 일 본 관계 기록은 13,997건이었다. 그 중 왜구의 침입과 왜구대책, 임진왜 란, 통교왜인의 도항과 통제에 대한 내용의 기록이 매우 많았다. 이는 조 선전기 대일외교의 현안이 왜구문제와 통교왜인에 대한 통제, 임진왜란 등이었다는 사실을 나타내는 것이라 할 수 있다. 한편 『조선왕조실록』의 조선후기(광해군~철종) 일본 관계 기록은 1,471건에 불과할 정도로 급 격히 감소하고 있다.[5] 그러나 이 시기의 각종 외교자료집, 등록류, 일본

사행록 등에는 일본 관계 사료가 조선전기에 비해서 매우 많이 남아있다. 그 이유는 아마 임진왜란과 병자호란 등의 전란을 겪으면서 조선전기의 자료들이 대부분 소실되었기 때문이 아닐까 생각한다.

한편 국사편찬위원회에서는 연구자들이 『조선왕조실록』을 편리하게 이용할 수 있도록 이를 영인하여 보급하는 한편 번역과 전산화 작업을 진행하여 현재는 웹사이트를 통해서 서비스하고 있다. 최근에는 외국 학자들이 『조선왕조실록』을 이용할 수 있도록 英譯 작업을 진행하고 있다.6)

조선전기에 조선에서는 일본에 65회의 사절을 파견하였다. 그러나 이들 사절이 남긴 사행록은 『鶴坡實記』(이예), 『老松堂日本行錄』(송희경), 『海槎錄』(김성일), 『日本往還日記』(황신) 등 4종이 전할 따름이다. 그 중 『鶴坡實記』는 조선초기 대일 외교관으로 대마도정벌에 참여하고 文引制度와 癸亥約條 등을 체결하는 등 왜구문제 해결과 왜인통제책의 정비에 커다란 역할을 담당하였던 李藝의 遺著이다.7) 그리고 『老松堂日本行錄』

---

5) 손승철, 앞의 책, 302쪽.
6) 『조선왕조실록』은 1929~1932년에 경성제대에서 태백산본을 원본으로 사진판 30부를 처음으로 영인하였다. 그 후 1955~1958년에 국사편찬위원회에서 태백산본을 축쇄 영인하여 48책으로 간행하여 국내 도서관과 구미 각국의 주요 도서관에 배포하였으며, 1968년과 1986년에 보급판을 간행하여 국내학자와 기관에 보급하였다. 한편 1968년부터 『조선왕조실록』의 번역을 시작하여 1993년에 413책으로 번역을 완성하였다. 1995년에 『조선왕조실록』의 전산화 작업을 진행하여 국역 『조선왕조실록』 CD-ROM을 간행하였고, 2002년에는 원문을 탈초하여 CD-ROM으로 간행하였다. 이어서 원문을 스캔하여 국사편찬위원회(http://www.history.go.kr) 웹사이트에서 서비스를 제공하고 있다. 또한 2012년부터 2014년까지 『조선왕조실록』을 英譯하기 위한 기초작업의 일환으로 실록에 등장하는 외국(일본, 중국, 여진/몽골)의 서명, 지명, 인명에 관한 정보를 정리하고 있다. 특히 『조선왕조실록』에는 일본인의 인명 5,500여건, 지명 600여건이 기록되어 있는데, 이들 인명과 지명의 현지발음, 위치비정, 간략한 설명 등을 정리하고 영어로 번역하여 국사편찬위원회 웹사이트를 통해 서비스할 예정이다.
7) 한문종, 「조선초기 李藝의 대일교섭활동에 대하여」 『전북사학』 11·12합집, 1989.

은 宋希璟이 1420년 회례사로 일본에 다녀 온 후 남긴 사행록이며,『海槎錄』은 1590년(선조 23) 金誠一이 통신부사로 일본을 다녀와 기록한 사행록이다. 그리고『日本往還日記』는 1596년(선조 29) 8월에 명나라 사신 楊方亨과 沈惟敬을 따라 일본에 다녀온 黃愼의 사행일기이다. 이들 사행록은 조선전기 한일관계를 파악하는데 중요한 자료이다.

『海東諸國記』는 1443년 통신사의 서장관으로 일본에 갔다 온 申叔舟가 1471년(성종 2) 왕명을 받아 편찬한 책이다.[8] 이 책에는 6장의 일본지도와 삼포지도, 일본국기, 유구국기, 조빙응접기 등이 기록되어 있다. 특히 조빙응접기에는 使船定數, 諸使定例, 使船大小船夫定額, 諸使迎送, 三浦熟供, 三浦分泊, 三浦宴, 留浦日限, 修船給粧, 日本船鐵釘體制, 過海料, 給料 등 삼포에서의 접대와 관련된 조항이 기록되어 있으며, 또한 上京人數, 上京道路, 路宴, 諸道宴儀 등 삼포에서 서울까지 往還 시의 접대와 관련된 조항이 기록되어 있다. 그리고 京中迎餞宴, 晝奉杯, 京中日供, 闕內宴, 禮曺宴, 名日宴, 下程, 例賜, 別賜, 禮曹宴儀 등 서울에서의 접대와 관련된 조항 등 모두 29개 항목이 자세하게 수록되어 있다. 따라서 조선에서는『해동제국기』「조빙응접기」에 수록된 접대규정에 따라 왜인들을 접대하였으며, 이는 대일 외교의 지침서가 되었다.

조선전기의 외교자료집으로는『攷事撮要』가 있다.『고사촬요』는 1554년(명종 9) 魚叔權이 조선시대 사대교린을 비롯하여 일상생활에 필요한 상식 등을 여러 전적과 고사, 전례 등을 검토하여 편찬한 책이다. 특히 이 책은 삼포왜란 이후 체결된 임신약조, 사량진왜변 이후 체결된 정미약조 등의 내용이 수록되어 있어 대일 외교체제가 정비된 성종 이후의 대일외교의 변화양상을 파악할 수 있는 자료이다.

한편 임진왜란과 관련된 내용은『조선왕조실록』에 가장 많이 수록되어

8)『해동제국기』의 사료적 가치에 대해서는 손승철, 「해동제국기의 사료적 가치」(『해동제국기의 세계』, 경인문화사, 2008)에 잘 정리되어 있다.

있다. 그렇지만 임진왜란 때 일본군과 싸우다 순국한 장수나 의병활동을 하였던 사람들의 기록도 다수 있다. 대표적으로는 『亂中日記』『壬辰狀草』(이순신), 『亂中雜錄』(조경남), 『孤臺日錄』(鄭慶雲), 『龍蛇日記』(李魯), 『鄕兵日記』(金坮), 『月坡集』(柳彭老), 『樂齋日記』(徐思遠), 『壬辰日記』(李訥) 등이 있다. 그리고 임진왜란시 자신이 보고 들은 것을 기록한 일기나 저술은 『懲毖錄』『西厓集』(유성룡), 『瑣尾錄』(吳希文), 『壬辰日記』(趙靖), 『龍蛇日錄』『征蠻錄』(李擢英), 『壬辰日錄』(金琮), 『西征日錄』(李廷馣), 『寄齋雜記』(朴東亮), 『關東日錄』(金盖國), 『雲川扈從日記』(金涌) 등이 있다. 그 밖에도 『梅軒實記』(鄭起龍), 『奮忠紓難錄』(惟政), 『李相國日記』(李元翼), 『靑溪倡義錄』(梁大樸), 『國朝寶鑑』, 『海東繹史』(韓致奫), 『燃藜室記述』(이긍익), 『大東野乘』(미상), 『再造藩邦志』(申炅) 등의 개인문집에도 임진왜란 관련 내용이 수록되어 있다.

또한 임진왜란 때 일본에 붙잡혀 간 被擄人의 기록으로는 『看羊錄』(강항)과 『月峰海上錄』(鄭希得), 『錦溪日記』(魯認) 등이 있다. 먼저 『看羊錄』은 정유재란 때 일본군에 포로가 되었던 강항이 일본에서 조선으로 돌아올 때까지의 체험을 기록한 것이다. 이 책에는 적지에서 임금께 올린 「賊中封疏」와 당시 일본의 지도를 그린 「倭國八道六十六州圖」, 포로들에게 준 告俘人檄, 귀국 후에 올린 「詣承政院啓辭」, 일본에서의 포로생활의 시말을 기록한 「涉亂事迹」 등이 수록되어 있다. 『錦溪日記』는 魯認이 정유재란 때에 權慄의 휘하에서 의병활동을 하다 남원성전투에서 일본군에 붙잡혀 일본에서 포로생활을 하다가 탈출하여 명나라를 거쳐서 본국으로 돌아온 때까지의 기록이다. 『月峰海上錄』은 1597년 丁酉再亂 때 정희득이 일본군의 포로가 되어 일본에 갔다가 돌아온 3년간의 포로생활을 기록한 책이다. 이들 피로인의 기록은 일본 내부의 사정과 조선 被擄人의 생활상을 파악할 수 있는 귀중한 자료이며, 또한 중국의 풍속·제도 등과 중국인의 조선에 대한 관념과 대우 등을 파악하는데도 도움이 된다.

3. 조선후기 한일관계 기록

1) 외교자료집

조선후기에 예조나 외교 관련 부서인 전객사, 승문원, 사역원 등에서 편찬한 외교자료집은 『春官志』(禮曹), 『東文彙考』(禮曹 承文院), 『東文考略』(司譯院), 『邊例集要』(禮曹典客司), 『邊例續集要』(禮曹典客司) 등이 있다.

『春官志』는 1740년(영조 16) 李孟休가 왕명에 따라 편찬하였고, 1781년(정조 5)에 李家煥이 증보하여 완성한 것으로, 조선시대 국가의 의례와 대외관계에 관한 사료를 정리한 책이다.[9] 『東文彙考』(60책)는 1788년에 禮曹 承文院에서 조선후기 대청 및 대일관계의 교섭문서를 집대성한 책이며,[10] 『東文考略』(15책)은 1851년(철종 2) 사역원에서 『東文彙考』의 내용 가운데 열람과 보관의 편의를 위하여 중요한 것들을 뽑아서 간행한 책이다. 『邊例集要』는 예조 전객사에서 임진왜란 직후인 17세기 초부터 19세기 중엽까지 약 250여년간에 걸친 조선과 일본간의 실질적인 외교교섭 활동을 각종 등록류나 狀啓錄 등의 자료를 참고하여 기술해 놓은 것으로, 조선후기 일본과의 관계를 연구하는데 기본적인 사료 중의 하나이다.[11]

---

9) 3권 3책의 필사본으로 현재 규장각 도서관에 소장되어 있으며, 1967년 법제처에서 영인과 함께 전문을 번역하여 『春官志』 상,하(법제자료 85·86)으로 간행하였다.

10) 1978년 국사편찬위원회에서 『同文彙考』 1-4(한국사료총서 24집)로 영인하여 간행하였다. 또한 동북아역사재단에서 2008년부터 2013년까지 『同文彙考』를 부분적으로 발췌하여 번역 출간하였다. 『국역 同文彙考 疆界史料』(2008), 『국역 同文彙考 犯越史料 1』(2008), 『국역 同文彙考 犯越史料 2』(2010), 『국역 同文彙考 犯越史料 3』(2011), 『국역 同文彙考 犯越史料 4』(2012), 『국역 同文彙考 勅諭·犯禁·刷還 史料』(2013).

11) 『邊例集要』(19책 19권)와 『邊例續集要』(7책)은 1969년 국사편찬위원회에서 『邊例集要』 상,하(한국사료총서 16)로 탈초하고 영인하여 간행하였다. 또한 『邊例集

한편, 역관 등이 편찬한 외교자료집은 『通文館志』(金指南·金慶門), 『增正交隣志』(金健瑞), 『交隣志』(李宗模), 『攷事新書』(徐命膺) 등이 있다. 그 중 『通文館志』(12권 6책)는 숙종대에 김지남·김경문이 편찬한 것으로, 조선시대 사역원의 연혁과 중국, 일본 등과의 通交와 관련된 사항을 기록한 책이다.[12] 조선시대 외교에 종사하던 사신과 역관 등 실무진의 편람 및 사서의 구실을 하는 필수서로, 한일관계사 연구는 물론 조선후기 정치, 경제, 제도, 지리, 문화 연구에 귀중한 자료이다.

『增正交隣志』(6권 2책)는 1802년(순조 2)에 사역원 당상역관 김건서가 李思恭, 林瑞茂의 도움을 받아 편찬한 책으로 기사본말체의 형식을 취하고 있다. 이 책은 대마도인의 접대와 年例送使, 差倭, 왜관, 약조, 禁條, 각종 서계식 및 예단, 연향, 문위행 등 68개 항목을 수록하고 있다, 특히 일본측 사절단에 대해 그 구성원뿐만 아니라 물품의 지급 규정, 수량, 연회 등 접대에 소요되는 물자와 비용, 진상품과 회사품의 종류와 수량, 조선사절단의 별폭과 사예단 등을 아주 자세하게 기록하고 있다. 이 책은 대일외교의 실무지침서로서의 역할을 하였으며, 대일관계의 경제적인 측면을 연구하는데 매우 귀중한 자료이다.[13]

『交隣志』(1권 1책)는 1832년(순조 32) 이종모가 조선과 일본간의 외교절차를 기록한 책이다. 이 책에는 일본인 사절에 대한 조선 전기의 접대 규정과 임진왜란 후의 개정된 규정, 연례 송사를 비롯해 대마도에서

要』중 권1(별차왜, 규외)과 권2(송사, 도서·상직)는 『국역 변례집요』 1(민족문화추진회, 2000)로 번역 출간되었다.

12) 『通文館志』는 1972년에 경인문화사에서 영인본으로 간행하였으며, 1998년에 세종대왕기념사업회에서 영인과 함께 전문을 번역하여 『국역 통문관지』 4권으로 출간하였다.

13) 『增正交隣志』는 1974년 아세아문화사에서 영인본을 간행하였으며, 1998년 민족문화추진회에서 영인과 함께 전문을 번역하고 역주를 붙여 『국역 증정교린지』(하우봉·홍성덕 역)를 간행하였다.

파견하는 각종 사절, 잡물을 쌀값으로 환산하는 방법, 공무역과 공작미에 관한 규정에 대해 기술되어 있다.[14] 『攷事新書』(15권 7책)는 1771년(영조 47) 서명응이 어숙권의 『攷事撮要』를 대폭 개정 증보한 것이다.

2) 대일관계 등록류[15]

謄錄은 이전의 前例를 적어놓은 기록으로, 조선시대 官衙에서는 그 집무사항에 대한 관아의 문서와 관아사이에 주고받은 공문서를 謄寫收錄한 책자를 작성하여 그 件의 '謄錄'이라 칭하였다.[16] 대일관계 등록은 주제별 기준에 의하여 수집한 자료를 그대로 謄寫해서 편찬하였지만 필요에 따라서는 목록류와 같이 주요한 사항만을 뽑아서 기록한 것도 있었다. 등록의 편찬은 영구 보존할 가치가 있는 국가의 중요 문서를 보존하기 위해서 행하여 졌다.[17] 이들 등록은 대일정책의 수립 및 각종 외교의례의 참고자료로 활용되었다. 예를 들어 通信使行의 파견이나 그들이 가지고 가는 禮單 및 別幅의 품목과 수량, 차왜에 대한 접대내용, 歲遣船·歲賜米豆의 사급 등 당시의 모든 외교사안은 '前例' 또는 '舊例'에 따라 행하여 졌는데, 그 대부분이 각종 등록에 수록되어 있는 기록을 참고로 하였다. 또한 『邊例集要』나 『增正交隣志』 등의 외교자료집도 이들 대일관계 등록을 바탕으로 하여 정리한 것이다.[18]

현재 조선시대 등록은 대부분이 서울대학교 규장각에 소장되어 있는

---

14) 이 책은 1797년 법제처에서 영인과 함께 전문을 번역하고 역주하여 『交隣志』(법제자료 102)로 간행하였다.

15) 한문종, 앞의 논문(1999)을 참조하여 정리하였다.

16) 金相浹, 「조선시대의 公文書管理」 『書誌學研究』 1호, 서지학회, 1986.164쪽.

17) 河宇鳳, 「『通信使謄錄』의 史料的 性格」 『한국문화』 12, 1991, 514~516쪽.

18) 한문종, 『朝鮮後期 日本에 관한 著述의 조사 연구 - 對日關係 謄錄類를 중심으로 - 』 『국사관논총』 86, 1999.

데, 그 중 조선후기 대일관계 등록은 모두 30종[19]에 102책에 달한다. 이
들 등록의 수록 년대와 내용, 편찬관서, 책수 등을 간략하게 정리해보면
다음 〈표 2〉와 같다.

〈표 2〉 조선후기 대일관계 謄錄 일람표(서울대 규장각 소장)

謄錄名	收錄 年代	謄錄의 內容	編纂 官署	冊數	奎章閣 請求番號
各樣差倭 謄錄目錄 (表題各樣 目錄下)	1637(인조 15) ~ 1731(영조 7)	대일관계 등록 16종에서 주요한 사항을 뽑아 정리해 놓은 목록.	예조 전객사	1책	9910
告訃差倭 謄錄	1645(인조 23) ~ 1754(영조 30)	關白 및 對馬島主 등의 죽음을 알리는 차왜와 그에 대한 접대 내용을 기록	예조 전객사	1책	12896
公作米 謄錄	1637(인조 15) ~ 1751(영조 27)	일본과 公貿易의 대가로 지불하는 公作米와 그에 대한 연한의 연기 요청 및 운송에 대한 기록	예조	2책	12968
島主告還 差倭謄錄	1640(인조 18) ~ 1691(숙종 17)	대마도주가 江戶에 갔다가 還島하였음을 알리는 차왜의 출래	예조 전객사	2책	12891
告還謄錄	1692(숙종 18) ~ 1716(숙종 42)	및 問慰譯官의 파견에 대한 기록	예조	1책	12921
島中失火	1660(현종 1) ~ 1714(숙종 40)	일본본토, 대마도, 초량왜관에서의 실화사건과 조선정부의 구급 내용을 기록	예조 전객사	1책	12914
東萊府接 待謄錄	1653(효종 4) ~ 1841(헌종 7)	通信使 請來差倭와 護行差倭의 출래 및 그들에 대한 접대내용을 해당 接慰官이 기록함	동래부	8책	18108
東萊府接 倭狀啓謄 錄可考事 目錄抄冊	1608(선조 41) ~ 1694(숙종 20)	왜관을 중심으로 전개된 대일교섭에 관한 기록을 東萊府狀啓 謄錄에서 뽑아 정리함	동래부	1책	9764

19) 원래는 33종이지만 『島主告還差倭謄錄』과 『告還謄錄』, 『漂倭入送謄錄』과 『漂倭
入送回謝謄錄』, 『漂人領來謄錄』과 『漂人領來差倭謄錄』은 같은 외교사안을 수록한
책이기 때문에 같은 등록으로 보았다.

論賞賜米膽錄	1637(인조 15) ~ 1674(현종 15)	歲遣船 감축 등 대일관계에 공이 많은 왜인에게 賜米·受職하는 내용과 조선에서 일본에 구청한 물품, 路引이 없이 출래한 왜선에 대한 처리 등을 기록	예조	1책	12967
別差倭膽錄	1637(인조 15) ~ 1753(영조 29)	외교적인 교섭 등을 위해서 대마도에서 별도로 파견한 차왜와 그에 대한 접대내용, 외교사안의 처리과정 등을 수록	예조전객사	10책	12871
書契違式膽錄	1637(인조 15) ~ 1686(숙종 12)	조일 양국간에 주고받은 서계 중에 내용이나 용어가 不恭하거나 서계의 恒式에 어긋나는 부분과 그에 대한 처리과정을 기록	예조전객사	2책	12885
歲船鷹連膽錄	1637(인조 15) ~ 1683(숙종 9)	歲遣船에 사급하는 매의 조달과정과 왜인들이 沙器를 燔造하는데 필요한 물품 및 匠人의 조달에 관한 기록	예조전객사	1책	12996
歲船定奪膽錄	1637(인조 15) ~ 1677(숙종 3)	조선과 대마간의 세견선 감축 및 도서의 교대, 세견선에 대한 접대규정 등을 기록	예조전객사	2책	12881
歲船恒式出來膽錄	17C 중엽, 18C 초	己酉約條 이후 조선에 온 입국 왜선 및 각양 차왜에게 준 회례 예단의 품목과 수량 등을 기록	예조전객사	1책	12977
譯官上言膽錄	1637(인조 15) ~ 1692(숙종 18)	외교교섭의 실무 담당자인 漢譯,倭譯,淸譯 등의 역관들이 譯官의 차정과 역관체아직의 복설 등을 상언한 기록	예조전객사	1책	12963
倭館修理膽錄	1724(경종 4) ~ 1745(영조 21)	초량왜관의 수리에 관한 제 사항을 기록한 것으로 왜관이건등록에 연속됨	예조	1책	12923

위에서 살펴본 조선후기 대일관계 등록류의 특징과 사료적 가치를 정리하면 다음과 같다. 첫째, 통신사 관련 등록을 제외하고 대부분의 등록이 주로 1637년부터 1754년까지의 내용을 수록하고 있어서 조선후기 특히 17세기 중엽부터 18세기 중엽까지의 조일간의 외교관계를 연구하는

데 매우 중요한 자료이다. 둘째, 등록의 대부분이 譯官이나 東萊府使, 慶尙監司의 狀啓와 그에 대한 예조와 비변사의 回啓로 구성되어 있어서 대일외교의 실무를 담당하는 지방관청과 대일교섭의 제 사항을 결정하는 중앙관서간의 업무처리 및 연락과정을 살펴볼 수 있다. 셋째, 대일관계 등록에는 通信使行이나 問慰行이 가지고 간 각종 禮單 및 別幅의 품목과 수량은 물론이고 일본의 年例送使나 각종 差倭가 진헌하는 물품과 수량 그리고 그에 대한 조선정부의 回禮單 및 별폭, 각종 연향시에 지급하는 宴禮單 등이 자세하게 기록되어 있다. 또한 이에는 年例送使 및 差倭가 구청한 각종 물품의 종류와 수량, 조선정부가 왜인의 구청품을 각 관아나 지방관청에 分定하는 내용도 기록되어 있다. 따라서 대일관계 등록은 사절의 왕래를 통해 행하여 진 조일양국의 公貿易의 규모와 성격, 특징은 물론 조선후기 지방경제나 산업을 파악할 수 있는 중요한 자료이다. 넷째, 대일관계 등록에는 연례송사 및 차왜에 대한 접대절차 및 과정이 자세하게 기록되어 있어서 이를 통해 조선정부의 대일외교에 대한 인식의 변화를 엿볼 수 있다. 다섯째, 『論賞賜米謄錄』『歲船定奪謄錄』『東萊府接倭狀啓謄錄可考事目抄冊』 등에는 수직·수도서에 대한 기록이 있어서 임진왜란 이후 조일간의 외교체제가 확립될 때까지 대일외교의 구조와 성격을 파악할 수 있다. 여섯째, 『島主告還差倭謄錄』(『告還謄錄』)과 『漂倭入送謄錄』(『漂倭入送回謝謄錄』)에는 초량왜관에 머물고 있는 倭人의 총수가 기록되어 있어서 당시 왜관에 거주하는 왜인의 규모 및 실상을 파악하는데 도움이 된다. 일곱째, 대일관계 등록은 왜관 및 그의 주변에서 왜인과의 접촉과정에서 나타난 폐단, 즉 交奸事件이나 潛商, 商賈들의 채무관계, 蘭出 및 왜인들의 난동사건의 발생과 처리과정 등을 살펴볼 수 있는 중요한 자료이다. 여덟째, 통신사 관련 등록과 표류민 송환 등록, 왜인구청에 대한 등록에는 조선과 일본간의 인적·문화적 교류를 파악할 수 있는 자료가 많이 있다.

이처럼 대일관계 등록은 대일외교를 담당하는 해당 관청이나 대일교
섭을 실질적으로 수행하였던 지방관청 및 관원의 일차적인 기록이기 때
문에 조선후기 한일관계사를 보다 구체적이고 객관적으로 파악할 수 있
는 매우 중요한 자료이다. 그럼에도 불구하고 등록류를 활용한 연구가
활발하게 행해지 못한 이유는 아마 대부분의 등록류가 아직까지 학계에
소개되지 않았기 때문으로 생각된다.

대일관계 등록류 중에서『通信使謄錄』,『典客司別謄錄』,『倭人求請
謄錄』,『漂人領來謄錄』,『東萊府接待謄錄』,『東萊府接倭狀啓謄錄可考
事目錄抄冊』등이 영인되어 학계에 소개되었다.[20] 그러나 이는 현전하
는 등록의 일부에 불과하며, 나머지 등록은 아직도 간행되지 않았다.
다행히도 최근에 부산광역시사편찬위원회에서 부산사료총서로『왜인
구청등록』(2004~2008)과『전객사별등록』(2009~2012)을 번역하여 출간
하였다.[21]

한편, 서울대 규장각에는 대일본·대중국 관계 등록을 비롯하여 많은
종류의 등록이 소장되어 있다. 대일관계 등록은 외교사안을 通信使, 差
倭, 漂流民 송환, 歲遣船, 왜인구청, 倭館 이건 및 수리, 書契違式 등 여
러 가지 주제로 나누어서 수록하고 있어서 개개의 등록만으로도 당시의
외교현안을 파악하는데 매우 중요한 자료이다. 그런데 등록이 편찬된 외
교현안들은 개별적으로도 중요한 의미를 가지고 있지만 다른 외교사안
과도 밀접한 관련을 가지고 있다. 따라서 대일관계 등록에 대한 본격적

20)『通信使謄錄』(1991년),『典客司別謄錄』(1992년),『倭人求請謄錄』(1992년),『漂
人領來謄錄』(1993년)은 서울대학교 奎章閣資料叢書 錦湖시리즈 對外關係編으
로 영인하여 간행되었다. 한편 국사편찬위원회에서『東萊府接待謄錄』은『各司謄
錄』13(1984년)에 '동래부접대등록'으로,『東萊府接倭狀啓謄錄可考事目錄抄冊』
은『各司謄錄』49(1991)에 '東萊府接倭狀啓謄錄'으로 간행하였다.
21) 부산광역시사편찬위원회,『국역 왜인구청등록(1~5)』, 2004~2008;『국역 전객사별
등록(1~4)』, 2009~2012.

인 연구는 개개의 등록뿐만이 아니라 그와 관련이 있는 다른 등록류와
『增正交隣志』, 『邊例集要』 등의 외교자료집, 對馬宗家文庫의 각종 기록
들을 비교 검토하는 것에서부터 시작하여야 한다.

3) 사행록

현재까지 알려진 조선후기의 일본사행록은 43종이다.[22] 이들 사행록
은 사행의 일원으로 직접 일본에 가서 보고 들은 것을 서술한 것이기 때
문에 사료적 가치가 매우 높은 1차 사료이며, 특히 조선후기 통신사를
비롯하여 조일간의 문물교류, 풍습, 대일인식 등을 연구하는데 필수적인
자료라 할 수 있다. 사행록 중의 일부는 1974년부터 1977년까지 민족문
화추진회에서 번역하여 『국역 해행총재』 12권으로 간행하였다

한편, 강화도조약 이후 일본 사행기록으로는 1876년 金綺秀가 수신
사로 일본의 문물을 시찰하고 기록한 『日東記游』와 1881년 李憲(金憲)
永이 朝士視察團의 일원으로 일본에 가서 조사하고 견문한 것을 기록한
『日槎集略』, 1882년 박영효가 특면전권대신 겸 수신사로 일본에 다녀와
서 쓴 사행록인 『使和記略』, 1884년 갑신정변의 뒷수습을 위해 일본에
파견되었던 朴戴陽의 기록인 『東槎漫錄』 등 4종류가 있다.

---

22) 기존의 연구에서 알려진 조선후기 일본사행록은 모두 43종이다. 그 외에도 『草本
槎上記』(譯官輩, 1643), 『東槎錄』(黃璿, 1719), 『槎上記』(南泰耆, 1748) 등 3종
은 趙曮의 『海槎日記』에 제목만 기록되어 있을 뿐 현재 그 내용이나 소재는 알
수 없는 사행록도 있다.
河宇鳳, 「새로 발견된 日本使行錄들-『海行摠載』의 보충과 관련하여-」(『역사
학보』 112, 1986) ; 李元植, 『朝鮮通信使の研究』(思文閣出版, 1997) ; 구지현,
「사행록의 작가와 서술 양상」(『계미 통신사 사행문학 연구』, 보고사, 2006).

〈표 3〉 조선후기 대일 사행록

	사행 연도	서명	저자	사행시 직책	비고
1	1607	海槎錄	慶暹	副使	海行摠載 수록
2	1617	東槎日記	朴梓	副使	서울大學校 圖書館 소장
3		東槎上日錄	吳允謙	正使	海行摠載 수록
4		扶桑錄	李景稷	從事官	海行摠載 수록
5	1624	東槎錄	姜弘重	副使	海行摠載 수록
6	1636	丙子日本日記	任絖	正使	海行摠載 수록
7		海槎錄	金世濂	副使	海行摠載 수록
8		東槎錄	黃㦿	從事官	海行摠載 수록
9	1643	東槎錄	趙絅	副使	海行摠載 수록
10		海槎錄	申濡	從事官	海行摠載 수록
11		癸未東槎日記	未詳	未詳	海行摠載 수록
12	1655	扶桑日記	趙珩	正使	하버드대 燕京學舍 圖書館 소장
13		扶桑錄	南龍翼	從事官	海行摠載 수록
14		日本紀行	李東老	軍官	日本 天理大學 圖書館 소장
15	1682	東槎錄	洪禹載	譯官	海行摠載 수록
16		東槎日錄	金指南	押物通事	海行摠載 수록
17	1711	東槎日記	任守幹	副使	서울大學校 奎章閣 소장
18		東槎錄	金顯門	押物通事	日本 京都大學 圖書館 소장
19	1719	海游錄	申維翰	製述官	海行摠載 수록
20		海槎日錄	洪致中	正使	日本 京都大學 圖書館 소장
21		扶桑紀行	鄭后僑	子弟軍官	日本 京都大學 圖書館 소장
22		扶桑錄	金瀗	軍官	國立中央圖書館 소장
23	1748	奉使日本時聞見錄	曹命采	從事官	서울大學校 奎章閣 소장
24		隨使日錄	洪景海	子弟軍官	서울大學校 圖書館 소장
25		日本日記	未詳	未詳	日本 京都大學 圖書館 소장
26		日觀要考	未詳	未詳	國立中央圖書館 소장
27	1764	海槎日記	趙曮	正使	海行摠載 수록
28		海行日記	未詳	未詳	서상원 소장/ 구지현은 조엄의 『해사일기』의 抄錄으로 보고 있음
29		日觀記	南玉	製述官	國史編纂委員會 圖書館 소장
30		日觀詩草			國立中央圖書館
31		日觀唱酬			國立中央圖書館
32		日本錄	成大中	正使 書記	高麗大 圖書館 소장
33		乘槎錄	元重擧	副使 書記	高麗大 圖書館 소장
34		和國志			日本 御茶の水 圖書館 소장

35		槎錄	閔惠洙	名武軍官	高麗大 圖書館 소장
36		日東壯遊歌	金仁謙	從事官 書記	서울大學校 圖書館 소장
37		癸未隨槎錄	卞琢	第2騎船將	國立中央圖書館 소장
38		溟槎錄	吳大齡	漢學上通事	國立中央圖書館 소장/하우봉은『癸
39					未東槎日記』로 표기
40		松穆館燼餘稿	李彦瑱	譯官	日本 大阪府立中之島 圖書館 소장
41	1811	東槎錄	柳相弼	軍官	高麗大學校 亞細亞問題研究所 소장
42		辛未通信日錄	金履喬	政事	通文館 刊
43		島遊錄	金善臣	書記	國立中央圖書館 소장

* 위 표는 하우봉, 「새로 발견된 일본사행록들」(『역사학보』112, 1986) ; 구지현, 「사
  행록의 작가와 서술 양상」(『계미 통신사 사행문학 연구』, 보고사, 2006) ; 이원식,
  『조선통신사』(민음사, 1991)를 참조하여 작성하였다.

4) 표류록

조선후기 일본에 표류한 표류인의 기록으로는 『漂舟錄』(李志恒)과 『漂
海錄』(李鍾德), 『日本漂海錄』(楓溪大師), 『漂海始末』(文淳得) 등이 있다.
먼저 『漂舟錄』은 1696년(숙종 22) 무인 이지항이 부산에서 寧海로 가던
중 파선되어 일본의 北海島까지 표류하였다가 돌아온 일기체 기록이다. 『漂
海錄』은 제주 정의현감이었던 이종덕이 1815년 일본 五島에 표착하여 그
이듬해 귀환하던 중 대마도에서 지었다고 한다. 그러나 이 책은 현존하지
않고 이규경의 『오주연문장전산고』에 서명과 함께 내용의 일부분이 인용
되어 있다. 『日本漂海錄』은 1817년 11월에 해남 대흥사의 승려 풍계대사
가 일본 筑前州 大島浦에 표류하였다가 귀국한 뒤 3년 후인 1821년에 지
은 표류기록이다.[23] 『漂海始末』은 우이도(소흑산도)에서 유배생활을 하던
정약전이 문순득의 유구 표류기를 1805년(순조 5)에서 1816년 사이에 대

---

23) 하우봉, 「일본에 표착한 조선인의 일본인식」『조선시대 한일표류민연구』, 국학자료
    원, 2001. 116~118쪽.

필한 것이다. 이 책에는 1801년 12월에 문순득 등이 흑산도 남쪽 太沙島
로 홍어를 사러갔다 유구에 표착하여 呂宋(필리핀), 중국을 거쳐 1805년
1월에 귀가할 때까지의 과정이 기록되어 있다. 특히 이 책은 중국·안남·유
구·여송 등의 언어와 풍속에 대한 자료가 많이 기록되어 있는 특징이 있
다.24)

한편 1846년(헌종 12)부터 1884년(고종 21)까지 제주목에서 조정에
보고했던 계문을 모아놓은『濟州啓錄』에도 일본 35건, 유구 5건, 중국
19건의 표류기록이 수록되어 있다.25)

5) 개인문집

조선후기 실학자들의 저술 중에 일본에 관한 내용이 수록되어 있는 책
은『再造藩邦志』(申炅),『彙纂麗史』(洪汝河),『東事』(許穆),『星湖僿說』(李
瀷),『順菴先生文集』,『雜同散異』,『東史外傳』,『東史綱目』,『列朝通紀』
(安鼎福),『靑莊館全書』,『蜻蛉國志』,『盎葉記』(李德懋),『與猶堂全書』,
『日本考』,『備禦考』,『民堡議』(丁若鏞),『海東繹史』(韓致奫),『泠齋集』(柳
得恭) 등이 있다.26) 그밖에『稗官雜記』(魚叔權),『澤堂集』(李植)에도 일본
관계 기록이 보인다.

한편『日本關係朝鮮史料』(東京大學 史料編纂所 所藏)는 식민통지기
에 사료편찬소에서 고려~조선시대의 문집 127종 중에서 일본관계 기록
만을 뽑아서 필사해 놓은 것으로, 총 17책으로 구성되어 있다. 그 중 임
진왜란 이후 일본관계 기록은 41종의 문집에서 발췌하였다. 참고로『日

24) 최성환,「홍어장수 문순득의 표류기,『표해시말』」『국가가록연구』22, 2013.
25) 고창석,「19세기 제주인의 표류실태」『19세기 제주사회 연구』, 일지사. 1997.
   112~125쪽.
26) 이들 책의 내용 분석은 河宇鳳의『朝鮮後期 實學者의 日本觀硏究』(一志社,
   1989)에 자세하다.

本關係朝鮮史料』에 수록된 임란 이후의 일본관계 기록 41종의 문집의 제목과 저자를 소개하면 다음과 같다.[27]

1책『靑泉集』(申維翰), 3책『月汀集』(尹根壽), 5책『白沙集附錄』(李恒福), 『沙西文集』(金湜), 『九畹集』(李春元), 『南坡集』(洪宇遠), 『龜峯集』(宋翼弼), 6책『白沙集』(李恒福), 『於于集』(柳夢寅), 『蒼石集』(李埈), 『白沙集附集』(李恒福), 7책『五峯集』(李好閔), 『芝峯集』(李睟光), 『梧里續集』(李元翼), 8책『東岳集』(李安訥), 『敬亭集』(李民宬), 『漢陰集』(李德馨), 『霽湖集』(梁慶遇), 『石潭集』(李潤雨), 9책 淸陰集』(金尙憲), 『厚齋集』(金榦), 『谿谷集』(張維), 『月沙集』(李廷龜), 『玄洲集』(李昭漢), 15책『漫浪集』(黃㦿), 16책『龍洲集』(趙絅), 『順菴集』(安鼎福), 『愚伏集』(鄭經世), 『遲川集』(崔鳴吉), 『訥隱集』(李光庭), 『東州集』(李敏求), 『樂全堂集』(申翊聖), 17책『壺谷集』(南龍翼), 『冶谷集』(趙克善), 『竹南堂稿』(吳竣), 『騏峯集』(李時省), 『竹堂集』(申濡), 『湖洲集』(蔡裕後), 『松谷集』(趙復陽), 『后溪集』(趙裕壽), 『恕菴集』(申靖夏).

『日本關係朝鮮史料』에 수록된 임란 이후의 일본관계 기록의 내용은 대일사행을 떠나는 동료나 친구들에게 지어 준 시문이 대부분을 차지하며, 그 외에는 黃㦿·趙絅·南龍翼·申濡의 일본사행록, 대일사행원의 行狀, 예조참의와 예조참판의 회답서계, 大猷院(家康의 廟堂)의 祭文, 犯陵賊의 송환, 유구 관련 기록 등이 있다. 따라서『日本關係朝鮮史料』는 한일관계사 뿐만이 아니라 조선후기의 대일사행원의 교우관계 및 사행문학을 연구하는데 귀중한 자료라고 생각한다. 그러나 이 책은 전후관계를 파악할 수 없을 정도로 너무 간략하게 필사된 부분이 많은 사료상의 한계점이 있다.

---

27) 한문종, 앞의 논문(1999), 주4) 참조.

4. 『전객사일기』의 내용 및 사료적 가치

1) 『전객사일기』의 서지학적 검토

이상에서 조선후기 일본관계 자료인 외교사료집, 대일관계 등록류, 일본사행록, 표류기록, 개인문집 등에 대해서 고찰하였다. 이러한 일본관계 자료 중 특히 대일관계 등록류를 보충할 수 있는 사료로『전객사일기』를 들 수 있다.

『전객사일기』는 대일관계 등록의 주요한 편찬관서인 전객사[28]의 일상 사무와 그에 따른 각종 文式, 의례 등을 편찬한 필사본 자료이다. 이 책은 총 99책으로 구성되어 있으며, 수록 년대는 1640년(인조 18)에서 1886년(고종 23)까지 역 250여년이다. 각 책의 표제는『典客司日記』,『典客司日記草本』,『典客司謄錄』등 다양하게 표시되어 있어 있다.

대부분 1년분을 한 책으로 묶었지만 2~7년분을 한 책으로 묶은 것도 있다. 각 책을 왕대별로 정리해보면, 제1~4책에 인조대, 제5~6책에 효종대, 제7~8책에 현종대, 제9~24책에 영조대, 제25~47책에 정조대, 제48~77책에 순조대, 제78~91책에 헌종대, 제92~95책에 철종대, 제96~99책에 고종대의 기록이 수록되어 있다.[29] 그러나 중간 중간에 기록이 없는 연도가 많이 있는데, 특히 1663년(현종 4)부터 1752년(영조 28)까지 90여년의 기록은 모두 누락되어 있다. 그런데 누락되어 있는 90여

---

28) 대일관계 등록의 주요한 편찬관서인 典客司는 1405년(태종 5) 六曹屬司制가 정립될 때 예조의 屬司로 설치되었으며, 1894년 甲午改革 때에 폐지되었다.『經國大典』에 의하면, 典客司는 正二品衙門으로 중국의 사신 및 왜인·야인의 迎接, 외국의 朝貢, 외국의 사신에 대한 宴享의 설치와 그들에 대한 賜給 등에 관한 일을 담당하였다.(『經國大典』권1, 正二品衙門. 掌使臣倭野人迎接外方朝貢燕設賜與等事).

29) 각 책의 수록 년대와 기사수를 정리하여 <별표 1>에 첨부하였다.

년의 기간 중 1699년(숙종 25)부터 1753년(영조 29)까지는 『전객사별등록』에 일부 내용이 수록되어 있다.[30] 두 자료에서 서로 겹치는 년대는 1753년뿐이다. 따라서 『전객사별등록』은 『전객사일기』에 수록되지 않은 년도의 기록을 보충할 수 있는 귀중한 자료라고 생각한다.

참고로 두 책의 수록 년대가 서로 겹치는 1753년의 기사 내용을 정리하면 <별표 2>와 같다. <별표 2>를 통해서 보면 『전객사일기』에는 150여개의 항목이 수록되어 있는데 비해 『전객사별등록』에는 53개의 항목이 수록되어 있다. 두 책에서 서로 중복되는 항목이 많았지만 『전객사별등록』에는 없는 항목이 『전객사일기』에는 많이 수록되어 있다.

『전객사일기』는 일본사신이 도착하여 출국하기까지의 과정에 대한 제반사항을 자세하게 기술하였다. 특히 일본과의 대외교섭에 대한 자료가 많은 비중을 차지하여, 일본 사신의 왕래 및 접대과정과 절차를 자세하게 기술하였을 뿐 아니라 조선에 도항한 선박의 동정, 왜관의 점검 사항, 별차서계 및 서계등본 등을 수록하였다. 이밖에 표류민의 처리과정, 제주의 방물, 무역에 필요한 공작미, 역관에 대한 상벌, 훈도의 임면 및 상벌, 邊營의 狀啓 등에 관한 사항이 기록되어 있다. 또한 개항 이후의 기록은 대외관계의 변화에 따라서 서구 제국과의 통상이나 의례에 관한 기록이 대부분을 차지하며, 事目, 서계 등 각종 왕래서식과 계문, 변방 수령의 狀啓, 別單 등을 비롯한 관련 문서 및 儀規가 포함되어 있다. 조선 중·후기 대외교섭의 실상을 광범위하게 수록한 자료로서, 특히 일본

---

30) 책별 수록시기를 살펴보면, 제1책은 1699년(숙종 25) 윤7월~1718년(숙종 44) 7월, 제2책은 1720년(숙종 46) 7월~1736년(영조 12) 11월, 제3책은 1737년(영조 13) 3월~1742년(영조 18) 12월, 제4책은 1743년(영조 19) 1월~1744년(영조 20), 12월, 제5책은 1745년(영조 21) 1월~12월, 제6책은 1746년(영조 22) 1월~12월, 제7책은 1747년(영조 23) 1월~1750년(영조 26), 12월, 제8책은 1751년(영조 27) 1월~1753년(영조 29) 12월까지 수록되어 있다. 김동철, 「국역 전객사별등록 해제」 『국역 전객사별등록』(1~4), 부산광역시사편찬위원회, 2019~2012.

과의 외교 및 무역에 관한 자료가 많고, 1차 자료의 성격을 지니는 각종 문서가 수록되어 있다.[31] 한편 전객사의 업무와 관련된 기록으로는 『전객사별등록』 『전객사방물등록』이 있다.

『전객사일기』는 1999년부터 2006년까지 국사편찬위원회에서 1책에서 55책까지 탈초하여 『전객사일기』1~10(『각사등록』92~101)으로 간행하였다. 그러나 56~99책은 아직까지 간행되지 않고 있다.

2) 『전객사일기』의 주요 내용 및 사료적 가치

① 方物 物目

조선시대에는 각 지방에서 正朝·冬至·大殿誕日의 三名日과 端午에 왕과 왕비, 왕세자, 왕세손 등에게 방물을 奉進하였다. 『전객사일기』에는 개성유후를 비롯하여 8도의 관찰사와 병마절도사, 수군절도사, 제주목사 등이 정조방물, 동지방물, 탄일방물, 단오방물 등의 명목으로 바친 方物 物目이 수록되어 있다.[32] 특히 제주목에서 봉진하는 방물의 재촉과 풍랑 등으로 지체된 정황 등도 자세히 수록되어 있다. 각 지역에서 봉진한 방물은 鐵甲冑·鳥銃·劍·弓箭·毛皮類·阿多介·扇·油物 등으로 매우

---

31) 국사편찬위원회, 「전객사일기 해제」『전객사일기』1~10, 1999~2006.
32) 참고로 영조 34년(1758) 12월에 대전과 세자에게 기묘조(1759) 정조방물을 바친 지방관은 다음과 같다. 대전에게는 개성부유후, 경기도관찰사, 경기도수군절도사, 충청도관찰사, 충청도병마절도사, 충청도수군절도사, 경상도관찰사, 경상도좌도병마절도사, 경상우도병마절도사, 경상좌도수군절도사, 경상우도수군절도사, 전라도관찰사, 전라도병마절도사, 전라좌도수군절도사, 전라우도수군절도사, 제주목사, 황해도관찰사, 황해도병마절도사, 황해도수군절도사, 강원도관찰사, 평안도관찰사, 평안도병마절도사, 함경도관찰사가 방물을 바쳤다. 그리고 세자에게는 충청도관찰사, 충청도병마절도사, 경상도관찰사, 전라도관찰사, 전라도병마절도사, 강원도관찰사, 제주목사 등이 방물을 바쳤다.(『전객사일기』 권12, 영조 34년 무인 12월 30일조).

다양하였으며, 지역의 특성에 따라 품목과 수량이 차등이 있었다. 또한 수해나 한해, 병란, 國恤 등으로 방물 진상을 정지시키거나 수량을 감해서 올리도록 한 내용도 수록되어 있다.

그 외에도 『전객사일기』에는 왕대비전, 중궁전, 원자의 탄일과 尊號, 册禮, 嘉禮, 平復陳賀, 元子定號, 嗣位, 還甲, 討逆 등 王室의 慶事 시에 陳賀物膳도 수록되었다.

이처럼 『전객사일기』에는 조선후기 각 지방에서 바친 방물에 대한 기사 810여건을 기록되어 있어서, 각 지방의 산업 및 왕실의 의례, 재정 등을 연구하는데 매우 귀중한 자료라 할 수 있다. 또한 『전객사일기』는 『典客司方物膳錄』[33]을 보완할 수 있는 귀중한 자료이다.

② 왜인의 舊館 省墓

『증정교린지』에 의하면 1683년(숙종 9) 동래부사 蘇斗山의 장계에 의하여 봄·가을의 社日과 百種節에 왜인들이 성묘하는 것을 허락하였다. 당시 조선에서는 초량왜관에 거주하던 왜인들의 父祖 무덤이 구왜관인 두모포왜관의 뒷산에 있었기 때문에 그들이 초량왜관을 나와 조상의 무덤에 성묘하는 것을 허락하였다. 그러나 초량왜관에서 두모포왜관까지 10리 길로 민가가 이어져 있어서 왜인들이 왕래할 때에 아무데나 들어가서 백성들이 몹시 괴로워하였다.[34] 따라서 조선에서는 왜인들이 성묘하러 갈 때에 훈도, 별차, 소통사 등이 데리고 왕래하여 제멋대로 행동하지 못하도록 하였다.

『전객사일기』에는 1760년(영조 30)부터 1819년(순조 19)까지 春社日

---

33) 『典客司方物膳錄』(奎 12876)은 1637년(인조 15)부터 1743년(영조 19)까지 각 지방에서 正朝·冬至·大殿誕日의 三名日과 端午에 奉進한 方物物目을 수록한 것으로 총 9책이다.

34) 『증정교린지』 권4, 약조.

과 秋社日과 百種節[35])에 왜인들의 구관 성묘에 관한 자료 115항목이 수록되어 있다.[36]) 그 내용은 대체로 왜인들이 성묘할 때에 훈도, 별차, 소통사 등이 데리고 왕래하여 제멋대로 행동하지 못하도록 申飭한 것이 대부분이다. 또한 1800년(정조 24) 8월 3일조에는 백중절의 왜인 성묘를 國恤 이후로 보류하도록 한 내용도 기록되어 있다.

③ 도항증명서 路引

文引은 조선전기 왜인들이 조선에 도항할 때 가지고 오는 도항증명서로, 路引 또는 行狀이라고도 한다. 문인은 대마도주가 발급하였으며, 왜인들은 도주가 발급한 문인을 가지고 와야만 조선에서 접대를 허락받고 무역도 할 수 있다.[37]) 이러한 조선전기의 문인제도는 조선후기에도 그대로 계승되었다. 따라서 일본에서 조선에 도항하는 도주의 세견선과 특송선, 차왜 등이 탄 배는 반드시 도주의 路引을 가지고 와야만 했다.

『전객사일기』에는 도항증명서인 路引과 관련이 있는 내용이 많이 수록되어 있다. 그 대표적인 기사의 제목을 정리하면 다음 <표 4>와 같다.

---

35) 입춘과 입추 후 다섯 번째의 무일을 春社日, 秋社日이라고 하였다. 춘사일에는 토지신에게 그해의 풍작을 기원하고, 춘사일에는 추수에 감사하는 제사를 지냈다. 百種은 百中이라고도 하며 음력 7월 15일에 음식과 술을 나누어 먹으며 즐기는 명절이다.『증정교린지』권4, 약조에 의하면 사일에는 각 7일, 백중에는 4일로 날짜를 정하였다고 한다.

36) 춘사일 관련 자료는 43항목, 추사일 관련 자료는 38항목, 백중절 관련 자료는 33항목이 수록되어 있다.

37) 조선전기에는 주로 文引이라는 용어를 많이 사용하였지만 조선후기에는 路引이라는 용어를 주로 사용하였다. 文引, 路引, 行狀에 대해서는 한문종,「조선전기 대일외교정책 연구 -대마도와의 관계를 중심으로-」, 전북대학교 박사학위논문, 1996. 66~73쪽에 자세하게 정리되어 있다.

〈표 4〉『전객사일기』소재 路引 관련 기사

권	왕력(서기력)	월	일	기사 제목
1	인조 18년(640)	8월	13일	島主路引이 없는 왜선은 입항을 禁斷할 것
1	인조 18년(1640)	10월	9일	汲水小船은 無路引이라도 입항을 허사할 것
1	인조 18년(1640)	12월	4일	路引 없는 경진조 副特送船 입항은 불가함
2	인조 20년(1642)	7월	15일	특송선등 입항으로 路引等 上送
6	효종 8년(1657)	7월	29일	훈도의 路引 誤書事 治罪 및 別差 改擇문제
7	현종 2년(1661)			동래부사의 違格路引 捧上은 분명한 실책임
9	영조 29년(1753)	5월	27일	違格 路引의 改書呈納事로 징책할 것
9	영조 29년(1753)			임신조 一特送二號船 路引이 違格으로 退却함.
9	영조 29년(1753)	8월	10일	당년조 以酊菴船·제4선등이 서계를 가지고 입항.
9	영조 29년(1753)	8월	15일	壬申停止 이정암 제사4의 서계별폭15度·飛船路引을 上送함
9	영조 29년(1753)	9월	6일	飛船 3척 路引을 上送함.
9	영조 29년(1753)	10월	18일	당년조 1특송사선등이 公作米 載去次 出來함. 違格路引은 고쳐 바치도록 責諭함.
9	영조 29년(1753)	10월	27일	飛船路引 2통을 上送함
9	영조 29년(1753)	11월	14일	당년조 1특송선등이 서계를 가지고 出來함. 違格路引은 고쳐 바치도록 責諭함.
9	영조 29년(1753)	12월	1일	무진조 제7선의 출래. 違格路引을 고쳐 바치도록 責諭.
10	영조 30년(754)			무진조 제12선 路引의 改納.
10	영조 30년(1754)	5월	27일	飛船 3척이 館守裁判倭 私書 등을 갖고 출래. 무진조 제13,14선 路引을 不捧함.
10	영조 30년(1754)	8월	17일	違格路引은 改書하여 呈納토록 함.
10	영조 30년(1754)	8월	28일	갑술조 1특송사선 路引의 退却.
10	영조 30년(1754)	11월	1일	2특송사2호선 및 水木船路引의 退却. 別幅誤報事로 玉浦倭學 懲治.
11	영조 33년(1757)	1월	24일	再渡한 1호선,2호선의 路引을 退却함. 時刻誤報事로 護送將을 決棍함
11	영조 33년(1757)	3월	6일	己巳船 乙亥船 路引은 再渡船으로 退却함.
11	영조 33년(1757)	3월	6일	왜 대선의 물 젖은 路引은 改書呈納토록 함
11	영조 33년(1757)	3월	6일	書劃이 不精한 路引은 改書呈納토록 함.
11	영조 33년(1757)	3월	13일	경오조 제1선 水木船 路引은 再渡로 退却함.
11	영조 33년(1757)	7월	1일	2호선의 違格路引은 退却함.
11	영조 33년(1757)	9월	18일	水木船 違格路引은 改書하여 呈納토록 함.
11	영조 33년(757)	10월	9일	수목선 違格路引은 改書 呈納토록 함
11	영조 33년(1757)	11월	5일	萬松院 수목선 路引은 違格으로 退却함. 당년조 부특송 2호선등 路引은 違格으로 退却함.

11	영조 33년(1757)	11월	24일	비선 1척 路引은 沾濕으로 退却함.
12	영조 34년(1758)	5월	5일	왜비선이 路引·私書를 갖고 出來.
14	영조 36년(1760)	5월	17일	경진조 제1선 水木船이 魚油·路引等을 가지고 出來함.
24	영조 52년(1776)	11월	26일	비선 路引을 監封 上送함
26	정조 2년(1778)	6월	30일	路引을 上送하지 않은 일로 동래부사를 推考
26	정조 2년(1778)	7월	1일	왜비선의 路引을 新島主名으로 改書하여 바치도록 함
26	정조 2년(1778)	11월	15일	구도주의 명의로 되어 있는 飛船 路引 退却
29	정조 5년(1781)	1월	2일	비선 2척이 私書·路引을 가지고 入歸.
29	정조 5년(1781)	1월	25일	무술조 3특송사 왜1호선이 公作米를 싣고 入歸. 飛船이 私書·路引을 가지고 入歸.
29	정조 5년(1781)	2월	28일	飛船이 私書·路引을 가지고 출래
29	정조 5년(1781)	3월	1일	비선이 私書·路引을 가지고 入歸
29	정조 5년(1781)	12월	28일	비선2척이 私書·路引을 가지고 출래
31	정조 7년(1783)	12월		비선이 路引을 가지고 출래. 監色等 看望 실책으로 治罪.
33	정조 9년(1785)	4월	12일	비선이 路引 및 私書를 가지고 출래.
33	정조 9년(1785)	7월	6일	비선 2척이 私書 및 路引을 가지고 出來.
40	정조 17년(1793)	1월	6일	왜선이 公作米·路引을 가지고 入歸한 緣由
40	정조 17년(1793)	1월	22일	왜비선 出來事로 路引을 上送하다는 緣由
40	정조 17년(1793)	2월	4일	왜선이 館守倭 代官倭等 私書·路引을 가지고 入歸.
40	정조 17년(1793)	2월	10일	왜비선 出來事로 路引을 上送함
40	정조 17년(1793)	2월	12일	왜선이 館守倭 代官倭等 私書·路引을 가지고 入歸.
40	정조 17년(1793)	2월	29일	왜비선 1척의 路引을 上送함.
40	정조 17년(1793)	3월	18일	왜비선 2척을 問情 후 路引을 上送한 緣由
40	정조 17년(1793)	4월	18일	출래한 왜선 2척 路引을 해당 曹에 上送.
40	정조 17년(1793)	5월	4일	왜선이 館守倭私書 및 路引을 가지고 入歸함.
40	정조 17년(1793)	6월	1일	계축조 1특송사왜 1호선 서계별폭을 上送함. 2호선의 違格路引은 退却함
40	정조 17년(1793)	7월	10일	倭小船 路引 上送.
40	정조 17년(1793)			왜선이 私書와 路引을 싣고 入歸함. 東西倭館을 摘奸함
40	정조 17년(1793)	7월	23일	右漂 왜비선 路引 上送. 玉浦倭學의 問情 실책 징계.
40	정조 17년(1793)	7월	29일	私書와 路引을 가지고 왜船이 入歸한 緣由
40	정조 17년(1793)	8월	3일	왜비선 1척 출래로 路引을 上送한 緣由
40	정조 17년(1793)	9월	23일	왜비선 1척이 路引과 私書를 가지고 出來함
40	정조 17년(1793)	10월	9일	왜대선·당년조1특송사왜선 出來. 왜대선의 違格

41	정조 18년(1794)	1월	8일	路引 退却 및 該曹 上送 왜선이 公作米와 路文을 가지고 入歸 예정임. 왜선 3척이 公作米載去次 私書와 路文을 가지고 출래함. 왜대선 入歸로 路引을 해당 曹에 上送함
41	정조 18년(1794)	1월	16일	왜대선 1척의 違格路引은 退却함. 東西倭館을 摘奸함
41	정조 18년(1794)	2월	20일	왜대선 4척이 生銅·路引을 가지고 公作米 載去次 출래함. 萬松院送使船·3特送使船의 違格路引은 退却함
42	정조 19년(1795)	4월	12일	을묘조 1특송사왜 1호선이 예조에 보내는 書契와 別幅을 가지고 왔으며, 2호선은 路引을 가지고 왔음.
44	정조 21년(1797)	윤6월	5일	왜비선 2척이 私書와 路引을 가지고 출래함. 路引皮封에 以酊菴長老로 교체로 新長老圖書가 찍혔음.
44	정조 21년(1797)	10월	23일	정사조 부특송사왜1호선등 6척이 公作米 運送次 出來함. 부특송사왜 2호선 路引은 違格으로 退却함
45	정조 22년(1798)	1월	25일	왜선이 公作米 운송 목적으로 出來함. 規外船 路引은 退却하고 霑濕路引은 責諭토록 함
45	정조 22년(1798)	3월	8일	왜비선 2척이 路引과 私書를 가지고 出來함
45	정조 22년(1798)	6월	2일	당년조 1특송사왜선등이 書契·別幅 등을 갖고 出來. 送使 2號船 違格路引 退却. 助羅浦萬戶 징계
45	정조 22년(1798)	11월	16일	부특송사왜 등의 出來. 송사왜선의 違格路引 退却. 館守倭 責諭.
45	정조 22년(1798)	12월	23일	規外船 路引 退却. 玉浦 倭學 등을 嚴棍
46	정조 23년(1799)	2월	15일	왜비선 2척의 霑濕路引은 改書하여 呈納토록 함.
46	정조 23년(1799)	5월	2일	기미조 1특송사왜1호선·2호선이 書幅을 가지고 出來함. 2호선 違格路引은 改書하여 呈納토록 함
47	정조 24년(1800)	10월	14일	경신조 萬松院送使倭船이 書幅을 가지고 出來함. 만송원송사水木船의 違格路引을 退却함
48	순조 1년(1801)	4월	19일	왜대선 1척이 公作米 운송차 출래함. 路引의 皮封圖書를 不察한 일로 玉浦倭學을 罷黜함
48	순조 1년(1801)	6월	25일	對馬島主還島告知差倭船, 辛酉條 2특송사왜水木船 출래함, 辛酉條 2특송사왜선 路引은 違格으로 退却함.
55	순조 8년(1808)	6월	20일	당년조 1특송사왜 1호선 등 出來 '2호선의 違格路引은 退却
61	순조 15년(1815)	4월	4일	왜선 所持路引 上送事

위의 <표 4>를 통해서 보면, 『전객사일기』에는 1640년(인조 18)부

터 1815년(순조 15)까지 도항증명서인 노인과 관련이 있는 자료 79항목
이 수록되어 있다. 그 내용은 간략하게 살펴보면 다음과 같다. 일본(대마
도)에서 조선에 도항하는 도주의 세견선을 비롯하여 특송사 및 부특송사,
以酊菴送使, 萬松院送使 등 정례사절이나 외교적인 교섭을 위해 수시로
파견되어 오는 差倭 등이 승선한 배나 飛船38) 등이 입항하면 그들이 가
지고 온 路引을 점검하고 이를 기록하여 예조에 올려 보내도록 하였다.
그리고 路引을 소지하지 않은 자들은 입항을 불허하고 違格路引을 가지
고 온 자는 退却하였으며, 물에 젖은 路引이나 문제가 있는 노인을 다시
改書하여 바치도록 하였다. 한편 노인이 없는 汲水小船의 입항을 허락한
사실과 노인의 皮封 도서를 잘 살피지 않은 옥포왜학을 治罪한 내용도
수록되어 있다.

④ 왜관의 摘奸 및 수리

조선후기의 왜관은 임진왜란 직후 절영도에 가왜관이 설치되었으며,
1607년에 두모포왜관으로 이전하였다. 그러나 두모포왜관이 너무 비좁
았기 때문에 1678년(숙종 4)에 초량왜관으로 이전하였다. 초량왜관은
1876년 2월 26일 조일간에 '병자수호조규'가 체결됨으로써 부산이 개항
될 때까지 200여 년간 존속하면서 조선과 일본 간의 외교와 무역이 행해
진 장소이면서 일본의 사절, 관리, 상인들이 거주하는 공간이었다.
초량왜관은 습기가 많은 해변에 위치하여 연중 바닷바람의 영향을 받
았으므로 건물의 손상이 심하였다고 한다. 따라서 조선에서는 매월 말일
에 동래부사가 訓導·別差 및 監官을 보내 정기적으로 왜관을 점검하고,
또 연말에는 별도로 監色을 파견하여 훼손된 곳이 없는지를 살펴서 보고

---

38) 비선은 항상 노인을 지니고 왕래하며 供饌는 없다. 매 1척마다 頭倭 1인, 格倭
6,7명이 있다(『증정교린지』 권2, 비선).

하도록 하였다.39) 그리고 썩거나 무너진 곳이 있으면 감동관을 파견하여 수리하도록 하였다.40)

『전객사일기』에는 왜관의 摘奸과 수리에 관련한 기록이 많이 수록되어 있다. 그 중 東西倭館을 적간하여 보고한 기사는 1753년(영조 29)부터 1819년(순조 19)까지 311건이 수록되어 있다. 특히 1758년(영조 34)과 1759년에는 매달 왜관을 적간하여 보고한 내용이 수록되어 있다. 즉 1758년 1월 8일조에는 부산첨사가 경상감사에게 왜관의 3대청 5행랑이 훼손된 곳이 없다는 사실을 보고하고, 이를 다시 비변사에 上送한 내용이 있다. 그 다음 달인 2월 13일조에는 훈도별차 등이 지난 달 초하루에 동서왜관의 여러 곳을 부산진 監色 등과 함께 적간하여 훼손된 곳이 없다는 보고하고, 각별히 살피고 점검할 뜻을 馳通한 사실이 기록되어 있다.41) 그리고 1759년 1월 16일조에 의하면 동서왜관의 여러 곳을 훼손되거나 손상된 곳이 있는지 유무를 매월 초말에 조사하여 馳通하고 연말에는 별도로 적간하도록 일찍이 定式을 정하였다. 이에 지난 달 28일에 監色을 보내 부산진 감색과 함께 적간하여 훼손된 곳이 없다고 하며 훈도별차의 수본에 의거하여 각별히 살피고 점검하라는 뜻을 申飭하도록 하였다.42)

---

39) 『춘관지』 권3, 왜관.
40) 왜관이 바닷가 습지에 있어서 쉽게 무너져 25년 사이에 동서관을 모두 수리하였는데, 이를 大監董이라 하였다. 혹 불에 탄 곳은 다시 짓고 다시 지은 후에라도 일정한 횟수가 지나면 수리를 하는데 이를 小監董이라 하였다. 모두 왜인 기술자를 썼다. 대감동의 경우 당상역관 3원(동관 1원, 서관 2원) 당하 3원(동관 1원, 서관 2원)을 파견하였으며, 소감동의 경우에는 당상 1원, 당하 원을 파견하였다. 『증정교린지』 권3, 監董.
41) 『전객사일기』 권12, 영조 34년 무인 1월 8일. 2월 13일조 그 밖에도 매달 왜관을 摘奸한 내용이 3월 10일조와 4월 17일조, 5월 11일, 6월 11일조, 7월 13일조, 8월 17일조, 9월 12일, 10월 13일조, 11월 11일조, 12월 14일조에 수록되어 있다.
42) 『전객사일기』 권13, 영조 35년 기묘 1월 16일조. 이 해에도 매달 왜관을 적간한 내용이 2월 8일조, 3월 11일조, 4월 7일조, 5월 5일조, 6월 10일조, 윤6월 11일, 7월 12일조, 8월 10일조, 9월 17일조, 10월 14일조, 11월 9일조, 12월 12일조에

또한 1760년(영조 36) 1월 10일조에는 동서왜관은 매월 삭말에 적간하고, 연말에는 별도로 監色을 파견하여 부신진감색과 훈도별차 등이 입회하여 적간하여 훼손된 곳이 없다고 보고하고 다시 申飭하도록 한 내용이 수록되어 있다.[43]

왜관을 摘奸하여 훼손된 곳이나 수리할 곳이 있으면 조선에서는 감동관을 파견하여 수리하도록 하였다.[44] 『전객사일기』에는 왜관의 수리에 관한 내용이 수록되어 있다. 그 대표적인 기사를 살펴보면 다음과 같다.

〈표 5〉 『전객사일기』 왜관 수리 관련 기사

권	왕력(서기력)	월	일	기사 제목
16	영조 41년(1765)	8월	23일	왜관 수리시 監董譯官等을 差送할 것
20	영조 48년(1772)			동서 왜관 수리시 監董官을 差定함
20	영조 48년(1772)			왜관 수리시 동관 감동관의 私禮單 雜物을 磨鍊함
20	영조 48년(1772)			왜관 수리시 동관 監董官 당상과 당하역관에게 騎卜馬를 題給함
20	영조 48년(1772)			왜관 수리시 서관 감동관의 私禮單 雜物을 磨鍊함
20	영조 48년(1772)			왜관 수리시 서관 감동관 당상과 당하 역관에게 騎卜馬를 題給함
21	영조 49년(1773)	1월	24일	왜관 수리시 서관 감동역관의 遞改를 대신하여 前主簿 卜光秀를 差下함
21	영조 49년(1773)	4월	29일	왜관 수리 감동관 下去時 路文과 草料 등을 成給토록 함
21	영조 49년(1773)	12월	23일	병자조 제6·7·8선이 왜관 수리 監董 木手倭 등을 태우고 출래.
23	영조 51년(1775)	5월	17일	왜관 감동역관 등 論賞
23	영조 51년(1775)	10월	9일	왜관 修改 감동역관의 加資. 日本國 薩摩州 種子島의 漂倭 問情
33	정조 9년(1785)	4월	22일	왜관 改建監董譯官을 差送하라는 비변사의 甘結

수록되어 있다.
43) 『전객사일기』 권14, 영조 36년 경진 1월 10일조.
44) 監董官은 당상관을 임명하고 사예단이 있는데 접위관 차비와 같다(『증정교린지』 권3, 監董).

33	정조 9년(1785)	4월	27일	왜관 改建監董譯官으로 당상·당하관을 差送한다는 牒呈
33	정조 9년(1785)	4월	28일	호조는 감동역관이 왜인과 相見禮時 私禮單을 내려줄 것
33	정조 9년(1785)			京畿監營은 감동역관 私禮單을 실을 刷馬를 題給할 것
33	정조 9년(1785)			병조는 감동역관이 탑승할 騎馬等을 題給할 것
33	정조 9년(1785)	5월		감동역관 사예단을 재차 題給하는 前例는 찾을 수 없음
37	정조 14년(1790)	3월	24일	사역원은 開市大廳改建時 감동역관을 差出할 것
37	정조 14년(1790)	3월	24일	開市大廳改建에 따른 감동역관을 差出한 緣由
37	정조 14년(1790)	3월	27일	당상·당하감동역관 差送事로 사역원에 分付
37	정조 14년(1790)	3월		호조등은 開市大廳監董譯官에게 私禮單을 내려줄 것
37	정조 14년(1790)	3월		병조는 개시대청 감동역관에게 騎卜馬를 題給할 것
37	정조 14년(1790)	3월		京監은 개시대청 감동역관 사례단을 실을 刷馬를 題給할 것
38	정조 15년(1791)	4월	5일	왜관 감동시 監董次知頭倭가 출래함
41	정조 18년(1794)	7월	9일	草梁客舍 重修時 감동역관을 加資할 것.
42	정조 19년(1795)	12월	1일	왜관 수리시 감동역관을 差送함.
42	정조 19년(1795)	12월	2일	감동역관의 私禮單을 題給함.(戶曹에서 相考할 일)
42	정조 19년(1795)			감동역관의 사예단을 題給함.(慶監에서 相考할 일)
42	정조 19년(1795)			감동역관의 騎卜馬를 題給함.
42	정조 19년(1795)			감동역관의 私禮單을 싣고 갈 刷馬를 題給함.
48	순조 1년(1801)	10월	22일	왜관수리시 감동역관을 差定함
48	순조 1년(1801)			감동역관이 왜인과 相接時 호조는 私禮單을 題給할 것
48	순조 1년(1801)			병조는 감동역관에게 騎卜馬를 題給할 것
49	순조 2년(1802)	12월	20일	사망한 監董次知 頭倭 1人을 倭館 뒷산에 埋葬함
50	순조 3년(1803)	3월	2일	사망한 東館次知 監董 頭倭 1人을 東館 뒷산에 埋葬함
50	순조 3년(1803)	8월	4일	왜관 동관 修理 監董官을 牒報하여 差送함
50	순조 3년(1803)			동관 감동관의 私禮單을 磨鍊하여 題給함
50	순조 3년(1803)			동관 감동관에게 騎卜馬 各一匹을 題給함
60	순조 13년(1813)	5월	21일	감동관 啓下
60	순조 13년(1813)	5월	21일	감동관사예단 上下事移關
60	순조 13년(1813)	11월	29일	감동관 改啓下
61	순조 15년(1815)	5월	25일	왜관 수리시 小監董卽 雖無送使停止之例 而別差之多出 特爲停止
62	순조 16년(1816)	1월	19일	강남 소주부 漂風人間情 及倭館修利時 訓導以年

			事 告함. 監董有弊報馬島 兩年送使一倂停止 故論賞事及回 答書契撰出下送事.

위의 표에 나타난 것처럼 『전객사일기』에는 1675년(영조 41)부터 1816년(순조 16)까지 왜관 수리시에 감동역관을 임명하여 파견하는 과정과 그들에게 지급하는 사예단과 잡물의 마련, 騎卜馬의 題給, 감동역관에 대한 논상과 加資 등의 내용이 수록되어 있다. 이 자료는 『왜관이건등록』(1640~1723)과 『왜관수리등록』(1724~1745)과 함께 왜관의 수리에서부터 공사과정, 공사 후의 비용의 마련 방안 등 왜관 수리의 구체적인 실상을 파악할 수 있는 중요한 자료이다.

⑤ 표류민·표류선의 처리

1599년부터 1888년까지 일본열도에 조선인이 표착한 것은 1,112건, 표류민의 수는 10,769명이었다. 반면에 1609년부터 1884년까지 조선에 일본인이 표착한 것은 132건, 표착민의 수는 1,117여명이었다. 일본에 표착한 조선인은 대마번이 '표차왜'라는 사절을 보내 호송해왔으며, 이들은 조선국왕에 대한 肅拜禮를 행하면서 여러 가지 접대를 받았다. 이에 비해 조선에 표착한 일본인 중에서 대마도민은 표착하자마자 왜관을 거쳐 대마도로, 그 밖의 왜인은 대마번이 왜관 체류를 꺼렸기 때문에 우암포에서 船上에 체류하다가 대마번에 의해 본국으로 송환되었다.[45]

한편 일본에 표류한 조선인을 데리고 오는 차왜를 조선에서는 漂民領來差倭라 칭하였다. 표민영래차왜는 조선후기 일본의 조선사행 1076회중 58.2%인 626회에 달할 정도로 많았다.[46] 이들 사절은 정관·압물 각

---

45) 이훈, 『조선후기 표류민과 한일관계』, 국학자료원, 2000.
46) 조선후기 일본에서 조선에 파견한 사절은 총 1,076회였다. 그 중에서 關白告訃差

1인, 반종 3명, 격왜 40명으로 구성되었으며, 왜관에 머무르는 기한은 55
일이었다. 표민영래차왜에게는 조반 2일, 支供은 제1송사와 같이 하였으
며, 데리고 온 領來通事, 沙工倭에게는 쌀 2섬을 별도로 사급하였다. 또
한 차왜들에게 하선다례, 下船宴, 禮單茶禮, 上船宴 등을 열어주었다. 이
들은 예조참의·동래부사·부산첨사에게 보내는 書契와 別幅을 지참하였
으며, 조선에서는 이들에게 예조참의·동래부사·부산첨사의 答書, 回賜
別幅을 사급하였다. 그러나 1682년(숙종 8)부터는 표민영래차왜의 연향
잡비를 줄이기 위해서 표류민을 직접 호송해오지 말고 세견선편에 보내
도록 한 뒤 단지 서계와 별폭만을 지참하게 하였다.[47]

『전객사일기』에는 조선에 표류한 왜인·왜선에 대한 問情報告 및 그
들을 일본으로 송환하는 절차, 표민송환에 대한 대마도주의 謝禮·回謝에
관한 기록과 일본의 연해에 표류한 조선 漂流民의 송환과 그들을 데리고
온 차왜를 접대한 내용, 표류민의 처리문제 등을 기록한 자료가 1640년
부터 1819년까지 무려 998건에 달할 정도로 많이 수록되어 있다. 따라서
『전객사일기』의 표류 관련 내용을 『漂倭入送謄錄』, 『漂倭入送回謝謄錄』
(1637~1737), 『漂入領來謄錄』, 『漂入領來差倭謄錄』(1641~1751) 등과
비교 검토하면 조선후기 표류민의 실상과 처리과정을 좀더 명확하게 파
악할 수 있을 것이다.

倭, 關白承襲告慶差倭, 通信使請來差倭 通信使護行·護還差倭, 島主承襲告慶
差倭, 陳賀差倭, 圖書請改差倭 등을 비롯한 大差倭는 109회, 島主告還差倭, 漂
人領來差倭, 弔慰差倭, 裁判差倭 등을 비롯한 小差倭는 869회, 기타 무역과 왜
관, 일반 외교목적의 사절은 98회를 파견하였다. 그 중 漂人領來差倭는 626회로
가장 많이 파견되었다. 홍성덕, 「조선후기 한일외교체제와 대마도의 역할」 『동북
아논총』 41, 2013, 172쪽.
47) 『증정교린지』 권2, 표인영래차왜.

⑥ 왜인의 양녀 潛奸

조선후기 왜관은 일본인 여성의 거주나 조선인 여성의 출입이 금지된 남성만의 공간이었다. 조선인 여성이 왜관에 몰래 들어가서 일본인과 성관계를 갖거나 일본인 남성이 왜관을 몰래 나와서 조선인 여성과 성관계를 갖는 경우가 자주 발생하였다. 조선정부는 이러한 매매춘 행위를 潛奸, 犯奸, 交奸, 和奸, 奸淫 등이라고 불렀다. 매매춘 사실이 발각되면 당사자는 물론 이를 주선한 중개인도 사형에 처해졌다.

『전객사일기』에는 1661년에 두모포왜관에서 왜인이 양녀와 잠간한 사건이 수록되어 있다. 이 사건의 개요를 살펴보면, 양녀 高公이 공노비 土玉, 노비 貴進, 五莫德, 立介, 貴非 등과 함께 왜관 뒷산에서 일본인들과 놀다가 朴善同이란 인물로부터 일본인과의 매춘을 알선 받았다. 사건이 발각되어 주범인 朴善同과 高公은 모두 왜관 밖에서 효시 당했고, 고공과 함께 왜인들과 놀았던 사노비 5명은 遠地에 定配되었다.[48] 『전객사일기』 현종 2년(1661) 5월 12일, 27일, 28일조에는 이 잠간사건의 개요와 처리 과정 등이 자세하게 수록되어 있다.[49]

따라서 『전객사일기』의 潛奸 내용을 『변례집요』, 『倭人作挐謄錄』, 『전객사별등록』 등과 비교 검토하면 조선후기 왜관을 중심으로 일어난 교간사건의 개요와 처리과정을 보다 상세하게 파악할 수 있을 것이다.

⑦ 예단삼

인삼은 일본에 수출하는 무역품 가운데 가장 중요한 조선산 물품이

---

48) 『변례집요』 권41, 潛商路浮稅幷錄 附 雜犯.
49) 참고로 『전객사일기』 권7, 현종 2년 신축조에 나오는 잠간사건의 기사내용을 제시하면 다음과 같다. 5월 21일조에 '倭人의 良女等潛奸事를 처리하는 문제', 5월 27일과 28일조에 '潛奸首犯朴同善等 梟示事는 東萊府使 실책'이라는 내용이 수록되어 있다.

다. 그러나 인삼의 생산이 줄어들면서 수출인삼의 품질이 점차 낮아졌다. 이에 수요와 공급의 불균형을 해소하기 위해 겉은 인삼이지만 속은 잡물인 위조인삼 즉 造蔘이 등장하였다. 이 조삼은 수출하는 인삼뿐만이 아니라 일본사절에게 지급하는 예단삼에도 등장하였다. 이로 인해 일본인은 예단삼을 점퇴하는 일이 빈번하였다. 이에 대해 조정에서는 조삼하는 행위를 엄히 금지하도록 명하였다. 한편, 조선에서는 대마도의 연례송사와 차왜에게 지급하는 인삼을 예단삼 또는 단삼이라 하였다. 이 예단삼은 원래 稅蔘으로 충당하였다. 즉 사무역(개시무역)에서 거래되던 인삼에 10%의 세금을 부과하여 그것으로 예단삼을 충당하였다.[50]

『전객사일기』에는 대마도의 연례송사와 차왜에게 지급하는 예단삼의 分定과 조달, 지급된 예단삼의 품질과 換給, 대마도주의 인삼 求貿, 留館倭人의 인삼 潛貿의 엄금, 예단삼의 폐단에 대한 전교, 예단삼 入給時에 농간을 부린 任譯의 치죄, 공작미를 인삼으로 대신 지급할 경우 나타나는 폐단 등에 대한 내용이 기록되어 있다. 참고로 『전객사일기』에 수록된 예단삼과 인삼 무역에 대한 기사를 정리하면 다음과 같다.

〈표 6〉『전객사일기』예단삼 및 인삼 구무 관련 기사

권	왕력(서기력)	월	일	기사제목
1	인조 18년(1640)	10월	8일	藤差 回禮單子의 人蔘·鷹子는 생략할 것
1	인조 18년(1640)			小紙, 人蔘·綿子·例木·開市等문제
1	인조 18년(1640)	10월	18일	도주가 藥材·人蔘·綿子·茶碗燔造等을 요구
1	인조 19년(1641)	6월	6일	留館倭人의 人蔘·虎皮等의 潛貿를 嚴禁
3	인조 23년(1645)	2월	3일	舊規대로 正官에게만 인삼을 지급할 것
3	인조 23년(1645)	10월	27일	彦三·彦滿正官의 끈질긴 인삼 요구 문제
3	인조 23년(1645)	12월	15일	正官等 인삼 요구는 조약에 위배되는 처사
4	인조 27년(1649)	8월	14일	도주가 요구한 인삼등을 貿易하는 문제
8	현종 3년(1662)			越境採蔘罪人을 사신편에 順付하는 방안

50) 김동철, 「국역 전객사별등록 해제」『국역 전객사별등록』(4), 부산광역시시사편찬위원회, 2012, 69~71쪽.

9	영조 29년(1753)	1월	29일	告慶差倭가 公私禮單蔘을 트집 잡음
9	영조 29년(1753)	2월	28일	차왜의 禮單蔘換給 요구는 거절할 일
9	영조 29년(1753)	3월	23일	예단삼 點退事로 訓導·東萊伯等을 治罪함
9	영조 29년(1753)	3월	23일	예단삼 폐단에 대한 傳敎
9	영조 29년(1753)	3월	23일	예단삼에 대한 일로 호판을 罷職하는 방안
9	영조 29년(1753)	4월	8일	單蔘 改品事로 온 裁判差倭處에 接慰官 差送
9	영조 29년(1753)	4월	14일	圖改·單蔘事로 온 裁判倭는 엄히 질책하여 돌려보냄이 타 당함
9	영조 29년(1753)	4월	14일	단삼 備送事 실책으로 호판을 從重推考함
9	영조 29년(1753)	5월	9일	단삼 入給時 중간조종한 任譯輩 治罪 방안
9	영조 29년(1753)	7월	23일	단삼 貿來事로 대신과 론의함
9	영조 29년(1753)	9월	25일	례단삼·三差倭加料事는 限內 施行할 것
9	영조 29년(1753)	12월	16일	왜관 蔘弊事는 蔘商을 申飭하라는 傳敎
10	영조 30년(1754)	5월	14일	江界 貿蔘事로 호판과 논의
10	영조 30년(1754)			倭人禮單 單蔘을 藥契人에게 附納時 弊端
12	영조 34년(1758)	1월	10일	단삼 點退事에 대한 폐단으로 대신과 논의함
13	영조 35년(1759)			대차왜 예단삼은 江界·北道에 각각 分定할 것
13	영조 35년(1759)	11월	14일	대차왜 예단삼을 西北兩道에 分定하는 일로 대신과 논의
14	영조 36년(1760)			北道에 卜定했던 대차왜 예단삼을 永減할 것
14	영조 36년(1760)	5월	12일	대차왜의 예단삼을 西北兩道에 分定하는 방안
14	영조 36년(1760)	5월	12일	인삼 潛商罪人의 罪案을 筵奏함
14	영조 36년(1760)	11월	17일	차왜 예단삼을 關西에 分定하는 일로 대신과 논의
15	영조 40년(1764)	12월	13일	대마도주에게 통신사 예단삼을 지급 등을 약속함.
16	영조 41년(1765)	10월	12일	致慶·問慰에 따른 예단삼은 江界에 卜定할 것
19	영조 47년(1771)	6월	15일	3명의 인삼 潛商人을 동래에 移送하여 治罪하는 방안
22	영조 50년(1774)	10월	5일	예단 인삼 50근 預貿 價本 區劃.
25	정조 1년(1777)	10월	4일	부족한 별차왜 등의 예단삼을 획보하는 방안
31	정조 7년(1783)	4월	25일	부족한 단삼은 江界에 卜正하고 稅小米로 區劃하는 방안
33	정조 9년(1785)	8월	22일	告訃告慶差倭 예단삼을 關西에 卜定하는 방안
38	정조 15년(1791)	2월	18일	江貿 體蔘 5근을 除減함
49	순조 2년(1802)	9월	14일	예단삼을 미리 兩道에 分定하는 일로 啓함
50	순조 3년(1803)	2월	8일	倭에 보내는 인삼이 品劣欠縮하여, 當該 訓別은 回示嚴棍後 遠地에 減死定配하고, 負逋譯官은 嚴囚該府獄하여 刻期準入給後 回示棍配하고, 該守臣은 拿問嚴勘함
53	순조 6년(1806)	4월	5일	公木作米를 蔘으로 대신 지급할 경우 그 폐단

58	순조 11년(1811)	3월	23일	單蔘以家
58	순조 11년(1811)	3월	23일	蔘換品
60	순조 13년(1813)	3월	4일	單蔘 零縮事 萊府 報狀

⑧ 향화인 후손의 국역 부담

임진왜란 시기의 향왜의 수는 최대 1만명에서 최소 1천명에 달하였을 것으로 추정된다. 항왜는 요동으로 압송하였다가, 후에 경상도 등지의 내륙에 분치하였다. 다시 함경도, 강원도, 평안도, 충청도 등지의 해안이 인접한 군현이나 섬으로 이송하였다.

그러나 이들 향화인에 대한 기록은 『조선왕조실록』, 『비변사등록』, 『울산호적』, 『대구호적』, 『해남호적』 등에 일부만 남아 있을 뿐 거의 남아 있지 않다. 따라서 조선후기 향화인에 실상을 전혀 파악할 수 없는 실정이다.[51]

그런데 『전객사일기』에는 향화인에 대한 기사가 19건 수록되어 있다. 그 목록을 정리하면 다음 <표 7>과 같다.

<표 7> 『전객사일기』 향화인 관련 기사

권	왕대 (서기력)	월	일	기사 내용
3	인조 23년(1645)	1월	28일	向化船稅는 舊例대로 예조에 還屬할 것
3	인조 23년(1645)	12월	30일	向化人聯名呈訴, 선척의 收稅侵責 폐단
4	인조 26년(1648)	7월	13일	全羅·洪淸道 향화자손의 御供을 減除해 줄 것

---

51) 조선후기 향화인에 대한 연구는 한문종, 「임진왜란시의 降倭將 金忠善과 『慕夏堂文集』」 『한일관계사연구』, 24, 2006 ; 한문종, 「임진란 시기 항왜의 투항 배경과 역할」 『인문과학연구』, 24, 2013 ; 임학성, 「17세기 전반 호적자료를 통해 본 귀화야인의 조선에서의 생활 양상－蔚山戶籍(1609)과 海南戶籍(1639)의 사례 분석」 『고문서연구』, 33, 2008 ; 양흥숙, 「조선후기 항왜의 존재 양상과 정착－대구시 우록리 김충선의 후손 사례를 중심으로」 『대구사학』, 122, 2016 ; 山內民博, 「十七世紀初慶尙道蔚山府戶籍大帳と降倭」 『日韓相互認識』, 2009년 제2호, 2009.

4	인조 27년(1649)	11월	10일	韓山向化酋長等上言, 御供·雜役의 責徵
7	현종 2년(1661)	9월	20일	향화인의 別將差出事上言에 대한 의혹을 밝혀 치죄할 것
9	영조 29년(1753)	1월	8일	式年向化推刷成冊을 上送할 것
9	영조 29년(1753)	9월	10일	湖南暗行御史別單書啓, 向化人身布減徵事
9	영조 29년(1753)	9월	10일	향화인 身布 및 守令勸懲事로 傳敎함
9	영조 29년(753)	9월	10일	向化身布는 捧上하고 烟戶雜役은 勿侵할 것
10	영조 30년(1754)	5월	27일	浦居向化身布事에 대한 湖南厘正使別單
10	영조 30년(1754)	6월	12일	向化人·華人區別成冊 작성할 때 혼란이 없도록 할 것. 華人子孫에게 厚白紙를 濫捧하는 폐단
10	영조 30년(1754)	9월	10일	向化及華人區別成冊 독촉으로 인한 폐단
10	영조 30년(1754)	9월	10일	向化及華人區別時 守宰가 姓貫으로 혼선을 빚음
11	영조 33년(1757)	2월	3일	向化人等 侵徵事 폐단으로 傳敎
12	영조 34년(758)	7월	13일	향화인의 身役을 皇朝人例에 의해 減布하는 문제
12	영조 34년(1758)	9월	5일	향화인 減布는 친외손까지 하는 것을 定式으로 함
12	영조 34년(1758)	9월	5일	向化人에게 錢布木을 지급하는 定式
20	영조 48년(1772)	3월	17일	中朝人으로서 漢人村이라고 칭하는 곳은 向化 二字를 덧붙이도록 嚴飭하고 七道에 行移함
45	정조 22년(1798)	9월	3일	향화인 上言으로 各道 皇朝人子孫勿侵責事로 受敎

위의 자료를 통해서 보면, 조선후기에 향화인이 자기 나라를 버리고 귀화한 후 의지할 곳이 없어 유리걸식하며 먼 지방에 흩어져 있었다. 이 때문에 조정에서는 향화인의 잡역을 면제해주고 예조에 소속시켜 농사 지을 자에게는 농우와 농기구를 주었으며, 어업에 종사하는 자에게는 稅 案에서 제외하여 그들의 업을 장려하고 보존하도록 하였다. 그러나 1637 년 이후 호조의 경비가 부족하다고 하여 향화인의 선세를 호조로 이관하 였다. 1645년(인조 23)에 1월에 예조에서는 이를 다시 還屬해주도록 요 청하였다. 또한 같은 해 12월에 전라도의 향화왜인이 연명 상소하여 향 화인의 선세를 충훈부, 훈련도감 등에서 강제로 징수하는 폐단을 지적하 면서 선세를 예전처럼 예조에서 징수하도록 해달라고 요청하자 다음 해

까지만 호조에서 징수하고 그 후부터는 예조에서 징수하도록 하였음을 알 수 있다.[52)]

그 외에도 1648년(인조 26) 7월과 1649년 11월에 全羅·公淸道의 향화인이 향화인 자손의 御供과 雜役을 減除해주도록 요청한 상소, 1753년(영조 29) 9월에 향화인의 신포를 감해서 징수하자는 내용, 1758년(영조 34) 9월에 향화인의 직손과 친 외손에 한하여 身布를 탕감하도록 한 내용 등이 수록되어 있다.

한편 『전객사일기』에는 향화인의 추쇄성책에 대해서도 수록되어 있다. 즉 1753년(영조 29) 정원 8일에는 예조에 속해 있는 향화인은 계유식년추쇄에 따라 태어나고 죽은 자와 옮겨오고 옮겨 간 자, 그리고 향화인의 외손과 외외손을 모두 추쇄하여 成冊 上送하도록 하였다. 또한 1754년에는 각 읍에 있는 華人의 자손과 향화인의 姓字에 雜姓이 많이 섞여 있어서 서로 구분하기 어려우므로, 華人과 向化人의 족파와 姓貫을 조사하여 별도로 성책하여 上送하도록 하였다.[53)]

이처럼 『전객사일기』에는 향화인의 船稅 수납기관과 身布, 御供 및 잡역의 減除와 수납에 징수에 대한 폐단, 향화인의 추쇄, 향화인 자손의 身布 탕감 규정 등을 알 수 있는 자료들이 수록되어 있다. 이러한 자료들은 『조선왕조실록』, 『비변사등록』, 『전객사별등록』, 각 지방의 호적 등에 산재해 있는 향화인에 대한 기록[54)]과 함께 조선후기 향화인의 선세 및 신포 징수. 향화인의 관리 등을 파악할 수 있는 매우 중요한 자료라고 생각한다.

---

52) 『전객사일기』 권3, 인조 23년 을유 1월 28일조. 12월 30일조.
53) 『전객사일기』 권10, 영조 30년 갑술 5월 27일조. 6월 12일조. 9월 10일조.
54) 『비변사등록』에는 향화인 관련 기사가 67건 수록되어 있으며, 『전객사별등록』에도 2건이 수록되어 있다. 특히 『전객사별등록』 신유년(1741) 7월 2일자 기사에는 함경감사 박문수가 向化孫의 군역부담에 대해 의견을 개진한 내용이 수록되어 있다.

⑨ 기타

『전객사일기』에는 조선후기 일본에 파견하는 통신사행에 대한 기록도 많이 있다. 그 중 1655년, 1763년, 1811년 통신사의 파견과 관련하여 통신사의 파견요청과 통신사사목, 접대절차[55] 등이 기록되어 있다. 특히 1787년 德川家齊의 장군 습직 이래 20여 년간에 걸쳐 통신사 파견논의와 연기를 거듭하다가 1811년에야 비로소 대마에서 易地交聘이 이루어졌는데,『전객사일기』에는 1811년 통신사와 관련하여 1788년(정조 12)부터 1812년(순조 12)까지 통신사의 파견을 둘러싼 내용이 많이 수록되어 있다. 이를『통신사등록』등의 자료와 비교하여 검토하면 1811년 통신사의 파견과정과 특징을 보다 명확하게 규명할 수 있을 것이다.

또한『전객사일기』에는 대마도주·以酊菴·萬松院 등이 예조참의, 동래부사, 부산첨사에게 보내는 서계와 별폭은 물론 조선의 예조참의, 동래부사, 부산첨사가 이들에게 보내는 회답서계와 별폭회례의 물품과 수량이 자세하게 수록되어 있다. 또한 외교교섭을 위해 일본에서 파견되어오는 각종 차왜와 정례사절선인 세견선·특송선, 以酊菴送使, 萬松院送使·彦滿·彦三送使에 대한 下船宴과 上船宴의 설행 등 그들에 대한 접대절차와 내용이 자세하게 수록되어 있다. 그리고 公作米와 公木을 가져가

---

55) 통신사의 왕환절차를 살펴보면, 먼저 일본에서 새로운 막부장군의 승습이 결정되면 대마도주는 막부의 명령을 받아 關白承襲告慶差倭를 파견하여 조선에 그 사실을 알려온다. 그리고 바로 통신사의 파견을 요청하는 通信使請來差倭를 파견한다. 대마도주로부터 요청을 받은 조선에서는 예조의 논의를 거쳐 통신사 파견을 결정한 후, 이 사실을 왜관을 통해 대마도에 통보하도록 한다. 통신사 일행이 서울을 출발하여 부산에 도착하면 대마도에서 파견된 信使迎聘差倭의 안내를 받아 대마도에 도착하였다. 대마도부터 江戶까지의 왕환은 대마도가 통신사를 호행하였다. 통신사가 임무를 마치고 다시 대마도로 돌아오면 그곳에서 부산까지는 다시 信使迎送裁判差倭가 통신사 일행을 호행하여 귀국하도록 하였다. 한문종,「조선시대 대일사행과 대마도」『한일관계사연구』49, 2014.

기 위해서 온 공작미 운반선에 대한 기사가 577건이나 수록되어 있다. 그 밖에도 日光山致祭와 鍾의 사급, 문위행의 파견, 도서의 개급 요청, 왜관의 화재 등에 대한 기사도 많이 수록되어 있다.

『전객사일기』의 내용을 『변례집요』, 『증정교린지』, 『승정원일기』, 『비변사등록』, 『조선왕조실록』 등의 자료, 『전객사별등록』, 『왜인구청등록』, 『통신사등록』 등 각종 등록류와 비교하여 검토하면 조선후기 한일교류사를 더욱 구체적으로 파악할 수 있을 것이다. 특히 조선후기 대일관계 등록류가 1637년부터 1754년까지의 내용을 수록하고 있기 때문에 『전객사일기』는 1754년 이후 대일관계 등록류의 내용을 보충할 수 있는 아주 귀중한 자료이다.

5. 맺음말

이상에서 조선시대 한국의 일본관계 기록에 대해 간략하게 살펴보았다. 조선전기 한일관계 기록은 『조선왕조실록』(태조~선조)을 비롯하여 『鶴坡實記』, 『老松堂日本行錄』, 『海東諸國記』, 『海槎錄』, 『日本往還日記』, 『攷事撮要』(김성일) 등이 있지만 조선후기의 자료에 비해서 그 양이 매우 적었다. 그러나 『조선왕조실록』과 『해동제국기』는 조선전기 한일관계사를 연구에 필수불가결한 자료이다.

임진왜란에 대한 기록은 『조선왕조실록』에 가장 많이 수록되어 있다. 그러나 임진왜란 때 일본군과 싸우다 순국한 장수나 의병활동을 하였던 사람들의 기록과 임진왜란 당시 자신이 보고 들은 것을 기록한 일기와 저술 그리고 개인의 문집 등에도 임진왜란 관련 내용이 많이 수록되어 있다. 이들 자료는 임진왜란의 경과와 의병들의 활동, 조선인들의 실상 등을 파악할 수 있는 자료이다. 또한 『看羊錄』과 『月峰海上錄』, 『錦溪日

記』 등은 임진왜란 때 일본에 붙잡혀 간 被擄人의 기록으로 당시 일본 내부의 사정과 조선 被虜人의 생활상등을 파악하는데 매우 유용한 자료이다.

조선후기 한일관계 기록은 외교자료집과 등록류, 대일사행록, 표류기록, 개인문집으로 분류하여 정리할 수 있다. 먼저 예조와 외교 관련 부서인 승문원, 사역원, 전객사에서 편찬한 외교자료집으로는 『春官志』, 『東文彙考』, 『東文考略』, 『邊例集要』 등이 있다. 그리고 김지남·김건서 등의 역관과 관리들이 편찬한 외교자료집으로는 『通文館志』, 『增正交隣志』, 『交隣志』, 『攷事新書』 등이 있다. 또한 예조와 전객사, 동래부 등에서 편찬한 대일관계 등록류는 『통신사등록』, 『별차왜등록』, 『재판차왜등록』, 『논상사미등록』 등 모두 30종에 102책에 달한다. 이 등록류는 대부분 1637년부터 1754년까지의 내용을 수록하고 있어서 조선후기 특히 17세기 중엽부터 18세기 중엽까지의 조일간의 외교관계를 연구하는데 매우 중요한 자료이다.

조선후기 대일사행원이 남긴 일본사행록은 43종이다. 사행록 중의 일부는 민족문화추진회에서 번역하여 『국역 해행총재』 12권으로 간행하였다. 이들 사행록은 사행의 일원으로 직접 일본에 가서 보고 들은 것을 서술한 것이기 때문에 사료적 가치가 매우 높은 1차 사료이며, 특히 조선후기 통신사를 비롯하여 조일간의 문물교류, 풍습, 대일인식 등을 연구하는데 필수적인 자료라 할 수 있다.

조선후기 일본에 표류한 표류인의 기록으로는 『漂舟錄』, 『漂海錄』, 『日本漂海錄』, 『漂海始末』 등이 있으며, 제주목에서 조정에 보고했던 계문을 모아놓은 『濟州啓錄』에도 표류기록이 다수 포함되어 있다. 한편 조선후기 실학자과 개인의 문집 속에도 일본에 관한 내용이 수록되어 많이 수록되어 있다.

이상에서 언급한 조선후기 일본관계 자료를 보충할 수 있는 사료로

『전객사일기』를 들 수 있다. 『전객사일기』는 대일관계 등록의 주요한 편찬관서인 전객사의 일상 사무와 그에 따른 각종 文式, 의례 등을 편찬한 필사본 자료이다. 이 책은 총 99책으로 구성되어 있으며, 수록 년대는 1640년(인조 18)에서 1886년(고종 23)까지 약 250여 년이다. 그러나 중간 중간에 기록이 없는 연도가 많이 있는데, 특히 1663년(현종 4)부터 1752년(영조 28)까지 90여 년의 기록은 모두 누락되어 있다. 『전객사별등록』에는 누락되어 있는 90여 년의 기간 중 1699년(숙종 25)부터 1753년(영조 29)까지의 내용이 수록되어 있어서 『전객사일기』의 누락된 부분을 일부 보충할 수 있다. 또한 조선후기 대일관계 등록류가 대부분 1637년부터 1754년까지의 내용을 수록하고 있기 때문에 『전객사일기』는 1754년 이후 대일관계 등록류의 내용을 보충할 수 있는 아주 귀중한 자료이다.

『전객사일기』는 먼저 三名日과 단오절에 각 지방에서 왕과 왕비, 왕세자 등에게 바치는 각종 방물의 품목과 수량 등이 기록되어 있으며, 특히 제주부에서 봉진하는 방물의 물품 및 풍랑으로 인한 지체 상황 등에 대해서도 많이 기록되어 있다. 그리고 일본 사신의 왕래 및 접대 절차, 일본사신이 바치는 서계와 별폭 및 조선에서 이들에게 주는 회답서계와 회례별폭이 자세하게 기록되어 있다. 또한 왜관에서 벌어진 왜인과 조선 여인과의 교간사건, 대마도의 연례송사나 차왜들에게 지급하는 예단삼과 인삼의 무역 문제, 조선에 향화한 향화인과 그의 후손들에 대한 국역 부담과 그들에 대한 관리실태, 조선에 표류한 일본인과 일본에 표류한 조선인의 처리과정 및 問情, 邊營의 狀啓, 무역에 필요한 공작미, 문위행의 파견, 도서의 개급 요청, 1655년·1763년·1811년 통신사의 파견요청과 통신사사목, 접대절차, 日光山致祭와 鍾의 사급, 역관과 훈도의 임면 및 상벌 등에 관한 내용이 수록되어 있다. 또한 개항 이후의 기록은 대외관계의 변화에 따라서 서구 제국과의 통상이나 의례에 관한 기록이 대부분

을 차지하며, 事目, 서계 등 각종 왕래서식과 계문, 변방 수령의 狀啓,
別單 등을 비롯한 관련 문서 및 儀規가 포함되어 있다.

　이처럼 『전객사일기』는 조선 중·후기 대일교섭의 실상을 광범위하게
수록한 자료로서, 특히 일본과의 외교 및 무역에 관한 자료가 많고, 1차
자료의 성격을 지니는 각종 문서가 수록되어 있다. 『전객사일기』의 내용
을 『변례집요』, 『증정교린지』, 『승정원일기』, 『비변사등록』, 『조선왕조
실록』 등의 자료, 『전객사별등록』, 『왜인구청등록』, 『왜관수리등록』, 『통
신사등록』, 『공작미등록』 등 각종 대일관계 등록류와 비교하여 검토하면
조선후기 한일관계사의 성격과 특징을 보다 종합적으로 파악할 수 있을
것으로 기대한다.

　그러나 『전객사일기』는 전체 99책 중 1책에서 55책까지만 국사편찬
위원회에서 탈초하고 영인하여 『전객사일기』 1~10(『각사등록』 92~101)
으로 간행하였을 뿐 나머지는 아직까지 영인 출판되지 않았다. 따라서
『전객사일기』를 조선후기 한일관계사 연구의 자료로 활용하기 위해서는
56~99책의 탈초 영인 작업이 선행되어야 한다. 또한 자료 활용의 편의
를 위해서 『전객사일기』를 번역하여 출간할 필요성이 있다고 생각한다.

<별표 1〉 『전객사일기』의 책별 수록 연대와 기사 항목 수

책호	년대	기사수	책호	년대	기사수	책호	년대	기사수	책호	연대	기사수
1	1640	83	23	1775	78	49	1802	111	75	1831	
	1641	29	24	1776	117	50	1803	98	76	1833	
2	1642	68	25	1777	162	51	1804	92	77	1834	
3	1645	87	26	1778	118	51	1805	132	78	1835	
4	1648	48	27	1779	173	53	1806	110	79	1836	91
	1649	83	28	1780	144	54	1807	80	80	1837	126
5	1651	81	29	1781	100	55	1808	73	81	1838	190
6	1655	33	30	1782	145	56	1809	109	82	1839	134
	1656	9	31	1783	152	57	1810	91	83	1840	163
	1657	47	32	1784	205	58	1811	109	84	1841	
7	1661	88	33	1785	186	59	1812	181	85	1842	
8	1662	56	34	1787	179	60	1813	139	86	1843	
9	1753	150	35	1788	128	61	1815	123	88	1844	
10	1754	166	36	1789	162	62	1816	108	89	1847	
11	1757	138	37	1790	129	63	1817	98	90	1848	
12	1758	150	38	1791	107	64	1818	88	91	1849	
13	1759	145	39	1792	109	65	1819	108	92	1850	
14	1760	95	40	1793	140	66	1821		93	1851	
15	1764	108	41	1794	118	67	1822		94	1852	
16	1765	141	42	1795	121	68	1823		95	1859	
17	1769	128	43	1796	102	69	1824		96	1864	
18	1770	112	44	1797	107	70	1825		97	1865	
19	1771	127	45	1798	81	71	1826		98	1869~1879	128
20	1772	102	46	1799	122	72	1828		99	1880~1886	117
21	1773	76	47	1800	149	73	1829				

22	1774	55	48	1801	127	74	1830				949
	2405			3461			1850				8665

* 기사 수는 1~55책은 국사편찬위원회『전객사일기』(1~10)의 기사목록을 참조
하였으며, 그 나머지는 규장각소장『전객사일기』의 각 책에 수록되어 있는 頭
註를 참조하였다.
* 각 책별 수록 연대와 기사 수는 1~65책, 79~83책, 98~99책까지 정리하였으며,
그 나머지는 추후에 정리할 예정이다.

〈별표 2〉『조선왕조실록』의 일본 관계 기록 일람표(조선 전기)

왕대	년도	왜구침입과 왜구대책	통교왜인 내조	대일 사행	왜인 통제	향화 왜인	피로 쇄환	기타	계
태조	1392~1398	152	22	3		2	8	3	190
정종	1399~1400	20	11	2			2	4	39
태종	1401~1418	217	263	16		3	32	94	625
세종	1418~1450	686	584	23		20	22	742	2077
문종	1450~1452	71	52	1	16	4		34	178
단종	1452~1455	40	118		6	1		52	217
세조	1455~1468	103	315	1	23	31		228	701
예종	1468~1469	4	29		4	3		13	53
성종	1469~1494	475	756	14	173	44		576	2038
연산 군	1494~1506	112	138		15			142	407
중종	1506~1544	1038	55		222			611	1926
인종	1545	4	1		4			4	13
명종	1545~1567	432	14		62			233	741
선조	1567~1608	3028	5	7				1224	4264
선조 (修正)	1567~1608	476	6	4				42	528
계		6858	2369	71	525	108	64	4002	13997

* 이 표는 손승철,『조선시대 한일관계사 연구-교린관계의 허와 실』(경인문화사,
2006)의 (부록 1)「조선시대 한일관계 사료소개」에 나와 있는 〈『조선왕조실록』
의 일본관계사료 일람〉을 참조하여 재작성 하였다.

〈별표 3〉1910~1920년대 중국 공교회 본부의 주요 임원

기구 명칭	설립시기	임원	
		직책	성명
상해 총회사무소	1912.10.07	주임간사	陳煥章
		간사	姚文棟 姚丙然 등
북경 총회사무소 (중앙 및 공교총회)	1913.09.27	총회장	康有爲(1913~1917)
		주임간사 (총간사)	陳煥章(1913~)
		간사	龍澤厚 李文治 李時品 姚丙然 등
곡부 총회사무소	1913.12.11	명예회장	張勳
		총리	孔祥霖(1913~1916)
		주임간사	孔繁朴(1916~1930)
광주 사무소	1920.04.03	총무간사	林富成
		간사	謝祖賢 (廣東 孔敎總會事務所 幹事)
상해 총회사무소	1920.07.10	주소간사	劉承幹 孫德謙

* 참고 : 韓華, 2003 「民初孔敎會與國敎運動」, 中國 四川大學 歷史文化學院 박사학위논문, 178쪽, 〈표 4〉'孔敎會 會務 機構 一覽表' 참조.

〈별표 4〉 1753년(영조 29) 『전객사일기』와 『전객사별등록』의 기사 내용

월	일	전객사일기	전객사별등록
1	1	宗廟展謁.	
1	8	단오일 簑衣封進事로 回移할 것. 式年向化推刷成冊을 上送할 것.	
1	9	島主承襲告慶差倭 書契等上送事로 狀達함. 왜선 4척의 出入港 緣由로 狀達함.	왜선 4척이 출래함(館守倭 교대선, 재판차왜 교대선, 당년조 제1선, 왜소선 1척) 율포에 止泊한 왜소선 1척이 問情 전에 移泊한 일을 査問토록 지시함.
1	10	제주목 冬至方物이 지체한 연유. 임신조 제2, 3선이 書契·別幅을 가지고 入港.	
.	11	공작미를 代館倭處에 入給할 것. 倭人進獻物件·公貿銅鐵 재촉의 일로 訓別處에 嚴飭. 倭人 出來事로 狀達.	신관수왜 등이 교대차 출래. 표류왜선 4척 문정 보고. 비선 3척 중 1척을 행방을 알지 못하고, 정박한 일시를 거론하지 않은 왜학을 治罪함. 천성 앞바다에 정박한 당년조 2,3선 문정. 도주승습고경대차왜 등이 공작미를 싣고 入歸함. 우도 표류왜선 7척 문정. 진헌물과 동납철의 공무역품이 늦어진 이유를 책유함. 공작미는 依例畢給하고 進獻物件 및 公貿銅鐵을 재촉함.
1	29	告慶差倭가 公私禮單蔘을 트집 잡음. 倭飛船등 渡海時 실책으로 玉浦倭學을 責治함. 왜선 7척 漂流事로 狀達.	
2	14	島主圖書改請大差倭·先文頭倭 出來함. 經接慰官·差備譯官을 差出함. 東西倭館諸處를 摘奸함. 倭船漂右 및 渡海譯官船의 馬島 도착한 일. 왜선 出港事로 狀達.	

2	15	임신조 제1선이 公作米 載去次 出來함. 渡海譯官船이 馬島府에 도착함.	
2	10	告慶差倭別宴需는 乾物로 入給함. 對馬州太守가 예조·동래·부산에 보낸 書契.	
2	22	임신조 제1·2·3선의 茶禮設行 및 書契上送. 渡海譯官이 馬島府에 도착함.	
2	28	제주목 방물이 풍파로 지체한 연유. 제주 正朝方物.	禮單蔘을 換給해달라는 차왜의 요구를 거절하고, 換蔘 요청을 접수한 동래부사 등을 치죄하도록 함
2	28	차왜의 禮單蔘換給 요구는 거절할 일.	
2			대마도주가 예조, 동래, 부산에게 新館守로 平久敬을 임명함을 알리는 서계별폭
3	7	접위관 差送 및 禮物單子 上送. 還島告知差倭의 宴禮單 磨鍊 및 접대 방안. 對馬州太守가 예조·동래·부산에 보낸 서계. 대마주태수가 예조·동래·부산에 보낸 서계. 島主還島告知差倭에 대한 回禮單子. 差倭에게 베풀 宴禮單.	
3	13	舊島主 臨死時 예조·동래·부산에 보낸 遺物·書契. 告訃差倭에게 줄 回禮單子. 告訃差倭에게 베풀 宴禮單子.	
3	23	禮單蔘點退事로 訓導·東萊伯等을 治罪함. 예단삼 폐단에 대한 傳敎. 예단삼의 일로 戶判을 罷職하는 방안. 圖書請改大差倭의 접대·예단등물 마련 문제.	禮單蔘點退事로 호조판서 이하 관원과 造蔘人을 治罪함. 禮單蔘의 폐단에 대한 傳敎. 禮單蔘點退事로 戶判을 罷職함.
4	2	圖書請改大差倭의 접위관 差出 및 圖書 새기는 문제. 도서청개차왜에게 줄 回禮單子. 도서청개차왜에게 베풀 宴禮單子	

		差備譯官이 소지할 私禮單.	
		新島主 書契를 정하게 새기는 방안.	
		島主 圖書를 封裹할 雜物을 進排할 것.	
		도주 도서를 정하게 새기라는 甘結.	
		差倭處에 향접위관을 差送한 연유	
4	8	單蔘改品事로 온 裁判差倭處에 접위관 差送.	
4	10	渡海譯官이 왕복시 裁判倭를 護行한 연유	
		왜선등이 出來한 연유.	
		倭船入歸 및 留館倭人事를 狀達함.	
4	11	부당하게 파견한 재판왜를 접대할지의 여부.	規外 출래한 裁判倭를 일단 接待하기로 함.
		約條外 出來한 재판왜는 속히 돌려보낼 것.	規外 출래한 裁判倭는 속히 돌려보내야하므로 비변사에서 회답서계를 成送해 주도록 요청함.
4	14	圖改·單蔘事로 온 재판왜는 엄히 질책하여 돌려보냄이 타당함.	약조 외 別使出送을 금하는 회답 서계를 撰出 下送케 함.
		별차에게 줄 回禮單子.	회답서계 및 동래 부산의 답서 초고를 승문원에서 撰出 下送케 함. 別差에게 줄 別幅回禮 物目.
		單蔘備送事 실책으로 戶判을 從重推考함.	예단삼을 속히 올려보내라는 특교를 거행하지 거행하지 않은 戶判을 엄하게 추고함.
4	19	왜선의 出入港 연유로 狀達함.	
4	20	접대비용 절약을 이유로 訓導等이 임의로 五送使를 정지케 한 연유.	임신조에 오지않은 사송선을 정지하고 명년 송사시에 兼帶하도록 함. 이정암에서 부특송사까지 5송사의 정지를 임의로 처리한 任譯官을 논죄함. 여인을 가두는 것을 금하도록 신칙함. 차왜의 問情을 소홀히 한 별차 황대일을 논죄하기로 함.
4	22	왜선 3척이 出來한 연유로 狀達함.	
4	25	平海·寧海漂民領來差倭가 出來함.	
		平海·寧海漂民의 漂風根因을 取招함.	
		漂民領來差倭의 回禮單·宴禮單을 마련함.	

		對馬州太守가 예조·동래·부산에 보낸 서계·별폭(平海漂民). 대마주태수가 예조·동래·부산에 보낸 서계·別幅(寧海漂民). 漂民領來差倭 回禮單子. 漂民領來差倭 宴禮單子. 女人囚禁法 완화 및 別差의 問情時 罪狀.	
5	1	倭船 出入港 연유로 狀達함. 告計差倭處에 향접위관을 差送함.	
5	9	單蔘入給時 중간 조종한 任譯輩 治罪 방안. 新島主 圖書 전달차 書吏에게 騎馬 題給.	單蔘入給時 中間操縱한 任譯輩 治罪 방안 논의, 예단삼을 여전히 點退하던 훈도별차 2인을 효시함 新島主의 圖書 전달 때 禮曹書吏에게 騎馬 1필 題給을 청함
5	11	漂民을 태운 왜선이 出來함. 還島告知差倭·告計差倭等員役 下船宴茶禮 설행. 五送使를 정지케 한 훈도·별장 죄를 용서하는 방안. 왜선 2척이 出來함. 平海漂民領來差倭處에 접위관을 差送함. 寧海漂民領來差倭處에 접위관을 差送함.	
5	16	鎭海固城昌原漂民領來差倭船 出來함. 漂風根因을 取招함. 東西倭館 諸處를 摘奸함. 漂風領來差倭·告計差倭 下船宴茶禮 설행 差倭 回禮單 마련 및 접대 방안. 대마주태수가 예조·동래·부산에 보낸 서계·별폭(昌原·鎭海·固城漂民). 昌原鎭海固城漂民領來差倭 回禮單子. 昌原鎭海固城漂民領來差倭 兩度宴贈給 雜物. 倭學訓導 差定 및 漂民領來船 출래 연유. 漂民領來船 출래 연유.	
5	17	裁判差倭를 告知差倭例로 接待함은 부당함.	別差 橘如棟의 서계에 대한 회답을 승문원에서 撰出케 함.

		規外差倭를 裁判差倭例로 정정한 回禮單.	별차왜에 대한 회례물을 도주환도 고지차왜의 예에 따라 마련하여 下送케 함.
		五送使停止事에 대한 對馬州奉行等의 회답서계.	별차왜를 재판왜의 예에 따라 접대함.
		舊關白弔慰譯官 파견에 대한 회답서계.	別差 橘如錬에[대한 별폭회례 및 예단잡물을 다시 마련하여 하송케 함.
		渡海譯官 편에 裁判差倭를 順付한다는 서계(禮曹).	別差 橘如錬에 대한 별폭회례 물목.
		渡海譯官 편에 裁判差倭를 順付한다는 서계(東萊釜山).	임신조 이정암송사부터 부특송사까지 정지하겠다는 대마도 奉行의 서계.
			동래 부산의 회답서계를 승문원에서 撰出 下送케 함.
5	27	違格路引의 改書呈納事로 징책할 것. 員役等의 下船茶禮 設行 및 서계·별폭 上送.	계유조 1송사선이 단목을 싣고 공작미 齋去차 출래함. 왜 飛船 2척이 生銅과 관수재판왜의 私書를 가지고 출래함.
6	3	향접위관 身病으로 그 대신을 差定함.	
6	9	무진조 제1·5·6선이 공작미 載去次 出來함. 飛船 2척이 裁判大差倭私書를 가지고 入歸. 漂民領來差倭等 하선연 設行.	
6	11	規外差倭는 裁判差倭回答書契로 改撰하여 下送. 規外差倭는 재판차왜로 회답서계를 改撰하도록 함.	規外差倭는 裁判差倭回答書契로 改撰하여 下送. 規外差倭는 裁判差倭로 回答書契를 改撰하도록 함.
6	19	規外出來한 圖書請改大差倭船을 入送토록 함. 東西倭館을 摘奸함. 접위관이 差倭茶禮事로 동래에 도착함.	
6	22	掌樂院이 習樂與否로 稟報함.	
7	2	差倭書契 중 宣祖大王 初諱를 犯한 일. 당년조 제1·2·3선 員役等 下船茶禮 설행. 왜선 출래 연유. 계유조 세견제1선 서계·별폭. 계유조 세견제1선 회답서계·회례단 마련.	

		계유조 세견제2·3선 서계·별폭. 계유조 세견제1·2·3선 정관이하 公貿易贈給雜物. 임신조 1특송 2호선 路引이 違格으로 退却. 三邑漂民領來差倭 下船茶禮後 서계등 上送.	
7	9	圖書改請差倭下船宴茶禮 및 公私禮單雜物 入給.	
7	12	圖書改請差倭處에 宴需·公私禮物을 지급함. 甲冑米木錢을 封園都監에 移送할 것.	
7	15	사망한 伴從倭를 館後山에 매장함.	
7	23	單蔘貿來事로 대신과 논의함.	單蔘價를 1근당 은 120냥으로 환산해주기로 함.
8	1	사망한 小禁徒倭를 館後山에 매장함. 三邑漂民領來差倭貝役等 하선연을 설행	
8	9	왜선의 出入港 및 漂風·還泊 연유. 平海漂民領來差倭 上船宴需를 지급함. 領海漂民領來差倭 상선연을 설행함」 왜선의 出入港·漂風·還泊 연유는 上同	
8	10	당년조 以酊菴船·第四船等이 서계를 가지고 입항. 임신조 特送水木船路引은 違格으로 改書토록 함. 東西倭館을 摘奸함. 왜선 출래 연유는 上同.	
8	15	壬申停止 以酊菴 제4선의 서계별폭十五度·飛船路引을 上送함. 倭船 不察事로 助羅浦萬戶를 從重決棍함. 임신조 以酊菴書契. 以酊菴回答書契 및 回禮雜物單子. 以酊菴送使正官 公貿易贈給雜物. 임신조 歲遣第4선등 회답서계 및 회례물. 임신조 歲遣第10船等 회답서계 및 회례물. 임신조 歲遣第4船正官等 公貿易贈給雜物.	左島로 향하는 왜선 2척 중 1척을 捕執하지 못한 助羅浦萬戶를 곤장을 치게 함.
9	3	掌樂院을 梨園이라 칭하지 말라는 전교.	

9	6	誕日衣襨次物膳封進事로 傳教. 新島主圖書·差倭員役等宴需雜物·公私禮單을 지급함. 圖書改請差倭 入歸事로 狀達함. 飛船三隻 路引을 上送함. 裁判差倭 入歸, 從倭 身病으로 落後한 일. 당년조 제1선등의 하선연을 설행함.	왜 비선이 館守裁判差倭 등의 私書를 가지고 入歸함. 진해창원 표민영래차왜선이 공작미를 싣고 돌아감. 재판차왜의 상선연 실행 대신에 乾物을 사급함. 관수재판차왜의 私書 및 대관왜의 卜物을 싣고 돌아감. 왜 비선 3척 문정. 飛船 3隻路引을 上送함하고, 당년조 1, 2, 3선의 下船宴을 設行함. 秋社日에 관수왜 등이 祖先墳塚에 往省함.
9	10	湖南暗行御史 別單書啓, 向化人身布減徵事. 向化人身布 및 守令勸懲事로 전교함. 向化身布는 捧上하고 烟戶雜役은 勿侵할 것.	
9	22	왜선 3척이 공작미를 싣고 入歸함. 圖書改請差倭船은 入歸하고 押物等은 身病으로 落後함.	
9	25	禮單蔘·三差倭加料事는 限內 시행할 것.	
10	3	당년조 以酊菴 제4선등 서계·별폭 上送. 鎭海等漂民領來差倭員役等 상선연 설행. 以酊菴書契의 宣祖初諱를 범한 일. 도주고부차왜 상선연은 乾物로 入給.	
10	6	당년조 以酊菴 서계. 회답서계 및 회례잡물. 당년조 以酊菴正官等 贈給雜物. 당년조 세견선 回答書契·回禮單 마련. 당년조 세견선 正官等 贈給雜物	
10	18	당년조 1특송사선등이 공작미 載去次 출래. 違格路引은 고처 바치도록 責諭함. 東西倭館 諸處를 摘奸함.	·
10	27	飛船路引 2통을 上送함.	
11	2	제주목의 誕日方物이 지체한 연유. 誕日方物單子.	

11	14	당년조 1특송선등이 서계를 가지고 출래함. 違格路引은 고쳐 바치도록 責諭함. 瞭望 실책으로 多大浦監官·烽軍을 決棍함. 왜선 출래 연유.	
11	21	공작미 載去次 출래한 재판왜선이 玉浦에 표박함.	재판왜 橘如棟의 배 3척 표류, 1척은 가덕도 표박, 2척은 탐문하여 치보하게 함.
12	1	무진조 제7선의 출래. 違格路引을 고쳐 바치도록 責諭. 裁判橘如棟船을 退却함. 당년조 제1선 정관이 入歸. 무진조 제8선의 출래. 당년조 3특송선이 공작미 載去次 출래. 왜선 출래 연유는 위와 같음.	
12	13	왜선 2척이 공작미를 싣고 入歸함. 飛船 1척·무진조 제9선이 출래함. 당년조 부특송사선이 출래함. 一特送使, 萬松院送使等의 서계·별폭을 上送. 海州譯學은 熟暗漢學者로 擇送할 것.	황해감영에서 海州譯學은 한학 능통자를 차송해주도록 요청함.
12	16	왜선 2척이 공작미를 싣고 入歸함. 渡海譯官이 재판차왜를 護行하고 출래함. 問慰書契·弔慰書契를 撰出할 것. 渡海譯官이 가지고 온 서계등본. 회답서게 및 회례잡물. 裁判差倭 宴禮單. 倭館蔘弊事는 蔘商을 申飭하라는 전교.	倭譯과 인삼상인의 蔘價 조정을 엄금하도록 하교함.
12	28	왜선 4척이 공작미를 싣고 入歸함. 당년조 以酊菴送使船等 상선연 설행. 당년조 1만석 공작미를 入給하는 문제.	계유조 제3특송사선 4척이 公作米를 싣고 入歸함. 무진조 제9선과 당년조 부특송사선 2척이 공작미를 싣고 돌아감. 以酊菴送使 및 제4송사왜의 원역 등에 대한 上船宴 설행.
12	29	正朝方物(阿多箇)을 살펴 內入할 것	

토론문

이와가타 히사히코(岩方久彦, 전남대)

1. 본 논문의 의의

조선시대 한일관계사 연구에서 그동안 많은 자료가 발굴되며 학회에 소개되었습니다. 특히 『조선왕조실록』을 비롯한 자료의 전산화로 역사학연구자 뿐만 아니라 타전공자들도 쉽게 자료를 활용할 수 있는 환경이 조성되었습니다. 그 결과 다양한 연구가 이루어진 것은 바람직하지만, 일부 연구에서는 자료의 성격이라든지, 자료에 배경에 대한 이해 부족이 눈에 띄기도 합니다.

한문종 교수님의 글은 한일관계사를 전공하지 않은 연구자에게는 필수적이라고 할 수 있고, 전공자들에게도 다시 한번 자료의 가치를 알려주는 것으로 생각합니다. 교수님이 정리하신 조선후기 각종 등록류는 연대와 목적을 한번에 확인할 수 있으며, 대일 사행록도 잘 정리되어 있습니다. 교수님이 서론에서 지적하신 것처럼 지금까지 한일관계 기록에 대한 종합적인 검토가 적었던 것을 생각하면 고무적인 일이라 생각합니다.

또한 교수님께서는 등록류가 대부분 1637년부터 1754년까지의 기록만 있는데, 『전객사일기』는 일부 누락된 부분은 있으나, 1640년부터 1886년까지 기록이 남아 있다고 하셨습니다. 즉 자료적인 한계로 18세기 후반부터는 연구가 어려웠던 한일관계사의 문제점을 이번 연구를 통해 해결할 수 있는 길을 소개시켜주신 것입니다. 그리고 아직 전99권중 55

권까지만 영인본으로 출판된 관계로 지금까지 제대로 활용되지 못했다고 하시면서, 앞으로 영인본 출판 그리고 번역작업의 필요성을 결론에서 제안하셨습니다.

2. 논문에 대한 질문사항

1) 제목에 대한 질문

목차를 보면, 2장 조선전기 한일관계 기록, 3장 조서후기 한일관계 기록, 4장 『전객사일기』의 내용과 사료적 가치로 되어 있습니다. 그런데 2장 조선전기에 관한 내용은 아주 짧고, 나머지는 조선후기에 관한 내용입니다. 그래서 첫째, '중·근세'라는 제목보다 '조선시대'로 고치는 것이 적절하지 않을까 싶습니다. 둘째, 『전객사일기』를 어떻게 하고 싶은지 제목만 보면 이해가 안갑니다. 한문종 교수님께서 『전객사일기』의 자료적인 가치를 인정하며 앞으로 적극적으로 활용하기를 바라시는 것 같습니다. 그렇다면, 『전객사일기』의 자료적 가치, 아니면 『전객사일기』의 활용 방안 등으로 고치서도 무방하지 않을까 싶습니다.

2) 2장에 대한 질문

조선전기 일본 관련 기록이 13,997건이며, 조선후기에는 1,471건에 불과하다고 나와 있습니다. 교수님께서 인용하신 손승철 교수님의 논문을 보면, 조선후기 가장 기록이 많은 것은 표류민(701건), 다음은 외교의례(203건)에 관한 것이었습니다. 감소한 이유를 어떻게 해석해야 할까요? 조선전기의 현안이 왜구(6,858건)에 관한 것이었는데, 왜구문제가 해결하고 나서부터 특별한 외교문제가 없었기 때문인가요. 아니면, 조선의 내부적인 요인에서 찾아야할까요.

토론자가 이러한 질문을 하는 것은 조선후기를 바라보는 두 가지 시각이 있기 때문입니다. 하나는 통신사 연구자들이 말하는 조선후기가 '선린우호의 시대'라는 시각과, 통신사에 비판적인 논자들이 말하는 '대립과 갈등'의 연속이었다는 시각입니다. 물론 조선의 관청기록을 작성하는 주체는 조선입니다. 그래서 어떤 자료를 선택하고 기록하는 것 역시 조선의 고유의 권리입니다. 그러나 기록의 감소는 그만큼 대일외교의 위상, 아니면 중요성이 상대적으로 떨어졌다는 반증이 아닐까 싶습니다.

3) 3장에 대한 의견

사행록과 관련해서 질문이 있습니다. 이 논문은 한국에 있는 기록을 중심으로 작성된 것입니다. 그러나 한일관계 자료는 해외에 있는 경우도 많습니다. 예를 들어 시문교류 자료 중에는 일본에서 출판된 것도 있습니다. 최근 통신사의 시문교류자료(필담창화집)를 모두 모아서 번역 출판되었습니다. 물론 국문학계에서 이루어진 연구 성과이기는 하지만, 당대 지식인들의 상호인식이라든지, 문화인식을 알 수 있는 좋은 자료들이라고 생각합니다. 교수님 논문에서는 빠져 있는데, 가능하신다면 추가하실 생각이 있으신지 여쭤봅니다.

4) 4장에 대한 의견과 질문

4장에서는 교수님께서 『전객사일기』와 다른 관청자료를 비교 검토하는 것을 제안하고 있습니다. 물론 맞는 말씀입니다. 그러나 다른 관청자료에 없는 부분을 활용하는 것이 필요하지 않을까 싶습니다. 예를 들어 『통신사등록』에는 '1811년 대마도 역지통신'까지만 기록되어 있습니다.

그래서 1840~50년대에 추진된 오사카 역지통신, 그리고 1860년대에 추진된 대마도 역지통신 기록은 없습니다. 『조선왕조실록』을 비롯한 다른 자료에도 거의 기록이 없습니다. 그러나 『전객사일기』에는 1886년까지 기록이 남아 있어서 새로운 사실을 밝혀낼 수 있을 것으로 생각합니다.

마지막 질문을 하겠습니다. 교수님께서 '易地交聘'이라는 용어를 사용하고 계십니다. 일본에서는 '易地聘禮' 한국에서는 '易地通信'이라는 용어가 일반적인 것 같습니다. 저도 역지통신을 사용하고 있는데, 교수님께서 어떤 문제의식으로 이 용어를 사용하셨는지 궁금합니다.

圖書를 통해서 본 중세 日朝關係史

마쓰오 히로키(松尾弘毅, 日本 九州大)

1. 서론

일본 중세 일조통교에 관한 사료의 최대 특징은 그것을 직접적으로 이야기해주는 일본측 사료가 적다는 점이다. 당시 조선왕조는 대단히 많고 다양한 계층의 일본인 통교자와 通好를 맺고 무역을 인정하였다. 그래서 조선왕조 성립기부터 15세기에 걸쳐『조선왕조실록』이나『해동제국기』, 각종 시문집 등 조선측 사료를 제외하고는 그 실태에 접근하는 것은 어렵다. 16세기 일조관계에서는「朝鮮送使國次知書契覺」등의 일본측 사료가 알려져 있지만, 그 특수한 성격상 통교실태를 증명하기 위해서는 많은 보충사료가 필요할 뿐 아니라, 해당 기간의『조선왕조실록』은 많은 통교기사를 대상에서 빠트리고 있기 때문에 단편적으로 상황을 파악할 수 있을 뿐이다.

이처럼 중세 일조관계사는 사료가 풍부하다고 할 수 없는 상황인데다 통교 명의와 실제 파견주체 사이에 괴리가 있는 '僞使'라고 불리는 使者가 만연한 시기이기도 하다. 따라서 실태 해명을 위해서는 꾸준히 사료 조작에 따른 정밀한 고찰이 요구되는 반면, 객관적으로 확실성이 높다고 평가할 수 있는 검증 결과까지 도달할 수 있는 것은 드물다. 그래서 중세 일조관계사 연구는 항상 '개연성 부족'이라고 비판받을 위험성을 내포하고 있다.

그러나 중세 일조관계가 근세 이후 일조관계의 기초의 일단을 이루고 있다는 점에 대해 異論을 보이는 사람은 없을 것이다. 사료 부족이나 위사의 존재가 중세 일조관계의 특징이라면, 그것을 이해하고 다양한 표상과 이에 기초한 로고스(logos)를 제기하지 않으면 일조관계의 총체를 해명할 수 없다는 것이 자명하다.

이와같은 使命이 부과된 중세 일조관계사의 연구에 있어서 빼놓을 수 없는 사료가 존재한다. 그것이 圖書이다. 일조관계에서 도서는 일본인 통교자의 이름을 새긴 印章로, 修好의 誠意가 두텁고 조선을 위해 기여하는 바가 많은 평화적인 통교자를 우대하기 위하여 수여된 것이었다[中村, 1965, 518쪽]. 조선은 건국초기부터 왜구를 회유하기 위해 일본인에게 문호를 대폭 넓혔지만, 그 결과 거액의 접대비용을 거출할 필요가 있었으므로 여러 가지 통교 통제책을 실시함으로써 교역할 수 있는 일본인 통교자의 수를 제한하였다. 도서는 그러한 상황 속에서 일본인 통교자의 무역 이윤을 확보하기 위한 통교권의 하나로 인식되어, 조선전기 일조관계에서는 이 도서의 획득이 일본인 통교자에게 최대의 과제가 되어 조선과 교역에서 가장 큰 장애물이기도 하였다.

현재 사료로 實見할 수 있는 도서는 모두 16세기의 것이다. 이전에는 개인 소장 도서가 수점 전해지고 있을 뿐, 나머지는 20세기 초기의 연구 논문 등에서 印影이 알려진 것이 있는 정도였다. 그러나 최근 들어 도서의 현물 발견이 잇따르면서 도서를 활용한 중세 일조관계사연구가 진전되는 근거가 되었다. 「朝鮮送使國次知書契覺」 등이 이야기하는 대마의 조선통교가 도서라는 물적 증거로 뒷받침됨으로써 16세기의 조일관계는 단숨에 현실성을 띠어 우리 눈앞에 드러나게 된 것이다.

한편, 특히 북부 九州의 정치사가 검증되어 그 실상이 밝혀지게 되면서 일본정세와 조선의 통교가 유기적으로 결부되어지게 되고, 도서에 대해서도 그러한 결합의 연장선상에 놓이는 듯한 관점이 조성되어 왔다. 중세 일조관계사의 중요한 사료인 圖書에는 연구의 수요에 따라 새로운 시각을 적용할 필요가 생겼던 것이다. 더욱이 僞使 연구에서 도서를 활용하는 시각은 宗家旧藏圖書 발견 이전부터 보이지만, 통교자의 개별 연구를 주축으로 활용 빈도가 증가할 것으로 예상된다.

본론에서는 이러한 문제의식에 입각하여 현재의 도서에 관한 견해를 정리하면서 실제로 어떻게 도서가 이용되었는지를 살펴보고, 향후 도서를 소재로 한 중세 일조관계사 연구에 이바지하고자 한다. 또한 실제 사례 연구로 筑前의 宗像社에 있어서 大宮司 직을 계승한 宗像씨에게 초점을 맞추어 그의 조선 통교와 사료연구의 가능성을 자세히 살펴보고자 한다.

2. 15세기 圖書제도의 변화와 운용 실태

(1) 초기에 있어서 圖書의 意義

도서제도는 15세기부터 16세기에 걸쳐 운영된 일조통교에 있어서 비자시스템의 기초였다. 헌상품을 바치고 회사품을 주는 사자 접대 여부를 조선측이 판정하는 데에 이용되었으나, 그 給付는 일본인 통교자측의 요구에 따랐다는 점에는 주의를 요한다. 요컨대 도서제도는 당시 조선측이 통교자의 무역을 제한하는 것을 목표로 한 것이 아니고, 도서제도에 의한 통교규제는 이른바 결과적인 것이다. 왜 일본인 통교자가 무역규제로 이어질 수 있는 비자를 스스로 요구했는지에 대해서는 초기의 기록을 살펴보면 추정할 수 있다.

『조선왕조실록』에 보이는 최초의 도서청구는 1410년(태종10) 九州探題 澁川滿賴(道鎭)에 의한 것이다(『태종실록』권20, 10년 12월 병진조, 이하 (태종10·12·병진)으로 기록함). 이때는 명과의 관계를 우려하여 賜與는 흐지부지하는 가운데 이루어지지 않았는데, 이것은 外夷인 국왕에 대하여 授職하고 인장을 頒與하는 것은 중국 황제의 전권 사항이라고 판단되었기 때문이었다〔中村, 1965, 518~519쪽〕.

그 후 '圖書'라는 말이 처음 나온 1416(태종16)에서 板倉宗壽에 의한 구청(태종16·3·신축)을 거쳐 정식으로 도서가 조선에서 주어졌음을 확인할 수 있는 것은 세종대에 들어서부터이다. 즉 1418(세종즉위)년 小早川則平의 도서 요청에 대하여 세종은 예조에 그 造給을 명하였다(세종즉위·11·을해). 또한 이듬해에는 板倉滿景이 도서를 얻고 있지만(세종원·6·갑술), 이 板倉滿景와 宗壽는 九州探題 澁川씨의 家臣이다. 한편 小早川則平은 探題의 九州 경영을 감독·보좌하기 위해 막부가 파견한 九州上使이다. 즉, 도서를 초기에 구청한 것은 모두 澁川滿賴·義俊 부자의 주변 인물이었다.[1] 특히 板倉씨는 澁川씨의 肥前경영에 깊이 관여하였으며, 이 肥前과의 관계가 博多 지배의 배경이 되었던 것이 분명했다는 점〔川添 1978, 353쪽〕에서 부연하면 도서 청구에는 무역도시 博多와의 관계가 부상한다. 澁川씨 자신이 도서를 얻은 정확한 시기는 확실하지 않지만 澁川씨 세력이 도서라는 조선과의 통교증을 일부러 요구한 것은 澁川씨가 증가하는 조선 통교자 사이에서 九州探題로서의 우위를 확보하려 한 점과〔川添, 1996, 186~187쪽〕당시 일본의 대외무역의 實働面을 혼자서 담당하고 있던 博多 상인의 조선무역에 대한 기대가 맞아떨어진 결과였다.

당시 澁川씨는 九州探題로서 일단의 체재는 유지하면서도 그 지배력

1) 九州探題 직은 1419년에 澁川滿賴부터 아들인 義俊으로 계승되었다〔高柳1932〕.

은 九州 전체는커녕 博多가 있는 筑前에서도 관철되지 못하는 상황이었다. 筑前의 재지세력인 少貳씨 및 그 부하인 宗氏씨와 지배에 있어서 對抗關係에 있고, 周防·長門의 守護大名인 大內씨의 지원을 받지않으면 세력 확보가 여의치 않은 상태에 있었다. 조선통교에서 보면 澁川滿賴은 九州探題로서 下向한 직후인 1397(太祖6)년부터 이미 4차례나 조선에 사자를 파견하고(太祖6·6·辛丑, 同·7·乙丑, 同·10·己卯, 同·12·是月), 태종대에는 정기적으로 사자를 파견하는 한편 부하인 板倉씨 등도 통교하고 있다. 또한 應永의 外寇 이후 일본에 온 宋希璟을 후대한 것이나 서계제도에 의해 조선 통교자를 통제하는 입장에 놓인 것에서 일조무역에서 澁川씨의 입장은 비약적으로 높아졌다[田中1959]. 그러나 일본 국내에서 보면 1405(태종5)년 이후는 澁川氏와 大內氏, 少貳氏와 宗氏가 각각에 대하여 대항심을 불태우면서도 筑前에 혼재하고 있는 상황이고, 각자가 北部九州 支配에 있어서 在地支配를 강화하고 있던 시기였다. 澁川氏씨가 九州探題라는 명목상의 유리한 지위를 이용하여 九州의 지배를 유리하게 진행하려고 조선과 활발한 무역을 할 수 있도록 특별한 관계를 요구했다는 것이 澁川氏에 의한 도서 청구의 내막이었다.

한편, 博多 상인은 1406(太宗6)년에 足利義滿이 명 황제로부터 책봉을 받은 이후 日明貿易을 실제 주도하여 담당함으로써 무역규모를 확대시켰다. 그러나 조선과의 무역에 관해서는 태종대부터 흥리왜선의 입항장소의 제한과 '渠首'의 행장 휴대의무가 정해지고(太宗7·7·戊寅), 또한 日本國王·對馬島·大內殿·少貳殿·九州節度使(九州探題) 이외의 도항을 금지하는(太宗14·8·丁未) 등의 통교통제가 실시되어 쉽게 무역할 수 없는 상황이 되어 있었다. 그래서 博多 상인은 과거에 '今川了俊'이라는 빅네임으로 의해 대외적 가치가 높아진 九州探題라는 브랜드를 사용함으로써 조선에 의한 통교통제를 극복하려고 획책하였다고 생각된다. 澁川滿賴에 의한 도서청구는 당시 筑前에서 약소세력이었던 澁川氏의 조선통교를 보전할 목적으로 행해진 것이지만 그것을 주도한 것은 博多 상인이었던 것이다. 세종전반기에 澁川씨 명의의 遣使는 피크를 맞이하지만2) 이 견사가 博多 상인에 의한 것이었다는 것은 당시 조선에서 이미 지적을 받고 있다(世宗6·12·戊午). 이것으로 보아도 九州探題 澁川氏의 통교는 博多 상인에 의하여 견인되고 있었던 것은 분명하고, 도서가 일조통교에 있어서 우선적인 지위를 차지하기 위해 요구된 것임을 알 수 있다.

〈表 1〉 15世紀 『朝鮮王朝實錄』에 있어서 圖書 관계기사

No	西曆·年号	月·日	人 名	内 容
1	1410·太宗10	12·丙辰	澁川滿賴	小印을 구청
2	1416·太宗16	3·辛丑	板倉宗壽	小印을 구청
3	1418·世宗即位	11·丁丑	小早川則平	도서를 造給
4	1419·世宗元	6·甲戌	板倉滿景	도서를 造給
5	1419·世宗元	9·壬戌	宗貞盛	降伏을 신청하고 印信을 求請
6	1423·世宗5	正·庚戌	源才	図書를 造給
7	1426·世宗8	11·庚寅	宗金	図書賜給을 감사하다
8	1427·世宗9	正·壬寅	志佐重	図書를 求請
9	1428·世宗10	7·甲寅	宗貞盛	別幅에 図書가 없이 獻上品을 바치지 않는다.
10	1429·世宗11	4·丁丑	宗盛國	書契에 図書가 없이 獻上品을 바치지 않는다.
11	1429·世宗11	4·乙未	志佐重	図書賜給을 감사하다
12	1429·世宗11	9·庚申	藤七·也伊知	図書를 造給
13	1433·世宗15	6·丁酉	宗茂直	図書를 造給
14	1434·世宗16	4·戊申	宗貞盛	押印箇所에 의한 派遣主体 識別法을 제안
15	1434·世宗16	4·己未	宗盛國	図書를 구청
16	1435·世宗17	正·丙戌	宗盛國	図書賜給을 감사하다
17	1435·世宗17	7·壬午	藤九郎	父·藤七의 도서를 改給
18	1435·世宗17	9·丁丑	宗貞盛	宗茂直과 盛國의 図書受給을 비난

2) 川添氏에 따르면, 己亥東征 후의 澁川씨의 통교는 1419년부터 수년 동안 가장 빈번하였다(川添1996, 208쪽). 구체적으로는 澁川滿賴 명의의 遣使는 1423년에 7회 확인할 수 있고, 義俊 명의의 견사는 그 전년에 9회로 澁川氏의 조선통교에서는 가장 많다.

19	1439·世宗21	10·丙申	宗貞盛	宗茂直·盛國도 島主 文引이 없으면 접대하지 않음을 확인
20	1439·世宗21	10·庚子	宗貞盛	三著図書制度 實施하기 위해 図書를 서울에서 三浦에 송부
21	1439·世宗21	10·丙寅	多郎古羅·宗茂	宗貞盛 図書의 僞造가 發覺
22	1442·世宗24	5·乙丑	宗盛國	礼曹가 図書의 대여금지의 뜻을 설파하다
23	1444·世宗26	10·丙寅	宗盛家	捕倭의 功을 인정하지 않으면 도서를 반납할 뜻을 고하다.
24	1448·世宗30	7·己丑	藤原定請	도서를 구청하는 것도 인정되지 않다
25	1449·世宗31	5·壬午	宗虎熊丸	父·盛世의 例에 따라 도서를 造給
26	1450·文宗 卽位	6·壬寅	志佐義	図書를 造給
27	1453·端宗 卽位	7·丙午	宗成職	先島主·宗貞盛의 図書를 宗成職에게 改給
28	1453·端宗 卽位	11·丙戌	宗成職	図書를 求請. 幼名千代熊名의 図書도 求請
29	1466·世祖12	閏3·戊戌	名護屋賴永	図書를 求請하는 것도 인정되지 않다
30	1470·成宗 元年	9·丙子	菊池爲邦·呼子義·神田德	以前과 다른 도서를 사용하여 사기행위가 의심된다.
31	1471·成宗2	11·丁未	佐藤信重	以前 도서를 받았고 세견선 정약 맺다.
32	1471·成宗2	12·己卯	斯波義廉	過去에 図書를 받은 것을 언급
33	1473·成宗4	5·丙申	菊池爲邦	図書를 造給
34	1473·成宗4	5·己亥	宗茂次	図書를 造給
35	1473·成宗4	5·戊午	宗貞國·崇睦	崇睦의 図書를 求請
36	1473·成宗4	6·己丑	神田德	図書가 바뀐 이유를 聽取
37	1474·成宗5	10·庚子	宗茂勝	図書를 求請
38	1474·成宗5	11·辛酉	菊池爲邦	図書의 내력의 의심점에 대해서 聽取
39	1474·成宗5	12·甲申	申叔舟·正球	요즘 일본 도서가 조선의 것이 아님을 규탄
40	1475·成宗6	正·戊辰	宇久幡	図書를 造給
41	1475·成宗6	4·辛丑		향후 도서 위반이 발각되었을 때의 대처에 대해서 논의
42	1476·成宗7	2·丙戌	菊池爲邦·重朝	菊池氏의 도서의 의심점에 대해서 보고
43	1477·成宗8	9·戊辰	名護屋賴永·宗茂次·國長	도서를 보유하면서도 세견선 정약을 맺지 않은 3명에 歲遣船 定約 1船을 맺다

(2) 도서제도의 변천

세종 전반기부터 도서를 요구하는 움직임이 조선통교자에게 퍼져 갔다. 表1을 참조하면 肥前 松浦지방의 재지세력으로 壹岐에도 지배기 반을 가지고 있던 志佐씨(表1 No.8·11)와 早田左衛門大郎의 아들·也伊知(表1 No.12), 壹岐의 왜구세력이었던 藤七(同) 등 직접적으로 조선과 무역을 하는 세력이 도서를 受給하고 있었다. 宗金의 受図書(表1 No.7) 은 博多 상인이 직접 조선통교권을 얻은 初見으로 중요하다.

이처럼 도서를 요구하는 통교자가 증가하고 있던 배경에는 서계제와 문인제를 비롯한 통교 통제가 전개되어 일본인 통교자가 자의적으로 조선과 무역을 하는 것이 어렵게 되어 온 것이 있었다. 조선과의 무역을 정식으로 인정받은 통교자라고 공적으로 증명하는 도서를 획득하는 것이고, 무역을 확보하려고 한 것이다. 이에 따라 도서는 무역의 기회를 보장하는 것이라는 인식이 생겨나 통교 통제가 진전되는 가운데 많은 일본인 통교자로부터 요구되는 것이 되어 갔다.[3]

도서를 受給하는 일본인 통교자는 시대가 내려감에 따라서 꾸준히 증가해 갔다. 1471년 시점의 통교자를 기록한 『海東諸國紀』에서 受圖書 人을 지역별로 표로 만든 것이 表2이다. 세종 후반기부터 세조대에 걸쳐 서 조선은 受圖書人과 별개로 1년에 파견할 수 있는 사자의 수를 결정한 세견선 정약을 맺는다. 즉 세견선 정약자라면 조선에서 도서를 받은 통교자라가 되고, 그 수는 『海東諸國紀』 편찬 시점에 58명에 달했다.[4]

---

3) 한편, 도서는 반드시 일본측의 구청대로 주어진 것은 아니었다. 博多 상인인 藤原 定請((淸)) (表1 No.24)와 肥前 名護屋의 재지세력을 자칭하는 名護屋 賴永(表1 No.29) 등은 도서를 요구했으나 받아들여지지 않았다. 도서의 賜給 여부는 조선 조정에서 적절히 고려하여 결정하였다.

4) 『海東諸國紀』에서 平戶豊久(表2 No.29)에 대해서는 歲遣船數의 기록은 없지만, 아버지 義松이 세견 제1선의 定約者였다는 것을 『조선왕조실록』에서 알 수 있기

『해동제국기』의 성립 이후에도 菊池爲邦(表1 No.33)·宗茂次(表1 No.36)·宇久幡(表1 No.40) 등에게 도서가 造給되어 있으며, 崇睦(表1 No.35)과 宗茂勝(表1 No.37)가 도서를 청구하고 있다. 또한 세견선 정약을 맺고 있지 않은 受圖書人과도 세견선 정약을 체결(表1 No.31·43), 圖書와 세견선 정약 사이에 완전한 일치를 도모하게 되었다.

통교에 있어서 우선적 지위를 차지하기 위하여 요구된 도서는 통교통제의 진전에 따라 일본인 통교자에게 무역의 기회를 보장하는 것으로 인식되게 되었지만, 受圖書人 모두에게 세견선 정약을 부과하면서 일본인 통교자의 무역을 규제하는 성격도 지니게 되었다.

다른 한편, 대마도주 宗貞盛의 圖書는 다른 통교자와 비교하여 그 내력과 의미가 크게 다르다. 宗貞盛에게 부여된 印信은 당초 己亥東征의 戰後 交涉으로 대마도가 조선에게 卷土來降하던 때에 요구한 것이었다 (世宗元·9·壬戌, 表1 No.5). 세종을 중심으로 한 통교관계의 조기 정상화와 印信을 날인한 書契에 의한 通交統制의 실시를 지향하고 있었다 (世宗元·9·癸亥), 〔荒木2007, 55쪽〕. 결과적으로 대마의 조선으로의 卷土來降은 허사가 되었지만, 宗氏가 대마 도내의 통교자에게 도항 허가증인 서계를 발급하는 제도는 시행되고, '宗氏都都熊瓦((丸))의 印信이 조선에서 내려졌다.[5] 즉, 宗貞盛에게 내려진 印信(=圖書)는 대마의 조선 통교자를 관리하기 위한 도구로 造給된 것이었다. 한편, 당시는 宗貞盛이 도내 지배를 장악하기 위해 동분서주하고 있던 시기이기도 하였다. 조선과 밀착하지 않으면 경제적으로 성립되지 않는 대마도에서 조선과의 통교 인허가권을 얻는 것은 말하자면, 섬 지배를 위한 강력한 권력을

때문에(成宗元·9·丙子), 그것을 계승하고 있었다고 생각된다.

5) 長氏는 '宗氏都都熊瓦((丸))'의 印信이 통교를 위한 信符로 이용되게 되는 경과를 제시하며, '貞盛은 대마에서 최초의 受圖書人'이라고 평가하고 있다〔長1987, 155~158쪽〕.

얻는 것을 의미한다. 그것을 상징하는 도서는 貞盛에게 단순한 무역기회의 확보 이상의 의미가 있었다. 이를 위해 卷土來降가 허사가 되는 것에 부심하는 반면, 조선으로부터의 印信을 이용하는 것에는 집착했던 것이다.

<표 2> 『海東諸国紀』に見える図書受給者

No	國	受　給　者　名	遣使來朝年	歳遣船	備　考
1	攝津	畿内攝津州兵庫津平方民部尉忠吉	丁亥(1467·世祖13)	1船	
2	安芸	安芸州小早川美作守持平	庚申(1440·世宗22)	1船	常賀の子
3		安芸州海賊大將藤原朝臣村上備中守國重	甲申(1464·世祖10)	1船	
4	周防	周防州大內進亮多多良別駕教之	甲戌(1454·端宗2)	1船	政弘の叔父
5	石見	石見州因幡守藤原和兼	丁卯(1447·世宗29)	1船	兼貞の子
6	筑前	筑豊肥三州總太守太宰府都督司馬少卿(賴忠)		2船	後の政資
7		道安	乙亥(1455·世祖元)		護軍
8		宗家茂	乙亥(1455·世祖元)		宗金の子·護軍
9		筑前州宗像朝臣氏郷	乙亥(1455·世祖元)	1船	
10		筑前州冷泉津尉兼內州太守田原藤原貞成	辛巳(1461·世祖7)	2船	
11		筑前州冷泉津藤原佐藤四郎信重	丙子(1456·世祖2)	1船	
12	肥前	九州節度使源教直	己丑(1469·睿宗元)	2船	
13		肥前州小城千葉介元胤	己卯(1459·世祖5)	1船	
14		呼子一岐守源義	乙酉(1465·世祖11)	2船	
15		肥前州上松浦波多島源納	乙亥(1455·世祖元)	2船	
16		肥前州上松浦鴨打源永	丙子(1456·世祖2)	2船	
17		肥前州上松浦九沙島主藤源次郎	丙子(1456·世祖2)	1船	
18		肥前州上松浦那護野宝泉寺源祐位	丁丑(1457·世祖3)	1船	僧
19		肥前州上松浦丹後太守源盛	丁丑(1457·世祖3)	1船	

20		肥前州上松浦神田能登守源德	丙子(1456·世祖2)	1船	
21		肥前州上松浦佐志源次郎	己丑(1469·睿宗元)	1船	
22		肥前州上松浦九沙島主藤原朝臣筑後守義永	丙子(1456·世祖2)	1船	
23		肥前州下松浦一岐州太守志佐源義	乙亥(1455·世祖元)	2船	
24		肥前州下松浦三栗野太守源滿	丁丑(1457·世祖3)	1船	
25		肥前州下松浦山城太守源吉	乙丑(1445·世祖27)	1船	
26		五島宇久守源勝	乙亥(1455·世祖元)	2船	
27		肥前州田平寓鎮源朝臣彌正少弼弘	丁丑(1457·世祖3)	2船	
28		肥前州平戶寓鎮肥州太守源義	丙子(1456·世祖2)	1船	小弼弘の弟
29		平戶寓鎮肥州太守源豊久	辛卯(1471·成宗2)		義松の子
30	肥後	肥筑二州太守藤原朝臣菊池爲邦	丙子(1456·世祖2)	2船	
31		肥後州藤原爲房	乙亥(1455·世祖元)	1船	
32		肥後州八代源朝臣教信	己卯(1459·世祖5)	1船	
33	薩摩	薩摩州日向太守藤原盛久	丁丑(1457·世祖3)	2船	
34		薩摩州伊集院寓鎮隅州太守藤原熙久	乙亥(1455·世祖元)	2船	
35		薩摩州島津藤原朝臣持久	丁丑(1457·世祖3)	1船	忠國の族親
36		薩摩三州太守島津源忠國	丁丑(1457·世祖3)	1船	瑞祥祝賀(1467)
37	對馬	對馬州宗右衛門尉盛弘	乙丑(1445·世祖27)	4船	宗貞盛の妹婿
38		對馬州宗信濃守盛家	甲子(1444·世祖26)	4船*1	宗貞盛の娘婿
39		平松而羅洒文家継(家次)	庚辰(1460·世祖6)		護軍
40		六郎洒文	己卯(1459·世祖5)		護軍
41		阿馬豆(又四郎盛數)	戊寅(1458·世祖4)		護軍、宮內四郎の子
42		海西路關處鎮守秦盛幸	丁丑(1457·世祖3)	1船	
43		皮古時羅	己丑(1469·睿宗元)		護軍、平茂持の弟
44		宗貞國		50船	對馬島主
45		對馬州平朝臣貞秀	丁亥(1467·世祖13)	7船	宗貞國の長子
46		九州侍所所管事平朝臣彦八郎茂世	乙亥(1455·世祖元)	3船	宗貞盛の甥
47		對馬州佐護郡代官平朝臣宗幡磨守國久	乙酉(1465·世祖11)	1船	

48		對馬州平朝臣宗彦九郎貞秀	庚辰(1460·世祖6)	1船	宗盛直の從弟
49		宗盛吉	癸未(1463·世祖9)		上護軍 `宗盛家の弟
50		皮古汝文	戊寅(1458·世祖4)		三浦恒居倭總治
51		井可文愁戒	乙酉(1465·世祖11)		護軍 `井大郎の子
52		皮古仇羅	乙酉(1465·世祖11)		護軍 `藤茂家の子
53	壹岐	一岐守護代官眞弓兵部少輔源武	戊子(1468·世祖14)	2船	志佐氏代官
54		上松浦塩津留助次郎源経	己丑(1469·睿宗元)	2船	
55		上松浦塩津留松林院主源重實	丁丑(1457·世祖3)	1船	僧
56		一岐州上松浦塩津留觀音寺宗殊	己卯(1459·世祖5)	1船	僧
57		上松浦呼子一岐州代官牧山帶刀源實		1船	正の父 `呼子氏代官
58		三甫羅大郎	辛巳(1461·世祖7)		護軍 `藤永継の子

〔注〕 *1壬申(1452·文宗2)년에 歲遣船을 3船 加增.

(3) 도서의 운용 실태

도서는 서계 본체와 헌상품 목록 別幅에 각각 날인되었다. 일본인 통교자가 조선에 바친 서계는 기본적으로 조선에서 가져온 서계의 형식을 답습하고 있었다. 그 때문에 도서도 조선에서의 서계를 모방하여 대부분은 통교자의 이름을 기재하는 부분에 찍혀 있었다고 생각된다.

그러나 경우에 따라서 도서의 날인 위치가 변경되는 경우도 있었다. 宗貞盛은 大內盛見의 戰死를 틈타 少貳嘉賴을 돕기 위해 1431(世宗13)년 연말부터 1432(世宗14)년 초에 걸쳐 筑前에 進軍하였다. 이후 博多와의 관계를 회복시킨 宗貞盛의 통교는 무역을 주축으로 한 것으로 변질되어 貞盛 명의의 통교가 급증한다〔荒木2007, 60~63쪽〕. 그 급증 배경에는 宗貞盛 명의가 대마의 통교 세력에 차용된 적이 있었다〔長1987, 16

4~168쪽]. 이러한 宗貞盛 명의 사자의 증가는 貞盛 자신의 사자도 그 안에 매몰되어 버리고 적절한 접대를 받을 수 없는 상황을 초래했다고 생각된다. 그 때문에 사자의 파견 주체를 식별하는 방법으로 宗貞盛 자신이 파견한 사자의 서계에는 '貞盛'의 서명 부분에 도서를 날인하도록 하고, 차용한 명의에 의한 사자의 서계에는 '對馬州太守'라는 직함 부분에 圖書를 날인하도록 제안하고 있다(世宗16·4·戊申, 表1No.14)〔荒木 2007, 63~64쪽〕.

또한 宗씨가 파견하는 사자의 접대 순위를 식별하는 시각적인 지표로 도서가 이용되었다. 즉, 가장 접대 순위가 높은 사자가 소지하는 文引에는 도서가 세 번 찍혀 '三著圖書'. 대마도내에서는 '三印'이라고 불렀다. 여기에서 접대 순위가 떨어짐에 따라서 二著·一著라고 날인된 도서의 수가 줄고, 주로 過海料 등에 차이가 정해져 있었다(世宗21·9·甲戌, 端宗卽位·7·丙午)〔中村1965, 544쪽〕이 날인된 도서의 수에 따라 접대 순위 규정은 대마와 조선 사이에 맺어진 밀약이었지만, 『해동제국기』釣魚禁約에서 孤草島에서 어업을 하는 대마도민은 三著圖書文引을 받도록 명문화되어 있다.

도서의 印面에는 통교자의 이름이 기록된다. 宗貞盛의 경우는 都都熊丸이라는 幼名 圖書를 받았고, 그 외 宗成職 등도 幼名圖書를 요구하고 있는 것을 알 수 있다(表1 No.28). 또한 『朝鮮王朝實錄』에 의하면 菊池爲邦에게는 '四字圖書'가 주어졌다는 것을 알 수 있기 때문에(成宗5·11·辛酉), 本姓까지 각인된 도서가 존재하고 있었을 가능성이 있다. 그러나 16세기에 만들어 지급하였던 도서는 실명 2文字(경우에 따라서는 三文字6)만을 좌우 옆으로 각인하는 것이 통례였다. 官名이 아니라 실명을

---

6) '平久成', '源豊秋'과 같이 한 글자의 원래 성에 두 글자의 실명이 더해지는 경우는 왼쪽에 성 한글자를 조각하고, 오른쪽에 상하 두 글자로 실명을 새겼다. 자세한 내용은 〔田代·米谷1995〕에서 印影을 參照. 또한 松浦党처럼 한 글자의 이름을 관

각인하였다는 것에서도 도서가 私印으로서의 성격을 가지고 있었던 것이 분명하다[中村1965, 519~520쪽]. 또한 실명을 각인한다는 성격상 도서를 사용할 수 있는 것은 본인뿐으로 아들이나 一族이라 할 지라도 계승할 수 없었다. 계승하기 위해서는 조선에 改給을 신청하여 허가를 얻을 필요가 있었다. 그 初見은 1435(世宗17)년에 아버지의 도서를 改給한 藤九郎이다[中村1965, 539쪽·松尾1999].

도서는 정식으로 조선이 파견을 인정한 사자인지 여부를 판별하는 증빙이었기 때문에 수여할 때 그 印影이 예조와 典校署에 보관되었다. 三著圖書制度를 실시함에 있어서 宗貞盛의 도서가 서울에서 三浦에 접수된 것을 보아도(世宗21·10·庚子, 表1 No.20), 적어도 이 시기까지는 도서의 眞僞는 상경하여 비로소 판정할 수 있는 것이었다고 생각된다. 勘合半符를 市舶司에 常駐하여 使者가 入港할 때마다 校勘하였던 日明貿易과 비교하면, 상경 후에 사자의 진위를 판정하는 당시의 도서제도는 대단히 번잡한 인상을 받지만, 원래 일본인 통교자에게 도서가 주어지게 된 15세기 전반기의 단계에서 확실한 圖書印影의 校勘이 행해졌는지는 의문이다. 당시의 서계 혹은 별폭에 도서의 날인이 없다는 것이 문제로 보고되고 있지만(世宗10·7·庚寅, 世宗11·4·丁丑), 模造된 私圖書가 처음 問題視된 것은 宗貞盛 圖書에 의한 三著圖書 制度가 실시된 직후부터이다(世宗21·10·丙寅, 表1 No.21). 成宗代에 들어가면 빈번하게 도서의 진위에 관한 논의가 있기 때문에 이 시기에는 도서의 印影이 三浦에 보관되었을 가능성은 있다. 아마도 圖書制度의 初期에는 圖書 날인의 유무만이 판정되고, 도서의 模造가 확인되도록   되면서부터 그 印影의 校勘이 이루어지게 되었다고 생각된다.

도서의 受給은 일본인 통교자들에게 조선과의 무역 기회의 확보라는

게로 하는 통교자의 경우는 원래 성을 부가하여 두 글자로 하였다.

큰 메리트가 있었지만 운용 실태면에서는 그것은 조선에 사자를 파견할 권리를 손에 넣는다는 것이었다. 당시 조선에서 관직을 받은 일본인은 受職人이라고 부르고 1년 1회의 朝參義務를 이용하는 형태로 무역을 행하였다[中村1965, 547～550쪽]. 그러나 조선과 무역을 하기 위해서는 반드시 자신이 도항해야하며 사자를 파견하여 무역을 할 수 있는 도서와 비교하면 편리성이 낮다. 受職人이면서도 圖書에 의한 通交를 한 통교자도 확인할 수 있기 때문에[松尾 2003], 도서는 受職보다도 상위의 통교권으로 인식되어 있었다고 생각된다. 또한 도서는 改給하는 것으로 子孫에게 계승할 수 있으며, 그러한 점때문에 통교권을 도서로 전환한 受職人도 있었을 것이다.

3. 조직적 위사파견을 보여주는 물적증거로서의 도서

15시기 중반부터 대마의 통교세력은 많은 통교 명의를 집적하여 위사를 파견하게 되었다[長2002a·伊藤2005]. 즉, 조선 통교권은 대마로 수렴해 가는 것이 된 것인데, 대마에 거의 집중된 조선 통교권은 16세기에 들어서 삼포의 난이 일어나면서 무산되어 버린다. 대마의 통교세력은 잃어버린 권익을 복구하기 위해 조선과 협상을 거듭해 가지만 그러한 고투 끝에 재구축된 일조통교를 보여주는 사료가 「朝鮮送使國次之書契覺」이고, 印影 3点을 포함한 총 29점의 현존하는 도서이다.

16세기의 조직적인 위사파견 상황과 대마 宗씨에게 전해온 도서와 木印에 관해서는 상세한 연구가 거듭되어 오고 있으므로, 여기에서는 16세기 일조통교에서 이용된 도서가 사료로서 어떻게 활용가능한가 라는 점에 초점을 맞추어 논의해보고자 한다.

(1) 通交權 복구의 경과

16세기 도서의 사료적 의의를 살펴보기 전에 당시 도서가 통교권자의 이익으로 어떻게 인식되었는가를 파악해둘 필요가 있다.

우선 삼포왜란 이후에 주고받은 壬申約條 이후의 도서에 의한 通交權益(이하 僞使通交權益이라고 함)이 어떠한 경과를 거쳐 다시 집적되어 갔는지를 간단하게 짚어두겠다. 임신약조에서는 造給하고나서 50年 이상 경과한 도서는 '年久'라고 하여 모두 폐기되었다. 이후 반세기에 걸쳐서 僞使通交權益을 포함한 각종 朝鮮 通交權益의 복구가 대마에 있어서 가장 중요한 과제가 되었다.[7] 그래서 壬申約條 체결 직후부터 대마는 조선에 사자를 파견하여 通交權益 復舊交涉을 반복하고 있지만[中村1969, 143~151쪽], 명확하게 성과가 나타난 것은 1515(中宗10)년 宗盛秀(對馬島主의 아들)와 盛俊(豊崎郡主)의 歲遣船 인가였다. 또한 1523(中宗18)년에는 절반으로 줄어든 島主의 歲遣船에 5隻이 가중되었는데, 그것만으로는 도저히 대마 도내에서 도주의 求心力을 회복시키기에는 거리가 멀었다

그래서 대마 宗씨의 시책이 受職人이 되는 것으로 조선과 무역할 수 있게 되는 권익(이하 授職通交權益이라고 부름)의 탈권익화였다.[8] 대마 宗씨로부터 분배를 바랄 수 없는 상황에서 대마의 통교세력은 조선과 독

---

7) 朝鮮通交에서 얻을 수 있는 이익은 대마의 재지세력에 있어 生活基盤으로서 중요하였지만, 중세 대마도주에게 있어 그것을 가신에게 분배하는 것으로 권력으로서의 求心性을 얻고 있었기 때문에 島內 支配를 관철시키는데 없어서는 안되는 것이었다[黑田1971·荒木2007].

8) 탈권익화는 통교자가 얻은 조선통교권익을 대마 宗씨가 모두 거두어 그것을 다시 분배하는 것에서 知行으로서의 의의를 부여하는 권력적인 행위이다. 또 탈권익화되어 지행으로 주어진 조선 통교권을 행사하는 행위를 '所務'라고 부른다. 이것들에 대해서는 荒木씨의 논고에 자세하다[荒木2007, 第二部第一章·第三章].

자적으로 교섭하고, 표류인의 송환이나 삼포왜란 때에 서울 동평관에서 자살한 통교자의 자손이라는 것을 근거로 관직을 내려주고, 授職 通交 권익을 얻어갔다[松尾2014, 107~117쪽]. 대마 宗씨는 이것을 탈권익화 하는 것으로, 말하자면 응급처지로 도주권력을 담보하였다. 이 授職通交 權益은 점차 대마 도내에 축적되어 갔다.

그러나 1544(중종39)년에 발발한 사량왜변으로 대마는 많은 조선통교 권익을 다시 잃게 되었다[中村1969, 170~183쪽·佐伯2013]. 1552(明宗 7)년에 내조한 일본국왕사 安心의 교섭에 의해 사량왜변 후에 결정된 丁未約條의 年久 규정은 철폐되고(明宗7·11·甲辰), 대마가 보유하고 있 던 朝鮮通交權의 대부분이 부활했지만, 1554(明宗9)년에 편찬된『攷事撮 要』에 의하면 그 내역은 授職通交權益이 26명 명의였던 것에 대하여 僞使 通交 權益은 그 반수 이상인 16명 명의에 머물고 있었다. 즉 16세기 중반 까지 도서에 의한 僞使通交權益은 對馬에 있어서 부차적인 것이었다.

이것이 극적으로 변화된 것이 1563(明宗18)년과 1567(明宗22)년 두 번에 걸쳐 행해진 深處倭 명의의 도서부활 교섭이었다. 이것으로 壬申約 條에서 接待가 정지되었던 22명 명의의 도서가 부활하였다[中村1969, 207~213쪽]. 僞使通交權益 중에서도 宗씨 권력 내부에서 분배되는 諸 酋使 명의는 3배로 증가하고, 드디어 宗씨 권력을 담보하기에 충분한 통 교권익을 갖춘 것이다. 한편, 지금까지 분배되어 있던 授職通交權益은 잉여분으로서 在地被官에 分配되었다[荒木2007, 214~219쪽]. 또한 1569(宣祖2)년부터 당시의 對馬島主 宗義調는 伊奈郡에 지배확립을 위 한 개입을 하지만[佐伯1985], 授職通交權은 그 작업에 이용되어 伊奈郡 의 被官에 積極的으로 분배된다[松尾2014, 123쪽].

이러한 권익복구교섭 과정에서 1572(宣祖5)년부터 1586(宣祖19)년까 지의 조선 통교를 기록한 「朝鮮送使國次之書契覺」가 말해주는 상황은 결코 16세기를 통한 모습 등이 아니고, 그 성립 직전까지 대마가 고투를 거듭하면서 조선통교권을 업데이트 해온 집대성에 다름이 아니다. 이후도 통교권의 운용은 시기에 따라 변천해갔다고 생각되지만, 僞使通交權益 및 受職通交權益, 그리고 島主歲遣船權益은 「朝鮮送使國次之書契覺」의 성립 단계에서 어떻게 인식되고 있었던 것일까.

우선 16세기에 있어서 對馬宗氏의 朝鮮通交權의 주축은 壬申約條에서 반감되면서도 항상 일정수가 확보되어 있던 島主歲遣船權益이었다. 대마도주는 자신이 조선에서 인정받은 歲遣船을 直臣과 도주를 떠받치는 佐須郡의 被官에게 우선적으로 분배하고 있었기 때문에〔荒木2007, 191~199쪽〕, 島主歲遣船 權益은 도주권력의 기초를 지원하는 通交權益으로 인식되고 있었다고 생각된다.

授職通交權益은 16세기 전반에 있어서 도주권력을 지탱하는 중요한 朝鮮 通交權이었다. 본인의 도항이 전제이기 때문에 도주의 관리에 의해 해마다 지분을 이양할 필요가 없고 안정적으로 운용할 수 있는 이점이 있었다〔松尾2014, 124~125쪽〕. 그러나 편리성이라는 면에서는 조선과의 통교시 사자를 파견할 수 있는 僞使通交權益의 쪽이 希求度가 높았다. 또한 명의를 갱신할 필요없이 그 所務者를 간단하게 변경할 수 있다는 점에서 島內 支配의 상황에 맞게 분배할 수 있던 점에서 對馬宗氏에게도 僞使通交權益은 편리성이 높은 조선통교권자였다. 즉, 16세기 대마에 있어서 '도서'는 지배상황에 따라 宗씨 권력을 관철시키기 위한 중요한 권력 장치였던 것이다.

(2) 현존 도서의 운용상황

여기에서는 현존이 확인된 도서가 어떻게 운용되고 있었는지를 보며 사료로서 역사연구를 어떻게 이바지 할 수 있는 지에 대해서 일조하고 싶다.

〈表 3〉現存圖書の所務狀況

No	名義	國	種別	入手年	72	73	74	75	80	81	82	83	84	85	86
1	少貳	筑前	宗旧						□		□		□	□	
2	京極晴廣	近江	宗旧	1581									◇		
3	山田順治		宗旧	1520	□	□	□		□	□	□	□	□	□	□
4	宗盛氏	對馬	宗旧	1522	○	○	○		○	○	○	○	○	○	○
5	宗熊滿	對馬	宗旧	1522	◇	◇	■◇		○	○	○	○	○	○	○
6	奈留親忠	肥前	宗旧	1536		□	◇		□	□	□	□	□	□	□
7	眞弓成	壹岐	宗旧	1540		□	□		□	□	□	□	□	□	□
8	畠山晴秀	山城	宗旧	1560	◇	◇	□		◇	◇	◇	◇	◇	◇	◇
9	菊池爲永	肥後	宗旧	1563		△	◇		○	○	○	○	○	○	○
10	呼子幸	肥前	宗旧	1563					○	○	○	○	○	○	○
11	宗熊壽	對馬	宗旧	1564	○	△		○	○	○	○	○	○	○	○
12	平久成	薩摩	宗旧	1567	◇	◇	○		○	○	○	○	○	○	○
13	松浦茂	肥前	宗旧	1567		△	◇		○	○	○	○	○	○	○
14	平戸豊秋	肥前	宗旧	1567	◇	◇			○	○	○	○	○	○	○
15	大内敎滿	周防	宗旧	1567	○										
16	宗像氏助	筑前	宗旧	1567											○
17	藤原廣久	薩摩	宗旧	1567			○		○	○	○	○	◇ ○	○	○
18	鴨打親	肥前	宗旧	1567		○	○		○	◇ ○	○	○	△	○	○
19	宗澄泰	對馬	宗旧	1577			○		○	○	○	○	○	○	○
20	田平兼	肥前	印影	1563~67	○	▽	○		○	○	○	※	○	○	○
21	牧山正	壹岐	印影	1519	△	◇	△		△	◇	△	◇	△	◇	△
22	溢川政敎	肥前	印影	1520	▽	○	○								
23	宗茂家	對馬	杉村	1517					■	■	■	■	■	■	
24	源吉見	長門	個人	1520	◇	◇			◇	◇	◇	◇	◇	◇	
25	波多嶋安	肥前	古川	~1573			◇		◇	◇	◇	◇	◇	◇	

No	名義	留保者・知行者	備考
1	少貳	佐須信國(景滿)	政尙・政忠2名義あり
2	京極晴廣	中原調永・平田調円	
3	山田順治	佐須盛円	

4	宗盛氏	宗義調	
5	宗熊滿	佐須尙弘・柳川調練・吉田・柳川大膳亮・宗義調	
6	奈留親忠	佐須信國(景滿)	
7	眞弓成	佐須景親・佐須紀伊介	
8	畠山晴秀	立石調廣	
9	菊池爲永	大浦修理亮・宗義純・宗義智	
10	呼子幸	宗義調	
11	宗熊壽	大浦修理亮・宗義純・宗義智	
12	平久成	久和浦景廣・宗義調	
13	松浦茂	內山膳右衛門尉・內山盛幸・宗義純・宗義智・宗義調	
14	平戶豊秋	柳川調連・宗義調	
15	大內教滿	宗義調	
16	宗像氏助	宗義純・宗義智	
17	藤原廣久	立石調光・宗義調	
18	鴨打親	平田玄松軒・宗義調	
19	宗澄泰	宗義調	
20	田平兼	宗義調・櫻本左衛門佐	※西山寺(對馬寺院)
21	牧山正	財部彦左衛門尉・嶋井調正	
22	澁川政教	櫻本左衛門佐・宗義調	
23	宗茂家	佐須尙廣	
24	源吉見	立石松雲軒・立石景長	
25	波多嶋安	古川康周・古川宗淸	

[用例]
1. 現存する図書のうち、『朝鮮送使國次之書契覺』で所務が確認できる名義のみを表化した。
2. 種別、「宗旧」＝宗家旧藏図書〔田代・米谷1995〕、「印影」＝印影あり〔田中1962、長1987〕、「杉村」＝杉村家伝來図書、「個人」＝個人所藏〔田中1963〕、「古川」＝古川家伝來図書〔田中1962〕
3. 分配年における記号、○＝宗氏本宗家、□＝佐須家、■＝佐須家(豆酘郡)、◇＝宗氏直臣、△＝豊崎郡被官、▽＝伊奈郡被官

먼저 九州國立博物館에 소장되어 있는 23점9)의 宗家旧藏圖書인데,
그 전래부터 대마 宗씨 주변에서 이용된 도서임을 짐작할 수 있다. 表3
을 참조하면 실제로 宗家旧藏圖書의 대부분은 대마 宗씨의 本宗家(宗義
調·宗義純·宗義智)가 보유하고 있던 명의임을 알 수 있다. 일관되게 宗
씨에 의해 활용된 명의(表3 No.4·10·15·16·19)외에 본래는 宗씨가 유보
하고 있는 일방으로 신청된 것에서 대여된 명의(表3 No.9·11·18)와 어느
시기부터 宗씨가 유보하게 된 명의(表3 No.5·12·13·14·17)를 다수 확인
할 수 있기 때문에 역시 宗家旧藏圖書는 본래 대마 宗씨에게 귀속되는
성격을 가지고 있었음을 알 수 있다. 이것은 「朝鮮送使國次之書契覺」에
서 所務를 확인할 수 없는 남은 3점의 도서에 대해서도 마찬가지였다고
생각할 수 있다.10) 또한 도서가 남아있지 않은 많은 명의에서도 知行申
請이 행해지고 있는 것을 확인할 수 있었기 때문에 도서는 본래 대마 宗
씨가 보유하는 것이기 때문에 그것을 지행이라고 하여 島內 諸氏에게 분
배하였다는 성격을 추론할 수 있다.

한편, 宗家旧藏圖書에서 宗씨 이외가 시종일관 所務한 명의도 확일할
수 있다(表3 No.1·3·6·7·8). 표3에서는 알 수 없으나 畠山晴秀 名義(表3
No.8)에 대하여 立石調廣이 知行한 것은 복수의 歲遣船의 1船分이므로,
그 귀속은 宗씨에 있었다고 추측된다. 이 외에 대해서는 모두 府中 佐須
家에 의해 유보된 명의이다. 佐須家는 당시 대마의 守護代로서 宗씨 本
宗家의 대마 지배에 크게 기여하고 있으며, 그러한 입장에서 佐須家의
계속해서 매년 유보가 인정되었다고 생각할 수 있다. 그것이 宗家旧藏圖
書에 남아 있는 경위에 대해서는 1590(宣祖23)년의 佐須景滿 殺害事件

9) 荒木氏에 의하면 宗氏 本宗家가 連年留保 혹은 隔年留保하고 있던 名義의 반수
이상이 宗家旧藏圖書로서 伝存하고 있다고 한다[荒木2007, 218쪽].
10) 佐須信國이 知行한 少貳씨 명의의 도서(表3No.1)는 政尙·政忠 어느 쪽 명의인지
확정할 수 없기 때문에 所務를 확인할 수 없는 도서는 실제로 모두 4점이라는 것
이다.

과 1635(仁祖13)년의 柳川一件으로 宗氏 本宗家로 圖書의 移管이 이루어졌기 때문이라고 추측할 수 있다〔荒木2007, 218쪽〕. 즉, 16세기의 도서는 본래 대마 宗씨에게 귀속하는 것이지만 모두가 일괄 관리되고 있는 것은 아니라 통교자가 개별적으로 관리하고, 경우에 따라서 유연한 운용이 이루어지고 있었다.

현재 印影만이 전해지는 도서에 관해서도 대마 宗씨가 보유하는 한편 일시적으로 諸氏나 寺院에 대하여 知行이 인정되고 있었음을 알 수 있다(表3No.20·22). 다른 한편 특수한 所務狀況을 나타내는 것이 牧山正 명의의 도서(表3 No.21)로, 이것에 대해서는 牧山氏에게 名義料를 지불하는 형태로 塩津留氏가 독자적으로 입수했다는 특별한 경위를 가지고 있는 것이 밝혀지져 있다〔長1987, 第二部·第一章〕. 또한 격년으로 所務者가 交替하는 독특한 知行 狀況을 가지고 있던 것으로 알려져 있으며, 당시 특수한 경위에 의해 대마에 전해진 도서가 당사자간의 로컬 룰에 의해 운용되는 경우가 있고, 거기에 대마 宗씨가 일정한 규제력을 작동시키고 있었다는 것을 알 수 있다. 개인 집에서 전해진 도서 3점(表3 No.23·24·25)에 대해서는 「朝鮮送使國次之書契覺」에서도 통교자가 개별적으로 도서를 보유하고 있는 상황을 알아차릴 수 있으며, 그 전래를 뒷받침하고 있는 것은 史料的 觀点에서 보아도 매우 흥미롭다.

크게 僞使 通交權益이 부활된 1560年代 이후의 도서의 보유, 지행 상황에 관해서는 荒木氏에 의해 명확하게 그 비율이 밝혀졌다〔荒木2007, 214~219쪽〕그것에 따르면, 宗氏 一門·家臣団·寺院의 知行이 75.2%인 반면, 在地被官은 23.9%이다. 그러나 1560년대 圖書復旧에 따라 在地被官으로의 分配量은 그 이전과 비교하여 확대 추세에 있음을 알 수 있다고 한다. 또한 그 운용에서 격년 소무방식이 이루어지는 것으로 지행의 증가를 도모하고 있으며, 宗씨 권력을 도내에 관철시키기 위해 도서가 이용되고 있던 측면이 부각된다. 현재 전해지고 있는 도서는 그 일단

을 보여주는 중요한 사
료라고 할 수 있다.
　다른 한편, 이 도서
를 날인한 서계가 16
세기의 조선에서 어떻
게 처리되었는가는 묘
연하다. 이것은 15세기

【写真】勘合印とその印影〔宗像市史より転載〕

조선과의 통교를 보여주는 일본 국내의 사료가 극단적으로 적다는 것과
상반되는 상황이라고 말할 수 있다. 따라서 15세기 일조관계사연구와 16
세기의 그것은 특성과 방향성이 크게 달라지기는 하지만 현존하는 도서
는 그러한 연구의 격차를 메우는 매우 중요한 물적 사료이며, 앞으로도
연구에서 활용이 기대될 것이다.

4. 도서를 통해서 본 朝鮮通交의 實態
―宗像씨의 朝鮮通交를 소재로 하여―

(1) 宗像社에서 전해오는 '勘合印'

오키노시마(沖ノ島)의 세계문화유산 등록으로 붐비는 宗像社에 '勘合
印'이라고 칭하는 하나의 銅印이 전해지고 있다. 印面은 세로 33mm, 가
로 32mm의 정사각형, 印面의 높이는 mm이고, 거기에서 솟아오는 높이
25mm의 鈕가 달려 있다. 鈕는 上部 兩端에 귀같은 돌기가 나와 있고,
중앙부에는 원형의 구멍이 있다. 무게는 175 g. 세로 47mm・가로 46m
m・높이 55mm의 오동나무 상자에 보관되어 있는데, 印字가 해독 불가능

이어서 史料的 意義를 확정할 수 없는 상태로 현재에 전해지고 있다.

이 '勘合印'에 대해서는 그 내력을 적은 「勘合印來由記」라는 문서가 같은 宗像社에 전해지고 있다. 이하 그 본문을 인용한다.

> 筑之前州宗像三郎氏俊、丁人皇九十七代光明院之御宇、而遣使於
> 朝鮮國、迭通音、以
> 往累年與彼國共筆信、于時後醍醐帝走洛之南、帝之君懷良親王、
> 以武意自行九州、而
> 作要畧、菊池肥後守武光勠力懷良、九國之地成戰土也、將軍義滿
> 公、以今川伊豫守貞
> 世入道了俊、補九州之探題、且以大內左京大夫義弘、見定筑紫警
> 衛之宰、依京都之下
> 知、氏俊屬彼兩家、而計事於左右、義弘感愛之、後以妹嫁氏俊之
> 男氏重、家益睦、大
> 內世々有勘合之符、氏俊亦以有此事、氏俊自到朝鮮、共定勘合音
> 信、異船泊氏俊之領
> 內、博多津賣舶無大小、以此地、如今之肥之前州崎之津、而或調
> 通達之用、或成賣買
> 之使、此印符之模形、有故在草刈之家、依而記來歷之次序、副此
> 印模、以爲家珍者也、

이 「勘合來由記」에 대해서는 草刈家에 이 도장이 전해졌다고 기재되어 있는 것에서 宗像 大宮司家가 단절되고 宗像氏貞의 여자가 長州 毛利家 家臣 草刈重継에게 시집온 1600(宣祖33)년부터 宗像 大宮司家에 보물이 반환된 1787(정조11)년 사이에 작성된 것이 분명하고, 또한 비교적 빠른 시기라고 생각된다[小島1965, 42쪽, 注11].

「勘合來由記」에 기재되어 있는 내용에 대해서 검증해 보자. 그 취지는 크게 7가지이다. 즉, ①宗像氏俊이 光明天皇 시대에 조선에 사자를 보내고, 이후 여러 해에 걸쳐서 교류가 있었다는 것, ②後醍醐天皇이 吉

野로 도망간 무렵 懷良親王이 九州에서 菊池武光의 힘을 빌려 세력을 구축함으로써 九州가 전란 상태에 빠진 것, ③足利義滿이 今川了俊을 九州探題에 보임하고, 大內義弘를 九州 防衛의 보좌로 삼은 것, ④幕府로부터 지시로 宗像氏俊이 今川·大內 兩氏를를 돕게 되면서 관계가 구축되고, 大內義弘은 氏俊의 아들을 氏重과 혼인시킨 것, ⑤大內氏가 대대로 '勘合之符'를 가지고 있었던 것을 받아 氏俊도 스스로 조선과 교섭하여 勘合에 대한 약정을 맺은 것, ⑥외국선박이나 博多의 商船이 宗像에 정박하게 되면서 長崎와 같은 활기를 보이게 되고, 조선에 通信을 실시하는 한편 무역의 사자를 파견하고 있던 것, ⑦勘合印의 모형이 이유가 있어서 草刈家에 있는 것이므로 그 내력을 밝히기 위해 이 문서가 작성된 것이다.

우선 ①에 대하여 살펴보자. 光名天皇이 북조의 황위에 있던 시기는 1336(高麗 忠肅王5)년부터 1348(高麗 忠穆王4)년이고, 그 이후부터 1352(高麗 恭愍王元)년 正平一統까지 院政을 실시하고 있었다. 宗像氏俊은 南北朝期의 大宮司이고, 宗像의 땅에서 일정한 体外交流가 전개되고 있었던 것은 틀림없지만, 이 시기에 宗像氏가 고려와 通交關係를 구축하였다는 사실은 없다.

②, ③에 관해서는 사실관계에 문제는 없다. ④에서 宗像氏와 大內氏의 관계는 사실이지만(宗像神社 文書), 大內義弘가 宗像氏重에게 여동생을 시집보냈다는 것은 筑前 進出을 위해 宗像氏와의 관계성을 강화하려는 의도가 있었던 점은 유의할 필요가 있다.

문제가 되는 것은 ⑤이다. 본 문서의 기재 내용이 14세기 중반부터 15세기에 걸쳐 있는 것을 고려할 때 '勘合之符'는 1453(단종원)년에 大內씨의 신청에 따라 내려진 通信符일 것이다. 大內氏에게 주어진 통신부는 '通信符'라고 전각된 도장의 半隻이며, 도서와 형상이 전혀 다르다[須田 2011, 68~69쪽]. 종종 大內씨의 사자가 위사였는가의 판정에 활용되었으며, 통교권이라기보다는 사자의 신분을 증명하기 위한 符驗으로서의 성격이 강하다. 조선은 大內씨를 통교자 중에서도 특별시하고 있고[伊藤 2002·須田2011], 이러한 특수성으로 인해 주어진 통신부를 참고로 조선으로부터 통교권으로서 印章을 받고자 하였다고는 생각하기 어렵다. 또한 氏俊이 스스로 조선으로 건너가 교섭하였다고 하지만, 이것은 『海東諸國紀』의 筑前州에 기재되어 있는 宗像氏俊를 바탕으로 한 기술의 가능성이 있다[秋山1932, 71쪽]. 실제로 『海東諸國紀』의 宗像氏俊은 실재 인물이지만,[11] 南北朝期의 氏俊와는 다른 사람인데다 스스로 조선으로 건너가 협상했다는 사실은 명백한 각색이다.

⑥에서 勘合印을 받은 것이 계기가 된 것으로 외국선박이나 무역선이 宗像에 많이 정박하게 된 것처럼 기록되어 있지만, 이것은 勘合印의 중요성을 강조하기 위한 과장된 표현일 것이다. ⑦은 문서작성의 이유를 말한 것인데 여기에서 勘合印이 模造印이라는 것이 판명된다.

「勘合來由記」에 기록된 내용은 오류가 많고 다양한 역사적 사실을 끝머리에 담은 후세의 창작물로서의 색체가 강하다. 그러나 적어도 宗像 씨가 15세기 전후에 북부 九州에 진출해 온 大內氏와 인척관계를 구축하고 있던 점은 사실이며, 勘合印을 模造印으로 하고 있는 점도 사실이라고 생각해도 좋을 것이다.

한편, 本印의 바탕이 되는 도장(印)이 도서인지의 여부는 판단할 단서가 부족하기 때문에 확정할 수 없다.[12] 크기가 현존하는 최소의 도서에

---

11) 宗像氏俊은 『改正宗像大宮司年譜』의 기록에서 1446(世宗28)년에 사망한 것으로 되어 있다. 또한 氏俊을 포함한 『海東諸國紀』에서 瑞祥祝賀使는 대마에 의해서 창작된 僞使이기 때문에[長2002b], 실제로 氏俊 본인이 파견한 사자가 아님은 명백하다. 그러나 「勘合來由記」의 작성에 있어서 『海東諸國紀』가 참고가 되었던 점은 매우 주목된다.

12) 秋山씨는 宗像씨의 朝鮮通交에 대해 고찰한 논고에서 勘合印을 通交에 사용했다고 한다[秋山1932]. 小島씨는 本印과 「勘合來由記」를 상세하게 소개하는 것도

서 보면 불과 2mm 정도 작은 점,[13] 실명을 옆에 2~3文字로 각인하는 형식은 다소 다르다는 점, 鈕에 장식성이 보인다는 점은 本印을 도서라고 할 때 의심되는 점으로 보인다. 改給할 때에 이전 도서를 답습하는 관습이 있었다고 생각하지만[長2002a, 312쪽] 비교하는 현존 도서가 모두 16세기의 것이었다는 점을 고려한다면, 다소 차이가 생길 가능성은 부정할 수 없다. 또한 현재 전해지고 있는 勘合印은 模造印이라고 생각되기 때문에 다양한 측면에서 원래의 도장과 차이가 있었을 것이라고 짐작하기는 어렵지 않다. 원래 이 감합인이 일조관계에서 획득되었다고 하는 「勘合來由記」의 취지는 도장이 전해오는 것만으로는 드러날 수 없는 것은 아닐까. 宗像씨가 이 감합인의 元印을 조선과의 통교에 활용했다는 전승이 勘合印과 함께 전해지고 있어, 그것이 근세 전기의 어느 단계에서 다양한 역사적 사실을 집어넣어 「勘合來由記」로 성문화되었다고도 생각된다.

本印을 宗像씨가 이용한 도서의 模造印이라고 단정하기에는 신중히 하지 않을 수 없지만, 후술하는 서계안 등도 宗像社에 전해지고 있는 것 등을 생각하여 宗像씨가 도서를 내버려두었을 때, 일종의 수브니로 (souvenir)로 도서를 模造하여 전하였다는 것은 충분히 생각할 수 있다.

(2) 宗像씨의 朝鮮通交와 圖書의 행방

실제로 宗像씨는 어느 시기에 조선 통교권을 얻어 그 통교는 어떠한

그 평가에 대해서는 보류하고 있다[小島1965]. 또한 『宗像市史』通史編 第二卷 (宗像市史編纂委員會, 1999年)에서 이 勘合印이 도서일 가능성을 시사하면서 도서라고 단정하려면 검토의 여지도 있는 것이 보이고 있다(同, 489~490쪽).

13) 현재 전해지고 있는 도서의 크기를 비교하면 통교의 계층과 통교권을 얻은 시기에 따라 명확하게 도서의 크기가 규정되어 있던 점은 이미 長씨에 의해 지적되고 있다[長2002a, 308~322쪽].

추이를 보였는가. 감합인이 도서의 模造印이라면 누가, 언제 도서를 模造했는지를 탐구한 후에 그 통교 상황을 파악하는 것이 필수이다.

〈表 4〉宗像氏の大宮司職相伝と朝鮮通交

No	年	月 日	名 義	内 容	出 典
①	1392 (太祖元)	11	宗像氏経	大宮司職継承	宗像宮社務次第 甲本
②	1403 (太宗3)		宗像氏忠	大宮司職奪取	宗像宮社務次第 乙本
③	1403 (太宗3)		宗像長松丸(氏勝)	大宮司職継承	宗像宮社務次第 乙本
④	1405 (太宗5)		宗像氏経	大宮司職還補	宗像宮社務次第 乙本
⑤	1410 (太宗10)		宗像氏顯(氏信)	大宮司職継承	宗像宮社務次第 乙本
1	1412 (太宗12)	4・壬午	筑前州宗像社務経	使人が礼物獻上	朝鮮王朝實錄
2	1415 (太宗15)	4・己丑	筑前州宗像社務顯	土宜を獻上 梵鐘 を要求	朝鮮王朝實錄
3	1415 (太宗15)	11・丁巳	筑前州宗像社務顯	使人が礼物獻上	朝鮮王朝實錄
4	1418 (太宗18)	正・乙亥	宗像成社務氏	使人が土物獻上	朝鮮王朝實錄
⑥	1421 (世宗3)	4	宗像祝勝丸(氏俊)	大宮司職継承	宗像宮社務次第 乙本
5	1424 (世宗6)	11・甲申	西海道筑州宗像社務氏経	使人が土物獻上	朝鮮王朝實錄
⑦	1425 (世宗7)	6	宗像氏信(氏顯)	大宮司職継承	宗像宮社務次第 乙本
6	1429 (世宗11)	12・乙亥	宗像殿	内外大島の倭寇統 治を報告	朝鮮王朝實錄
⑧	1430 (世宗12)	8	宗像氏継	大宮司職継承	宗像宮社務次第 甲本
⑨	1431 (世宗13)	8	宗像氏継	大宮司職継承	宗像宮社務次第 乙本
⑩	1432	8	宗像氏俊	大宮司職還補	宗像宮社務次第

	(世宗14)				甲本
⑪	1433 (世宗15)	4	宗像氏俊	大宮司職還補	宗像宮社務次第 乙本
⑫	1444 (世宗26)	閏6	宗像氏弘	大宮司職継承	宗像宮社務次第 甲乙本
⑬	1446 (世宗28)		宗像氏正	大宮司職継承	宗像宮社務次第 甲本
7	1454 (端宗2)	11	宗像氏正	使者が土宜を献上	宗像神社文書
8	1455 (世祖元)	7·甲戌	肥前州宗象郡知守宗像朝 臣氏正	使者が土物を献上	朝鮮王朝實錄
9	1455 (世祖元)	7·丁酉	宗像社務氏経·宗像朝臣 氏正	勢力に關する聞き 取り調査	朝鮮王朝實錄
10	1455 (世祖元)		筑前州宗像朝臣氏郷	遣使来朝 歳遣船 1船定約	海東諸國紀
11	1458 (世祖4)	2·辛丑	筑前州宗像朝臣氏正	使者が土物を献上	朝鮮王朝實錄
12	1458 (世祖4)	6·癸亥	筑前州宗像朝臣氏正	使者が土物を献上	朝鮮王朝實錄
⑭	1458 (世祖4)	6	宗像氏郷	大宮司職継承	宗像宮社務次第 乙本
13	1462 (世祖8)	6·庚寅	西海路宗像朝臣氏卿	使者が土物を献上	朝鮮王朝實錄
14	1464 (世祖10)	7·辛巳	西海路筑前州宗像郡知守 朝臣氏卿	使者が土物を献上	朝鮮王朝實錄
15	1465 (世祖11)	8·癸未	西海路筑前州宗像郡知守 宗像朝臣氏卿	使者が土物を献上	朝鮮王朝實錄
16	1466 (世祖12)	10·癸卯	西海路筑前州宗像郡氏卿	使者が土物を献上	朝鮮王朝實錄
17	1466 (世祖12)	10·己未	西海路筑前州宗像郡持守 宗像朝臣氏卿	使者が土物を献上	朝鮮王朝實錄
18	1467 (世祖13)		筑前州宗像先社務氏俊	使者を派遣し舍利 分身を賀す	海東諸國紀
19	1470 (成宗元)	4·癸丑	筑前州宗像郡知守氏郷	使者が土宜を献上	朝鮮王朝實錄
20	1470 (成宗元)	9·癸卯	西海路筑前州宗像郡知守 氏郷	使者が土宜を献上	朝鮮王朝實錄
21	1471	3·庚子	筑前州宗像郡知守氏郷	使者が土宜を献上	朝鮮王朝實錄

22	1471 (成宗2) (成宗2)	6·戊辰	筑前州宗像郡知守氏鄉	使者が土宜を獻上	朝鮮王朝實錄
23	1474 (成宗5)	5·丙午	筑前州像郡知守宗氏鄉	使者が土宜を獻上	朝鮮王朝實錄
24	1475 (成宗6)	10·庚辰	筑前州宗像郡知守氏卿	使者が土宜を獻上	朝鮮王朝實錄
25	1476 (成宗7)	11·辛丑	筑前州宗像郡知守氏鄉	使者が土宜を獻上	朝鮮王朝實錄
26	1477 (成宗8)	12·壬寅	筑前州宗像郡知守氏鄉	使者が土宜を獻上	朝鮮王朝實錄
⑮	1478 (成宗9)	2	宗像氏國(氏佐)	大宮司職継承	宗像宮社務次第 乙本
27	1478 (成宗9)	7·壬申	筑前州宗像郡知守氏鄉	使者が土宜を獻上	朝鮮王朝實錄
⑯	1478 (成宗9)	9	宗像氏定	大宮司職継承	宗像宮社務次第 乙本
28	1479 (成宗10)	7·戊辰	筑前州像郡知守氏鄉	使者が土宜を獻上	朝鮮王朝實錄
29	1480(成 宗11)	9·乙未	筑前州宗像郡知守氏鄉	使者が土宜を獻上	朝鮮王朝實錄
30	1481(成 宗12)	11·庚辰	筑前州宗像郡持守氏鄉	使者が土宜を獻上	朝鮮王朝實錄
31	1482 (成宗13)	閏8·丁 丑	筑前州宗像郡知守氏鄉	使者が土宜を獻上	朝鮮王朝實錄
32	1484 (成宗15)	3·乙巳	筑前州宗像郡知守氏卿	使者が土宜を獻上	朝鮮王朝實錄
33	1485 (成宗16)	12·辛巳	筑前州宗像郡知守氏巳	使者が土宜を獻上	朝鮮王朝實錄
34	1486 (成宗17)	11·辛亥	筑前州宗像郡知守氏鄉	使者が土宜を獻上	朝鮮王朝實錄
⑰	1487 (成宗18)	3	宗像興氏	大宮司職継承	宗像宮社務次第 乙本
35	1488 (成宗19)	2·丙申	宗像郡知守氏鄉	使者が土宜を獻上	朝鮮王朝實錄
36	1489 (成宗20)	2·甲午	筑前州宗像郡知守氏鄉	使者が土宜を獻上	朝鮮王朝實錄
37	1489 (成宗20)	12·丙戌	筑前州宗像郡知守氏鄉	使者が土宜を獻上	朝鮮王朝實錄
38	1492	3·乙未	筑前州宗像郡持守氏鄉	使者が土宜を獻上	朝鮮王朝實錄

39	1493 (成宗24)	4·己亥	筑前州宗像郡持守氏卿	使者が土宜を獻上	朝鮮王朝實錄
40	1494 (成宗25)	3·甲午	筑前州宗像郡知守氏鄕	使者が土宜を獻上	朝鮮王朝實錄
41	1499 (燕山君5)	10·癸卯	西海路筑前州宗像郡知守 宗像朝臣氏卿	使者が土宜を獻上	朝鮮王朝實錄
42	1502 (燕山君8)	7·癸巳	氏鄕	使者二名が死去	朝鮮王朝實錄
43	1503 (燕山君9)	4·丁酉	西海路筑前州宗像郡知守 宗像朝臣氏鄕	使者が土宜を獻上	朝鮮王朝實錄
44	1504 (燕山君10)	4·庚申	西海路筑前州宗像郡知守 宗像朝臣氏鄕	使者が土宜を獻上	朝鮮王朝實錄

다음으로 14세기부터 15세기에 걸쳐 大宮司 직을 전해내려온 宗像氏의 가계도를 살펴보자.

宗像氏略系図　※番号は大宮司職の相伝順、波線は朝鮮通交上確認できる人名。

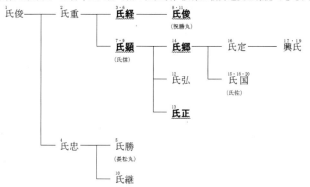

〔桑田 2004〕の宗像氏略系図を元に作成。

다음으로 宗像씨가 大宮司職을 계승해 온 경과와 조선통교의 상황을 시기별로 나타난 表4를 기초로 살펴보자. 우선 宗像씨의 조선통교는 태종대부터 확인할 수 있는데, 그 初見은 1412(太宗12)년의 宗像氏経이다 (表4 No.1). 氏経은 이미 동생인 氏顯에게 大宮司職을 양보하고 있지만

(表4 ⑤), 일본 국내 사료에서도 1414(太宗14)년에 '前大宮司'라는 書狀
이 보여(出光佐三奉納 文書), 실권을 잡고 있었던 것으로 추측된다.〔秋山
1932, 69쪽〕. 그러나 1424(世宗6)년 氏経의 통교를 계기로 일시 宗像씨
의 통교는 확인할 수 없다. 이것은 氏顯으로부터 氏俊으로 継承된 大宮
司職(表4⑥)이 또 氏顯에게 다시 보임되고(表4 ⑦), 다음으로 15세기 초
에 氏経과 싸운 氏忠의 아들인 氏継에게 大宮司職이 이동(表4 ⑧⑨), 또
한 그것이 다시 氏俊에게 돌아간다는(表4 ⑩⑪) 대단히 착종된 大宮司職
쟁탈이 전개된 결과일 것이다. 지면상 상세한 내용은 생략하지만, 이러
한 분쟁은 북부 九州의 澁川씨·大內씨·少貳씨·宗씨의 세력 항쟁이 밀
접하게 얽혀 있었다. 결과적으로 1444(世宗26)년에 氏弘이 大宮司가 되
었지만(表4 ⑫), 단명이었으므로 2년 후에 동생인 氏正이 그 뒤를 잇게
된다(表4 ⑬).

이러한 大宮司職 쟁탈의 결과 일시적으로 宗像씨의 조선통교는
1424(世宗6)에 단절되는 것인데, 이 시기에 도서를 보유하고 있었던 것
은 대략 九州探題 澁川씨 周邊에 한정되고, 기타 在地領主가 도서를 획
득하기 시작한 것은 그후 시기에 해당한다(表1 參照). 따라서 氏経과 氏
顯의 통교 단계에서 宗像씨가 도서를 얻었을 가능성은 낮다고 생각된다.

1454(端宗2)년 氏正이 조선에 사자를 파견한 것으로 宗像씨의 조선통
교는 재개된다. 이것은 주로 宗像신사문서에 남은 서계 문안에서 알려진
사실이다. 15세기에 서계문안을 남기고 있는 일본인 통교자는 거의 없기
때문에 대단히 중요한 사료이다. 이하 그 본문을 살펴보겠다.

> 日本國筑前州宗像郡知守宗像朝臣氏正 誠恐誠惶頓首、
> 謹製短書、以奉
> 朝鮮國礼曹判書閣下、臣伏承、
> 皇帝陛下尊候動止万福百順、玆承聞、小邑伯父宗像朝臣氏経、

連年音信奉呈　　上
陛下而蒙
皇恩之潤色者久矣、小邑董厥令節、而今氏正初以手札而騁于
陛下、不図吾國因年々之兵亂而鄙語欲奉奏
陛下、于時無得暇日、乃今陋邦靜謐之時節、且喜遣一介之專人
　　而仰荷
陛下之德化者也、茲雖賤薄之至、獻陋邦之土宜、別紙記之、伏
乞
聞達啓納、幸甚々々、卽辰仲冬、々日甚寒、爲
國仰之、不宣、
　　享德三年甲戌仲冬日
　　日本國筑前州宗像郡知守宗像朝臣氏正誠恐誠惶頓首、

이 書契案에서 氏正은 叔父 氏経의 통교 이후 兵亂으로 격조했음을
사과하고 土宜를 헌상하고 있음을 알 수 있다. 兵亂은 北部 九州의 세력
다툼과 그것에 이어진 大宮司職 쟁탈전을 가리키는 것으로 생각된다.

이 書契案에 대응하는 『朝鮮王朝實錄』의 기록은 145년에는 없다.
그러나 서계가 작성된 것은 仲冬(＝11月)로, 사자가 내조하여 서울까지
상경하고, 서계가 예조에 제출될 때까지 상당한 기간이 소요된 것을 감
안하면[14] 아마도 이 서계는 1455(世祖元)년 7월에 宗像氏正의 사자가
土物을 헌상했을 때에 제출한 것으로 보인다(表4 No.8). 같은 달 世祖代
의 신임 예조가 壹岐의 藤九郎에게 九州의 각 세력의 정세를 청취했을
때 "宗像社務氏経, 往年通信, 今宗像朝臣氏正遣使來, 此其子孫乎"이라
고 묻고 있다(表4 No.9). 1455(世祖元)년 7월에 氏正의 사자가 처음으로

---

14) 일본을 거쳐 서울까지 당시 약 3개월 정도의 여정이었지만[長2002a, 283〜284
쪽], 氏正의 書契가 작성되고 나서 그것이 조선의 예조에 제출될 때까지는 약 8개
월의 시간이 걸렸다. 그러나 1455년 전반기는 세조가 전왕인 단종으로부터 왕위를
찬탈한 해이며, 이러한 혼란 상황에서 일본인 통교자의 서울 상경과 서계의 제출
등이 지연되어 8개월 이상의 기간이 벌어졌다고 생각된다.

조선에 도래하여 격조했음을 사과하는 이 書契案의 토대가 된 서계를 올린 것을 받고, 그 배경을 질문하기 위해 신임 예조 등은 藤九郎에게 청취를 실시한 것이다.

당시 이러한 서계를 판단하기 위해서는 외교문서의 起草에 뛰어난 臨濟宗의 禪僧의 힘이 필수적이었다[伊藤2002]. 당시 북부 九州 정세에서 보면 氏正은 大內敎弘의 세력 아래에 있었던 것으로,[15] 그 조력을 얻어 博多와 長門國의 臨濟宗系 寺院의 선승에게 서계의 초안을 작성해 받은 것으로 추측된다. 이처럼 통교의 공식적인 방식을 답습한 宗像氏正이 당시 조선과 통교를 함에 있어서는 도서 등의 통교권이 필요하다는 것을 인지하고 있었음에 틀림없다. 또한 氏正은 1458(世祖4)년에도 계속 사자를 파견하였기 때문에(表4 No.11·12), 이 氏正期에 宗像씨는 도서를 얻은 것이다.

宗像氏正 다음에 大宮司職을 계승한 것이 그의 형인 氏鄕이다(表4 ⑭).『海東諸國紀』에 의하면 氏鄕은 大宮司職이 되기 이전인 '乙亥年(=1455年)'부터 이미 조선에 사자를 파견하고 있다(表4 No.10). 그 해는 앞에서 기술한 바와 같이 두절되어 있던 宗像씨의 통교를 氏正이 부활시킨 해에 해당한다. 그러나 예조가 宗像씨의 세력 상황에 대해 藤九郎에게 물었을 때 氏經과의 관계를 물었던 것은 氏正뿐, 氏鄕의 이름은 보이지 않는다.『朝鮮王朝實錄』에서 氏鄕이 大宮司職에 취임하고 나서 통교 기사를 확인할 수 있게 된다는 점을 감안하면『해동제국기』에 1455년에 사자를 파견하였다는 기록은 氏正의 事蹟을 混入해버리는 것에서 발생한 오류로 생각된다.[16] 아마도 氏鄕의 사자는 1458(世祖4)년에 氏鄕이

---

15) 宗像神社 문서에서 大內敎弘의 筑前 守護代였던 仁保盛安으로부터 宗像씨 앞으로 보내진 書狀 2통을 확인할 수 있다.

16) '氏鄕'의 條文에서 언급된 바와 같이 氏俊과 氏鄕이 공동으로 宗像社의 實權을 잡고 있던 兆証은 있지만[桑田2002、77頁], 氏俊는 이미 1446(世宗26)년에 사망하고(注11 參照), 이 내용은 그 이전의 상황을 말하는 것인가. 瑞祥祝賀使 宗像

大宮司職에 취임한 氏正 명의의 도서가 改給된 후에 파견된 것으로 보인다. 실제로 氏鄕이 大宮司職에 취임하여 4年 후부터 氏鄕 명의의 통교를『조선왕조실록』에서 확인할 수 있다(表4 No.13). 그 후 1~3年 정도 통교를 확인할 수 없는 시기는 있지만 삼포왜란 이전에 일본인 통교자의 通交를 확인할 수 있게 되는 1504(燕山君10)년까지 지속적으로 통교가 기록되어 있다.

한편, 大宮司職은 1478(成宗9)년 氏鄕의 사망으로 아들인 氏國(氏佐)로 옮겨지고(表4 ⑮), 그 9개월 후에는 氏定으로 옮겨지고 있다(表4 ⑯). 또한 氏定이 1487(成宗18)년에 사망하여 아들인 興氏가 뒤를 잇자(表4 ⑰) 이후는 氏國과 興氏 사이에 大宮司職을 둘러싼 다툼이 일어나 심한 교체극을 반복하게 된다[桑田2002, 78쪽]. 이러한 기간도 계속하여 氏鄕 명의의 사자가 조선에 파견되어 있는데, 이것에 대하여 선학의 대부분은 宗像씨가 통교권을 改給하지 않고 그대로 사자를 계속 파견하였는데, 전혀 별개의 사람이 宗像氏鄕의 이름을 사칭하여 僞使를 파견하였을 가능성을 상정하고 있다. 최종적으로는 16세기 宗像氏助 명의가 이용되었기 때문에 氏助 圖書가 사급된 1567(明宗22)년 제2차 深處倭 名義 부활교섭 이전부터 氏鄕 도서가 대마 宗씨의 손에 있었던 것은 확실하다. 그것이 언제 대마에 전해졌는지에 대해서는 다음 절에서 고찰하겠다.

(3) 도서 模造의 타이밍

圖書로 단정할 수 없는 감합인이지만 원래 조선통교에 있어서 宗像씨

氏俊의 신빙성을 높이기 위해서 대마가 模造한 내용을 참고로 기재된 것이다. 적어도 氏鄕이 사자를 파견했다고 하는 1455年과『海東諸國紀』가 편찬된 1471(成宗2)년 당시의 상황이 아니라 이것을 氏鄕이 1455년에 통교를 한 근거로 삼을 수가 없다.

가 도서를 模造할 기회가 없으면, 그 개연성마저 끊기는 것은 자명한 것이다. 그러면 宗像씨의 조선 통교에서 도서가 模造되는 시점이라는 것은 어떠한 것을 생각할 수 있을까.

도서가 模造되는 상황으로는 주로 위사를 창출하는 경우와 도서를 내버려 둘 때 事績의 기념물로서 남기는 경우의 두 가지가 상정된다. 宗像씨가 僞使를 파견한 사실은 인정할 수 없으므로 가능성은 무시할 수 있다. 감합인이 도서의 模造印이었던 경우 그것은 宗像씨가 조선통교를 하고 있었다는 것을 보여주기 위한 수브니르였다고 할 수 있다.

다음에 의도적으로 도서를 보내는 상황에 대해 생각해보면 먼저 통교 권한을 前代에서 계승함에 있어서 도서를 改給할 때 조선으로 반납이 생각된다. 다른 하나는 양도나 매각 등에 의한 僞使 派遣勢力으로 移讓일 것이다. (2)에서 검증한 宗像씨의 조선통교 상황에서 15세기 宗像씨 명의의 도서는 처음 氏正 명의의 것이 존재하고, 그것이 氏鄕 명의로 改給된 것으로 추측된다. 또한 1567年에 氏鄕圖書는 氏助圖書에 改給되기 때문에 宗像씨 명의의 도서는 합하여 3개 존재한 것이 된다. 여기에서 중요한 것은 대마 宗씨가 언제 氏鄕의 도서를 입수했는가 하는 점이다.

氏鄕의 도서가 대마 宗씨의 손에 건너가 계기로서는 氏鄕의 사망, 삼포왜란, 제2차 深處倭 名義 부활교섭 등을 생각할 수 있지만, 결론부터 말하면 氏鄕 명의의 사자가 파견되게 된 1462(世祖8)년 당초부터 이미 그 도서는 대마 宗씨의 손에 있었다고 추측된다. 長씨에 의하면 15세기 중반 宗成職이 도주가 된 직후부터 대마는 심처왜 명의의 위사 파견을 급증시켰다. 조선은 그것을 통제하기 위해서 1455년에 대마 宗씨에 대하여 심처왜 명의의 사자에게 연 2회 이상 文引을 발급하지 않도록 요청한다. 심처왜의 통교 자체가 금지되는 것을 두려워했던 成職은 이것을 감수하고 문인제도를 무기로 深處倭 歲遣船의 권리를 손에 넣어 통교자의 수를 늘리는 방향으로 僞使 派遣의 방향타를 끊었다[長2002a, 291~295

쪽]. 氏鄕 명의의 통교는 이러한 시기부터 행해지고 있는 것이다.

또한 『해동제국기』에서 氏鄕이 '少貳殿 管下'라고 되어 있는 점도 주목된다. 『해동제국기』 편찬 당시는 1460년대 이후 大內씨가 전개하고 있던 筑前의 一國 지배를 応仁·文明의 亂 여파에 의해 少貳氏가 뒤엎어 있었던 시기이다. 그러나 1458년부터 이듬해에 걸쳐서 筑前國內의 영지에서 少貳教賴 앞 行狀을 확인할 수 있고, 氏鄕이 大宮司職에 취임하였던 것과 같은 시기에도 일시적으로 少貳씨가 筑前國에 勢力을 유지하고 있었던 약간의 증거가 있다[佐伯1978, 302쪽]. 氏鄕의 大宮司職 就任은 동생인 氏正의 사망에 동반한 것이지만, 氏鄕이 大宮司職에 취임할 때부터 少貳氏의 지원을 받고 잇으며, 그러한 관계에서 『해동제국기』에 '少貳殿 管下'라고 기재된 가능성은 충분히 예상할 수 있다. 少貳씨의 휘하인 대마 宗씨는 그러한 라인에서 宗像氏鄕에 접촉을 시도한 것으로 생각된다.

온전히 추측에 의지할 수 밖에 없지만 대마 宗씨는 少貳氏씨를 매개로 관계를 가진 宗像氏鄕에 대하여 문인제도를 지렛대로 조선통교권의 改給과 무역의 이양 또는 위탁을 주선한 것은 아닐까. 氏鄕 명의의 사자 파견에 어느 정도 氏鄕 本人의 의향을 반영했는지, 통교권의 이양과 위탁에서 氏鄕에게 어떠한 이익이 발생했는지를 알 수 있는 방법은 없지만 応仁·文明의 난 시기에 있어서 北部 九州의 爭亂이 한창인 중에서도 氏鄕 명의의 사자가 두절되지 않고 끊임없이 조선에 파견되는 상황은 氏鄕 명의의 도서가 筑前에서 떨어진 전혀 다른 곳에서 행사되고 있었다는 것의 방증일 것이다. 또한 宗씨 세력이 1470(成宗元)년에 博多에서 돌아온 직후부터 歲遣船 派遣을 부활시키기 위해[橋本2005, 第4章] 갑자기 늘어난 통교자에게 조선측은 곤혹스러워 하였다(成宗元·9·丙子). 이 가운데 氏鄕 명의도 보이기 때문에 그 도서가 대마에서 관리되어 있었다는 것이 거의 확실하다고 해도 좋을 것이다.

이러한 氏鄕 명의의 僞使파견을 자세하게 살펴보는 과정에서 도서의 模造印이라고 생각되는 감합인이 작성된 상황을 투영해 나가면 다음과 같이 추측할 수 있다. 즉, 대마 宗씨는 少貳씨와의 관계에 의해 접촉한 宗像氏鄕에 대하여 일정한 이익의 공여를 대가로 그 통교권(＝圖書)를 접수하는 것을 인정하도록 하였다. 그래서 대마 宗씨는 접수한 前 大宮司 氏正의 도서를 氏鄕에게 改給하고 그 도서를 이용하여 宗像씨의 僞使를 파견한 것이다. 宗像씨는 대마에 氏正 圖書를 제출할 때 자신이 조선 통교를 하고 있었다는 事績을 후대에 전하기 위해 그 模造印을 작성한 것으로 생각된다. 즉 宗像社에 전해지는 勘合印은 氏正 圖書의 模造印으로 생각된다. 어디까지나 勘合印을 도서의 模造印이라고 확정할 수는 없지만 氏正의 첫 번째 통교의 서계안을 현재까지 전하고 있는 宗像씨의 일종의 '물건 소유의 장점'은 도서에까지 발휘되고 있었을 가능성은 많이 있다. 그때 宗像씨 자신이 조선과 통교를 행하고 있던 氏正 시기의 물건이 남는 것은 말하자면 당연한 일이라고 할 수 있을 것이다.

5. 맺음말

이상, 일본 중세의 일조관계를 이야기하는 도서에 대해서 제도의 형성과정과 운용방법 및 16세기의 일본측 사료를 활용하여 조직적인 위사 파견에서 도서의 所務 狀況과 도서에 관한 인식 등에 대해서 검증을 실시했다. 또한 구체적인 사례연구로서 宗像社에 전해지는 勘合印을 채택하여 宗像씨의 조선통교를 고찰하여 어느 시점에서 작성되었는지에 대해서 밝혔다. 마지막으로 그 논지를 정리하면서 본 논의를 마무리하고자 한다.

도서는 日明貿易의 勘合符와 같은 비자의 성격을 갖는 符驗이었지만,

勘合符는 使者의 眞僞를 묻는 것을 목적으로 만들어진 반면, 도서는 어디까지나 조선과의 관계를 優位에 이끌기 위해서 일본인 통교자 측의 요구에 따라 작성된 것이었다. 도서를 처음 수령한 일본인 통교자는 九州探題 澁川氏와 그 주변이지만 실제로 도서 획득을 주도한 것은 博多 商人이었다고 생각된다.

후에 도서는 서계제도나 문인제도에 의한 통교 통제가 실시되면서 조선과의 무역이 어렵게 된 상황에 대한 캠퍼劑로서 九州의 在地勢力이나 상인 등이 널리 요청하도록 되어 갔다. 시기가 내려와 도서를 受給한 통교자가 증가하자 조선은 受圖書人과 별도로 歲遣船 定約을 맺고 그 수를 제한하였다. 실제 세견선 정약의 도입으로 일본인 통교자의 통교 횟수는 규정되었지만 한편으로 무역의 기회를 보장하는 것으로 인식된다. 그래서 그 정약의 근원이 되는 도서는 조선과 통교를 할 수 있는 권리의 증거로서의 성격을 짙게 발하게 된 것이다.

도서를 날인하는 수나 장소는 대마측의 사정에 따라 바꿀 수 있는 케이스가 인정되지만, 기본적으로는 조선에서 가져온 서계 체제에 따랐다고 생각된다. 또한 도서나 私印이기 때문에 印面에는 실명을 사용하는 경우가 대부분이었다. 현존하는 16세기 도서는 모두 측면 2~3문자로 실명이 새겨져 있다. 또한 그러한 성격상 도서는 이름이 각인된 본인만 사용할 수 있으며, 一族 등에 상속하는 경우는 改給이라는 절차가 필요하였다. 그러나 이 改給 절차를 실시하면 통교권을 계승할 수가 있기 때문에 이것이 도서 통교권익의 장점으로 파악되고 있었다. 또한 통교권 보유자 자신이 조선에 도항해야만 하는 授職通交權益에 대하여 도서의 경우는 사자를 파견할 수 있기 때문에 편리성의 면에서 授職通交權益에 우월하는 통교권이라고 생각했다.

삼포왜란에서 대마 宗씨는 위사 통교 권익을 포함하여 많은 통교권을 잃고 도주 권력의 구심성 저하를 초래했다. 그 때문에 16세기의 대마 宗

씨에게는 自身의 歲遣船 增額과 동시에 深處倭 명의의 도서 부활이 조선과의 교섭에서 중요한 열쇠였다. 대마 宗씨는 이러한 권익을 복구할 때까지 授職通交權益을 탈권익화 함으로써 구심성의 저하의 급한 불은 껐지만, 이러한 상황이 개선된 것이 1563년과 1567년 深處倭 명의의 도서 부활이었다. 이로 인해 대마 宗씨는 直臣과 守護代인 佐須家 등의 통교권익을 도서에 의한 것으로 전환해 간다. 이것은 도서에는 사자를 파견할 수 있는 장점이 있고, 위사통교 권익이 授職 通交 權益보다도 우월한 通交權이라고 인식되고 있었기 때문이었다. 또한 위사통교 권익은 명의의 개정과 이양을 비교적 쉽게 할 수 있기 때문에 대마 宗씨에게는 島主權力을 관철시키는데 대단히 편리성이 높은 것이었다.

실제로 16세기의 위사통교 권익의 所務 상황을 보면 宗家旧藏圖書에 대해서는 宗氏와 守護代家인 佐須氏가 보유한 도서가 대부분을 차지하는 반면 개인 소장이나 印影이 남은 도서에 대해서는 宗씨가 일정한 규제력을 가하면서도 지속적으로 통교자 개인이 관리 운용하고 있었던 것이 「朝鮮送使國次之書契覺」에서도 판명된다.

또한 본론에서는 구체적인 사례연구로서 의의 규정이 명확하지 않기 때문에 종래 그다지 검증되어 오지 않았던 宗像社에 전해오는 '勘合印'에 대해서도 고찰을 하였다. 이 勘合印을 조선 통교에서 사용하였다고 하는 「勘合來由記」의 기록은 후세에 宗像씨의 조선통교의 事績을 함께 연결시켜 창작된 것이므로 아쉽지만 신뢰할 수 없다. 또한 16세기의 도서는 형식이 다른 점은 인정할 수 있지만 이것이 宗像씨 도서의 模造印일 가능성은 충분히 예상할 수 있다.

宗像씨의 조선 통교를 검증해 보면, 宗像씨가 도서를 얻은 것은 통교를 재개시킨 氏正의 시기라고 생각된다. 그것이 氏鄕 명의의 도서에 改給되고, 16세기에는 대마 宗씨에 의해 氏助 명의로 改給되어 조직적인 위사파견에 이용되고 있다. 실제로 宗像씨의 통교 명의가 氏鄕에게 改給

된 당시부터 그 도서는 대마 宗씨의 손에 있었다고 수브니르로 추측되지만 氏鄕이 大宮司 직에 취임하여 氏正 명의를 대마 宗씨에게 넘겨주고 내버려둘 때 氏正의 처음 통교에서 작성된 書契의 문안을 작성한 것처럼 조선 통교를 한 것의 수브니르로 하기 위해서 氏正의 도서를 模造한 것이 감합인이 아닐까.

중세는 일조 쌍방의 다양한 의도에 의해 통교관계가 크게 요동쳤던 시기이다. 때로는 일본에서의 情況이 직접적으로 조선에 전해지기도 하였지만, 일본측, 특히 대마의 통교세력에 있어서 교역으로 인한 수익 창출이 지상 명제였으므로 일본에서 조선에 나오는 정보는 점차 왜곡된 것이 되고, 조선측은 그 대응에 장기간에 걸쳐서 고심하게 된다. 16세기 후반이 되면 통교체제는 완전히 굳어져서 통교의 실태가 전혀 고려되지 않은 정식적인 통교가 전개되게 된다. 이러한 일도 있어, 당시의 사료를 표면적으로 되짚는 것만으로는 대마 宗씨를 중심으로 하는 당시 일본인 통교자가 만들어낸 허상을 헤매는 것밖에 되지 않는다. 상세하고 정밀한 고찰을 더하여 실태를 명확하게 하려고 해도 사료적 제약도 있어서 중세 일조관계의 실태를 밝힐 수 있는 것은 극히 일부에 한정되어 버린다.

이러한 상황에서 16세기 일조관계를 직접적으로 말해주는 물적 증거인 宗家旧藏의 도서가 23점이나 발견된 것은 僥倖이었다. 시대는 다르지만 최근에도 宗義章·義和의 도서가 발견되었으며[山口2014], 앞으로도 이러한 발견이 이어질 가능성도 있다. 또한 宗像社의 勘合印과 같이 그 가치가 발굴된 사료가 나올지도 모른다. 중세 일조관계가 晚期에 확정된 바와 같이 다양한 사료상의 제약으로 경직화되기 쉬운 중세 일조관계사 연구를 보다 심화시켜 나가기 위해서 세로운 사료의 발견과 더 꾸준한 연구가 진행되기를 기대한다.

〔參考文獻〕

秋山謙藏, 1932 「室町前期に於ける宗像氏と朝鮮との通交」『靑丘學叢』7

荒木和憲, 2007 『中世對馬宗氏領國と朝鮮』 山川出版社

伊藤幸司, 2002 『中世日本の外交と禪僧』 吉川弘文館

伊藤幸司, 2005 「日朝關係における僞使の時代」

　　　　　　　『日韓歷史共同研究報告書第2分科(中近世)』 日韓文化交流基金

長節子, 1987 『中世日朝關係と對馬』 吉川弘文館

長節子, 2002a 『中世 國境海域の倭と朝鮮』 吉川弘文館

長節子, 2002b 「朝鮮前期朝日關係の虛像と實像」『年報朝鮮學』8

川添昭二, 1978 「澁川滿賴の博多支配及び筑前・肥前経營」

竹內理三編, 『續莊園制と武家社會』 吉川弘文館

川添昭二, 1996 『對外關係の史的展開』 文獻出版

黑田省三, 1971 「中世對馬の知行形態と朝鮮貿易權」『國士舘大學人文學部紀

　　　　要』3

桑田和明, 2004 「宗像氏の朝鮮通交と称号」『海路』1 石風社

小島鉦作, 1965 「筑前宗像氏の海外通交貿易に關する考察」『政治経濟論叢』15-3

佐伯弘次, 1978 「大內氏の筑前國支配」『九州中世史研究』1 文獻出版

佐伯弘次, 1985 「中世」 上對馬町誌編纂委員會『上對馬町誌』

佐伯弘次, 2013 「蛇梁倭変と對馬」『東方學論集』 汲古書院

須田牧子, 2011 『中世日朝關係と大內氏』 東京大學出版會

高柳光壽, 1932 「応永年間に於ける南蛮船來航の文書について」『史學雜誌』43-8

田代和生・米谷均, 1995 「宗家旧藏『図書』と木印」『朝鮮學報』156

田中健夫, 1959 『中世海外交涉史の研究』 東京大學出版會

中村榮孝, 1965 『日鮮關係史の研究』 上 吉川弘文館

中村榮孝, 1965 『日鮮關係史の研究』 下 吉川弘文館

橋本雄, 2005 『中世日本の國際關係』 吉川弘文館

松尾弘毅, 1999 「室町期における壹岐藤九郎の朝鮮通交 」『九州史學』124

松尾弘毅, 2003 「中世日朝關係における後期受職人の性格」『日本歷史』663

松尾弘毅, 2014 「16世紀における受職人名義の朝鮮通交」

佐伯弘次編, 『中世の對馬－ヒト・モノ・文化の描き出す日朝交流史－』 勉誠出版

山口華代, 2014 「對馬に現存する宗氏の図書二点」

佐伯弘次編『中世の對馬－ヒト・モノ・文化の描き出す日朝交流史－』 勉誠出版

図書から見た中世日朝関係史

松尾弘毅(九州大)

はじめに

　日本中世期における日朝通交に関する史料の最大の特徴は、そのことを直接的に物語る日本側の史料が少ないという点である。当時朝鮮王朝は、非常に多数かつ多様な階層の日本人通交者と通好を結んで貿易を認めていた。しかし、朝鮮王朝成立期から15世紀にかけては『朝鮮王朝実録』や『海東諸国紀』、各詩文集といった朝鮮側の史料抜きには、その実態に迫ることは難しい。16世紀の日朝関係においては「朝鮮送使国次之書契覚」などの日本側の史料が知られているものの、その性格の特殊性から通交実態の裏付けに多くの補足史料が必要となる一方で、当該期の『朝鮮王朝実録』は多くの通交記事を捨象しているため、断片的にしか状況が把握できなくなる。

　このように中世日朝関係史は史料に恵まれているとは言えない状況である上に、通交名義と実際の派遣主体がかい離している「偽使」と呼ばれる使者が蔓延した時代でもある。そのため、実態解明には着実な史料操作に基づく精緻な考察が求められる反面、客観的で確実性が高いと評価できる検証結果にまで昇華できるものは稀である。中世日朝関係史研究は、常に「蓋然性止まり」と揶揄される危険性を孕んでいる。

しかし、中世の日朝関係は、近世期以降における日朝関係の基礎の一端を成しているという点について異論を差し挟む者はいないであろう。史料の少なさや偽使の存在が中世日朝関係の特徴であるならば、それをのみこんで様々な表象とそれに基づくロゴス(logos)を提起していかなければ、日朝関係の総体を解明できないのは自明である。

そのような使命を課せられた中世日朝関係史研究において、欠かすことができない史料が存在する。それが図書である。日朝関係における図書とは、日本人通交者の名前を刻んだ印章のことで、修好の誠意があつく、朝鮮のために寄与するところが多い平和な通交者を優遇するために授けられたものであった〔中村1965、518頁〕。朝鮮は建国当初より倭寇の懐柔のために日本人に対して大幅に門戸を広げたが、結果巨額の接待費用を拠出する必要に迫られ、種々の通交統制策を実施することで交易を行える日本人通交者の数を絞っていった。図書はそうした状況下において日本人通交者の貿易利潤を確保するための通交権の一つと認識され、朝鮮前期の日朝関係においては、この図書の獲得が日本人通交者最大の課題にして朝鮮と交易を行う際の最大のハードルでもあった。

現在、史料として実見することができる図書は、全て16世紀のものである。以前は個人蔵の図書が数点伝わっているだけで、あとは20世紀初期における研究論文などで印影が知られるものがある程度であった。しかし、最近になって図書の現物の発見が相次ぎ、図書を活用した中世日朝関係史研究が進展してきたという経緯がある。「朝鮮送使国次之書契覚」などが語る対馬の朝鮮通交が図書という物的証拠によって裏付けられたことにより、16世紀の日朝関係は一気に現実味を帯びて我々の眼前にさらされるようになったのである。

他方、特に北部九州の政治史が検証されてその内実が明らかになってきたことを受けて、日本情勢と朝鮮との通交が有機的に結び付けられるようになり、図書についてもそうした結合の延長線上に位置づけられるような視座が醸成されてきた。中世日朝関係史の重要な史料である図書には、研究のニー

ズに即して新たな光を当てる必要が生じてきたのである。さらに偽使研究において図書を活用する視角は宗家旧蔵図書発見以前より見られるが、通交者の個別研究を主軸に活用の頻度が向上してくることが予想される。

　本論ではそうした問題意識に立脚し、現状の図書に関する見解をまとめつつ、実際どのように図書が利用されていたのかを示し、今後の図書を素材とした中世日朝関係史研究に資する内容を目指す。また、実際の事例研究として、筑前の宗像社において大宮司職を継承した宗像氏について焦点を当て、その朝鮮通交と史料研究の可能性を審らかにしたい。

1. 15世紀における図書制度の変遷と運用実態

(1) 最初期における図書の意義

　図書制度は、15世紀から16世紀にかけて運用された日朝通交における査証システムの基礎であった。献上品を納めて回賜品を与え、使者を接待するのかどうかを朝鮮側が判定するために用いられたが、その給付は日本人通交者の側から求められた点には注意を要する。つまり、図書制度は当初朝鮮側が通交者の貿易を制限することを目的としたものではなく、図書制度による通交規制は言わば結果的なものである。なぜ日本人通交者が貿易規制につながるような査証を自ら求めたのかについては、最初期の記録に考察を加えれば推定できる。

　『朝鮮王朝実録』における図書求請の初見は、1410(太宗10)年において九州探題渋川満頼(道鎮)によるものである(『太宗実録』巻二十、10年12月丙辰条、以下「太宗10・12・丙辰」と略記)。この時は明との関係を慮って賜与はうやむやのうちに行われていないが、これは外夷の国王に対して授職して印章を頒与するのは中国皇帝の専権事項であると判断されたためであった〔中村

1965、518~519頁〕。

　この後、「図書」の語の初見である1416(太宗16)年における板倉宗寿による求請(太宗16・3・辛丑)を経て、正式に図書が朝鮮から与えられたことを確認できるのは、世宗期に入ってからである。即ち、1418(世宗即位)年に小早川則平からの図書の要請に対し、世宗は礼曹にその造給を命じている(世宗即位・11・乙亥)。さらに翌年には板倉満景が図書を得ているが(世宗元・6・甲戌)、この板倉満景と宗寿は九州探題渋川氏の家臣である。一方の小早川則平は、探題の九州経営を監督・補佐するために幕府が派遣した九州上使である。つまり、図書の最初期において求請を行ったのは、全て渋川満頼・義俊親子周辺の人物であった。[1]特に板倉氏は渋川氏の肥前経営に深く関わっており、この肥前との関係が博多支配の後景となっていたことが明らかであったという点〔川添1978、353頁〕から敷衍すると、図書求請には貿易都市博多との関係が浮かび上がってくる。渋川氏自身が図書を得た正確な時期は判然としないが、渋川氏勢力が図書という朝鮮との通交の証を殊更求めたのは、渋川氏が増加する朝鮮通交者の中において九州探題としての優位性を確保しようとした点と〔川添1996、186~187頁〕、当時日本の対外貿易の実働面を一手に担っていた博多商人の朝鮮貿易に対する思惑が合致した結果であった。

　当該期、渋川氏は九州探題として一応の体裁は保ちつつも、その支配力は九州全体はおろか、博多がある筑前においても貫徹しない状況であった。筑前の在地勢力である少弐氏、およびその配下である宗氏と支配において対抗関係にあり、周防・長門の守護大名である大内氏の支援を受けなければ勢力の確保がままならない状態にあった。朝鮮通交から見れば、渋川満頼は九州探題として下向した直後の1397(太祖6)年より既に4回も朝鮮に使者を派遣しており(太祖6・6・辛丑、同・7・乙丑、同・10・己卯、同・12・是月)、大宗期

---

1) 九州探題職は、1419年に渋川満頼から子の義俊へと継承されている〔高柳1932〕。

には定期的に使者を派遣する一方で配下の板倉氏なども通交している。さらに応永の外

　寇後に来日した宋希璟を厚くもてなしたことや、書契制によって朝鮮通交者を統制する立場に置かれたことで、日朝貿易における渋川氏の立場は飛躍的に高まった〔田中1959〕。しかし、日本国内の状況から見れば、1405(太宗5)年以降は渋川氏と大内氏、少弐氏と宗氏がそれぞれに対する対抗心を燃やしながらも筑前に混在している状況であり、それぞれが北部九州支配において在地支配を強化していた時期であった。渋川氏が九州探題という名目上有利な地位を利用し、九州の支配を有利に進めるべく朝鮮と活発な貿易が行えるよう特別な関係性を求めたというのが、渋川氏による図書求請の内幕であった。

　他方博多商人は、1406(太宗6)年に足利義満が明皇帝より冊封を受けて以降、日明貿易の実働を担うことで貿易規模を拡大させた。しかし、朝鮮との貿易に関しては、大宗期から興利倭船の入港場所の制限と「渠首」の行状携帯義務が定められ(太宗7·7·戊寅)、さらに日本国王·対馬島·大内殿·少弐殿·九州節度使(九州探題)以外からの渡航が禁止される(太宗14·8·丁未)などの通交統制が実施されるようになり、容易に貿易ができない状況となっていた。そこで博多商人は、過去に「今川了俊」というビッグネームによって対外的価値が高められた九州探題というブランドを用いることで、朝鮮による通交統制を乗り切ろうと画策したと考えられる。渋川満頼による図書求請は、当時筑前において弱小勢力だった渋川氏の朝鮮通交を保全する目的で行われたものであるが、それを主導したのは博多商人だったのである。世宗前期に渋川氏名義の遣使はピークを迎えるが[2]、この遣使が博多商人によるものであったことは当時朝鮮から既に指摘を受

2) 川添氏によれば、己亥東征後の渋川氏の通交は、1419年から数年間が最も頻繁であった〔川添1996、208頁〕。具体的には、渋川満頼名義の遣使は1423年が7回確認でき、義俊名義の遣使はその前年に9回と渋川氏の朝鮮通交では最多である。

けている(世宗6・12・戊午)。このことから見ても、九州探題渋川氏の通交は博多商人によって牽引されていたことは明らかであり、図書が日朝通交における優先的な地位を占めるために求められたことがわかる。

〈表 1〉 15世紀『朝鮮王朝実録』における図書関係記事

No	西暦・年号	月・日	人 名	内 容
1	1410・太宗10	12・丙辰	渋川満頼	小印を求請
2	1416・太宗16	3・辛丑	板倉宗寿	図書を求請
3	1418・世宗即位	11・丁丑	小早川則平	図書を造給
4	1419・世宗元	6・甲戌	板倉満景	図書を造給
5	1419・世宗元	9・壬戌	宗貞盛	降伏を申し出て印信を求請
6	1423・世宗5	正・庚戌	源才	図書を造給
7	1426・世宗8	11・庚寅	宗金	図書賜給を謝す
8	1427・世宗9	正・壬寅	志佐重	図書を求請
9	1428・世宗10	7・甲寅	宗貞盛	別幅に図書が無く献上品を納入せず
10	1429・世宗11	4・丁丑	宗盛国	書契に図書が無く献上品を納入せず
11	1429・世宗11	4・乙未	志佐重	図書賜給を謝す
12	1429・世宗11	9・庚申	藤七・也伊知	図書を造給
13	1433・世宗15	6・丁酉	宗茂直	図書を造給
14	1434・世宗16	4・戊申	宗貞盛	押印箇所による派遣主体識別法を提案
15	1434・世宗16	4・己未	宗盛国	図書を求請
16	1435・世宗17	正・丙戌	宗盛国	図書賜給を謝す
17	1435・世宗17	7・壬午	藤九郎	父・藤七の図書を改給
18	1435・世宗17	9・丁丑	宗貞盛	宗茂直と盛国の図書受給を非難
19	1439・世宗21	10・丙申	宗貞盛	宗茂直・盛国も島主文引が無ければ接待しないことを確認
20	1439・世宗21	10・庚子	宗貞盛	三著図書制度を実施するため図書をソウルから三浦に送付
21	1439・世宗21	10・丙寅	多郎古羅・宗茂	宗貞盛図書の偽造が発覚
22	1442・世宗24	5・乙丑	宗盛国	礼曹が図書貸与禁止の旨を説く

23	1444・世宗26	10・丙寅	宗盛家	捕倭の功を認めないのであれば図書を返納する旨を告げる
24	1448・世宗30	7・己丑	藤原定請	図書を求請するも認められず
25	1449・世宗31	5・壬午	宗虎熊丸	父・盛世の例にならって図書を造給
26	1450・文宗即位	6・壬寅	志佐義	図書を造給
27	1453・端宗即位	7・丙午	宗成職	先島主・宗貞盛の図書を宗成職に改給
28	1453・端宗即位	11・丙戌	宗成職	図書を求請 〝幼名千代熊名の図書も求請
29	1466・世祖12	閏3・戊戌	名護屋頼永	図書を求請するも認められず
30	1470・成宗元	9・丙子	菊池為邦・呼子義・神田徳	以前とは違う図書を用いて詐欺行為が疑われる
31	1471・成宗2	11・丁未	佐藤信重	以前図書を受けており歳遣船定約を結ぶ
32	1471・成宗2	12・己卯	斯波義廉	過去に図書を受けていることを言及
33	1473・成宗4	5・丙申	菊池為邦	図書を造給
34	1473・成宗4	5・己亥	宗茂次	図書を造給
35	1473・成宗4	5・戊午	宗貞国・崇睦	崇睦の図書を求請
36	1473・成宗4	6・己丑	神田徳	図書が変わった理由を聴取
37	1474・成宗5	10・庚子	宗茂勝	図書を求請
38	1474・成宗5	11・辛酉	菊池為邦	図書の来歴の不審点について聴取
39	1474・成宗5	12・甲申	申叔舟・正球	昨今日本の図書が朝鮮からのものでないことを糾弾
40	1475・成宗6	正・戊辰	宇久幡	図書を造給
41	1475・成宗6	4・辛丑		今後図書違反が発覚した際の対処について議論
42	1476・成宗7	2・丙戌	菊池為邦・重朝	菊池氏の図書の不審点について報告
43	1477・成宗8	9・戊辰	名護屋頼永・宗茂次・国長	図書を保有しながらも歳遣船定約を結んでいない3名に歳遣船定約1船を結ぶ

(2) 図書制度の変遷

　世宗前期から、図書を求める動きが朝鮮通交者に広がっていった。表1を参照すれば、肥前松浦地方の在地勢力で壱岐にも支配基盤を有していた志佐氏(表1No.8・11)や早田左衛門大郎の子・也伊知(表1No.12)、壱岐の倭寇勢力であった藤七(同)など直接的に朝鮮と貿易を行う勢力が図書を受給していった。宗金の受図書(表1No.7)は、博多商人が直接朝鮮通交権を得た初見として重要である。

　このように図書を求める通交者が増加していった背景には当初、書契制や文引制を初めとする通交統制が展開され、日本人通交者が恣意的に朝鮮と貿易を行うことが難しくなってきたことがあった。朝鮮との貿易が正式に認められた通交者であると公的に証明する図書を獲得することで、貿易を確保しようとしたのである。これにより図書は貿易機会を保証するものであるという認識が生まれ、通交統制が進展する中で多くの日本人通交者から求められるものとなっていった。3)

　図書を受給する日本人通交者は時代が下るに従って、着実に増加していった。1471年時点の通交者を記載した『海東諸国紀』における受図書人を国別に表化したのが、表2である。世宗後期から世祖期にかけて朝鮮は、受図書人と個別に一年に派遣できる使者の数を取り決めた歳遣船定約を結ぶ。即ち、歳遣船定約者であれば朝鮮から図書を受けた通交者ということになり、その数は『海東諸国紀』編纂時点で58名にのぼった。4)

---

3)　一方で、図書は必ずしも日本人側の求請通りに与えられたわけではなかった。博多商人の藤原定請(清))(表1No. 24)や肥前名護屋の在地勢力を自称する名護屋頼永(表1No.29)などは、図書を求めたが認められていない。図書を賜給するかどうかは、朝鮮廷内において斟酌を加えて判断されていた。

4)　『海東諸国紀』中で平戸豊久(表2No.29)については歳遣船数の記載は無いが、父・義松が歳遣船一船の定約者であったことが『朝鮮王朝実録』よりわかるので(成宗元・9・丙子)、それを引き継いでいたと考えられる。

　『海東諸国紀』成立以後も、菊池為邦(表1No.33)・宗茂次(表1No.36)・宇
久幡(表1No.40)らに図書が造給されており、崇睦(表1No.35)と宗茂勝(表
1No.37)が図書を求請している。さらに、歳遣船定約を結んでいない受図書
人とも歳遣船定約を結び(表1No.31・43)、図書と歳遣船定約との間に完全な
整合がはかられることとなった。

　通交において優先的地位を占めるために求められた図書は、通交統制の
進展によって日本人通交者に貿易機会を保証するものと認識されるようになっ
たが、受図書人全てに歳遣船定約を課したことで、日本人通交者の貿易を
規制する性質も兼ね備えるようになった。

　他方対馬島主宗貞盛の図書は、他の通交者と比較して、その来歴と意義
が大きく異なっている。宗貞盛に与えられた印信は、当初己亥東征の戦後交
渉によって対馬が朝鮮の元に降って巻土来降の際に要求したものであった(世
宗元・9・壬戌、表1No.5)。世宗を中心とした朝鮮廷内では、通交関係の早
期正常化と印信を捺した書契による通交統制の実施を志向していた(世宗元・
9・癸亥)〔荒木2007、55頁〕。結果的に対馬の朝鮮への巻土来降は反故にさ
れたが、宗氏が対馬島内の通交者に渡航許可証である書契を発給する制度
は施

〈表 2〉『海東諸国紀』に見える図書受給者

No	國	受　給　者　名	遣使来朝年	歳遣船	備考
1	攝津	畿內攝津州兵庫津平方民部尉忠吉	丁亥(1467・世祖13)	1船	
2	安芸	安芸州小早川美作守持平	庚申(1440・世宗22)	1船	常賀の子
3		安芸州海賊大將藤原朝臣村上備中守國重	甲申(1464・世祖10)	1船	
4	周防	周防州大內進亮多多良別駕教之	甲戌(1454・端宗2)	1船	政弘の叔父
5	石見	石見州因幡守藤原和兼	丁卯(1447・世宗29)	1船	兼貞の子
6	筑前	筑豊肥三州總太守太宰府都督		2船	後の政資

		司馬少卿(賴忠)			
7		道安	乙亥(1455·世祖元)		護軍
8		宗家茂	乙亥(1455·世祖元)		宗金の子·護軍
9		筑前州宗像朝臣氏鄉	乙亥(1455·世祖元)	1船	
10		筑前州冷泉津尉兼內州太守田原藤原貞成	辛巳(1461·世祖7)	2船	
11		筑前州冷泉津藤原佐藤四郎信重	丙子(1456·世祖2)	1船	
12	肥前	九州節度使源教直	己丑(1469·睿宗元)	2船	
13		肥前州小城千葉介元胤	己卯(1459·世祖5)	1船	
14		呼子一岐守源義	乙酉(1465·世祖11)	2船	
15		肥前州上松浦波多島源納	乙亥(1455·世祖元)	2船	
16		肥前州上松浦鴨打源永	丙子(1456·世祖2)	2船	
17		肥前州上松浦九沙島主藤源次郎	丙子(1456·世祖2)	1船	
18		肥前州上松浦那護野宝泉寺源祐位	丁丑(1457·世祖3)	1船	僧
19		肥前州上松浦丹後太守源盛	丁丑(1457·世祖3)	1船	
20		肥前州上松浦神田能登守源德	丙子(1456·世祖2)	1船	
21		肥前州上松浦佐志源次郎	己丑(1469·睿宗元)	1船	
22		肥前州上松浦九沙島主藤原朝臣筑後守義永	丙子(1456·世祖2)	1船	
23		肥前州下松浦一岐州太守志佐源義	乙亥(1455·世祖元)	2船	
24		肥前州下松浦三栗野太守源滿	丁丑(1457·世祖3)	1船	
25		肥前州下松浦山城太守源吉	乙丑(1445·世宗27)	1船	
26		五島宇久守源勝	乙亥(1455·世祖元)	2船	
27		肥前州田平寓鎭源朝臣彈正少弼弘	丁丑(1457·世祖3)	2船	
28		肥前州平戶寓鎭肥州太守源義	丙子(1456·世祖2)	1船	小弼弘の弟
29		平戶寓鎭肥州太守源豊久	辛卯(1471·成宗2)		義松の子
30	肥後	肥筑二州太守藤原朝臣菊池爲邦	丙子(1456·世祖2)	2船	
31		肥後州藤原爲房	乙亥(1455·世祖元)	1船	
32		肥後州八代源朝臣教信	己卯(1459·世祖5)	1船	
33	薩摩	薩摩州日向太守藤原盛久	丁丑(1457·世祖3)	2船	

34		薩摩州伊集院寅鎭隅州太守藤原熙久	乙亥(1455·世祖元)	2船	
35		薩摩州島津藤原朝臣持久	丁丑(1457·世祖3)	1船	忠國の族親
36		薩摩三州太守島津源忠國	丁丑(1457·世祖3)	1船	瑞祥祝賀(1467)
37	對馬	對馬州宗右衛門尉盛弘	乙丑(1445·世宗27)	4船	宗貞盛の妹婿
38		對馬州宗信濃守盛家	甲子(1444·世宗26)	4船*1	宗貞盛の娘婿
39		平松而羅洒文家継(家次)	庚辰(1460·世祖6)		護軍
40		六郎洒文	己卯(1459·世祖5)		護軍
41		阿馬豆(又四郎盛數)	戊寅(1458·世祖4)		護軍、宮内四郎の子
42		海西路關處鎭守秦盛幸	丁丑(1457·世祖3)	1船	
43		皮古時羅	己丑(1469·睿宗元)		護軍、平茂持の弟
44		宗貞國		50船	對馬島主
45		對馬州平朝臣貞秀	丁亥(1467·世祖13)	7船	宗貞國の長子
46		九州侍所所管事平朝臣彦八郎茂世	乙亥(1455·世祖元)	3船	宗貞盛の甥
47		對馬州佐護郡代官平朝臣宗幡磨守國久	乙酉(1465·世祖11)	1船	
48		對馬州平朝臣宗彦九郎貞秀	庚辰(1460·世祖6)	1船	宗盛直の從弟
49		宗盛吉	癸未(1463·世祖9)		上護軍、宗盛家の弟
50		皮古汝文	戊寅(1458·世祖4)		三浦恒居倭總治
51		井可文愁戒	乙酉(1465·世祖11)		護軍、井大郎の子
52		皮古仇羅	乙酉(1465·世祖11)		護軍、藤茂家の子
53	壹岐	一岐守護代官眞弓兵部少輔源武	戊子(1468·世祖14)	2船	志佐氏代官
54		上松浦塩津留助次郎源経	己丑(1469·睿宗元)	2船	
55		上松浦塩津留松林院主源重實	丁丑(1457·世祖3)	1船	僧
56		一岐州上松浦塩津留觀音寺宗殊	己卯(1459·世祖5)	1船	僧
57		上松浦呼子一岐州代官牧山帶刀源實		1船	正の父、呼子氏代官
58		三甫羅大郎	辛巳(1461·世祖7)		護軍、藤永継の子

［注］＊1壬申(1452・文宗2)年に歳遣船を3船加増。

行されることとなり、「宗氏都都熊瓦((丸))」の印信が朝鮮より下された。5) つまり、宗貞盛に下された印信(＝図書)は、対馬の朝鮮通交者を管理するためのツールとして造給されたものであった。一方、当時は宗貞盛が島内支配を掌握するために奔走している時期でもあった。朝鮮と密着しなければ経済的に成り立たない対馬において朝鮮との通交の許認可権を得ることは即ち、島内支配のための強力な権力を得ることを意味する。そのことを象徴する図書は、貞盛にとって単なる貿易機会確保以上の意味があった。そのために巻土来降の反故に腐心する反面、朝鮮からの印信を利用することにはこだわったのである。

(3) 図書の運用実態

図書は書契本体と献上品リストである別幅にそれぞれ押捺された。日本人通交者から朝鮮へ呈せられる書契は、基本的に朝鮮よりもたらされる書契の形式を踏襲していた。そのため図書も朝鮮からの書契に倣い、大半は通交者の氏名の記載部分に押されていたと考えられる。

しかし、場合によって図書の押捺位置は変えられる場合もあった。宗貞盛は大内盛見の戦死に乗じ、少弐嘉頼を助けるために1431(世宗13)年末から1432(世宗14)年初めにかけて筑前に進軍した。これ以降、博多との関係を回復させた宗貞盛の通交は貿易を主軸としたものに変質し、貞盛名義の通交が急増する〔荒木2007、60~63頁〕。その急増の背景には、宗貞盛名義が対馬の通交勢力に貸し出されるようになったことがあった〔長1987、164~168頁〕。こ

---

5) 長氏は「宗氏都都熊瓦((丸))」の印信が通交のための信符として利用されるようになる経過を示し、「貞盛は対馬での最初の受図書人」と評価している〔長1987、155~158頁〕。

うした宗貞盛名義の使者の増加は、貞盛自身の使者もその中に埋没してしまって適正な接待が受けられない状況を惹き起こしたと考えられる。そのため、使者の派遣主体を識別する方法として、宗貞盛自身が派遣した使者の書契には「貞盛」の署名部分に図書を押印するようにし、貸し出された名義による使者の書契には「対馬州太守」という職銜部分に図書を押印するように提案している(世宗16・4・戊申、表1No.14)〔荒木2007、63~64頁〕。

　さらに、宗氏が派遣する使者の接待ランクを識別する視覚的な指標として図書が利用された。即ち、最も接待ランクが高い使者が所持する文引には図書が三つ押され「三著図書」、対馬島内では「三印」と呼ばれた。ここから接待ランクが落ちるにつき、二著・一著と押印される図書の数が減り、主に過海料などに差がつけられていた(世宗21・9・甲戌、端宗即位・7・丙午)〔中村1965、544頁〕。この押印する図書の数による接待ランク規定は対馬と朝鮮との間で結ばれた密約であったが、『海東諸国紀』釣魚禁約条において孤草島で漁業を行う対馬島民は三著図書文引を受けるように明文化されている。

　図書の印面には通交者の名が記される。宗貞盛の場合は都都熊丸という幼名図書が与えられており、そのほか宗成職なども幼名図書を求めていることがわかる(表1No.28)。また、『朝鮮王朝実録』によれば菊池為邦には「四字図書」が給されていたことがわかるので(成宗5・11・辛酉)、本姓まで刻印された図書が存在していた可能性がある。しかし、16世紀に造給された図書は、実名の二文字(場合によっては三文字6))のみを左右横で刻印するのが通例であった。官名ではなく実名を刻印していたことからも、図書が私印としての性格を有していたことは明らかである〔中村1965、519~520頁〕。また、実名を刻印するという性格上、図書を使用できるのは本人のみで子や一族であろうと

---

6)　「平久成」「源豊秋」のように、一文字の元姓に二文字の実名が加わる場合は、左側に姓一文字を彫り、右側に上下二文字で実名を彫っている。詳しくは〔田代・米谷1995〕における印影を参照。また、松浦党のように一字名を慣例とする通交者の場合は、元姓を付加して二文字としていた。

継承することはできなかった。継承するためには朝鮮へ改給を申請して許可を得る必要があった。その初見は1435(世宗17)年に父の図書を改給した藤九郎である〔中村1965、539頁・松尾1999〕。

　図書は正式に朝鮮から派遣が認められた使者なのかどうかを判別する証憑であったため、授与に際してはその印影が礼曹と典校署に保管された。三著図書制度を実施するに当たり、宗貞盛の図書がソウルから三浦に届けられたことから見ても(世宗21・10・庚子、表1No.20)、少なくともこの時期までは図書の真偽は上京して初めて判定できるものであったと考えられる。勘合半符を市舶司に常駐し、使者が入港するたびに校勘していた日明貿易と比較すると、上京後に使者の真偽を判定する当該期の図書制度は甚だ煩雑な印象を受けるが、そもそも日本人通交者に図書が与えられるようになった15世紀前半の段階で確実な図書印影の校勘が行われていたのかは疑問である。当該期、書契もしくは別幅に図書の押捺が無いということが問題として報告されているが(世宗10・7・庚寅、世宗11・4・丁丑)、偽造された私図書が初めて問題視されたのは、宗貞盛図書による三著図書制度が実施された直後からである(世宗21・10・丙寅、表1No.21)。成宗期に入ると頻りと図書の真偽に関する議論が交わされているため、この時期には図書の印影が三浦で保管されていた可能性はある。おそらく図書制度の最初期においては図書押捺の有無のみが判定され、図書の偽造が確認されるようになってからその印影の校勘が行われるようになったと考えられる。

　図書の受給は日本人通交者にとって朝鮮との貿易機会の確保という大きなメリットがあったが、運用の実態面においてはそれは朝鮮に使者が派遣できる権利を手にするということであった。当時、朝鮮から官職を授けられた日本人は受職人と呼ばれ、年一回の朝参義務を利用する形で貿易を行っていた〔中村1965、547~550頁〕。しかし、朝鮮と貿易を行うためには必ず自身が渡航しなければならず、使者を派遣して貿易を行える図書と比較すると利便性が低い。受職人でありながら図書による通交を行った通交者も確認できるため〔松

尾2003]、図書は受職よりも上位の通交権と認識されていたと考えられる。さらに図書は改給することで子孫へ継承することも可能であり、そうした点から通交権を図書に切り替えた受職人もいたであろう。

2. 組織的偽使派遣を示す物的証拠としての図書

15世紀中期より対馬の通交勢力は多くの通交名義を集積し、偽使を派遣するようになっていった[長2002a・伊藤2005]。つまり、朝鮮通交権は対馬へ収斂していくことになるわけだが、対馬にほぼ一極集中した朝鮮通交権は、16世紀に入って三浦の乱が起こることでご破算になってしまう。対馬の通交勢力は失われた権益を復旧すべく朝鮮と交渉を積み重ねていくが、そうした苦闘の末に再構築された日朝通交を示す史料が「朝鮮送使国次之書契覚」であり、印影3点を含む合計29点の現存図書である。

16世紀の組織的偽使派遣の状況と対馬宗氏に伝存した図書と木印に関しては詳しい研究が繰り返されてきているため、ここでは16世紀の日朝通交において利用された図書が、史料としてどのように活用できるのかという点に焦点を絞って論じてみることにしたい。

(1) 通交権復旧の経過

16世紀の図書の史料的意義を推し量る前に、当時図書が通交権益としてどのように認識されたのかを把握しておく必要がある。

まず三浦の乱後に取り交わされる壬申約条以後の図書による通交権益(以下、偽使通交権益と呼称)が、どのような過程を経て再集積されていったのかを簡単に押さえておく。壬申約条では、造給してから50年以上経過した図書は「年久」として全廃された。以後、半世紀にわたって偽使通交権益を含む各

種朝鮮通交権益の復旧が、対馬にとって最重要課題とされた。[7] そこで壬申約条締結直後より、対馬は朝鮮へ使者を派遣して通交権益復旧交渉を繰り返しているが〔中村1969、143~151頁〕、明確に成果となって現れたのは、1515(中宗10)年における宗盛秀(対馬島主の子)と盛俊(豊崎郡主)の歳遣船認可であった。さらに1523(中宗18)年には半減されていた島主歳遣船に5隻の加増がかなったが、それだけでは到底対馬島内における島主の求心力を回復させるには程遠かった。

そこで対馬宗氏が施した策が、受職人となることで朝鮮と貿易ができるようになる権益(以下、授職通交権益と呼称)の脱権益化であった。[8]対馬宗氏から分配が望めない状況下で対馬の通交勢力は朝鮮と独自に交渉し、漂流人の送還や三浦の乱の際にソウル東平館で自殺した通交者の子孫であることを根拠に官職を授かり、授職通交権益を得ていった〔松尾2014、107~117頁〕。対馬宗氏はこれを脱権益化することで、言わば応急処置的に島主権力を担保した。この授職通交権益は漸次対馬島内に蓄積されていった。

ところが、1544(中宗39)年に勃発した蛇梁倭変により、対馬は多くの朝鮮通交権益を再び失うこととなった〔中村1969、170~183頁・佐伯2013〕。1552(明宗7)年に来朝した日本国王使安心の交渉により、蛇梁倭変後に取り決められた丁未約条の「年久」規定は撤廃されることとなり(明宗7・11・甲辰)、対馬が保有していた朝鮮通交権の多くが復活したが、1554(明宗9)年に成立した『攷事撮要』によれば、その内訳は授職通交権益が26名義であったのに対し、偽使

---

7) 朝鮮通交から得られる利益は対馬の在地勢力にとって生活基盤として重要であったが、中世の対馬島主にとってはそれを家臣に分配することで権力としての求心性を得ていたため、島内支配を貫徹させる上で無くてはならないものであった〔黒田1971・荒木2007〕。

8) 脱権益化とは、通交者が得た朝鮮通交権益を対馬宗氏が収公し、それを分配し直すことで知行としての意義を付与する権力的行為のことである。また、脱権益化されて知行として与えられた朝鮮通交権を行使する行為を「所務」と呼ぶ。これらについては、荒木氏の論考に詳しい〔荒木2007、第二部第一章・第三章〕。

通交権益はその半数強の16名義に留まっていた。つまり、16世紀中期まで図書による偽使通交権益は対馬にとって副次的なものであった。

　これが劇的に変化するのが、1563(明宗18)年と1567(明宗22)年の二度にわたって行われた深処倭名義の図書復活交渉であった。これにより、壬申約条で接待停止となった22名義の図書が復活した[中村1969、207~213頁]。偽使通交権益の中でも、宗氏権力内部で分配される諸酋使名義は3倍に増加し、ようやく宗氏権力を担保する上で十分な通交権益が揃ったのである。他方、それまで分配されていた授職通交権益は余剰分として在地被官に分配されることとなった[荒木2007、214~219頁]。また、1569(宣祖2)年より当時の対馬島主宗義調は伊奈郡に支配確立のための介入を行うが[佐伯1985]、授職通交権はその取り込みに利用され、伊奈郡の被官に積極的に分配されている[松尾2014、123頁]。

　こうした権益復旧交渉の過程から、1572(宣祖5)年から1586(宣祖19)年までの朝鮮通交を記録した「朝鮮送使国次之書契覚」が物語る状況は決して16世紀を通じた姿などではなく、その成立直前まで対馬が苦闘を重ねつつ、朝鮮通交権をアップデートしてきた集大成に他ならない。これ以降も通交権の運用は時期によって変遷していったと考えられるが、偽使通交権益および受職通交権益、そして島主歳遣船権益は「朝鮮送使国次之書契覚」の成立段階でどのように認識されていたのであろうか。

　まず、16世紀における対馬宗氏の朝鮮通交権の主軸は、壬申約条において半減されながらも、常に一定数確保されていた島主歳遣船権益であった。対馬島主は自身が朝鮮から認められた歳遣船を直臣と島主を支える佐須郡の被官に優先的に分配していたため[荒木2007、191~199頁]、島主歳遣船権益は島主権力の基礎を支える通交権益と認識されていたと考えられる。

　授職通交権益は、16世紀前半において島主権力を支えた重要な朝鮮通交権であった。本人による渡航が前提であるため島主の差配によって年々で権益を移譲する必要が無く、安定的に運用できるメリットがあった[松尾2014、

124~125頁〕。しかし、利便性という面では、朝鮮との通交に際して使者を派遣することができる偽使通交権益の方が希求度が高かった。また名義を更改する必要なくその所務者を簡単に変更できる点から、島内支配の状況に即応して分配できた点から、対馬宗氏にとっても偽使通交権益は利便性が高い朝鮮通交権であった。即ち、16世紀の対馬において「図書」とは、支配状況に応じて宗氏権力を貫徹させるための重要な権力装置であったのである。

(2) 残存図書の運用状況

ここでは、残存が確認されている図書がどのように運用されていたのかを示し、史料として歴史研究にどのように資することができるのかの一助としたい。

〈表 3〉 現存図書の所務状況

No	名義	國	種別	入手年	分　　配　　年									
					72	73	74	75	80	81	82	83	84	85	86
1	少貳	筑前	宗旧						□		□		□	□	
2	京極晴廣	近江	宗旧	1581									◇		
3	山田順治		宗旧	1520	□	□	□		□	□	□	□	□	□	□
4	宗盛氏	對馬	宗旧	1522	○	○	○			○	○	○	○	○	○
5	宗熊滿	對馬	宗旧	1522	◇	◇	■						○	○	○
6	奈留親忠	肥前	宗旧	1536	□	□	◇			□	□	□	□	□	□
7	眞弓成	壹岐	宗旧	1540	□	□	□			□	□	□	□	□	□
8	畠山晴秀	山城	宗旧	1560	◇	◇	□			◇	◇	◇	◇	◇	◇
9	菊池爲永	肥後	宗旧	1563		△	◇			○	○	○	○		○
10	呼子幸	肥前	宗旧	1563		○				○	○	○	○		○
11	宗熊壽	對馬	宗旧	1564	○	△		○	○	○	○	○	○		○
12	平久成	薩摩	宗旧	1567	◇	◇	○			○	○	○	○		○
13	松浦茂	肥前	宗旧	1567		△	◇			○	○	○	○		○
14	平戸豊秋	肥前	宗旧	1567	◇	◇				○	○	○	○		○
15	大內教滿	周防	宗旧	1567	○					○	○	○	○	○	○

No	名義												
16	宗像氏助	筑前	宗旧	1567	○	○			○	○	○	○	○		○
17	藤原廣久	薩摩	宗旧	1567			○		○	○	○	◇ ◇	◇	◇	○
18	鴨打親	肥前	宗旧	1567	○	○		○	○ ◇	○	○	△	○	○
19	宗澄泰	對馬	宗旧	1577		○		○	○	○	○	○	○
20	田平兼	肥前	印影	1563~67	○	▽	○	○	○	○	※	○	○	○
21	牧山正	壹岐	印影	1519	△	◇	△	△	◇	△	◇	△	◇	△
22	澁川政教	肥前	印影	1520	▽	○	○
23	宗茂家	對馬	杉村	1517			■	■	■	■	■	■	■
24	源吉見	長門	個人	1520	◇	◇		◇	◇	◇	◇	◇	◇
25	波多嶋安	肥前	古川	~1573			◇	◇	◇	◇	◇	◇	◇

No	名義	留保者・知行者	備考
1	少貳	佐須信國(景滿)	政尚・政忠2名義あり
2	京極晴廣	中原調永・平田調円	
3	山田順治	佐須盛円	
4	宗盛氏	宗義調	
5	宗熊滿	佐須尚弘・柳川調練・吉田・柳川大膳亮・宗義調	
6	奈留親忠	佐須信國(景滿)	
7	眞弓成	佐須景親・佐須紀伊介	
8	畠山晴秀	立石調廣	
9	菊池爲永	大浦修理亮・宗義純・宗義智	
10	呼子幸	宗義調	
11	宗熊壽	大浦修理亮・宗義純・宗義智	
12	平久成	久和浦景廣・宗義調	
13	松浦茂	內山膳右衛門尉・內山盛幸・宗義純・宗義智・宗義調	
14	平戸豊秋	柳川調連・宗義調	
15	大內教滿	宗義調	
16	宗像氏助	宗義純・宗義智	
17	藤原廣久	立石調光・宗義調	
18	鴨打親	平田玄松軒・宗義調	
19	宗澄泰	宗義調	

20	田平兼	宗義調・櫻本左衛門佐	※西山寺(對馬寺院)
21	牧山正	財部彦左衛門尉・嶋井調正	
22	澁川政教	櫻本左衛門佐・宗義調	
23	宗茂家	佐須尙廣	
24	源吉見	立石松雲軒・立石景長	
25	波多嶋安	古川康周・古川宗淸	

[用例]
1. 現存する図書のうち、『朝鮮送使國次之書契覺』で所務が確認できる名義のみを表化した。
2. 種別、「宗旧」＝宗家旧蔵図書〔田代・米谷1995〕、「印影」＝印影あり〔田中1962、長1987〕、「杉村」＝杉村家伝來図書、「個人」＝個人所蔵〔田中1963〕、「古川」＝古川家伝來図書〔田中1962〕
3. 分配年における記号、○＝宗氏本宗家、□＝佐須家、■＝佐須家(豆酘郡)、◇＝宗氏直臣、△＝豊崎郡被官、▽＝伊奈郡被官

　　まず九州国立博物館に収蔵されている23点の宗家旧蔵図書であるが、その伝来から対馬宗氏周辺で利用された図書であることが推測される。表3を参照すると、実際に宗家旧蔵図書の多くは対馬宗氏の本宗家(宗義調・宗義純・宗義智)によって留保されていた名義であることがわかる。一貫して宗氏によって活用された名義(表3No.4・10・15・16・19)の他に、本来は宗氏が留保している一方で申請されることで貸与された名義(表3No.9・11・18)や、ある時期から宗氏に留保されるようになった名義(表3No.5・12・13・14・17)が多く確認できることから、やはり宗家旧蔵図書は本来的に対馬宗氏に帰属する性格を持っていたことがわかる。[9] これは「朝鮮送使国次之書契覚」で所務が確認できない残り3点の図書についても同様であったと考えられる。[10] さらには図書が残っていない多くの名義においても宗氏への知行申請が行われていることが確認できるため、図書は本来対馬宗氏が保有するもので、それを知行として

---

9) 荒木氏によれば、宗氏本宗家が連年留保もしくは隔年留保していた名義の半数以上が宗家旧蔵図書として伝存しているという〔荒木2007、218頁〕。
10) 佐須信国が知行した少弐氏名義の図書(表3No.1)は政尚・政忠どちらの名義であるか確定できないため、所務が確認できない図書は実際は都合4点ということになる。

島内諸氏に分配していたという性格を推し量ることができる。

　他方、宗家旧蔵図書で宗氏以外が一貫所務した名義も確認できる(表3No. 1・3・6・7・8)。表3からはわからないが、畠山晴秀名義(表3No.8)について立石調広が知行したのは複数ある歳遣船の1船分であるため、その帰属は宗氏にあったと推測される。これ以外については、全て府中佐須家によって留保されていた名義である。佐須家は当該期対馬の守護代として宗氏本宗家の対馬支配に大きく寄与しており、そうした立場から佐須家の連年留保が認められていたと考えられる。それが宗家旧蔵図書に残っている経緯については、1590(宣祖23)年の佐須景満殺害事件と1635(仁祖13)年の柳川一件によって宗氏本宗家へ図書の移管が行われたからと推測されている〔荒木2007、218頁〕。つまり、16世紀の図書は本来対馬宗氏に帰属するものであるが、全てが一括管理されているわけではなく、通交者が個別に管理し、場合に応じて柔軟な運用が行われていた。

　現在印影のみが伝わる図書に関しても、対馬宗氏が留保する一方で一時的に諸氏や寺院に対して知行が認められていたことがわかる(表3No. 20・22)。他方、特殊な所務状況を示すのが牧山正名義の図書(表3No.21)で、これについては牧山氏に名義料を支払う形で塩津留氏が独自入手したという特別な経緯を持っていることが明らかにされている〔長1987、第二部第一章〕。また、隔年で所務者が交替するという独特の知行状況を持っていたことでも知られており、当時特殊な経緯により対馬にもたらされた図書が当事者間のローカルルールによって運用される場合があり、そこに対馬宗氏が一定の規制力をはたらかせていたことがわかる。個人の家で伝わった図書3点(表3No. 23・24・25)については、「朝鮮送使国次之書契覚」からも通交者が個別に図書を留保している状況が看取でき、その伝来を裏付けていることは、史料的観点から見ても非常に興味深い。

　大幅に偽使通交権益が復活した1560年代以降の図書の留保・知行状況に関しては、荒木氏によって明確にその比率が示されている〔荒木2007、214~219頁〕。それによれば、宗氏一門・家臣団・寺院の知行が75.2%である

のに対し、在地被官は23.9％である。しかし、1560年代の図書復旧によって
在地被官への分配量は、それ以前と比較して拡大傾向にあることがわかると
いう。さらにその運用において隔年所務方式が行われることで知行者の増加
が図られており、宗氏権力を島内に貫徹させるために図書が利用されていた
側面が浮き彫りとなる。現在伝えられている図書は、その一端を示す重要な
史料と言える。

　他方、この図書を押捺した書契が、16世紀の朝鮮においてどのように処
理されたのかは杳としてわからない。これは、15世紀において朝鮮との通交を
あらわす日本国内の史料が極端に少ないことと相反する状況であると言え
る。そのため15世紀の日朝関係史研究と16世紀のそれは特質や方向性が大
きく異なってしまうが、現存する図書はそうした研究における格差を埋める重要
な物的史料であり、今後も研究において活用が期待されるものであろう。

3. 図書から見た朝鮮通交の実態
－宗像氏の朝鮮通交を素材として－

(1) 宗像社伝存「勘合印」

　沖ノ島の世界文化遺産登録でにぎわっている宗像社に、「勘合印」と称
する一顆の銅印が伝わっている。印面は縦33mm、横32mmの正方、印
面の高さは7mmで、そこからせり上がるように高さ25mmの鈕が付けられ
ている。鈕は上部両端に耳のような突起が出ており、中央部には円形の穴
が開いている。重さは175g。縦47mm・横46mm・高さ55mmの桐箱に納め
る形で収蔵されているが、印字が解読不能であることなどから史料的意
義を確定できない状態で現在に伝わっている。

　この「勘合印」については、その来歴を記した「勘合印来由記」という文書が同じく宗像社に伝わっている。以下、その本文を引用する。

　　筑之前州宗像三郎氏俊、丁人皇九十七代光明院之御宇、而遣使於朝鮮国、迭通音、以
　　往累年与彼国共筆信、于時後醍醐帝走洛之南、帝之君懐良親王、以武意自行九州、而
　　作要畧、菊池肥後守武光勠力懐良、九国之地成戦土也、将軍義満公、以今川伊予守貞
　　世入道了俊、補九州之探題、且以大内左京大夫義弘、見定筑紫警衛之宰、依京都之下
　　知、氏俊属彼両家、而計事於左右、義弘感愛之、後以妹嫁氏俊之男氏重、家益睦、大
　　内世々有勘合之符、氏俊亦以有此事、氏俊自到朝鮮、共定勘合音信、異船泊氏俊之領
　　内、博多津売舶無大小、以此地、如今之肥之前州崎之津、而或調通達之用、或成売買
　　之使、此印符之模形、有故在草苅之家、依而記来歴之次序、副此印模、以為家珍者也、

　この「勘合来由記」については、草刈家にこの印が伝えられたと記載されていることから、宗像大宮司家が断絶して宗像氏貞の女子が長州毛利家家臣草刈重継に嫁いだ1600(宣祖33)年から、宗像大宮司家に宝物が返還された1787(正祖11)年の間に作成されたことは明らかで、さらにその比較的早い時期であると考えられている〔小島1965、42頁、注11〕。
　「勘合来由記」に記載されている内容について検証してみよう。その主旨は、大きく分けて7つである。つまり、①宗像氏俊が光明天皇の時代に朝鮮へ使者を送り、以後累年にわたって交流があったこと、②後醍醐天皇が吉野

へ逃れた頃、懐良親王が九州で菊池武光の力を借りて勢力を築き、それに
よって九州が戦乱状態に陥ったこと、③足利義満が今川了俊を九州探題に補
任し、大内義弘を九州防衛の補佐としたこと、④幕府からの下知により宗像氏
俊が今川・大内両氏を助けたことで関係が構築され、大内義弘は妹を氏俊の
子の氏重に嫁がせたこと、⑤大内氏が代々「勘合之符」を有していたことを受
けて、氏俊も自ら朝鮮と交渉を行って勘合についての取り決めを結んだこと、
⑥外国船や博多の商船が宗像に停泊するようになったことで長崎のような賑
わいを見せるようになり、朝鮮へ通信を行う一方で貿易の使者を派遣していた
こと、⑦勘合印の模型が故あって草刈家にあることから、その来歴を明らかに
するためにこの文書が作成されたことである。

　まず①について。光明天皇が北朝の皇位に就いていた時期は1336(高麗
忠粛王5)年から1348(高麗忠穆王4)年で、それ以後から1352(高麗恭愍王元)
年の正平一統まで院政を敷いていた。宗像氏俊は南北朝期の大宮司であ
り、宗像の地で一定の体外交流が展開されていたことは間違いないが、この
時期に宗像氏が高麗と通交関係を構築したという事実は無い。

　　②③に関しては事実関係に問題は無い。④における宗像氏と大内氏の関
係性は事実であるが(宗像神社文書)、大内義弘が宗像氏重に妹を嫁がせた
のは、筑前進出のために宗像氏との関係性を強化する意図があった点は留
意しておく必要がある。

　問題となるのは⑤である。本文書の記載内容が14世紀中期から15世紀に
かけてであることから考慮して、「勘合之符」とは1453(端宗元)年に大内氏から
の申請によって下された通信符のことであろう。大内氏に与えられた通信符は
「通信符」と篆刻された印の半隻であり、図書と形状が全く異なる[須田2011、
68~69頁]。度々大内氏の使者が偽使であるかの判定に活用されており、通
交権というよりは使者の身分を証明するための符験としての性格が強い。ま
た、朝鮮は大内氏を通交者の中でも特別視しており[伊藤2002・須田2011]、
そうした特殊性により与えられた通信符を参考に朝鮮より通交権としての印章を

受けようと志すとは考え
づらい。また、氏俊が自
ら朝鮮へ渡って交渉した
とされるが、これは『海東
諸国紀』の筑前州に記載
されている宗像氏俊をもと
にした記述の可能性があ

【写真】勘合印とその印影〔宗像市史より転載〕

る〔秋山1932、71頁〕。実際『海東諸国紀』の宗像氏俊は実在の人物であるもの
の[11]、南北朝期の氏俊とは別人である上、自ら朝鮮へ渡って交渉したという事
実は明らかな脚色である。

　⑥において、勘合印を受けたことがきっかけとなったことで外国船や貿易
船が宗像に多く停泊するようになったように記されているが、これは勘合印の
意義を強調するための誇張表現であろう。⑦は文書作成の理由を述べたもの
であるが、ここで勘合印が模造印であることが判明する。

　「勘合来由記」に記された内容は誤りが多く、様々な歴史的事実を後付け
的に盛り込んだ後世の創作物としての色彩が強い。しかし、少なくとも宗像氏が
15世紀前後に北部九州に進出してきた大内氏と姻戚関係を構築していた点は事
実であり、勘合印を模造印としている点も事実であると考えて良いであろう。

　一方で本印の元となる印が図書であるのかどうかは、判断材料が乏しい
ため確定することができない。[12] 大きさが現存する最小の図書からするとわず

11) 宗像氏俊は『改正宗像大宮司年譜』の記載から、1446(世宗28)年に死去したとされ
　　ている。さらに氏俊を含む 『海東諸国紀』における瑞祥祝賀使は対馬によって創
　　作された偽使であるため〔長2002b〕、実際に氏俊本人が派遣した使者でないこと
　　は明白である。しかし、「勘合来由記」の作成に当たって『海東諸国紀』が参考に
　　された点は、大いに着目される。
12) 秋山氏は宗像氏の朝鮮通交について考察した論考において、勘合印を通交に使
　　用したとしている〔秋山1932〕。小島氏は本印と「勘合来由記」を詳細に紹介する
　　も、その評価については保留している〔小島1965〕。また、『宗像市史』通史編第

か2mmほど小さい点13)、実名を横に2~3文字で刻印する形式とはおそらく相違している点、鈕に装飾性が見られるという点は、本印を図書とする際の疑義として呈せられる。改給する際に前図書を踏襲する慣習があったと考えられるものの〔長2002a、312頁〕、比較する現存図書が全て16世紀のものであった点を考慮すれば、多少の差異が生じた可能性は否定できない。さらに、現在伝わっている勘合印は模造印であると考えられるため、様々な点で元の印と違いがあったであろうことは推測に難くない。そもそもこの勘合印が日朝関係において獲得されたとする「勘合来由記」の主旨は、印が伝存するだけでは現れ得ないものなのではないだろうか。宗像氏がこの勘合印の元の印を朝鮮との通交に活用していたという伝承が勘合印とともに伝えられており、それが近世前期のある段階で様々な歴史事実を取り込んで、「勘合来由記」として成文化されたとも考えられる。本印を宗像氏が用いた図書の模造印と断定するには慎重にならざるを得ないが、後述する書契案なども宗像社に伝存していることなどから考えて、宗像氏が図書を手放す際、一種のスーベニア(souvenir)として図書を模造して伝えたことは十分に考え得る。

(2) 宗像氏の朝鮮通交と図書の行方

実際に宗像氏はどの時期に朝鮮通交権を獲得し、その通交はどのように推移していったのであろうか。勘合印が図書の模造印であるならば、いつ誰の図書を模造したのかを探る上で、その通交状況を把握しておくことは必須である。

二巻(宗像市史編纂委員会、1999年)において、この勘合印が図書である可能性を示唆しつつ、図書と断定するには検討の余地もあることが示されている(同、489~490頁)。

13) 現在に伝えられている図書の大きさを比較すれば、通交者の階層や通交権を得た時期によって明確に図書の大きさが規定されていた点は、既に長氏によって指摘されている〔長2002a、308~322頁〕。

〈表 4〉宗像氏の大宮司職相伝と朝鮮通交

No	年	月日	名　義	内　容	出　典
①	1392 (太祖元)	11	宗像氏経	大宮司職継承	宗像宮社務次第 甲本
②	1403 (太宗3)		宗像氏忠	大宮司職奪取	宗像宮社務次第 乙本
③	1403 (太宗3)		宗像長松丸(氏勝)	大宮司職継承	宗像宮社務次第 乙本
④	1405 (太宗5)		宗像氏経	大宮司職還補	宗像宮社務次第 乙本
⑤	1410 (太宗10)		宗像氏顯(氏信)	大宮司職継承	宗像宮社務次第 乙本
1	1412 (太宗12)	4・壬午	筑前州宗像社務経	使人が礼物獻上	朝鮮王朝實錄
2	1415 (太宗15)	4・己丑	筑前州宗像社務顯	土宜を獻上、梵鐘 を要求	朝鮮王朝實錄
3	1415 (太宗15)	11・丁巳	筑前州宗像社務顯	使人が礼物獻上	朝鮮王朝實錄
4	1418 (太宗18)	正・乙亥	宗像成社務氏	使人が土物獻上	朝鮮王朝實錄
⑥	1421 (世宗3)	4	宗像祝勝丸(氏俊)	大宮司職継承	宗像宮社務次第 乙本
5	1424 (世宗6)	11・甲申	西海道筑州宗像社務氏経	使人が土物獻上	朝鮮王朝實錄
⑦	1425 (世宗7)	6	宗像氏信(氏顯)	大宮司職継承	宗像宮社務次第 乙本
6	1429 (世宗11)	12・乙亥	宗像殿	內外大島の倭寇統 治を報告	朝鮮王朝實錄
⑧	1430 (世宗12)	8	宗像氏継	大宮司職継承	宗像宮社務次第 甲本
⑨	1431 (世宗13)	8	宗像氏継	大宮司職継承	宗像宮社務次第 乙本
⑩	1432 (世宗14)	8	宗像氏俊	大宮司職還補	宗像宮社務次第 甲本
⑪	1433	4	宗像氏俊	大宮司職還補	宗像宮社務次第

					乙本
⑫	1444 (世宗26)	閏6	宗像氏弘	大宮司職継承	宗像宮社務次第 甲乙本
⑬	1446 (世宗28)		宗像氏正	大宮司職継承	宗像宮社務次第 甲本
7	1454 (端宗2)	11	宗像氏正	使者が土宜を獻上	宗像神社文書
8	1455 (世祖元)	7·甲戌	肥前州宗象郡知守宗像朝臣氏正	使者が土物を獻上	朝鮮王朝實錄
9	1455 (世祖元)	7·丁酉	宗像社務氏経·宗像朝臣氏正	勢力に關する聞き取り調査	朝鮮王朝實錄
10	1455 (世祖元)		筑前州宗像朝臣氏郷	遣使來朝 、歳遣船1船定約	海東諸國紀
11	1458 (世祖4)	2·辛丑	筑前州宗像朝臣氏正	使者が土物を獻上	朝鮮王朝實錄
12	1458 (世祖4)	6·癸亥	筑前州宗像朝臣氏正	使者が土物を獻上	朝鮮王朝實錄
⑭	1458 (世祖4)	6	宗像氏郷	大宮司職継承	宗像宮社務次第 乙本
13	1462 (世祖8)	6·庚寅	西海路宗像朝臣氏卿	使者が土物を獻上	朝鮮王朝實錄
14	1464 (世祖10)	7·辛巳	西海路筑前州宗像郡知守朝臣氏卿	使者が土物を獻上	朝鮮王朝實錄
15	1465 (世祖11)	8·癸未	西海路筑前州宗像郡知守宗像朝臣氏卿	使者が土物を獻上	朝鮮王朝實錄
16	1466 (世祖12)	10·癸卯	西海路筑前州宗像郡氏卿	使者が土物を獻上	朝鮮王朝實錄
17	1466 (世祖12)	10·己未	西海路筑前州宗像郡持守宗像朝臣氏卿	使者が土物を獻上	朝鮮王朝實錄
18	1467 (世祖13)		筑前州宗像先社務氏俊	使者を派遣し舍利分身を賀す	海東諸國紀
19	1470 (成宗元)	4·癸丑	筑前州宗像郡知守氏郷	使者が土宜を獻上	朝鮮王朝實錄
20	1470 (成宗元)	9·癸卯	西海路筑前州宗像郡知守氏郷	使者が土宜を獻上	朝鮮王朝實錄
21	1471 (成宗2)	3·庚子	筑前州宗像郡知守氏郷	使者が土宜を獻上	朝鮮王朝實錄
22	1471 (成宗2)	6·戊辰	筑前州宗像郡知守氏郷	使者が土宜を獻上	朝鮮王朝實錄

23	1474 (成宗5)	5·丙午	筑前州像郡知守宗氏鄉	使者が土宜を献上	朝鮮王朝實錄
24	1475 (成宗6)	10·庚辰	筑前州宗像郡知守氏卿	使者が土宜を献上	朝鮮王朝實錄
25	1476 (成宗7)	11·辛丑	筑前州宗像郡知守氏鄉	使者が土宜を献上	朝鮮王朝實錄
26	1477 (成宗8)	12·壬寅	筑前州宗像郡知守氏鄉	使者が土宜を献上	朝鮮王朝實錄
⑮	1478 (成宗9)	2	宗像氏國(氏佐)	大宮司職継承	宗像宮社務-次第 乙本
27	1478 (成宗9)	7·壬申	筑前州宗像郡知守氏鄉	使者が土宜を献上	朝鮮王朝實錄
⑯	1478 (成宗9)	9	宗像氏定	大宮司職継承	宗像宮社務-次第 乙本
28	1479 (成宗10)	7·戊辰	筑前州宗像郡知守氏鄉	使者が土宜を献上	朝鮮王朝實錄
29	1480(成宗11)	9·乙未	筑前州宗像郡知守氏鄉	使者が土宜を献上	朝鮮王朝實錄
30	1481(成宗12)	11·庚辰	筑前州宗像郡持守氏鄉	使者が土宜を献上	朝鮮王朝實錄
31	1482 (成宗13)	閏8·丁丑	筑前州宗像郡知守氏鄉	使者が土宜を献上	朝鮮王朝實錄
32	1484 (成宗15)	3·乙巳	筑前州宗像郡知守氏卿	使者が土宜を献上	朝鮮王朝實錄
33	1485 (成宗16)	12·辛巳	筑前州宗像郡知守氏鄉	使者が土宜を献上	朝鮮王朝實錄
34	1486 (成宗17)	11·辛亥	筑前州宗像郡知守氏鄉	使者が土宜を献上	朝鮮王朝實錄
⑰	1487 (成宗18)	3	宗像興氏	大宮司職継承	宗像宮社務-次第 乙本
35	1488 (成宗19)	2·丙申	宗像郡知守氏鄉	使者が土宜を献上	朝鮮王朝實錄
36	1489 (成宗20)	2·甲午	筑前州宗像郡知守氏鄉	使者が土宜を献上	朝鮮王朝實錄
37	1489 (成宗20)	12·丙戌	筑前州宗像郡知守氏鄉	使者が土宜を献上	朝鮮王朝實錄
38	1492 (成宗23)	3·乙未	筑前州宗像郡持守氏鄉	使者が土宜を献上	朝鮮王朝實錄
39	1493 (成宗24)	4·己亥	筑前州宗像郡持守氏卿	使者が土宜を献上	朝鮮王朝實錄

40	1494 (成宗25)	3・甲午	筑前州宗像郡知守氏郷	使者が土宜を獻上	朝鮮王朝實錄
41	1499 (燕山君5)	10・癸卯	西海路筑前州宗像郡知守 宗像朝臣氏卿	使者が土宜を獻上	朝鮮王朝實錄
42	1502 (燕山君8)	7・癸巳	氏郷	使者二名が死去	朝鮮王朝實錄
43	1503 (燕山君9)	4・丁酉	西海路筑前州宗像郡知守 宗像朝臣氏郷	使者が土宜を獻上	朝鮮王朝實錄
44	1504 (燕山君10)	4・庚申	西海路筑前州宗像郡知守 宗像朝臣氏郷	使者が土宜を獻上	朝鮮王朝實錄

　以下に、14世紀から15世紀にかけて大宮司職を相伝した宗像氏の系図を掲げておこう。

宗像氏略系図　※番号は大宮司職の相伝順、波線は朝鮮通交上確認できる人名。

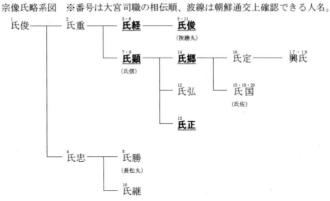

〔桑田 2004〕の宗像氏略系図を元に作成。

　次に、宗像氏の大宮司職相伝の経過と朝鮮通交の状況を時系列で示した表4をもとに考えてみる。まず、宗像氏の朝鮮通交は大宗期より確認でき、その初見は1412(太宗12)年の宗像氏経である(表4No.1)。氏経は既に弟の氏顕に大宮司職を譲っているが(表4⑤)、日本国内の史料からも1414(太宗14)年に「前大宮司」として書状が見え(出光佐三奉納文書)、実権を握っていたこ

とが推測される[秋山1932、69頁]。しかし、1424(世宗6)年の氏経の通交を
期に、一時宗像氏の通交は確認できなくなる。これは、氏顕から氏俊へ継承
された大宮司職(表4⑥)がまた氏顕へ還補され(表4⑦)、次に15世紀初に氏
経と争った氏忠の子である氏継へ大宮司職が移り(表4⑧⑨)、さらにはそれが
再度氏俊へ戻るという(表4⑩⑪)、非常に錯綜とした大宮司職争いが展開され
た結果であろう。紙幅の都合上詳細は省くが、こうした争いには北部九州にお
ける渋川氏・大内氏・少弐氏・宗氏の勢力抗争が密接に絡んでいた。結果的
に1444(世宗26)年に氏弘が大宮司となったものの(表4⑫)、短命であったため
2年後に弟の氏正がその跡を継ぐことになる(表4⑬)。

　こうした大宮司職争いの結果、一時的に宗像氏の朝鮮通交は1424(世宗
6)年で途絶するのであるが、この時期に図書を保有していたのはおおよそ九
州探題渋川氏周辺に限られ、その他の在地領主が図書を獲得し始めるの
は、この後の時期に当たる(表1参照)。従って、氏経と氏顕の通交の段階で
宗像氏が図書を得ていた可能性は低いと考えられる。

　1454(端宗2)年、氏正が朝鮮へ使者を派遣したことで、宗像氏の朝鮮通
交は再開する。このことは、主に宗像神社文書に残る書契の案文から知られ
る事績である。15世紀における書契案を残している日本人通交者はほとんど
いないため、大変貴重な史料である。以下、その本文を掲げる。

　　　日本国筑前州宗像郡知守宗像朝臣氏正　誠恐誠惶頓首、
　　　謹製短書、以奉
　　　朝鮮国礼曹判書閣下、　臣伏承、
　　　皇帝陛下尊候動止万福百順、茲承聞、小邑伯父宗像朝臣氏経、
　　　連年音信奉呈　上
　　　陛下而蒙
　　　皇恩之潤色者久矣、小邑薫厥令節、而今氏正初以手札而騁于
　　　陛下、不図吾国因年々之兵乱而鄙語欲奉奏
　　　陛下、于時無得暇日、乃今陋邦静謐之時節、且喜遣一介之専人

而仰荷
陛下之徳化者也、茲雖賎薄之至、献陋邦之土宜、別紙記之、伏乞
聞達啓納、幸甚々々、即辰仲冬、々日甚寒、為
国仰之、不宣、
享徳三年甲戌仲冬日
日本国筑前州宗像郡知守宗像朝臣氏正　誠恐誠惶頓首、

　この書契案から、氏正は叔父氏経の通交以後兵乱により無沙汰であった
ことを謝し、土宜を献上していることがわかる。兵乱とは、北部九州の勢力争
いとそれに連なる大宮司職争奪戦のことを指すと考えられる。
　この書契案に対応する『朝鮮王朝実録』の記載は1454年中には無い。しか
し、書契が作成されたのは仲冬(＝11月)で、使者が来朝してソウルまで上
京し、書契が礼曹に提出されるまでかなりの日数がかかったことを考慮すれ
ば[14]、おそらくこの書契は1455(世祖元)年7月に宗像氏正の使者が土物を献
上した際に差し出されたのであろう(表4No.8)。同月中に世祖代の新任礼曹
が壱岐の藤九郎に九州における各勢力の情勢を聴取した際、「宗像社務氏
経、往年通信、今宗像朝臣氏正遣使来、此其子孫乎」と問うている(表
4No.9)。1455(世祖元)年7月に氏正の使者が初めて朝鮮へ到来して、無沙
汰を謝すこの書契案のもととなった書契を呈上したことを受け、その素性を質
すため新任の礼曹らは藤九郎に聴取を行ったのであろう。
　当時こうした書契を認めるためには、外交文書の起草に長けた主に臨済宗
の禅僧の力が不可欠であった[伊藤2002]。当該期の北部九州情勢から鑑み
て、氏正は大内教弘の勢力下にあったと考えられ[15]、その助力を得て博多や

---

14)　日本を経ってソウルまでは、当時はおよそ3ヶ月程度の道程であったが[長2002a、283
　　～284頁]、氏正の書契が作成されてからそれが朝鮮礼曹に提出されるまでには、
　　約8ヶ月もの時間がかかっている。しかし、1455年前期は世祖が前王の端宗から王
　　位を簒奪した年であり、そうした混乱から日本人通交者のソウル上京や書契の提
　　出などが延引し、8ヶ月もの期間が開いたと考えられる。

長門国の臨済宗系寺院の禅僧に書契を起草してもらったと推測される。このように通交の正式なやり方を踏襲した宗像氏正が、当時朝鮮と通交を行うに当たって図書などの通交権が必要であることを認知していたのは間違いない。さらに、氏正は1458(世祖4)年にも連続して使者を派遣しているため(表4No.11・12)、この氏正期に宗像氏は図書を得たのであろう。

　宗像氏正の次に大宮司職に就いたのが、その兄の氏郷である(表4⑭)。『海東諸国紀』によれば、氏郷は大宮司職になる以前の「乙亥年(=1455年)」から既に朝鮮へ使者を派遣している(表4No.10)。この年は前述したように、途絶していた宗像氏の通交を氏正が復活させた年に当たる。しかし、礼曹が宗像氏の勢力状況について藤九郎に尋ねた際、氏経との続柄を尋ねられたのは氏正のみで氏郷の名前は見られない。『朝鮮王朝実録』において氏郷が大宮司職に就いてから通交記事が確認できるようになる点と考え合わせれば、『海東諸国紀』に1455年に使者を派遣したとする記載は、氏正の事績を混入してしまうことで生じた誤りであると考えられる。[16]　おそらく氏郷の使者は1458(世祖4)年に氏郷が大宮司職に就き、氏正名義の図書が改給された後に派遣されるようになったのであろう。実際に氏郷が大宮司職に就任して4年後から、氏郷名義の通交が『朝鮮王朝実録』より確認できる(表4No.13)。その後、1~3年ほど通交が確認できない時期はあるものの、三浦の乱以前で日本人通交者の通交が確認できるとされる1504(燕山君10)年まで継続的に通交が記載されて

---

15)　宗像神社文書中に、大内教弘の筑前守護代であった仁保盛安から宗像氏正に宛てられた書状が2通確認できる。

16)　「氏郷」の条文で語られているように、氏俊と氏郷が共同して宗像社の実権を握っていた兆証はあるものの[桑田2002、77頁]、氏俊は既に1446(世祖26)年に死去しており(注11参照)、この内容はそれ以前の状況を語ったものか、瑞祥祝賀使宗像氏俊の信憑性を増すために対馬が偽作した内容を参考に記載されたものである。少なくとも氏郷が使者を派遣したとされる1455年や『海東諸国紀』が編纂された1471(成宗2)年当時の状況ではなく、これを氏郷が1455年に通交を行った根拠とすることはできない。

いる。

　一方、大宮司職は1478(成宗9)年の氏郷の死去により子の氏国(氏佐)に移り(表4⑮)、その9ヶ月後には氏定へと移っている(表4⑯)。さらに氏定が1487(成宗18)年に死去して子の興氏が跡を継ぐと(表4⑰)、以降は氏国と興氏の間で大宮司職を巡る争いが起き、激しい交替劇を繰り返すこととなる〔桑田2002、78頁〕。こうした期間も継続して氏郷名義の使者が朝鮮へ派遣されているが、これについて先学の多くは、宗像氏が通交権を改給せずにそのまま使者を派遣し続けたか、全く別人が宗像氏郷の名を騙って偽使を派遣していた可能性を想定している。最終的には16世紀対馬による組織的偽使派遣において宗像氏助名義が利用されているため、氏助図書が賜給された1567(明宗22)年の第二次深処倭名義復活交渉以前より、氏郷図書が対馬宗氏の手にあったことは確実である。それがいつ対馬にもたらされたのかについては、次節で考察を加える。

(3) 図書模造のタイミング

　図書と断定することができない勘合印だが、そもそも朝鮮通交において宗像氏が図書を模造する機会が無ければ、その蓋然性すら絶たれるのは自明であろう。では、宗像氏の朝鮮通交において図書が模造されるタイミングとは、どのようなものが考えられるのであろうか。

　図書が模造される状況としては、主に偽使を創出する場合と、図書を手放す際に事績の記念物として残す場合の二つが想定される。宗像氏が偽使を派遣した事実は認められないため、前者の可能性は捨象できる。勘合印が図書の模造印であった場合、それは宗像氏が朝鮮通交を行っていたということを示すためのスーベニアであったと言うことができる。

　次に意図的に図書を手放す状況について考えてみると、まず最初に通交権を前代から継承するに当たって図書を改給する際の朝鮮への返納が考えら

れる。もう一つは、譲渡や売却などによる偽使派遣勢力への移譲であろう。(二)で検証した宗像氏の朝鮮通交の状況から、15世紀宗像氏名義の図書は最初氏正名義のものが存在し、それが氏郷名義に改給されたと推測される。さらに1567年に氏郷図書は氏助図書に改給されるため、宗像氏名義の図書は都合3つ存在したことになる。ここで重要になるのが、対馬宗氏がいつ氏郷の図書を入手したのかという点である。

氏郷の図書が対馬宗氏の手に渡った契機としては、氏郷の死去、三浦の乱、第二次深処倭名義復活交渉などが考えられるが、結論から言えば、氏郷名義の使者が派遣されるようになった1462(世祖8)年当初から既にその図書は対馬宗氏の手にあったと推測される。長氏によれば、15世紀中期宗成職が島主となった直後より、対馬は深処倭名義の偽使派遣を急増させた。朝鮮はそれを統制するために、1455年に対馬宗氏に対して深処倭名義の使者に年2回以上文引を発給しないように要請する。深処倭の通交そのものが禁止されることを恐れた成職はこれを甘受し、文引制を武器に深処倭歳遣船の権利を入手して通交者の数を増やす方向へ偽使派遣の舵を切った〔長2002a、291~295頁〕。氏郷名義の通交は、こうした時期より行われているのである。

また『海東諸国紀』において、氏郷が「少弐殿管下」とされている点も着目される。『海東諸国紀』編纂当時は、1460年代以降大内氏が展開していた筑前の一国支配を、応仁・文明の乱の余波により少弐氏が覆していた時期である。しかし、1458年から翌年にかけて筑前国内の所領における少弐教頼の宛行状が確認でき、氏郷が大宮司職に就いたのと同時期にも、一時少弐氏が筑前国に勢力を保持していた徴証がある〔佐伯1978、302頁〕。氏郷の大宮司職就任は弟である氏正の死去に伴うものであるが、氏郷が大宮司職に就く時から少弐氏の支援を受けており、そうした関係性から『海東諸国紀』に「少弐殿管下」と記載された可能性は十分想定できる。少弐氏の配下である対馬宗氏は、そうしたラインから宗像氏郷に接触を図ったと考えられる。

完全に推測に頼らざるを得ないが、対馬宗氏は少弐氏を介してつながりを

持った宗像氏郷に対して、文引制を梃子に朝鮮通交権の改給と貿易の移譲も しくは委託を周旋したのではないだろうか。氏郷名義の使者派遣にどの程度 氏郷本人の意向が反映されたのか、通交権の移譲や委託において氏郷にど のような得分が発生したのかを知るべき術は無いが、応仁・文明の乱期にお ける北部九州の争乱の最中でも氏郷名義の使者が途切れることなく朝鮮へ派 遣されている状況は、氏郷名義の図書が筑前から離れた全く別の所で行使さ れていたことの傍証であろう。さらに、宗氏勢力が1470(成宗元)年に博多から 戻った直後より歳遣船派遣を復活させたため〔橋本2005、第4章〕、突然増え た通交者に朝鮮側は困惑している(成宗元・9.・丙子)。この中に氏郷名義も見 えることから、その図書が対馬で管理されていたことはほぼ確実と言って良い であろう。

こうした氏郷名義の偽使派遣を審らかにしていく過程において、図書の模 造印と考えられる勘合印が作成された状況を投影していくと、次のように推測 することができる。即ち、対馬宗氏は少弐氏との関係によって接触した宗像氏 郷に対し、一定の利益の供与を見返りにその通交権(=図書)を接収することを 認めさせた。そして、対馬宗氏は接収した前大宮司氏正の図書を氏郷に改 給し、その図書を利用して宗像氏の偽使を派遣したのである。宗像氏は対馬 へ氏正図書を差し出す際、自身が朝鮮通交を行っていたという事績を後代に 伝えるため、その模造印を作成したのであろう。つまり宗像社に伝わる勘合印 は、氏正図書の模造印と考えられる。あくまで勘合印を図書の模造印と確定 することはできないが、氏正の初度通交の書契案を現在にまで伝えているとい う宗像氏の一種の「物持ちの良さ」は、図書にまで発揮されていた可能性は大 いにある。その際、宗像氏自身が朝鮮と通交を行っていた氏正の時期の物 が残るのは、いわば当然のことだと言えるだろう。

おわりに

　以上、日本中世期の日朝関係を物語る図書について、制度の形成過程と運用方法、および16世紀の日本側の史料を活用し、組織的偽使派遣における図書の所務状況と図書に関する認識などについて検証を行った。さらに、具体的な事例研究として宗像社に伝わる勘合印を取り上げ、宗像氏の朝鮮通交を考察することでそれがどのタイミングで作成されたと考えられるのかについて明らかにした。最後にその論旨をまとめて、本論の締めくくりとしたい。

　図書は日明貿易の勘合符と同じような査証性を持つ符験であったが、勘合符は使者の真偽を質すことを目的として作成されたのに対し、図書はあくまで朝鮮との関係を優位に導くために、日本人通交者の側から求められることで作成されたものであった。図書を最初に受給した日本人通交者は九州探題渋川氏とその周辺であるが、実際に図書獲得を主導したのは博多商人であったと考えられる。

　後に図書は、書契制や文引制による通交統制が実施されたことで朝鮮との貿易が難しくなった状況に対するカンフル剤として、九州の在地勢力や商人などが広く求めるようになっていった。時期が降って図書を受給した通交者が増加すると、朝鮮は受図書人と個別に歳遣船定約を結んでその数を制限した。実際歳遣船定約の導入によって日本人通交者の通交回数は規定されることになるが、一方で貿易の機会を保証するものとして認識される。そして、その定約のもととなる図書は朝鮮と通交を行うことができる権利の証としての性格を色濃く放つようになるのである。

　図書を押捺する数や場所は対馬側の事情により変えられるケースが認められるものの、基本的には朝鮮からもたらされる書契の体裁に応じていたと考えられる。また、図書は私印であるため、印面には実名を用いる場合が大半であった。現存する16世紀の図書は、全て横2~3文字で実名が刻まれている。またそうした性格上、図書は名前を刻印された本人しか使用することができ

ず、一族などに継承する場合は改給という手続きが必要であった。しかし、この改給手続きを行えば通交権を継承することができるため、このことが図書通交権益のメリットと捉えられていた。また、通交権保有者自身が朝鮮へ渡航しなければならない授職通交権益に対し、図書の場合は使者を派遣することができるため、利便性の面から授職通交権益に優越する通交権だと考えられていた。

三浦の乱で対馬宗氏は偽使通交権益を含む多くの通交権を失い、島主権力の求心性低下を招いた。そのため16世紀の対馬宗氏にとっては、自身の歳遣船増額とともに、深処倭名義の図書復活が朝鮮との交渉における重要な鍵であった。対馬宗氏はこれらの権益が復旧するまでの間、授職通交権益を脱権益化することで求心性の低下の急場を凌いでいたが、この状況が改善されたのが、1563年と1567年の深処倭名義図書の復活であった。これにより対馬宗氏は、直臣や守護代である佐須家などの通交権益を図書によるものに切り替えていく。これは図書には使者を派遣することができるメリットがあり、偽使通交権益が授職通交権益よりも優越する通交権だと認識されていたためであった。さらに、偽使通交権益は名義の更改や移譲が比較的簡単に行えるため、対馬宗氏にとっては島主権力を貫徹させる上で大変利便性が高いものでもあった。

実際に16世紀の偽使通交権益の所務状況を見てみると、宗家旧蔵図書については宗氏や守護代家である佐須氏が留保した図書が大半を占めるのに対し、個人蔵や印影が残る図書については、宗氏が一定の規制力をはたらかせつつも、一貫して通交者個人が管理運用していたことが「朝鮮送使国次之書契覚」からも判明する。

また、本論では具体的な事例研究として、意義付けが不明であることから従来あまり検証されてこなかった、宗像社伝存の「勘合印」についても考察を加えた。この勘合印を朝鮮通交で使用したとする「勘合来由記」の記載は、後世に宗像氏の朝鮮通交の事績をつなぎあわせて創作されたもので、残念ながら信を置くことはできない。また、16世紀の図書とは形式が異なる点が認め

られるものの、これが宗像氏の図書の模造印である可能性は十分に想定することができる。

　宗像氏の朝鮮通交を検証してみると、宗像氏が図書を得たのは通交を再開させた氏正の時期であると考えられる。それが氏郷名義の図書に改給され、16世紀には対馬宗氏によって氏助名義に改給されて組織的偽使派遣に利用されている。実際は、宗像氏の通交名義が氏郷に改給された当初からその図書は対馬宗氏の手にあったと推測されるが、氏郷が大宮司職に就任して氏正名義を対馬宗氏に渡して手放す際、氏正の初度通交で作成された書契の案文を作成したように、朝鮮通交を行っていたことのスーベニアにするために氏正の図書を模造したのが勘合印なのではないだろうか。

　中世期は、日朝双方の様々な思惑によって通交関係が大きく揺れ動いた時期である。時には日本における情況が直接的に朝鮮へ伝えられることもあったが、日本側、特に対馬の通交勢力にとって交易による利益獲得が至上命題であったため、日本から朝鮮に出される情報は次第に歪曲したものとなり、朝鮮側はその対応に長期にわたって苦慮させられることになる。16世紀後期になると通交体制は完全に固化して、通交者の実態が全く顧慮されない定式的な通交が展開されるようになっていく。こうしたこともあり、当時の史料を表面的になぞっただけでは、対馬宗氏を中心とする当時の日本人通交者が彫塑した虚像に迷い込むことにしかならない。詳細で精緻な考察を加えて実態を明らかにしようとしても、史料的制約もあり、中世日朝関係の実態を明らかにできるのはごく一部に限られてしまう。

　そうした状況において、16世紀の日朝関係を直接的に物語る物的証拠である宗家旧蔵の図書が23点も発見されたことは僥倖であった。時代は違うが、近年でも宗義章・義和の図書などが発見されており〔山口2014〕、今後もこうした発見が続く可能性もある。また、宗像社の勘合印のようにその価値が掘り起こされる史料が出てくるかもしれない。中世日朝関係が晩期において固化したように、様々な史料的制約から硬直化しがちな中世日朝関係史研究を

より深化させていくために、さらなる史料の発見とより着実な研究が行われることが期待される。

〔參考文獻〕

秋山謙蔵, 1932「室町前期に於ける宗像氏と朝鮮との通交」『青丘学叢』7
荒木和憲, 2007『中世対馬宗氏領国と朝鮮』山川出版社
伊藤幸司, 2002『中世日本の外交と禅僧』吉川弘文館
伊藤幸司, 2005「日朝関係における偽使の時代」
_____, 2005『日韓歴史共同研究報告書第2分科(中近世)』日韓文化交流基金
長節子, 1987『中世日朝関係と対馬』吉川弘文館
長節子, 2002a『中世 国境海域の倭と朝鮮』吉川弘文館
長節子, 2002b「朝鮮前期朝日関係の虚像と実像」『年報朝鮮学』8
川添昭二, 1978「渋川満頼の博多支配及び筑前・肥前経営」
_____, 1978 竹内理三編『続荘園制と武家社会』吉川弘文館
川添昭二, 1996『対外関係の史的展開』文献出版
黒田省三, 1971「中世対馬の知行形態と朝鮮貿易権」『国士舘大学人文学部紀
要』3
桑田和明, 2004「宗像氏の朝鮮通交と称号」『海路』1 石風社
小島鉦作, 1965「筑前宗像氏の海外通交貿易に関する考察」『政治経済論叢』15-3
佐伯弘次, 1978「大内氏の筑前国支配」『九州中世史研究』1 文献出版
佐伯弘次, 1985「中世」上対馬町誌編纂委員会『上対馬町誌』
佐伯弘次, 2013「蛇梁倭変と対馬」『東方学論集』汲古書院
須田牧子, 2011『中世日朝関係と大内氏』東京大学出版会
高柳光寿, 1932「応永年間に於ける南蛮船来航の文書について」『史学雑誌』43-8
田代和生・米谷均, 1995「宗家旧蔵『図書』と木印」『朝鮮学報』156
田中健夫, 1959『中世海外交渉史の研究』東京大学出版会
中村栄孝, 1965『日鮮関係史の研究』上 吉川弘文館
中村栄孝, 1965『日鮮関係史の研究』下 吉川弘文館
橋本雄, 2005『中世日本の国際関係』吉川弘文館
松尾弘毅, 1999「室町期における壱岐藤九郎の朝鮮通交」『九州史学』124
松尾弘毅, 2003「中世日朝関係における後期受職人の性格」『日本歴史』663
松尾弘毅, 2014「16世紀における受職人名義の朝鮮通交」
佐伯弘次編,『中世の対馬－ヒト・モノ・文化の描き出す日朝交流史－』勉誠出版
山口華代, 2014「対馬に現存する宗氏の図書二点」
佐伯弘次編,『中世の対馬－ヒト・モノ・文化の描き出す日朝交流史－』勉誠出版

松尾弘毅,「圖書から見た中世日朝關係史」 토론문

장순순(가천대)

ㅇ 논문의 의의

조선 전기 한일관계사는 관련 사료가 적을 뿐 아니라 통교 명의와 실체 파견 주체 사이에 괴리가 있는 '僞使'라고 불리는 使者가 만연한 시기이다. 따라서 그것의 실태 해명을 위해서는 관련 사료에 대한 보다 정밀한 고찰이 요구된다. 그러나 발표자께서도 머리말에서 언급하고 있듯이 조선전기, 특히 15~16세기 조일관계사에 관한 양국의 사료는 대단히 부족한 실정이다. 15세기에는 그나마 『조선왕조실록』, 『해동제국기』, 각종 시문집 등 조선측 사료가 상당히 존재한다고 하지만 16세기의 경우에는 전혀 그렇지도 못하다. 발표자는 「朝鮮送使國次知書契覺」이라는 일본측 사료가 있지만, 사료로서 신빙성이 약하다고 보고, 조선에 도항해 오는 일본인의 통제를 위해 조선국왕이 일본의 호족이나 對馬島主에게 賜給한 印章인 圖書가 「朝鮮送使國次知書契覺」에서 이야기하는 대마의 조선통교에 있어서 중요한 사료로서 활용되었다는 점에 주목하여 15~16세기 조일관계의 실상을 고찰하였다.

ㅇ 논의 및 질문

㉠ 발표자는 圖書制度의 성립이 조선측이 통교자의 무역을 제한하기

위한 것에서 나온 것이 아니라 일본인 통교자 스스로가 요구한 것에서
비롯되었으며, 따라서 도서제도에 의한 조선의 통교규제는 결과적인 것
이라고 언급하였다. 요컨대, 도서제도의 성립은 태종대 板倉宗壽, 세종대
板倉滿景 등 구주탐제 攝川씨 家臣들의 사례를 들어, 攝川씨와 증가하는
조선 통교자 사이에서 九州지역에서의 영향력 확보와 일본의 대외무역
을 실제로 담당하였던 博多 상인의 조선무역에 대한 기대가 맞아떨어진
결과였다고 보았다. 특히 1405년(태종5) 이후 攝川氏와 大內氏, 少貳氏와
宗氏가 서로 대립하면서 九州 筑前에 혼재하고 있던 상황에서 攝川滿賴
의 도서 청구는 당시 筑前에서 약소세력이었던 攝川氏가 조선통교를 보
전할 목적으로 博多 상인의 주도하에 이루어진 것이라고 해석하였다.

이러한 발표자의 시각은 일본 국내 상황에 국한하여 접근한 견해로
보인다. 그러나 도서제도가 조선측이 통교자의 제한 또는 통제를 위한
것이 아니었다면, 조선은 왜 일본 통교자의 도서 요구를 수용했을까 하
는 점을 좀 더 추적해봐야 할 것이다.

ⓒ '도서의 운용 실태'에서 발표자는 圖書에 官名이 아니라 實名을
각인했다는 점에서 도서가 私印으로서의 성격을 가지고 있었다고 하였
는데, 이것 또한 일본측 관점에서 보았을 때는 그렇게 이해되는 면도 있
을 것이다. 그러나 조선측 관점에서 보면, 도서가 '官' 즉 조선 국왕의
왕명에 따라 예조로부터 조선 통교자들에게 造給된 사실을 근거로 보면
私印이 아닌 공적인 성격을 지닌 것(公印 혹은 官印)이라고 할 수 있지
않을까 생각한다. 특히 도서가 독립적으로 사용되는 것이 아니라 書契와
文引과 함께 사용된다는 점에서 볼 때, 단지 官名이 아닌 實名이 각인되
었다고 해서 도서의 성격을 私印이라고 단정 짓는 견해는 재고될 필요가
있다고 본다. 아울러 도서에 관명이 아닌 실명이 각인된 것은 도서가 갖
는 본래 성격이 조선 통교인 통제인 만큼, 受圖書人이 자동 계승되는 것

이 아니라 당대에 한정된다는 점, 즉 수도서인의 증가를 억제하려는 조선의 입장이 표현된 명시적이면서도 구체적인 행위로 보아야 하지 않을까 생각한다.

ⓒ 발표자께서는 조선전기(일본에서는 中世) 한일관계를 일본사적 관점에서 열정적인 연구를 해오신 만큼, 논문 주제 이외의 질문을 드리고자 한다. 조선전기에 조일 양국의 최고통치자간에 이뤄진 통신사 파견이 16세기에 오면 단절되는데, 그 이유가 무엇이라고 생각하는지 일본 국내 사정과 결부하여 고견을 듣고 싶다.

日帝强占期, 日本의 朝鮮關係記錄
- 朝鮮植民地支配에 있어 政策擔當者의 個人記錄을 중심으로 -

마쓰다 도시히코(松田利彦, 國際日本文化研究センター)

머리말 - 과제 설정

본고에서는 日本 所在의 近代朝鮮史 關係史料 혹은 日本近代史 전반에 걸친 史料의 특색에 대해서, 개인기록이 풍부하게 남아있다는 점부터 파악하고 특히 日帝强占期 정책담당자의 개인기록에 착목하겠다. 더불어 개인기록을 활용한 일례로서 朝鮮總督府 秘書課長 일기에 주목하여 1920년대 식민지 지배정책을 검토하고 싶다.

日本近代史 자료 상황에 대해서 개인기록이 다수 남아있다는 점은, 예를 들어 國會図書館 憲政資料室이 수집한 많은 문서에서 알 수 있다. 憲政資料室은 다수의 정치가·관료·군인·사회운동가의 日記나 書簡, 草稿類, 談話記錄 등을 수집하고 있으며 개인기록을 남긴 인물은 2015년 3월 현재 425명에 이른다.[1] 또 憲政資料室 수집 문서를 포함한 日本近

---

1) 「國立國會図書館憲政資料室收藏憲政資料一覽」http://rnavi.ndl.go.jp/kensei/tmp / kenseishozoichiran.pdf. 한 인물에 대해서 복수의 문서가 소장된 경우는 중복으로

代史의 개인문서를 찾아보기 위해서는 伊藤隆・季武嘉也編『近現代日本人物史料情報辭典』第1~4卷(吉川弘文館, 2004~2011年)이라는 많은 분량의 참고자료서가 간행되어 있다.

다른 한편 이러한 개인문서를 중심으로 한 자료의 殘存 현황을 무조건 긍정적으로 볼 수 있는 일은 아니다. 누차 지적되고 있는 것처럼 私文書 중심의 자료 잔존현황은 歐美등과 비교하면 公文書의 정리・공개가 뒤쳐져 있다는 문제점을 가지고 있다. 또 한국과의 관계에서 말하자면, 식민지지배를 당한 조선인 보다 지배자 측인 일본인의 문서가 많이 남아 있다는 것 자체가 식민지적 불균형성을 시사하고 있다.[2]

이러한 개인기록을 중심으로 한 자료의 殘存 상황에 대한 문제점을 전제로 두면서, 본고는 일제시기 한국통치에 관계했던 정책담당자-즉 韓國統監府 文官 官僚(韓國政府 傭聘者를 포함)・朝鮮總督府 文官 官僚(朝鮮人을 포함) 및 朝鮮軍(韓國駐箚軍을 포함)・朝鮮憲兵隊 所屬의 武官-의 私文書・伝記・人名錄 등의 收集保存의 歷史 및 所在 狀況을 개괄하겠다. 또 본고가 대상으로 하는 정책담당자란 內閣印刷局編『職員錄』각 년도 판에 게재된 관직에 근무했던 文官・武官 관료로서, 국책회사나 기업(朝鮮銀行이나 東洋拓殖株式會社 등)의 민간인은 제외했다. 그리고 식민지에 있어 개인기록으로서는 청취기록도 중요한 위치를 점하나 이에 대해서는 다른 論考에 양보하겠다.[3]

그렇다면 이 문제에 관한 선행연구 또는 정리된 논고로는 이미 國文學研究資料館アーカイブズ研究系編 『日韓近現代歷史史料の共有化へ

두고 별도로 더하지 않았다.
2) 金慶南「帝國と植民地における不均衡殘存記録の構造と植民地支配の特徵」(『アーカイブズ學研究』第15號、2011年.
3) 中尾知代「戰爭・植民地・オーラルヒストリーの今」(『日本オーラル・ヒストリー研究』第3號、2007年9月)、特集「オーラルヒストリーを考える」(『植民地教育史研究年報』第7號、2004年)所收의 各論考 參照.

向けて－アーカイブズ學からの接近』이 총독부 관료 개인문서 所在 정보를 간단히 정리하고 있다.[4] 본고에서는 同書와의 중복을 피하면서 文書 史料와 함께 지금까지 충분히 정보 정리가 되지 않았던 伝記·評伝類에도 비중을 두고 있다.

더 나아가 본고 후반에서는 守屋榮夫라고 하는, 1920년대에 조선총독부 秘書課長에 근무했던 인물에 주목하겠다. 守屋는 방대한 일기를 남겼는데 이를 통해 파악할 수 있는 여러 가지 정보 가운데 특히 일본인, 조선인 중에서 守屋가 관계했던 인맥에 대해서 고찰하겠다.

1. 個人記錄의 收集保存의 歷史

(1) 戰前의 狀況

총독부 관료의 개인기록이 어떤 역사를 걸쳐 오늘날까지 모여서 쌓이게 되었는가를, 제2차 세계대전 이전으로 거슬러 올라가 개괄해 두겠다.

먼저 戰前·植民地期부터 보자. 戰前 伊藤博文·寺內正毅·齋藤實 등 주로 韓國統監이나 朝鮮總督의 伝記가 편찬되어 있다(표1, (1)A3, B4, 6 등). 또 이들 伝記 편찬과정에서는 개인문서 수집도 이루어졌는데 史料 공개는 하고 있지 않다.

公的 機關에 의한 개인기록 集積으로서는 公立圖書館에 의한 것을 들 수 있다. 식민지 조선에서는 1920년대 이후 公立圖書館이 정비되어

---

4) 加藤聖文「朝鮮總督府文書と個人史料のアーカイブズ學的考察」(國文學研究資料館 アーカイブズ研究系編 『日韓近現代歷史史料の共有化へ向けて－アーカイブズ學 からの接近』國文學研究資料館、2005年)、竹內桂 「日本所藏朝鮮總督府關係史 料の概要－檢索システム構築に向けて」(同前、所收)

朝鮮總督府 図書館(1926年)·京城帝國大學 付屬図書館(1930年)등이 생겨났는데, 각각의 藏書는 현재 한국국립 중앙도서관과 서울대학 중앙도서관으로 이어지고 있다.[5] 또한 京城帝國大學 法文學部 敎授 四方博를 중심으로 朝鮮経濟研究所(1928年)가 조직되었다.[6]

총독부에 의한 史料 수집과 편찬에 관련된 것으로서는 1925년에 설치된 朝鮮史編修會 사업도 있는데 이에 대해서는 이미 선행연구가 있다.[7] 그 외에 식민지 조선에 기반을 둔 신문사 등에 의한 前 總督府 官僚의 座談會 開催나 回顧談의 揭載, 人名錄 간행이, 특히 施政 開始 25周年, 35周年이라는 시기에 행해졌다.[8] 또 朝鮮關係 資料 收集에 特化한 事業은 아니지만 日本의 衆議院憲政史編纂會 등이 정치가 個人史料 收合을 하고 있으며, 戰後의 國會図書館 憲政資料室의 틀을 만들었다.[9]

5) 자세한 것은 宮本正明「解題」(加藤聖文·宮本正明編『舊植民地図書館藏書目錄』第14卷(ゆまに書房、2004年)、加藤聖文「主要図書館の戰後の動向について」(加藤·宮本編、同前書、所收)、加藤一夫·河田いこひ·東條文規『日本の植民地図書館ーアジアにおける日本近代図書館史』(社會評論社、2005年).

6) 현재는 서울대학교 중앙도서관 古文獻資料室에서 유지하고 있다. 權泰檍編『辭隨大學校中央図書館湖文獻資料室所藏「經濟文庫」解題集』(辭隨大學校出版部、2007年)、參照.

7) 永島廣紀「日本の朝鮮統治と「整理/保存」される古蹟·舊慣·史料」(『史學雜誌』第120卷第1號、2011年1月).

8) 施政 25周年 企畫으로서 나온 것으로서는 「朝鮮行政」編輯總局編『朝鮮統治秘話』(帝國地方行政學會朝鮮支部、1937年。東洋協會가 總督府 官吏에 대해서 1933年에 행한 座談會를 採錄)、「朝鮮統治二十五周年『朝鮮回顧譚』座談會」(1)～(3)(『思想と生活』第12卷第3～6號、1935年3～6月)、水野鍊太郎·阿部充家·丸山鶴吉·松井茂他「その頃を語る」(『京城日報』1934年11月20日～)、「朝鮮統治の回顧と嚴正批判」(『朝鮮新聞』1935年頃。「友邦文庫」中「新聞切り拔き」에 收錄)등을 꼽을 수 있다. 또 施政 35周年의 企畫으로는 和田八千穗·藤原喜藏編『朝鮮の回顧』(近澤書店、1945年).

9) 松尾尊兌「近現代史料論」(『岩波講座 日本通史』別卷3、1995年).

(2) 戰後의 狀況

다음 戰後 일본의 個人記錄 收合과 公開 상황을 봐 두자. 이에 남보다 먼저 착수한 것은 조선에서 돌아온 귀환자였다. 식민지기 조선에서 綠旗聯盟나 國民總力朝鮮聯盟에서 活動했던 森田芳夫는 일본인 철수에 관련된 史料 수집과 관계자의 인터뷰를 정력적으로 하여 방대한 著書와 資料集으로 성과를 남겼다.[10] 또 舊 朝鮮總督府 官僚는 戰前의 中央朝鮮協會(1926年 設立)을 이어서 1952年 中央日韓協會를 만들었는데, 同年 史料收集 부문으로서 財団法人 友邦協會를 조직해 總督府 官僚의 文書類 收集을 행하였다.[11]

한편 戰後의 朝鮮史研究者 第一世代라고 할 수 있는 梶村秀樹나 宮田節子은 朝鮮近代史料研究會를 組織해(1958 年), 前 總督府 官僚를 인터뷰 해 그들의 중요한 육성을 남겼다.[12] 또 개인에 의한 收集으로서 櫻井義之, 樸慶植 등에 의한 것이 있다(『櫻井義之文庫』는 東京経濟大學 所藏, 『樸慶植文庫』은 滋賀縣立大學 所藏). 그리고 戰後 日本近代史研究者 집단에 의한 個人記錄 收集作業에도 朝鮮近代史와 관계가 깊은 것이 포함되어 있다. 예를 들면 1963年에 辻淸明 등의 政治學者를 중심으로 發足했던 內政史研究會는 近代 政治家의 談話速記錄을 多數 정리했는데, 그 중에는 조선에 관련있었던 관료의 것도 포함되어 있다.[13] 이와

---

10) 森田芳夫『朝鮮終戰の記錄－米ソ兩軍の進駐と日本人の引揚』(巖南堂書店、1964年)、森田・長田かな子『朝鮮終戰の記錄』資料編・全3卷(巖南堂書店、1979年).

11) 中央日韓協會・友邦協會의 成立過程에 대해서는, 정병욱「조선총독부 관료의 일본 귀환 후 활동과 한일교섭」・노기영「해방 후 일본인의 귀환과 중앙일한협회」(李炯植編『帝國植民地의 周辺人－在朝日本人의 歷史的 展開』보고사、2013年) 參照.「友邦文庫」所藏資料에 대해서는, 友邦協會・中央日韓協會編刊『朝鮮關係文獻・資料總目錄』(1985年)을 參照.

12) 「未公開資料 朝鮮總督府關係者 錄音記錄」1(『東洋文化研究』第2號、2000年3月). 이후, 錄音記錄의 活字化가 계속 진행중이다.

비하면 작은 규모지만 山本四郎이 史料 公刊의 일환으로 낸 寺內正毅
關係資料도 朝鮮近代史硏究에서 이용하고 있다.[14]

이와 같이 前後에는 각 방면에서 개인기록의 수집과 공개가 진행되었
다. 다만 한편으로는 민간기관이나 개인소장 자료 중에는 오늘날까지 散
失되어 所在 파악이 곤란한 史料도 있다.[15]

(3) 近年의 狀況

이상 서술했던 동향과는 별도로 개인기록 集積에 관련해 근래에 눈에
띄는 움직임으로 몇 가지 지적해 두겠다.

첫째, 주지하다시피 인터뷰에 의한 역사자료의 공개가 급속히 이루어
졌다. 동아시아 각국도 행정문서 공개가 先行했고 일본에서는 アジア歷
史資料センター(아시아역사자료센터,http://www.jacar.go.jp/), 國立公文書
館(http://www.archives.go.jp/), 한국에서는 韓國歷史情報總合시스템
(http://koreanhistory.or.kr/), 國家記錄院(http://www.archives.go.kr/) 등의
웹 사이트에서 한일 공문서를 포함한 자료의 原文 화면을 볼 수 있다.[16]

---

13) 內政史硏究會編刊『內政史硏究會第一回座談會 : 中川望・香阪昌廣・千葉了』(1963
年)、同『大野綠一郎氏談話速記錄』(1968年).
14) 山本四郎編 『寺內正毅日記』(京都女子大學、1980年), 同編 『寺內正毅關係文書
首相以前』(京都女子大學、1984年).寺內關係의 기타 資料로서는 表1, (1)B1,
(3)C2도 參照.
15) 예를 들면 先述의 四方博이 戰後 혼자서 수집한 文獻類가 『四方博文庫』으로 名
古屋에서 공개되었는데 (四方文庫運營委員會編刊『四方朝鮮文庫目錄』 1978年),
일시 利用不可能이 되었다(그 후 同文庫의 書籍은 東京經濟大學에서, 雜誌는 京
都大學 人文科學 硏究所에 이관되어 공개하는 것으로 되었다). 또 동경에 있었던
韓國硏究所가 소장하고 있었다는 『相場淸文書』(相場은 1903년에 조선에 건너가
顧問 警察官 通譯官 등을 재임, 병탄 후는 總督府 警察으로 勤務했는데, 1921년
에 外務省에 들어가 在間島 總領事館으로 勤務했다)는 同硏究所의 閉鎖와 함께
흩어져 버리고 말았다고 한다.

　　또한 도서문헌에 대해서는 일본에서는 國會図書館의 「近代デジタル
ライブラリー」(근대디지털도서관, http://kindai.ndl.go.jp/index.html), 한국
에서는 韓國國立 中央図書館의 「원문정보 데이터베이스」(http://www.ni.
go.kr/) 등에서 어느 정도 온라인 원문 열람 작업이 진행되고 있는데[17]
일본에서는 國立図書館 이외의 도서관에서는 도서의 디지털화가 거의
이루어지지 않은 실정이다.

　　둘째, 이른바 「自分史」 붐이 1970년대 중반 이후 일어나[18], 자비출판
에 의한 回顧錄類eh 개인기록 중에서 비중을 높이고 있다는 점이다. 이
러한 「自分史」를 전문적으로 수집하는 도서관도 나타나고 있다. 1994년
에 도쿄에 만들어진 자비출판 도서관은 최대 규모로(2009年 7月 現在,
約37,000冊 所藏)방문이용이 가능하다(http://library.main.jp/, 단 藏書 검
색시스템은 구축 중). 그 외에도 「自分史」 관련 도서관은 전국에 몇 개
정도 세워졌는데 목록 정리나 수집의 폭이 여전히 충분하다고는 할 수
없다. 또 홈페이지에서 藏書 검색이 가능한 범위가 제한적인 것 등 이용
에 불편한 점이 있다는 것에 대해서는 부정할 수 없겠다.[19]

16) 河かおる 「朝鮮近現代史に關するデータベース」(『日本歷史』第740號, 2010年 1月)
　　參照.또 台灣總督府 文書에 대해서는 文書의 검색시스템은 利用可能한데
　　(http://www.th.gov.tw/sotokufu.htm), 文書의 原文 畫像 자체는 일반에 공개하지
　　않고 있다.
17) 대만에서는 「日治時期圖書全文影像系統」(http://stfb.ntl.edu.tw/cgi-bin/gs32/gsweb.cgi
　　/login?o =dwebmge&cache= 1471601157225)「日治時期刊全文影像系統」(http://stfj.
　　ntl.edu.tw/cgi-bin/gs32/ gsweb.cgi/ login?o= dwebmge&cache =1471601271124)에 의
　　해 日本 統治期의 図書·雜誌 디지털자료를 열람할 수 있다.
18) 「自分史」라는 용어는 色川大吉이 『ある昭和史－自分史の試み』(中央公論社、
　　1975年)에서 제창한 것이다. 일본의 「自分史」 起源이나 特色에 대해서는 山下洋
　　輔 「日本における自分史の特色」(『早稻田大學大學院敎育學研究科紀要』別冊第
　　16號1, 2008年 9月)를 參照.
19) 日本 自分史センター：http://www.kasugai-bunka.jp/ichiran/toppage.htm。所在：愛
　　知縣春日井市. 藏書數：約10500冊. 上記 URL에서 著者別 檢索이 可能,
　　Book ギャラリー上六：http://www.shimpu.co.jp/gallery/. 所在：大阪市.設立年：

2. 總督府 官僚의 個人記錄

그럼 前章에서 서술한 형태로 收集·蓄積된 個人記錄을, 總督府 官僚의 경우에 한해서 개별적으로 개별해 보자

(1) 朝鮮總督·政務總監(表1, (1)A~D)

朝鮮總督府 官僚 기구의 정점에 위치한 總督과 政務總監은 일본에서도 중요한 정치적 경력을 갖는 인물이 많고, 개인문서는 비교적 많이 남아있다. 개인문서가 남아있는 韓國統監·朝鮮總督으로는 6名(伊藤博文, 寺內正毅, 齋藤實, 宇垣一成, 南次郎, 阿部信行), 政務總監으로는 5名(水野鍊太郎, 有吉忠一, 湯淺倉平, 兒玉秀雄, 大野綠一郎)이다. 또 評傳·傳記가 존재하는 것은 統監·總督에서는 7名(伊藤, 曾禰荒助, 寺內, 齋藤, 宇垣, 南, 小磯國昭), 政務總監에서는 6名(山縣伊三郎, 水野, 下岡忠治, 湯淺, 今井田淸德, 田中武雄)이다. 이것을 정리해보면, 文書나 評傳과 같은 개인기록이 이용 가능한 것은 역대의 統監·總督 10명 중 8명, 역대 政務總監 11명 중 9명이고 개인기록이 비교적 높은 殘存率을 나타내고 있다고 할 수 있다.

이 등급의 인물에 대한 정보는 대체로 연구자 사이에도 공유되고 있

1987年. 藏書數：約8500 冊(2009年7月現在). ウェブサイト는 改裝中.
日本自分史文學館：所在：山梨縣富士吉田市. 設立年：1992年. 藏書數：約3500冊. あゆみの図書館：ホームページ不明. 所在：仙台市. 設立年：1998年. 藏書數：約6000冊.
自分史図書館：http://www.dcity-yame.com/jibunshitosyokan/index.html. 所在：福岡縣築後市. 設立年：2005年. 藏書數：約3000冊. 온라인에서 藏書 目錄을 볼 수 있고 서적 자체의 目錄(自分史図書館編刊『藏書目錄』2008年)도 작성했다. 上記의 URL、藏書數 등의 정보는 特記없는 한 2016年8月 現在의 데이터.

다고 해도 좋은데, 총독의 秘書나 고문의 문서나 評傳類(資料, (1)d)는 충분히 알려져 있지 않아 금후 활용이 기다려진다.

(2) 그 외 文官 官僚의 個人記錄(表1, (2)a~Ⅰ)

이상 이외의 總督府官僚(日本人 文官)에 대해서는 표1에서는 配屬 部署別로 분류했다(朝鮮人 官僚는 별도 項目). 단 官歷에 있어 複數의 部署를 순환한 인물도 당연하며 그러한 경우는 적절히 어느 쪽의 항목에 분류해서 넣었다.

總督이나 政務總監과는 달리 실무 관료의 경우는 개인문서 보다 自傳이 많다. 특히 많은 現業 職員을 맡은 경찰(表1, (2)A)이나 內務·地方行政((2)C)관계의 관료는 조선 赴任時代에 대해서 많은 자료를 남기고 있다. 그렇다고 해도 이러한 기록을 남긴 관료는 소수파다. 朝鮮總督府本府의 局長(1919年 以前은 部長)경험자는 식민지기 통틀어서 108名(重複을 제외하면 95名)을 헤아리는데, 표1에서 이름을 볼 수 있는 것은 20명에 지나지 않는다. 그런 한편 前章에서 서술한 「自分史」와도 관련해서 무명에 가까운 관료도 自傳을 남기고 있는 경우를 볼 수 있다. 자비출판에 의한 「自分史」 정보는 좀처럼 파악하기 어려운데 표1은 이러한 정보를 연구자 사이에서 공유할 수 있으면 하는 생각에서 작성했다. 누락된 것이 많다고 생각되지만 試作的해 표로 이해를 바란다.

또 이러한 계열과는 달리 朝鮮人 官僚((2)Ⅰ)의 回顧錄에 대한 관심의 상승과[20] 더불어 이도 이용되어 왔다 것을 덧붙여 서술해 둔다.

---

20) 주된 研究成果로서는 岡本眞希子 『植民地官僚の政治史 朝鮮·台灣總督府と帝國日本』(三元社, 2008年), 松田·やまだあつし共編著 『日本の朝鮮·台灣支配と植民地官僚』(思文閣出版, 2009年).

(3) 朝鮮軍 關係者(表1, (3)a·b)

식민지 조선의 지배에 있어 總督府와 더불어 중요한 역할을 한 朝鮮
駐箚軍(한일병탄 以前은 韓國駐箚軍. 또 1918年 朝鮮軍으로 改稱)에 대
해서는 연구가 뒤쳐져 있다.[21] 개인기록의 발굴이 금후의 과제인데, 현
재에서 존재를 확인할 수 있는 것에 대해서는 정리해 두고 싶다.

軍 司令官으로 文書나 評伝, 日記 등의 개인기록이 남아있는 것이 확
인할 수 있는 것은 大久保春野,[22] 安藤貞美, 井口省吾, 松川敏胤, 宇都
宮太郎, 鈴木莊六, 林銑十郎, 板垣征四郎 8名이다. 또 評伝·伝記가 존재
하는 것은 大久保, 井口, 秋山好古, 松川, 板垣이다. 개인기록의 殘存率
은 역대 歷代 韓國駐箚軍 司令官·朝鮮駐箚軍 司令官·朝鮮軍 司令官 計
21名(朝鮮總督이 된 2名을 제하면 제외하면 19名) 가운데 9名이라는 것
이 되고, 總督이나 政務總監과 비교하면 확실히 적다. 또한 특히 개인문
서의 경우 많게는 비교적 근래가 되어 명확해진 자료이며 이용 체제도
반드시 정비되어 있지는 않다.[23]

이외에 軍參謀長의 문서는 大穀喜久藏[24]·立花小一郎의 것이 존재한

---

21) 朝鮮駐箚軍에 대한 研究史는 庵逧由香「朝鮮に常設された第19師団と第20師団」
(阪本悠一編『(地域のなかの軍隊7)植民地 帝國支配の最前線』吉川弘文館, 2015
年)187, 202~204頁 參照.

22) 『大久保家文書』를 소장하고 있는 靜岡縣 磐田市 敎育委員會에 照會한 바 同文
書에는 朝鮮駐箚軍時代(1908~10年, 韓國駐箚軍司令官 10~11年, 朝鮮駐箚軍
司令官)의 자료는 포함되어 있지 않았다.

23) 『松川敏胤文書』는 仙台市 博物館에 소장되어 있는데 2013年 정도까지 遺族의
意思에 따라 공개되지 않았다. 『宇都宮太郎關係文書』는 東京女子大學에서 整理
中(吉良芳惠「宇都宮太郎關係資料から見た三·一獨立運動」『史艸』第46號、
2005年11月、參照). 『板垣征四郎文書』는 靖國偕行文庫에서 열람가능한데 複
寫에는 유족의 허가가 필요하다.

24) 『大穀喜久藏關係史料』는 福井市立 郷土歷史博物館이 소장하고 있는데 韓國駐
箚軍 參謀長時代(1905~06年)를 포함한 日記는 현재 安藤良光씨가 소장하고 있

다(資料, (3)b). 또 朝鮮憲兵隊 關係者에 대해서는 표1, (3)C을 참조하길
바란다.

(4) 職員錄·人名錄 등

이상(1)~(3)에서 개괄한 것처럼 개인기록을 남기지 않은 관료에 대해
서의 정보를 얻으려고 할 경우, 人名錄·職員錄 등에 의지하게 된다. 이
에 관한 도구에 대해서의 현황은 아래와 같다.

우선 人名錄類는 芳賀登他編 『日本人物情報體系』 第71~80卷(朝鮮
編)(皓星社, 2001年)이나 『朝鮮人名資料事典』 全3卷(日本図書センター,
2002年)이 戰前에 간행된 중요한 출신지역별 人名錄·營業種別人名錄·
表彰者名鑑·商工人名錄 등을 수집했으며 편리하다.[25] 또 이와 일부 중
복되지만 前 總督府 官僚의 座談會, 매스컴 관계자에 의한 戰前에 나온
人物評伝集, 戰後에 조선으로부터 귀환한 일본인에 의한 回想錄集 등도
때로는 유용한 정보를 포함하고 있다.[26]

다. 松田「韓國駐箚軍參謀長 大穀喜久藏와 韓國−大穀關係資料를 中心으로」
(鄭昞旭·板垣龍太編 『일기를 통해 본 전통과 근대, 식민지와 국가』소명출판,
2013年), 同「韓國駐箚軍參謀長·大穀喜久藏と乙巳保護條約締結前後의韓國」(笹
川紀勝監修, 邊英浩·都時煥編『國際共同硏究 韓國强制倂合100年 歷史と課題』
明石書店, 2013年) 參照.

25) 자세한 내용은 木村健二「「朝鮮編」總合解題」(芳賀登他編『日本人物情報體系』
第71卷(皓星社, 2001年)를 參照. 또 植民地 台灣의 人名錄類으로서는『日治時期
台灣文獻史料輯編』(成文出版社, 1999年)全33卷이 實業界나 官界의 人名錄類
을 包含하고 있다.

26) 아래와 같은 것이 있다.
有馬純吉『人物評論 眞物?贋物?』(朝鮮公論社, 1917年)
柄澤四郎『朝鮮人間記』(大陸研究社, 1928年)
楢崎觀一『滿洲·支那·朝鮮−三十年回顧錄』(大阪屋號書店, 1934年)
大阪每日新聞社·東京日日新聞社京城支局編刊『「老開拓士が贈る」半島裏面史』
(1940年)

이어서 정보량은 더욱 적지만 職員錄도 인물정보를 얻을 때 활용할
수 있다. 이에 대해서는 第Ⅱ章(3)에서 서술한 한국역사정보통합시스템
이 『朝鮮總督府及所屬官署職員錄』을 비롯해, 일부 統監府 시기와 해방
후 한국의 것도 포함한 職員錄類를 데이터베이스화하고 있다. 韓國統監
府·朝鮮總督府 직원의 이력을 조사하는 데에 위력을 발휘하는 도구이다.
私見으로는 일본 內閣印刷局編 『職員錄』과 간행의 달이 다른 9朝鮮總
督府의 『朝鮮總督府及所屬官署職員錄』을 토대로 하고 있다는 문제점이
있다(예를 들면 前者의 職員錄 1911年版은 「1911年 5月 1日 現在」인 것
인데 반해, 後者의 1911年版은 「1911年 11月 1日 現在」으로, 6개월간의
차이가 있다). 때문에 朝鮮總督府와 다른 官廳의 官僚를 겸임하고 있는
인물의 파악이 곤란하다.27) 또한 다른 官廳의 인물로 조선에 부임한 인

朝鮮新聞社編刊『朝鮮統治の回顧と批判』(1936年。復刻、龍溪書舍、1995年)
「朝鮮行政」編輯總局編『朝鮮統治秘話』(帝國地方行政學會朝鮮支部、1937年)
和田八千穗·藤原喜藏『朝鮮の回顧』(近澤書店、1945年)
安藤健一編『全南警友』第1、2號(1967、68年)
京城帝國大學創立五十周年記念誌編集委員會編『紺碧遙かに－京城帝國大學創
立五十周年記念誌』(京城 帝國大學同窓會、1974年)
『想い出の平壤』刊行委員會編『想い出の平壤』(全平壤樂浪會、1977年)
義中史編集委員會『回想譜』1,2(義中會、1977、79年)
羅南憲友會編刊『羅南憲兵隊史 : 胡馬北風に斯く羅南隊の回想と終焉』(1981年)
片山千惠『一七キロの國境－北鮮鹹北警友誌』(總和社、1989年)。

27) 예를 들면 朝鮮駐箚憲兵隊(1918年부터 朝鮮憲兵隊) 人員은 陸軍省 所屬이며 本
國版『職員錄』의 「陸軍省」欄에 氏名이 揭載되어 있다. 이 朝鮮憲兵隊員 일부는
朝鮮總督府의 警部·警視 등의 신분이 주어져 朝鮮總督府에도 所屬하고 있었다.
이처럼 兼官者는 本國版『職員錄』의 「朝鮮總督府－警務總監部」欄에 또한 朝鮮
總督府版『職員錄』의 「警務總監部」欄에 이름이 보이고 있다. 필자는 兼官者가
朝鮮憲兵隊員 전체 가운데 어느 정도의 비율을 점하고 있었는가를 조사한 적이
있는데(松田『日本の朝鮮植民地支配と警察』校倉書房、2009年、143~150頁),
같은 날짜의 시점에서 비교할 필요가 있으므로『職員錄』의 「陸軍省」欄의 氏名과
「朝鮮總督府－警務總監部」欄의 氏名을 이름 대조해서 확인했다. 한국역사정보
통합시스템의 「職員錄」은 이러한 日本 本國의 官僚制와의 連動性을 검토할 시

물이 수록되어 있지 않다는 문제점이 있다.[28]

이 외에 履歷書도 官僚의 経歷을 조사하는데 있어 유효한데 朝鮮總督府 關係者의 履歷書는 일본 본국에 돌아온 인물의 履歷이 國立公文書館에 조금씩 보이고 私文書(예를 들면 『林利治關係文書』－表, (2)a16 등)에 포함되어 있기도 하는데 어느 정도 정리된 것으로는 外務省 アジア太平洋州局 地域政策課 外地整理室 所藏의 귀환 때의 履歷書나, 學習院大學「友邦文庫」所藏의 京城帝國大學 教官의 履歷書가 존재하는 정도다.[29] 식민지 台灣史 研究의 경우는 台灣總督府 文書에 꽤 정리된 履歷書群이 남아있으며,[30] 朝鮮支配政策史 研究에 대해서도 官僚의 履歷書 발굴이 기다려진다.

小結

이상 조선식민지 지배정책을 맡았던 관료 개인기록에 대해서 그 수집과 역사와 직위별 자료 잔존상황에 대해서 개괄했다. 특히 表1 각종 자료 중에서도 하급관료의 伝記·評伝類에 대해서는 연구자 사이에서 정보 공유가 이루어지고 있지 않은 듯 생각된다. 본고가 그와 같은 실정에 대해서 조금이라도 문제제기를 할 수 있었다면 그에 만족한다.

이용하기 어렵다.

28) 朝鮮總督府는 확실히 朝鮮支配에 있어 최대의 官吏를 낀 官廳이었다. 그 외에도 朝鮮 統治에 관련한 중요한 조직으로서 朝鮮駐箚軍(1918年부터 朝鮮軍)과 朝鮮憲兵隊가 있다. 이것들은 陸軍省 所屬이기 때문에 本國版『職員錄』에서는 관계자의 氏名을 確認할 수 있는데 總督府版『職員錄』에서는 그러한 정보를 얻을 수 없다(前注의 兼官者를 제외)

29) 이에 대해서는 竹內, 前揭論文, 171~174頁、通堂あゆみ「京城帝國大學法文學部の再檢討 : 法科系學科の組織·人事·學生動向を中心に」(『史學雜誌』第117册第2號、2008年)를 參照.

30) 何鳳嬌編『日治時期台灣高等官履歷』全3卷(國史館、2004年).

하지만 이러한 伝記·評伝類을 비롯한 개인기록 활용에 있어서는 유의해야 할 점이 있다. 私文書를 중심으로 한 자료 잔존상황이 품은 문제점에 대해서는 序章에서 언급했는데 자료 자체의 문제점도 존재한다. 즉 表1을 개괄하면 알 수 있듯이 연구자에 의한 評傳은 적은 수로, (1)A4, B13, C8, D13·15·26·28·33, (3)A4를 꼽을 수 있을 정도다(伊藤博文 關係의 評伝에는 省略한 것도 있다. 表1의 注4 參照). 그 외의 많은 評伝類는 공적을 드러내기 위한 것 같은 성격이 강해, 李鐘旼이 지적하고 있듯이 식민지 관료의 저작은 「일본인 관료들이 지불해야만 했던 '희생'과 '노고'가 얼마나 컸던가를 강조」[31]하는 경향이 많다. 伝記·評伝類 혹은 「自分史」의 형태로 증가하고 있는 하급관료의 伝記類는 향후 한층 이용되어야 할 것이지만 동시에 이러한 자료적 조각에 주의하지 않으면 안 된다는 것은 말할 필요도 없을 것이다.

3. 事例硏究 — 守屋榮夫 關係文書를 축으로

마지막으로 朝鮮總督府 官僚 守屋榮夫를 사례로 해서 개인기록을 활용한 연구의 가능성을 제시해 보려고 한다. 守屋榮夫(1884~1973)는 內務省 出身으로 1919年에 朝鮮總督府 秘書課長이 되고 후에 總督府 庶務部長으로서도 근무했다.[32] 얼핏 보면 눈에 띄지 않는 경력인 것 같지

---

31) 李鐘旼『植民地下 近代監獄聖 搭廢 統制5徹艦葬 硏究 — 日本稅 刑事處罰 體系須稅 比較』(延世大學校社會學科博士論文、1998年)6頁.

32) 守屋는 宮城縣 古川 출생, 1910年 東京帝國大學 法律學科를 卒業. 同年 高等文官 試驗에 合格후, 內務省에 入省, 千葉縣 理事官(1913~16年)、愛知縣理事官(16~17年)、內務省監察官(17~19年)등을 역임했다. 1919年 8月, 3·1運動 後의 朝鮮總督府 官制改革에 따라 朝鮮總督府 總督官房 秘書課長(兼參事官)으로서 부임해 23年1~12月에는 歐米에 출장한 적도 있다. 더욱이 1922年 10月부터

만「守屋는 원래가 水野 [鍊太郎] 系統의 官僚出身으로 內務영역에서 으뜸가는 수재였다 … 水野가 朝鮮總督府의 政務總監이 되었을 때에는 總督 秘書官으로서 內務參事官으로부터 守屋를 발탁해 간, 두뇌가 우수 한 곳에 데리고 가서 총독이 좋게 보고 있었다 … 守屋 秘書課長의 勢威 라고 하는 것은 실로 훌륭한 것」이었다라고 전한다33) 朝鮮植民地支配政 策史에 있어 최대 전환점이었던 1919년의 3·1운동과 그 후의「文化政治」34) 를 실질적으로 지탱하던 중요한 관료였던 것은 틀림없다.

守屋榮夫의 개인자료 (表1, (1)D3·4)에 대해서는 2006년 필자 및 加藤 聖文·安藤正人 씨의 조사에 의해 유족에게 日記나 書簡, 草稿類가 대량 으로 남아있는 것이 밝혀졌다. 이 자료는 國文學硏究史料館에서 정리가 이루어져 2016년『守屋榮夫文書目錄(그 1)』(國文學硏究資料館 調査收 集事業部 刊行)이 간행되었다. 守屋의 조선 赴任時代의 활동 전모에 대 해서는 다른 논고에서 규명한 것이 있으므로 따로 서술하지 않고,35) 본 고에서는 守屋日記를 이용하여 守屋의 인맥을 解明하는 것에 주안점을 두고「文化政治」를 맡은 總督府의 인적구조를 살펴보려고 한다(이하 守 屋日記는『日記』로 略記하고, 1919年 3月 15日의 내용은『日記』19·3·15 과 같이 표기하겠다).

(1) 守屋의 朝鮮赴任과「水野人事」

1919년 3·1독립운동 발발에 의해 조선통치 체제의 개혁에 직면한 原

24年 9月까지는 總督府 庶務部長에 재임했다.

33) 床枝東京「申年の政治家」(『あかるい政治』第3卷第1號、1932年1月)44頁.
34) 蠆東鎭『日本の朝鮮支配政策史研究－1920年代を中心として－』(東京大學出版會、 1979年).
35) 松田「朝鮮總督府官僚守屋榮夫と「文化政治」－守屋日記を中心に」(松田·やまだあ つし共編著『日本の朝鮮·台灣支配と植民地官僚』(思文閣出版、2009年).

敬 수상은 6월 새로운 新總督에 齋藤實와 더불어 政務總監으로 水野錬太郎를 기용했다. 水野는 武官 總督 밑에서 권한이 제약당하는 것을 꺼려, 人事權을 일임해 주도록 原敬 수상으로부터 약속을 획득하고 취임을 승낙했다.[36] 水野가 政務總監에 내정되었다는 기사가 신문에 실리자 守屋는 「나는 물론이고 다수의 地方官 중에서 朝鮮行에 뽑히는 것은 아닐까」라고 직감했다(『日記』19·8·6). 예상대로 守屋는 水野로부터 「부디 같이 일을 해 주게라고 부탁받았다」(『日記』8·7), 「선두의 교섭이 없다면 제발 승낙해 달라」라고 답을 재촉당해, 朝鮮行을 승낙했다(同8·10). 12일에는 朝鮮總督 秘書官 겸 參事官 辭令을 받았다. 그리고 그 직후부터 水野의 가장 신뢰받는 부하로서 總督府의 새 간부 人選에 크게 관여하게 되었다(日記』8·11~8·19). 이리하여 3·1운동 후의 總督府의 이른바 「水野人事」는 조선에서 전례가 없는 대량의 內務 官僚를 도입하게 되었다.[37] 8월 중에 임명된 인물만 해도 그 수는 약 30명에 이르렀는데 表2에서 나타나듯이 적어도 6개월 이상의 취임교섭에 守屋가 관여하고 있다.

〈表 1〉 水野錬太郎新政務総監による総督府幹部人事

		就任部局	氏名	前職	文高試合格年	就任交渉者
內務省出身官僚(「新來種」)	警察系統	警務局長	野口淳吉	警視廳警務部長	1907	水野
		警務局警務課長	白上佑吉	富山縣警察部長	1910	赤池
		警務局保安課長	卜部正一	山形縣理事官	1910	野口·守屋
		警務局高等警察課長	小林光政	警視廳警務課長	1916	同上
		警務局事務官	丸山鶴吉	靜岡縣內務部長	1909	赤池

---

36) 이 경위에 대한 자세한 내용에 대해서는 松田 『日本の朝鮮植民地支配と警察』, 250~254頁을 참조.
37) 松田, 同前書, 254~257頁, 李炯植 『朝鮮總督府官僚の統治構想』(吉川弘文館, 2013年) 98~104頁.

		警務局事務官	藤原喜藏	青森縣理事官	1914	同上
		警務局事務官	田中武雄	長野縣警視	1915	－
		警察官講習所長	古橋卓四郎	愛知縣理事官	1912	－
		京畿道第三部長	千葉了	秋田縣警察部長	1908	水野、野口 守屋
		忠淸北道道第三部長	山口安憲	兵庫縣理事官	1911	野口 守屋
		忠淸南道第三部長	關水武	茨城縣理事官	1912	同上
		全羅北道第三部長	松村松盛	福岡縣理事官	1913	同上
		全羅南道第三部長	山下謙一	警視廳理事官	1911	同上
		慶尙北道第三部長	新庄裕治郎	靜岡縣理事官	1910	同上
		慶尙南道第三部長	八木林作	兵庫縣理事官	1909	同上
		黃海道第三部長	馬野精一	富山縣理事官	1909	同上
		江原道第三部長	石黑英彦	群馬縣視學官	1910	同上
		總督秘書官	守屋榮夫	內務省參事官	1910	水野
	警察系統以外	總督秘書官	伊藤武彦	千葉縣石原郡長	1914	－
		內務局長	赤池濃	靜岡縣知事	1902	水野
		學務局長	柴田善三郎	大阪府內務部長	1905	水野 赤池 守屋
		學務局宗教課長	半井淸	石川縣理事官	1913	水野 柴田
		殖産局長	西村保吉	埼玉縣知事	1911	水野 守屋
		殖産局事務官	篠原英太郎	大阪府學務課長	1912	－
總督府生え拔き官僚(「旧來種」)		總督官房庶務部長	青木戒三	總督府農商工部事務官		守屋
		鐵道部長	和田一郎	總督府度支部理財課事務官		守屋

出典:『官報』19・8・21 19・9・3にあがつている總督府赴任者を基本に 丸山 前揭『七十年ところどころ』54~55頁 および松波 前揭『水野博士古稀記念 論策と隨筆』717頁 守屋榮夫『日記』も參照した また 赴任時期はやや後だが一般に水野人事の一環と見なされていた人物(田中武雄と半井淸の2名)も取りあげた 各人物の記事については 秦郁彦編『戰前期日本官僚制の制度・組織・人事』(東京大學出版會 1981年)および前揭『朝鮮統治秘話』などに據つた 。
注1:「就任交涉者」はその人物に對して就任を働きかけた主な者を指す 。
 2:表中の網がけ部分は 守屋が就任交涉に当たつた人物を示す 。

이 때 발탁된 것은 주로 지방의 知事·理事官에 근무했던 內務省 官僚였으며 새로운 간부를 뽑는 것에는 守屋의 內務省 시대의 인맥이 활용되었다(表2 중의 赤池濃 內務局長, 西村安吉 殖産局長은 內務省 時代의 同僚).

(2) 秘書課長 시절 守屋의 人脈

1919년 8월 이후 水野 政務總監－守屋 秘書課長을 주축으로 해서 진행된 內務 官僚의 도입은 관료 조직으로서의 朝鮮總督府를 재편하는 계기가 되었다. 人事權을 가진 政務總監의 정치적 지위가 무단통치기에 비해 상대적으로 상승한 것, 水野 政務總監이 이끌고 온 內務省 출신의 간부급 관료가 정책결정 과정에서 갖는 발언권이 증대한 것, 대량으로 도입된 내무관료는 당시 「新來種」으로 불리어져, 3·1운동 이전부터 總督府에 계속 재임하고 있던 관료(「舊來種」)와 함께 總督府 내에서 두 갈래의 官僚群을 형성한 것 등은 1920년대 특히 초기의 總督府 권력구조의 특징이 되었다.

그렇다면 이러한 가운데 守屋가 점했던 위치는 어떤 것이었을까? 守屋는 청년기 이래 하루도 빠짐없이 일기를 썼으며 게다가 이 시기 일기의 「來信」·「發信」·「往來」欄에는 편지를 주고받았던 인물이나 面會한 인물이 상세히 기록되어 있다. 이를 실마리로 삼는다면 守屋가 朝鮮總督府 내부에서 어떠한 인맥을 형성하고 있었는가가 검토 가능하며, 나아가서 당시 總督府를 형성하고 있던 고급 관료의 파벌이나 알력관계를 미루어 짐작할 수 있다. 守屋의 조선 재임 시절의 『日記』의 「來信」·「發信」·「往來」欄에는 총 일만 명이 기록되어 있는데 가족·친족 관계자38) 및 姓

---

38) 가족 관계자 중에도 守屋和郎(榮夫의 弟. 外務 官僚), 守屋德夫(榮夫의 弟. 朝鮮殖産銀行 秘書課長)나 成田一郎(榮夫의 甥. 內務 官僚) 등 官僚, 朝鮮 關係者가

밖에 모르는 인물은 원칙적으로 제외하여 모두 8,117명인데 검토 대상이
된 인원수는 1,645명이다. 그 가운데 일본인에 대해서의 守屋의 인맥을
여기서 검토하겠다.

分類項目		のべ人數	實人數	主要人物の姓名
日本人	朝鮮總督·政務總監（①）	225	3	水野鍊太郎(政務總監 °面會59回 °書簡68通)、齋藤實(朝鮮總督 °面會37回 °書簡53通)
	生え拔き官僚(「旧來種」)（②）	529	85	渥美義胤(殖産局土地改良課屬 °面會40回 °書簡12通) °伊藤正口 [穀に心](秘書課屬 °面會18回 °書簡21通) °八卷春衛(土木部土木課技手 °書簡28通) °加藤伝作(殖産局屬 °面會12回 °書簡13通)
	總督府官僚 內務省出身官僚(「新來種」)（③）	1350	68	伊藤武彦(秘書官 °面會18回 °書簡108通) °今野長三郎(秘書課長 °面會37回 °書簡61通) °佐々木忠右衛門(殖産局試補 °面會7回 °書簡83通) °赤池濃(警務局長 °面會11回 °書簡50通) °松村松盛(全北警察部長 °學務課長 °面會22回 °書簡39通) °篠原英太郎(面會36回 °書簡18通) °武井秀吉(平北道事務官 °面會11回 °書簡43通) °丸山鶴吉(警務局事務官 °面會12回 °書簡35通) °齋藤喜三郎(秘書課屬 °面會23回 °書簡24通) °西村保吉(殖産局長 °面會8回 °書簡36通) °菊山嘉男(會計課長 °面會23回 °書簡19通) °岡崎哲郎(平南第二部長 °面會19回 °書簡22通) °安武直夫(殖産局事務官 °面會11回 °書簡30通) °半井淸(學務局宗敎課長 °面會14回 °書簡26通) °關水武(忠南事務官 °面會19回 °書簡18通) °山田一隆(警察官講習所敎授 °面會27回 °書簡3通) °竹內健郎(警務局高等警察課事務官 °面會18回 °書簡10通) °柴田善三郎(學務局長 °面會11回 °書簡13通) °渡辺豊日子(內務局第一課長 °面會4回 °書簡19通) °石黑英彦(江原道事務官 °面會11回 °書簡12通) °岩切彦吉(土木課屬 °面會14回 °書簡9通) °山下謙一(全南警察部長 °面會8回 °書簡12通)

있는데, 公務에서 書信을 내거나 면회를 하거나 했다고는 생각되지 않으므로 제외
했다.

	その他の總督府官僚(④)	537	50	細川貞之丞(『朝鮮』編纂雇。面會38回、書簡134通)、三浦斧吉(內務部地方課土木課長。面會12回、書簡36通)、小田內通敏(中樞院編集課囑託。面會6回、書簡32通)、佐々木淸之丞(道視學兼司法學校敎諭。面會9回、書簡21通)、阿部千一(秘書課事務官。面會14回、書簡9通)、和久安行(江原平康普通學校訓導。面會7回、書簡16通)、松井文輔(秘書課屬。面會13回、書簡9通)
	總督府官僚小計(⑤)	2641	206	
	本國內務官僚(⑥)	657	107	水野鍊太郎(內務大臣。面會5回、書簡34通)、中川陸司(內務省監察官時代の守屋の部下。面會13回、書簡21通)、松井茂(警察講習所長。面會2回、書簡27通)、加賀谷朝藏(警察講習所敎授。面會5回、書簡23通)、藤岡長和(和歌山縣知事。面會1回、書簡23通)、二荒芳德(靜岡縣學務課長兼社寺兵事課長。面會3回、書簡17通)
	言論關係者(⑦)	206	20	宮手敬治(京城日報關係者か。面會46回、書簡43通)、石森久弥(朝鮮公論編集長、朝鮮新聞社會部長。面會16回、書簡26通)、牧山耕藏(朝鮮新聞社社長、朝鮮公論社長、衆議院議員。面會8回、書簡14通)
	宗敎關係者(⑧)	78	6	山本忠美(日本組合敎會朝鮮伝道部副主任。面會3回、書簡26通)、小峰源作(宗神組合組合長。面會21回)
	同鄕者・恩師(⑨)	724	44	萱場今朝治(古川中學校の恩師。面會8回、書簡84通)、高橋幸之進(詳細不明。面會7回、書簡63通)、秋山硏亮(大東興業(株)代表。面會14回、書簡40通)、今井彦三郎(仙台第一高等學校敎諭。面會23回、書簡26通)、大內俊亮(白石高等女學校校長。後に京畿道公立司法學校敎諭。面會2回、書簡45通)、吉城與四郎(大東興業(株)。面會38回、書簡7通)、氏家文夫(實業家。面會7回、書簡33通)、筧克彦(東京帝國大學法科大學敎授。守屋の恩師。面會15回、書簡22通)、鈴木准之助(實業家。面會7回、書簡28通)、萱場昌(面會6回、書簡27通)、三原篤治(元古川中學校敎諭。面會2回、書簡29通)、高城畦造(詳細不明、22年2月に府尹に內定するも實現せず。面會2回、書簡28通)、武井友次郎(詳細不明。面會9回、書簡19通)、菊田辰三(詳細不明。面會8回、書簡14通)、千葉胤次(實業家。面會19回、書簡5通)

	その他(⑩)	544	29	水野万壽子(水野錬太郎夫人。面會16回 `書簡75通)
	日本人 小計 (⑪＝⑤~⑩の 和)	4848	417	
朝鮮人	「旧世代」エリート(⑫)	151	20	朴重陽(中樞院參議 `黃海道知事 °面會10回 `書簡46通) `金潤晶(全羅北道參与官 °面會16回 `書簡6通)
	「新世代」エリート(⑬)	273	35	金基善(内務部第一課屬 °面會22回 `書簡18通)、閔元植(國民協會會長 °面會33回 `書簡5通)、徐奎錫(忠南新岩面長 °面會15回 `書簡14通) `崔晩達(殖産局農務課屬 °面會2回 `書簡27通) `朴鳳九(海州郡書記 °面會2回 `書簡21通) `金明濬(國民協會副會長 °面會13回 `書簡7通)
	民族主義者(⑭)	31	5	
	その他・不明(⑮)	276	117	
	朝鮮人 小計(⑯＝⑫+ ⑬+⑭+⑮)	731	177	
歐米人(⑰)		189	8	バウマン(詳細不明。面會47回 `書簡50通) `マケー(英會話教師。面會67回 `書簡9通)
合計(=⑪+⑯+⑰)		5768	602	

出典:守屋榮夫『日記』1919年8月13日~1924年9月12日の「面會」「發信」「來信」欄より作成
(ただし1923年分の『日記』はない) 。
注1:「のべ人數」「實人數」の数字は面會および書簡のやりとりの回數の合計である 。
2:原則として守屋が面會したり書簡をやりとりしたときの職位や所屬団体を記している 。
そのため時期によっては同一人物でも別の分類項目に入れられていることがある 。
たとえば「主要人物の姓名」欄で `水野錬太郎の名が「總督・政務總監」欄にも「本國
内務官僚」欄にも現れているのは `水野が總督府政務總監から内務大臣に異動した
ことによる 。
3:二つ以上の分類項目に同時に該当する者もあるが(例えば「總督府官僚」でありかつ
「同郷者」) `守屋がもっとも重視していたと思われる屬性のみを考慮し分類した °し
たがって `①~④ `⑥~⑩ `⑫~⑮ `⑰の各分類項目で重複してカウントされている
者はいない 。
3:「主要人物の姓名」には面會および書簡のやりとりの回數の合計数が20を超える者に
ついて `数字の大きい者から順に摘記した 。

1) 「總督府 官僚」의 人脈

總督府 官僚에 대해 살펴보면 전체로서 총 인원수에서는 水野 政務總監 및 그 부하 內務省 출신 관료가 가장 많다. 水野 政務總監과의 面會 및 書簡의 주고받은 횟수는 어느 것이나 齋藤 總督의 거의 1.6배에 달한다. 秘書課長 守屋의 직무였던 人事·訓示類의 作成·機密費의 管理[39]의 어느 것에 대해서도 政務總監이 守屋를 감독하는 입장에 있었으며 水野와의 관계야 말로 守屋의 인맥 가운데서 가장 굵은 통로 가 되었다는 것은 틀림없다[40]. 더욱이 水野의 부하에 있었던 內務省 출신 관료(表3의 ③)와도 교류관계는 깊다. 赤池濃(警務局長), 西村保吉(殖産局長), 柴田善三郎(學務局長)과 같은 局長級, 伊藤武彦(秘書官), 今野長三郎(秘書課屬), 齋藤喜三郎(秘書課屬)과 같은 秘書課員, 그 외 松村松盛(學務課長), 丸山鶴吉(警務局 事務官), 菊山嘉男(會計 課長), 半井淸(學務局宗敎課長)등의 事務官·課長級의 젊은 관료가 있다.

반면에 大塚常三郎 內務局長을 중심으로 한 토박이 관료(生え拔き, 表3의 ②)－1910年代부터 계속해서 總督府에 勤務하고 있던 官僚－와의 교류는 상대적으로 적다. 大塚 自身과는 書簡 세 통을 주고받았을 뿐이다. 大塚와 守屋와의 사이에는 오히려 실무적인 질문을 둘러싼 마찰이 어느 정도 발생했다(『日記』20·1·15, 9·13, 20·12·4).

단 토박이 관료가 전체로 內務省系 官僚에 대항하는 정치세력을 형성했다고는 반드시 말할 수 없다. 總督 官僚機構의 상층부를 주로 점했던 內務省 출신자에 비해서 토박이 관료는 大塚와 같은 局長 급부터 地

---

39) 松田, 前揭 「朝鮮總督府官僚守屋榮夫と「文化政治」 118~120頁.

40) 水野錬太郎과의 關係는 私生活에도 미처 水野萬壽子(水野錬太郎 夫人)으로부터의 書簡도 많은 것(表3의 ⑩), 水野가 內相이 되어 本國으로 歸任한 1922年 6月이후도 몸 상태가 좋지 않아 京城에 남은 夫人을 보살피는 등, 그러한 점이 나타나고 있다.

方官署 課長·技師級 혹은 그 이하 계층까지 폭 넓게 분포하고 있으며 적지 않은 부분은 內務省系 官僚의 지위 아래에 놓여 있었기 때문이다.[41] 앞서 게재했던 表3에서는, 교류가 있었던 실제 인원수에서는 토박이 관료는 內務省 출신 관료 보다 오히려 많고 또한 內務省 출신 관료의 경우처럼 특정 인물에 집중한 교류관계가 거의 보이지 않았다고 판단된다. 이것은 이들 토박이 관료에 대해서 守屋가 상사로서 公務에 한정된 관계를 맺고 있었다는 것을 나타내는 것일 것이다.

2) 本國의 內務省 官僚

守屋의 出身 母體인 本國의 內務省 官僚(表3의 ⑥)를 검토하려고 한다. 여기서도 水野鍊太郎이 가장 많으며, 水野가 內相이 되어 본국으로 돌아간 이후도 밀접한 관계가 계속 되고 있었다는 것을 알 수 있다. 그 이외에는 기본적으로 특정 인물에게 치우치지 않고 폭 넓게 적당한 인맥을 형성하고 있었다. 그렇다고 해도 이러한 인맥을 守屋는 경시하지 않고 있었고, 도쿄에 출장했을 때에는 內務省 少壯官僚와 회합을 다졌다(『日記』20·3·1, 3·2, 3·20). 守屋를 비롯해 內務省 출신의 總督府 고급관료는 여전히 內務省으로의 귀속의식이 강했다는 것을 읽을 수 있을 것이다. 이러한 內務省과의 사이에서 유지되고 있었던 인맥은 守屋의 秘書官 직무의 일환이었던 인사에 있어서도 작용하게 된다. 앞서 서술한바와 같이 일본 본국에서의 관료 도입은 1919년 8월의 '水野人事'를 정점으로 해서 그 이후도 內務省을 중심으로 인재가 본국으로부터 이입되고 있었다는 것은 적지 않은 사례를 통해 짐작할 수 있다.[42] 「文化政治」 초기의 관료 陣

41) 李炯植、前揭『朝鮮總督府官僚の統治構想』은 1920年代 初期의 朝鮮支配政策이 토박이 官僚와 新來 官僚의 「경합, 다툼 속에서 만들어진 安協·折衷의 産物」(124頁)이였다」라고 했는데 토박이 관료에 대한 과대평가의 가능성이 남아 있다.
42) 松田、前揭「朝鮮總督府官僚守屋榮夫와「文化政治」」119頁.

容을 굳건히 하는데 있어서 守屋가 內務省과의 통로를 살리면서 큰 역할을 했다는 것을 알 수 있다. 이와 같은 人選의 때 守屋는 內務省 근무시절에 자신의 부하였던 인물을 채용한 경우도 있었으며,[43] 이러한 점도 總督府와 內務省의 人事를 연동시키는 하나의 요인으로서 작용했다.

3) 在朝鮮日本人 言論人

守屋는 朝鮮에서 新聞이나 雜誌를 경영하고 있던 言論人(⑦)과도 교류를 했다. 宮手敬治(京城日報 關係者か), 石森久彌(朝鮮公論 編集長, 특히 朝鮮新聞 社會部長) 등의 言論 關係者의 이름이 『日記』에서는 1920년 후반쯤부터 증가하고 있는데, 그들과의 접촉 이유는 여러 가지 이었다. 그 가운데는 守屋가 때에 따라 신문사 내부문제에 관여한 것을 꼽을 수 있다. 1921년 처음 總督府 禦用紙인 京城日報에서 社長人事를 둘러싼 내분이 발생했을 때 守屋가 중재로 개입했다.[44] 반대로 總督府에 대해서 공격을 했던 『朝鮮新聞』 社長 牧山耕藏에 대해서는 守屋가 면담하고 압력을 가했다.[45] 또 守屋가 그들을 情報源으로서 이용한 경우

---

43) 武井秀吉(守屋의 千葉縣 內務部敎育課長期에 同縣 內務部屬 1920年 總督府 平北理事官), 菊山嘉男(守屋의 千葉縣 內務部 敎育課長期에 同縣 知事官房屬 19年 總督府 總督官房會計課長), 齋藤喜三郎(守屋의 千葉縣 內務部 敎育課長期에 同縣 內務部屬 1921年 總督府 總督官房秘書課屬), 今野長三郎(守屋의 千葉縣 內務部 敎育課長期에 同縣 內務部屬, 守屋의 內務省 監察官時代에 地方局屬 1922年 總督府 總督官房秘書課屬) 등.

44) 京城日報社長·加藤房藏이 1921年 초기에 사직서를 냈을 때 後任人事가 분란을 일으켜 결국 前 讀賣新聞 社長 秋月左都夫가 次期 社長이 되었다. 이에 대해서는 森山茂德「現地新聞と總督政治-『京城日報』について-」(大江志乃夫·淺田喬二 他編 『岩波講座 近代日本と植民地』 第7卷, 岩波書店, 1993年) 12~13頁 參照. 『日記』에서는 21·1·25, 2·1~2·10, 4·8 등에 이 문제에 관한 기사를 볼 수 있고 그 후도 21·5·26 22·8·11 등에서 京城日報社의 內情에 대해 기록되어 있다.

45) 牧山가 「政務總監의 惡口」를 쓰고 있다는 기사는 『日記』20·6·21, 9·18에서 볼 수 있다. 「牧山制禦」에 대해서는 守屋 이외에 總督府 警務局이나 다른 言論人을

(『日記』21·9·19, 24·1·24)나 守屋가 管理하고 있던 總督府 機密費에서
원조를 얻기 위해 찾아오는 新聞·雜誌 記者도 많았다(『日記』20·6·28,
10·25, 12·19, 21·3·15, 22·5·26).

4) 同郷者·恩師

끝으로 「同郷者·恩師」(表3의 ⑨)에 대해서는 高等小學校 시대부터
大學時代 恩師에 이르기까지 성실히 연락을 취하고 있으며 同郷者(宮城
縣 出身者)에 어떤 편의를 봐 주고 있었다. 守屋의 성실한 일면을 엿볼
수 있다. 總督府 官僚 중에서도 실제 同郷者가 적지 않았고 守屋에 의한
緣故 채용도 있었다.

(3) 朝鮮人과의 接觸

여기서 守屋의 朝鮮·朝鮮人觀을 검토하겠다. 일반적으로 第一次 世
界大戰 후의 內務省 官僚는 米騒動 후의 民本主義的 思潮를 정면에서
탄압하려고 하지 않고 또 歐美洋行의 경험도 가진 비교적 자유주의적이
고 유연한 사고방식을 가진 계층으로 이해되는데 省內의 少壯官僚의 한
사람이었던 守屋도 예외는 아니라고 생각한다.[46] 그렇다고 해도 일본인
지배자로서의 의식에서 역시 자유롭지는 않았던 것은 『日記』의 무심한

끌어들여 행한 모습이 『日記』21·5·7, 5·9, 7·15~7·19, 11·22~11·29 등에 기
록되어 있다.

46) 이러한 內務 官僚의 일정의 進取性에 대해서는 松田, 前揭 『日本의 朝鮮植民地
支配와 警察』 第四部 第三章, 參照. 守屋에 대해서는 米騒動 後 內務省 監察官으
로서 사건의 원인과 대응책을 조사하여 「八月騒擾卜其善後策」(1918年. 荻野富士
夫編 『特高警察關係資料集成』 第19卷, 不二出版, 1993年, 所收)로 정리했는데,
여기에서는 米騒動에 民本主義의 普及으로 보고 대책으로 각종 사회정책을 실행
하고 언론 통제를 완화해야 한다고 주장했다.

기술에서도 엿볼 수 있다. 도쿄에서 조선인 유학생을 면담했을 때「在京學生 가운데 優秀하지만 그래도 어딘가 조선스런운 곳이 있다」라는 所見(『日記』22·2·7) 혹은 朝鮮人 道知事의「알아들을 수 없는 일본어」를 비판하면서도 자신은 朝鮮語에는 거의 관심을 표하지 않는 자세(同19·10·14) 등으로부터, 이른바「帝國意識」을 드러낸 것은 쉬운 것이었다. 1919년 가을 上海의 大韓民國 臨時政府 外交次長 呂運亨이 日本政府 高官과 面會하고 記者會見에서도 조선독립을 주장해서 물의를 빚은, 이른바 ‘呂運亨事件’에 있어서도 守屋는「그들을 大人 취급하는 것이 이미 잘못됐다」라고 깔보았다(『日記』19·11·24).

그렇지만 守屋는 그러한 朝鮮人觀을 그대로 표출시켜서는 조선통치가 유지될 수 없다는 것도 자각하고 있었다. 守屋는 조선인에의 下等視나 독립운동에의 거부감을 기저를 하면서도 언동에 있어서는 그러한 의식을 드러내지 않는 二面性을 나타내게 되었다. 總督府 관료로서의 公的 발언에서는 조선인 차별을 당연시하는 在朝 日本人을 비난했다.[47) 또 도쿄 상경 중의 守屋를 방문했던「억울하다는 조선인으로부터는 싫을 정도로 독립론을 들었지만 참고 비난하지 않았다」라는 것처럼(『日記』19·11·4)조선독립을 분명하게 부인하지 않고 상대해 주는 자세를 보이고 있다.

그렇다면 守屋의 조선인 관계 인맥을 살펴보자. 앞서 게재한 表3에서 守屋와 교섭에 있었던 조선인을 추출해 보면 크게 세 갈래의 그룹으로 분류할 수 있다.

---

47) 守屋 『朝鮮の開發と精神的敎化の必要』(朝鮮總督府、1924年)29、31頁。李昇燁「3·1運動期における朝鮮在住日本人社會の對応と動向」(『人文學報』第92號、2005年3月)136~137頁도 參照.

1) '舊世代'의 親日派 엘리트

제1그룹은 조선귀족이나 中樞院 參議·道知事 그룹의 親日派 門閥·高級 官僚이다(表3의 ⑫). 그들은 한국 병탄 전부터 大臣이나 觀察使 등 일정의 고관직에 있었던 「舊世代」엘리트라고 할 수 있는 인물들이다. 朴重陽(黃海道 知事, 병탄 전은 慶尙北道 觀察使), 金潤晶(全羅北道 參與官, 병탄 전은 仁川 府尹), 李軫鎬(全羅北道 知事, 병탄 전은 平安北道 觀察使, 面會 4回, 書簡 6通) 등, 오늘날 '親日派'로서 지명도가 높은 인물이 많다. 원래 실제 접촉 내용은 회식과 같은 예의적인 만남이 많았다.[48]

단 宋秉畯(병탄전은 內部大臣. 面會 6回, 書簡 1通. 단 이외에도 빈번히 접촉하고 있었던 듯하다)은 이 그룹에서 특이한 사례이며 守屋은 宋을 통해서 朝鮮語 新聞의 操縱을 시도하거나 (『日記』21·7·2), 일본 內地의 政界 情報를 얻거나 하고 있으며(『日記』24·6·26, 6·30, 9·8), 守屋 쪽에서도 宋에 의한 朝鮮人 親日派에 대한 爵位 授與 추천이나 宋 자신의 北海道 拓殖計畫에 편의를 꾀하여 하고 있었다(『日記』22·4·13, 24·1·29, 1·30).

2) '新世代'의 親日派 엘리트

제2그룹은 한국병탄 후의 郡守·郡書記 등의 지위를 얻어서 대두한 '新世代'의 親日派 朝鮮人이며 제1그룹과 비교하면 보다 하위 실무관료

---

48) 朝鮮貴族이나 中樞院 參議가 개최한 招待會에 參席하거나 혹은 그들과 總督이나 政務總監과의 會食에서 同席하거나 했다라는 기사는 『日記』20·1·7, 4·17, 4·26, 6·14, 12·13, 21·8·15, 22·7·19등에서 볼 수 있다. 이러한 儀禮的 接觸 이외에는 李夏榮(朝鮮貴族)이 자신의 土地問題로 守屋에게 상담한 예를 볼 수 있는 정도이다(『日記』22·9·11, 9·13).

에 속한다(表3의 ⑬).[49] 이 그룹은 조선귀족 보다 더욱 빈번하게 守屋와 접촉하고 그 활동도 조선인 일반의 회유나 여론유도 등 통치에 직접 관련된 것이 많다. 대표 격으로 守屋와 면회회수도 가장 많았던 인물은 閔元植(1911年 以來 京畿道 各郡의 郡守를 歷任하고 20年에 國民協會을 結成, 帝國議會로의 請願을 중심하는 운동을 전개했던 親日派)이다.[50]

守屋가 처음으로 閔元植과 만났던 것은 1919년 12월 출장 중이었던 도쿄에서였다.「參政權을 십년 후에 준다는 공약을 행할 것, 普通敎育의 普及, 小作人 保護政策, 天道敎의 公認 등」등의 주장에 '흥미롭다고 느꼈다'(『日記』19·12·5). 그리고 다음해 1월 결성된 國民協會와 守屋는 아래와 같은 점에서 상호의존 관계를 만들어 간다.

첫째, 자금 원조를 자주 했다(『日記』20·6·4, 6·23, 10·4, 10·5, 21·1·11).

둘째, 守屋에 있어 閔과의 접촉은 다른 조선인과의 교류범위를 확대하는 하나의 계기가 되었다. 1920년 초의 『日記』(20·1·14)에 의하면 閔元植이나 高義駿(當時는 朝鮮 '自治'論者로 보이고 있으나 후에 國民協會에 合流) 등에 守屋가 손을 쓴 '懇親會'를 개최했다 (『日記』20·1·19). 閔 이외에도 國民協會 관계자와의 접촉은 많았고 守屋의 조선인 인맥 중심의 하나였다. 金明濬(國民協會 副會長), 李東雨(同會 總務. 面會 5回, 書簡 4通), 李勳永(同會 會員, 郡守. 面會 2回, 書簡 7通), 嚴峻源(閔의 義父. 面會 3回, 書簡 2通) 등이 있다.

셋째, 人事의 실권을 가진 守屋은 國民協會 회원에서 군수를 選任한

---

49) 병탄 이후에 總督府 官僚가 되어 1920年代 이후 高級 官僚로서 として 대두해 차근차근 지위를 높여 나갔던 朝鮮人 官僚에 대해서는 本書 所收의 松田「朝鮮における植民地官僚－硏究의 現狀과 課題－」第2章第二節을 參照.

50) 閔과 國民協會에 대해서는 松田「植民地期朝鮮における參政權要求運動団體「國民協會」について」(淺野豊美・松田共編著『植民地帝國日本の法的構造』信山社、2004年)참조.

것도 있다. 1920년 간도출병 이후 압록강 對岸으로 근거지를 이동한 조선인 항일세력에 의한 국경침공이나 국경지역의 지방관 살해에 總督府는 곤란해 하고 있었는데 그 대책의 일환으로서 守屋은 국경접양 지역의 군수를 國民協會 회원에서 보충했다.

게다가 1921년 2월 閔元植은 암살되어 國民協會는 자금부족과 내부 분열, 활동정체에 직면했다. 그러나 그 후도 守屋는 잔류 간부에 운동자금을 제시하거나 (『日記』 21·3·14), 閔의 借財 處理에 助力하고자 했다 (同 21·6·17, 7·14, 8·8 10·20).

이처럼 「新世代」의 親日派 엘리트는 親日的 주장에 입각한 선전을 하거나 민심에 대한 정보를 守屋에게 제공하는 한편으로 守屋로부터 보조금이나 관직을 얻을 수 있었다. 守屋의 조선인 인맥 중에서 소위 'bargaining'[51)]의 관계가 가장 명료하게 그룹을 형태 짓고 있었다고 할 수 있다.

小結

조선부임 시절 守屋의 일본인 인맥은 水野鍊太郎 政務總監을 비롯한 內務省 出身 總督府 官僚를 중심으로 형성되었고 그 이외에도 總督府 토박이 관료·本國 內務 官僚·言論人·同鄕者 등 가운데에도 네트워크가 이어지고 있었으며 이것은 때때로 상호 중복되었다.

한편 守屋는 조선인 중에서도 상당한 인맥을 구축하고 있었다. 조선인에의 下等視나 독립운동에의 거부감을 기저에 깔고 있으면서도 언동에 있어서는 그러한 의식을 표출시키지 않는 二面的인 자세를 취한 守屋는 한국 병탄 전부터 親日派로서 관료직에 있었던 門閥 出身의 高級 官

---

51) 「bargaining」槪念에 대해서는 金東明 『支配人 抵抗、益軒壹 協力－植民地朝鮮 拭辭稅 日本帝國主義人 朝鮮人稅 政治活動』(景仁文化社、2006年).

僚, 병탄 후에 대두한「新世代」의 親日派 朝鮮人 등과 교류를 가졌다. 특히 후자의 경우 國民協會 關係者처럼 쌍방이 서로 이용가치를 드러내 보이며 빈번히 접촉했다. 또한 민족운동 관계자는 우파민족주의 계통의 人士와 약간의 접촉이 확인되는 것에 그치고 있다.[52]

조선 부임시절 守屋의 활동은, 3·1운동 후의 總督府 관료의 중심세력이 된 水野錬太郎 계열의 內務省 出身 官僚가 日本人과 朝鮮人 각각에 넓힌 인맥을 여실히 나타내 보여주는 것이다(図1 참조).

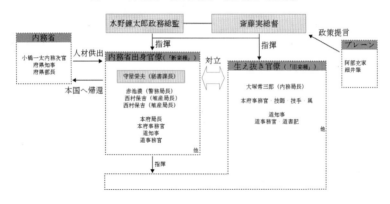

図 1920年代初期の朝鮮総督府の権力構造 (概念図)

---

52) 조선 부임시절의 『日記』를 통해서 확인할 수 있었던 것은 張德秀、金性洙、呂運弘(呂運亨의 弟)등 소수이다.

日帝強占期、日本の朝鮮関係記録
－朝鮮植民地支配における政策担当者の個人記録を中心に

松田利彦（國際日本文化研究センター）

はじめに

　本稿では、日本所在の近代朝鮮史関係史料あるいは日本近代史全般の史料の特色を、個人記録が豊富に残っているという点から捉え、特に日帝強占期の政策担当者の個人記録に着目する。あわせて、個人記録を活用した一事例として、朝鮮総督府秘書課長の日記を用いて1920年代の植民地支配政策を検討したい。

　日本近代史の資料状況について個人記録が多く残存していることは、例えば、国会図書館憲政資料室の収集した浩瀚な文書によって理解できよう。同室は、多くの政治家・官僚・軍人・社会運動家の日記や書簡、草稿類、談話記録などを収集しており、個人記録が残されている人物は、2015年3月現在425名を数える[1]。また、この憲政資料室収集文書を含む日本近代史の個人

---

1) 「国立国会図書館憲政資料室収蔵憲政資料一覧」http://rnavi.ndl.go.jp/kensei/tmp/ kenseishozoichiran.pdf。一人の人物について複数の文書が所蔵されている場合は、重複してカウントせず1名分と数えた。

文書を探索するために、伊藤隆・季武嘉也編　『近現代日本人物史料情報辞典』第1~4巻)』(吉川弘文館、2004~11年)という大部の工具書も刊行されている。

　他方、こうした個人文書を中心とした資料の残存状況は、必ずしも手放しで賞賛できることではない。しばしば指摘されるように、私文書中心の資料残存状況は、欧米などと比べると公文書の整理・公開が立ち遅れているという問題点も反映している。また、韓国との関係でいえば、植民地支配を被った朝鮮人より支配者側の日本人の量が多く残されていること自体が植民地的不均衡性を示している[2]。

　こうした個人記録を中心とした資料残存状況の問題点を前提としつつ、本稿は、日帝の韓国統治に関わった政策担当者－すなわち、韓国統監府文官官僚(韓国政府傭聘者を含む)・朝鮮総督府文官官僚(朝鮮人を含む)・及び朝鮮軍(韓国駐箚軍を含む)・朝鮮憲兵隊所属の武官－の私文書・伝記・人名録等の収集保存の歴史および所在状況を概観する。なお、ここで対象とする政策担当者とは、内閣印刷局編『職員録』各年版に掲載される官職に就いていた文官・武官官僚を一応の対象とし、国策会社や企業(朝鮮銀行や東洋拓殖株式会社など)の民間人は除外した。また、植民地における個人記録としては聞き取り記録も重要な位置を占めるが、この問題は他の論考に譲る[3]。

　さて、この問題に関する先行研究としてまとまった論考としては、既に国文学研究資料館アーカイブズ研究系編『日韓近現代歴史史料の共有化へ向けて－アーカイブズ学からの接近』が総督府官僚の個人文書の所在情報を簡潔に整理している[4]。小論では、同書との重複を避けつつ、文書史料ととも

2) 金慶南「帝国と植民地における不均衡残存記録の構造と植民地支配の特徴」(『アーカイブズ学研究』第15号、2011年)。
3) 中尾知代「戦争・植民地・オーラルヒストリーの今」(『日本オーラル・ヒストリー研究』第3号、2007年9月)、特集「オーラルヒストリーを考える」(『植民地教育史研究年報』第7号、2004年)所収の各論考、参照。
4) 加藤聖文「朝鮮総督府文書と個人史料のアーカイブズ学的考察」(国文学研究

に、これまで充分に情報整理がなされてこなかった伝記・評伝類の問題にも
比重を置いている。

　さらに本稿後半では、守屋栄夫という1920年代に朝鮮総督府秘書課長を
つとめた人物を取りあげた。守屋は膨大な日記を残しており、そこから読みと
れるさまざまな情報のうち、特に日本人朝鮮人の中に守屋が張りめぐらせた人
脈について考察する。

1. 個人記録の収集保存の歴史

(1) 戦前の状況

　総督府官僚の個人記録がどのような歴史を経て今日まで集積されてきた
かを、第二次世界大戦以前にさかのぼって概観しておこう。

　まず、戦前・植民地期から見よう。戦前、伊藤博文・寺内正毅・斎藤実な
ど、主な韓国統監や朝鮮総督の伝記が編纂されている(表1、(１)A3、B4 、6
など)。また、これらの伝記の編纂過程では個人文書の収集もなされたが、
史料公開は行われなかった。

　公的機関による個人記録の集積としては、公立図書館によるものがあげら
れよう。植民地朝鮮では1920年代以降、公立図書館が整備され、朝鮮総督
府図書館(1926年)・京城帝国大学付属図書館(30年)などが生まれ、それぞ
れの蔵書は現在、韓国国立中央図書館とソウル大学中央図書館に引き継が
れている5)。また、京城帝国大学法文学部教授・四方博を中心に朝鮮経済研

　　資料館アーカイブズ研究系編『日韓近現代歴史史料の共有化へ向けて−アー
　　カイブズ学からの接近』国文学研究資料館、2005年)、竹内桂「日本所蔵朝鮮
　　総督府関係史料の概要−検索システム構築に向けて」(同前、所収)。
　5) 詳細は、宮本正明「解題」(加藤聖文・宮本正明編『旧植民地図書館蔵書目録』

究所(1928 年)が作られた[6]。

　総督府による史料収集と編纂に関わるものとしては、1925年に設けられた朝鮮史編修会の事業もあげねばならないが、これについては、先行研究に譲る[7]。このほか、植民地朝鮮に基盤を置いていた新聞社などによる元総督府官僚の座談会の開催や回顧談の掲載、人名録の刊行が、特に施政開始25周年、35周年といった機会に行われている[8]。また、朝鮮関係資料の収集に特化した事業ではないが、日本の衆議院憲政史編纂会などが政治家の個人史料の収拾を手がけており、戦後の国会図書館憲政資料室の資料の礎をつくった[9]。

(2) 戦後の状況

　次に、戦後日本における個人記録の収拾と公開の状況を見てみよう。これに先鞭をつけたのは、朝鮮からの引揚者だった。植民地期朝鮮において

第14巻(ゆまに書房、2004年)、加藤聖文「主要図書館の戦後の動向について」(加藤・宮本編、同前書、所収)、加藤一夫・河田いこひ・東条文規『日本の植民地図書館－アジアにおける日本近代図書館史』(社会評論社、2005年)。

6) 現在はソウル大学中央図書館古文献資料室に引き継がれている。権泰檍編『辞随大学校中央図書館湖文献資料室所蔵「経済文庫」解題集』(辞随大学校出版部、2007年)、参照。

7) 永島広紀「日本の朝鮮統治と「整理/保存」される古蹟・旧慣・史料」(『史学雑誌』第120巻第1号、2011年1月)。

8) 施政25周年の企画として出されたものとしては、「朝鮮行政」編輯総局編『朝鮮統治秘話』(帝国地方行政学会朝鮮支部、1937年。東洋協会が総督府官吏に対して1933年に行った座談会を採録)、「朝鮮統治二十五周年『朝鮮回顧譚』座談会」(1)~(3)(『思想と生活』第12巻第3~6号、1935年3~6月)、水野錬太郎・阿部充家・丸山鶴吉・松井茂他「その頃を語る」(『京城日報』1934年11月20日~)、「朝鮮統治の回顧と厳正批判」(『朝鮮新聞』1935年頃。「友邦文庫」中「新聞切り抜き」に収録)などがあげられる。また、施政35周年の企画としては、和田八千穂・藤原喜蔵編『朝鮮の回顧』(近沢書店、1945年)がある。

9) 松尾尊兊「近現代史料論」(『岩波講座　日本通史』別巻3、1995年)。

緑旗聯盟や国民総力朝鮮聯盟で活動した森田芳夫は、日本人引き揚げに関わる史料収集と関係者へのインタビューを精力的に行い大部の著書と資料集に結実させた[10]。また、旧朝鮮総督府官僚は戦前の中央朝鮮協会(1926年設立)を引き継ぎ、1952年中央日韓協会を作ったが、同年史料収集部門として財団法人友邦協会が設けられ総督府官僚の文書類の収集を行った[11]。

　他方、戦後の朝鮮史研究者第一世代というべき梶村秀樹や宮田節子は朝鮮近代史料研究会を組織し(1958 年)、元総督府官僚へのインタビューを行い彼らの貴重な肉声を残した[12]。また、個人による収集として、桜井義之、朴慶植らによるものがある(『桜井義之文庫』は東京経済大学所蔵、『朴慶植文庫』は滋賀県立大学所蔵)。また、戦後の日本近代史研究者グループによる個人記録収集作業にも朝鮮近代史と関係の深いものが含まれている。たとえば、1963年に辻清明ら政治学者を中心に発足した内政史研究会は近代政治家の談話速記録を数多くまとめているが、その中には、朝鮮に関わりのあった官僚のものも含まれる[13]。これに比べると小規模ではあるが、山本四郎が史料公刊の一環として出した寺内正毅関係の資料も朝鮮近代史研究で利用されている[14]。

10)　森田芳夫『朝鮮終戦の記録－米ソ両軍の進駐と日本人の引揚』(巌南堂書店、1964年)、森田・長田かな子『朝鮮終戦の記録』資料編・全3巻(巌南堂書店、1979年)。

11)　中央日韓協会・友邦協会の成立過程については、정병욱「조선총독부 관료의 일본 귀환 후 활동과 한일교섭」、노기영「해방 후 일본인의 귀환과 중앙일한협회」(李炯植編『帝国植民地의 周辺人－在朝日本人의 歴史的 展開』報告書、2013年)参照。「友邦文庫」所蔵資料については、友邦協会・中央日韓協会編刊『朝鮮関係文献・資料総目録』(1985年)を見よ。

12)　「未公開資料 朝鮮総督府関係者 録音記録」1(『東洋文化研究』第2号、2000年3月)。以後、録音記録の活字化が継続中である。

13)　内政史研究会編刊『内政史研究会第一回座談会：中川望・香坂昌広・千葉了』(1963年)、同『大野緑一郎氏談話速記録』(1968年)。

14)　山本四郎編『寺内正毅日記』(京都女子大学、1980年)、同編『寺内正毅関係文書 首相以前』(京都女子大学、1984年)。寺内関係のその他の資料と

　このように戦後になると、各方面で個人記録の収集と公開が進んだ。ただし、その一方で、民間機関や個人所蔵資料のなかには今日では散逸して所在の把握が困難になっている史料もある[15]。

(3) 近年の状況

　上記のような動向とは別に、個人記録の集積に関わって近年目だってきた動きをいくつか指摘しておこう。

　第一は、周知のように、インターネットによる歴史資料の公開が急速に進んだ。東アジア各国とも行政文書の公開が先行し、日本ではアジア歴史資料センター(http://www.jacar.go.jp/)、国立公文書館(http://www.archives.go.jp/)、韓国では韓国歴史情報総合システム(http://koreanhistory.or.kr/)、国家記録院(http://www.archives.go.kr/)等のウェブサイトで日韓の公文書を含めた資料の原文画像を見ることができる[16]。

　また、図書文献については、日本では国会図書館「近代デジタルライブラリー」(http://kindai.ndl.go.jp/index.html)、韓国では韓国国立中央図書館「原文情報データーベース」(http://www.ni.go.kr/)などで、ある程度オンライ

　　しては、表1、(1)B1、(3)C2も参照。

15)　たとえば、先述の四方博が戦後独力で集めた文献類が『四方博文庫』として名古屋で公開されていたが(四方文庫運営委員会編刊『四方朝鮮文庫目録』1978年)、一時利用不可能になっていた(その後、同文庫の書籍は東京経済大学で、雑誌は京都大学人文科学研究所に移管され公開されることになった)。また、東京にあった韓国研究所が所蔵していたとされる『相場清文書』(相場は1903年に朝鮮にわたり顧問警察官の通訳官などを務め、併合後は総督府警察に勤務したが、1921年に外務省に入り在間島総領事館に勤務した)は、同研究所の閉鎖にともない散逸してしまったようである。

16)　河かおる「朝鮮近現代史に関するデータベース」(『日本歴史』第740号、2010年1月)参照。なお、台湾総督府文書については、文書の検索システムは利用可能だが(http://www.th.gov.tw/sotokufu.htm)、文書の原文画像自体は一般公開にはいたっていない。

ン原文閲覧の作業が進んでいるが[17]、日本では、国立図書館以外の図書
館では図書のデジタル化はほとんどなされていないのが現状である。

　第二に、いわゆる「自分史」ブームが1970　年代半ば以降に起こり[18]、自
費出版による回顧録類も個人記録のなかで比重を高めつつあるという点であ
る。こうした自分史を専門的に収集する図書館も現れている。1994年に東京
に作られた自費出版図書館は最大規模のものであり(2009年7月現在、約
37,000　冊所蔵)は訪問利用が可能である(http://library.main.jp/ 。ただし蔵
書検索システムは構築中)。その他にも「自分史」関連図書館は全国にいくつ
か作られているが、目録の整理や収集の網羅度がなお十分とは言えず、
ホームページで蔵書検索ができる範囲が限られているなど、利用が不便な
面は否定できない[19]。

---

17)　台湾では、「日治時期図書全文影像系統」(http://stfb.ntl.edu.tw/cgi-bin/gs32/gsweb.
　　cgi/login?o =dwebmge&cache= 1471601157225)「日治時期期刊全文影像系統」(http:
　　//stfj.ntl.edu.tw/cgi-bin/gs32/ gsweb.cgi/login?o= dwebmge&cache = 1471601271124)
　　によって、日本統治期の図書雑誌のデジタル画像を閲覧することができる。

18)　「自分史」という用語は色川大吉が『ある昭和史 – 自分史の試み』(中央公論社、
　　1975年)で提唱したものである。日本における「自分史」の起源や特色について
　　は、山下洋輔「日本における自分史の特色」(『早稲田大学大学院教育学研究
　　科紀要』別冊第16号1、2008年9月)を参照。

19)　日本自分史センター:http://www.kasugai-bunka.jp/ichiran/toppage.htm。所在:愛
　　知県春日井市。蔵書数:約10500冊。上記URLで著者別検索が可能である。
　　Book　ギャラリー上六:http://www.shimpu.co.jp/gallery/。所在:大阪市。設
　　立年:1987　年。蔵書数:約8500　冊(2009年7月現在)。ウェブサイトは改装中。
　　日本自分史文学館:所在:山梨県富士吉田市。設立年:1992年。蔵書
　　数:約3500　冊。あゆみの図書館:ホームページ不明。所在:仙台市。設立
　　年:1998年。蔵書数:約6000冊。
　　自分史図書館:http://www.dcity-yame.com/jibunshitosyokan/index.html。所
　　在:福岡県筑後市。設立年:2005年。蔵書数:約3000冊。オンライン上で蔵
　　書目録を見ることができ、冊子体の目録(自分史図書館編刊『蔵書目録』2008
　　年)も作成している。
　　上記のURL、蔵書数などの情報は特記なき限り2016年8月現在のデータである。

2. 総督府官僚の個人記録

それでは、前章で述べたような形で収集・蓄積された個人記録を、朝鮮総督府官僚の場合に即して個別的に検討してみよう。

(1) 朝鮮総督・政務総監(表1、(1)A~D)

朝鮮総督府官僚機構の頂点に位置した総督と政務総監は、本国でも重要な政治的経歴を持つ人物が多く、個人文書は比較的よく残っている。個人文書が残っている韓国統監・朝鮮総督は6名(伊藤博文、寺内正毅、斎藤実、宇垣一成、南次郎、阿部信行)、政務総監は5名(水野錬太郎、有吉忠一、湯浅倉平、児玉秀雄、大野緑一郎)を数える。また、評伝・伝記が存在するのは、統監・総督では7名(伊藤、曾禰荒助、寺内、斎藤、宇垣、南、小磯国昭)、政務総監では6名(山県伊三郎、水野、下岡忠治、湯浅、今井田清徳、田中武雄)である。これらをまとめると文書や評伝のような個人記録が利用可能なのは、歴代の統監・総督10名のうち8名、歴代政務総監11名のうち9名となり、個人記録が比較的高い残存率を示していると言えよう。

このクラスの人物についての情報は大体研究者間でも共有されているといってよいが、総督の秘書やブレーンの文書や伝記類(資料、(1)d)は必ずしも十分知られておらず、今後の活用が待たれる。

(2) その他の文官官僚の個人記録(表1、(2)a~Ⅰ)

上記以外の総督府官僚(日本人文官)については、表1では配属部署別に分類した(朝鮮人官僚は別項目をたてた)。ただし、官歴において複数の部署をめぐっている人物も当然あり、そのような場合は、適宜いずれかの項目に分類して入れた。

　総督や政務総監とは異なり、実務官僚の場合は個人文書よりも自伝が多い。特に多くの現業職員を抱えた警察(表1、(2)A　)や内務・地方行政((2)C　)関係の官僚は、朝鮮赴任時代について多く書き残している。とはいえ、こうした記録を残した官僚は少数派である。朝鮮総督府本府の局長(1919年以前は部長)経験者は植民地期全体で108名(重複を除くと95名)を数えるが、表1に名が見えるのは20名にすぎない。その一方で、前章で述べた「自分史」とも関わって、無名に近い官僚も自伝を残している場合が見受けられる。自費出版による「自分史」の情報はなかなか把握しにくいが、表1は、こうした情報を研究者間で共有できればと考え作成した。遺漏も多々あるかと思うが、試作的リストと理解して頂きたい。

　また、こうした系列とはやや異なり、朝鮮人官僚((2)Ⅰ)の回顧録も近年、植民地官僚への関心の高まり[20]とともに利用されてきていることも付記しておく。

(3) 朝鮮軍関係者(表1、(3)a・b)

　日本の朝鮮支配において総督府と並び重要な役割を果たした朝鮮駐箚軍(併合以前は韓国駐箚軍。また1918年朝鮮軍に改称)については、研究が立ち後れている[21]。個人記録の発掘が今後の課題であるが、現状で存在を確認できるものについて整理しておきたい。

　軍司令官で文書や評伝、日記などの個人記録が残っていることが確認できるのは、大久保春野[22]、安藤貞美、井口省吾、松川敏胤、宇都宮太

20) 主な研究成果として、岡本真希子『植民地官僚の政治史 朝鮮・台湾総督府と帝国日本』(三元社、2008年)、松田・やまだあつし共編著『日本の朝鮮・台湾支配と植民地官僚』(思文閣出版、2009年)。

21) 朝鮮駐箚軍についての研究史は、庵逧由香「朝鮮に常設された第19師団と第20師団」(坂本悠一編『(地域のなかの軍隊7)植民地 帝国支配の最前線』吉川弘文館、2015年)187、202~204頁、参照。

22) 『大久保家文書』を所蔵している静岡県磐田市教育委員会へ照会したところ、同

郎、鈴木荘六、林銑十郎、板垣征四郎の8名である。また、評伝・伝記が存在するのは、大久保、井口、秋山好古、松川、板垣である。個人記録の残存率は、歴代韓国駐箚軍司令官・朝鮮駐箚軍司令官・朝鮮軍司令官計21名(朝鮮総督になった2名を除くと19名)のうち9名ということになり、総督や政務総監と比べると、明らかに少ない。また、特に個人文書の場合、多くは比較的近年になって明らかになった資料であり、利用体制も必ずしも整っていない[23]。

　この他、軍参謀長の文書は、大谷喜久蔵[24]・立花小一郎のものが存在する(資料、(3)b)。また、朝鮮憲兵隊関係者については表1、(3)Cを参照されたい。

(4) 職員録・人名録など

　上記(1)~(3)で概観したような個人記録を残していない官僚についての情報を得ようとする場合、人名録・職員録などに頼ることになる。これらのツールについての現状は以下の通りである。

　まず、人名録類は、芳賀登他編『日本人物情報体系』第71~80巻(朝鮮

　　　文書には、朝鮮駐箚軍時代(1908~10年、韓国駐箚軍司令官→10~11年、朝鮮駐箚軍司令官)の資料は含まれていないとのことである。

23) 『松川敏胤文書』は仙台市博物館に所蔵されているが、2013年頃まで遺族の意思で公開されていなかった。『宇都宮太郎関係文書』は東京女子大学で整理中である(吉良芳恵「宇都宮太郎関係資料から見た三・一独立運動」『史艸』第46号、2005年11月、参照)。『板垣征四郎文書』は靖国偕行文庫で閲覧することはできるが、複写には遺族の許可が必要である。

24) 『大谷喜久蔵関係史料』は福井市立郷土歴史博物館が所蔵しているが、韓国駐箚軍参謀長時代(1905~06年)を含む日記は現在安藤良光氏が所蔵している。松田「韓国駐箚軍参謀長 大谷喜久蔵와 韓国−大谷関係資料를 中心으로」(鄭昞旭・板垣竜太編『일기를 통해 본 전통과 근대, 식민지와 국가』소명출판、2013年)、同「韓国駐箚軍参謀長・大谷喜久蔵と乙巳保護条約締結前後の韓国」(笹川紀勝監修、邊英浩・都時煥編『国際共同研究　韓国強制併合100年 歴史と課題』明石書店、2013年)参照。

編)(皓星社、2001　年)や『朝鮮人名資料事典』全3巻(日本図書センター、2002　年)が戦前に刊行された主要な出身地域別人名録・営業種別人名録・表彰者名鑑・商工人名録などを集めており、便利である25)。また、これと一部重なるが、元総督府官僚の座談会、マスコミ関係者による戦前に出された人物評伝集、戦後、朝鮮から引き揚げてきた日本人による回想録集なども時として有用な情報を含む26)。

　次に、情報量はより小さくなるが、職員録も人物情報を得る際に活用しうる。これについては、第Ⅱ章(3)で前述した韓国歴史情報統合システムが『朝鮮総督府及所属官署職員録』をはじめ、一部統監府期と解放後韓国のものも

---

25)　詳細な内容は、木村健二「「朝鮮編」総合解題」(芳賀登他編『日本人物情報体系』第71巻(皓星社、2001年)を見よ。なお、植民地台湾の人名録類としては、『日治時期台湾文献史料輯編』(成文出版社、1999年)全33巻が実業界や官界の人名録類を含んでいる。

26)　以下のようなものがある。

有馬純吉『人物評論　真物？贋物？』(朝鮮公論社、1917年)

柄沢四郎『朝鮮人間記』(大陸研究社、1928年)

楢崎観一『満洲・支那・朝鮮－三十年回顧録』(大阪屋号書店、1934年)

大阪毎日新聞社・東京日日新聞社京城支局編刊『「老開拓士が贈る」半島裏面史』(1940年)

朝鮮新聞社編刊『朝鮮統治の回顧と批判』(1936年。復刻、竜渓書舎、1995年)

「朝鮮行政」編輯総局編『朝鮮統治秘話』(帝国地方行政学会朝鮮支部、1937年)

和田八千穂・藤原喜蔵『朝鮮の回顧』(近沢書店、1945年)

安藤健一編『全南警友』第1、2号(1967、68年)

京城帝国大学創立五十周年記念誌編集委員会編『紺碧遥かに－京城帝国大学創立五十周年記念誌』

(京城帝国大学同窓会、1974年)

『想い出の平壌』刊行委員会編『想い出の平壌』(全平壌楽浪会、1977年)

義中史編集委員会『回想譜』1,2(義中会、1977、79年)

羅南憲友会編刊『羅南憲兵隊史　：　胡馬北風に嘶く羅南隊の回想と終焉』(1981年)

片山千恵『一七キロの国境－北鮮咸北警友誌』(総和社、1989年)。

含む職員録類をデータベース化している。韓国統監府・朝鮮総督府の職員の履歴を調べる上で威力を発揮するツールであるが、私見では、日本の内閣印刷局編刊『職員録』と刊行月の異なる朝鮮総督府の刊行した『朝鮮総督府及所属官署職員録』をベースにしているという問題点がある(たとえば、前者の職員録の1911年版は「1911年5月1日現在」であるのに対し、後者の1911年版は「1911年11月1日現在」であり、半年間のずれがある)。このため、朝鮮総督府と他官庁の官僚を兼任している者の把握が困難である[27]。また、他官庁の者で朝鮮に赴任している者が収録されていないという問題点がある[28]。

この他、履歴書も官僚の経歴を調べる上で有効であるが、朝鮮総督府関係者の履歴書は、日本本国に戻ってきた者の履歴が国立公文書館に散見されたり、私文書(たとえば『林利治関係文書』-表1、(2)a16など)に含まれていたりするが、ある程度まとまったものとしては、外務省アジア太平洋州局地域政策課外地整理室所蔵の引き揚げ時の履歴書や、学習院大学「友邦文庫」所蔵の京城帝国大学教官の履歴書が存在する程度である[29]。植民地台湾

---

27) たとえば、朝鮮駐箚憲兵隊(1918年より朝鮮憲兵隊)の人員は陸軍省の所属であり、本国版『職員録』の「陸軍省」欄に氏名が掲載されている。この朝鮮憲兵隊員の一部は、朝鮮総督府の警部・警視などの身分を与えられて朝鮮総督府にも所属している。このような兼官者は本国版『職員録』の「朝鮮総督府-警務総監部」欄に、また、朝鮮総督府版『職員録』の「警務総監部」欄に名が現れることになる。筆者は、兼官者が朝鮮憲兵隊員全体の中でどのくらいの割合を占めていたかを調べたことがあるが(松田『日本の朝鮮植民地支配と警察』校倉書房、2009年、143~150頁)、同じ日付の時点で比較する必要があるから、『職員録』の「陸軍省」欄の氏名と「朝鮮総督府-警務総監部」欄の氏名を名寄せして確認した。韓国歴史情報統合システムの「職員録」は、このような日本本国の官僚制との連動性を検討する際には利用しにくい。

28) 朝鮮総督府は、確かに朝鮮支配において最大の官吏を擁した官庁だったが、それ以外にも朝鮮統治に関わった重要な組織として、朝鮮駐箚軍(1918年より朝鮮軍)と朝鮮憲兵隊がある。これらは、陸軍省所属なので本国版『職員録』では関係者の氏名を確認できるが、総督府版『職員録』からそのような情報を得ることはできない(前注の兼官者を除く)。

29) これについては、竹内、前掲論文、171~174頁、通堂あゆみ「京城帝国大学法文

史研究の場合は、台湾総督府文書にかなりまとまった履歴書群が残されており[30]、朝鮮支配政策史研究についても、官僚の履歴書の発掘が待たれる。

小 結

以上、朝鮮植民地支配政策を担った官僚の個人記録について、その収集の歴史と、職位別の資料残存状況について概観した。特に表1の各種資料の中でも下級官僚の伝記・評伝類については、研究者間で情報の共有が進んでいないように思われる。本稿がそのような現状に対して若干の問題提起をなし得れば幸いである。

ただ、こうした伝記・評伝類をはじめとする個人記録の活用にあったては、留意しなければならない点もある。私文書を中心とした資料残存状況のはらむ問題点については序章で触れたが、資料自体の問題点も存在する。すなわち、表1を概観すれば判るように、研究者による評伝は少なく、(1)A4、B13、C8、D13,15,26,28,33 、(3)A4をあげうる程度である(伊藤博文関係の評伝には省略したものもある。表1の注4参照)。それ以外の多くの評伝類は顕彰録的性格が強く、李鐘旼氏が指摘しているように、植民地官僚の著作は「日本人官吏たちが払わねばならなかった「犠牲」と「労苦」がいかに大きかったかを強調」しがちである[31]。伝記・評伝類、あるいは「自分史」 のかたちで増加しつつある下級官僚の伝記類は、今後一層利用されるべきではあるが、同時にこうした資料的バイアスに注意しなければならないことは言うまでもない。

学部の再検討 : 法科系学科の組織・人事・学生動向を中心に」(『史学雑誌』第117冊第2号、2008年)を参照。

30) 何鳳嬌編『日治時期台湾高等官履歴』全3 巻(国史館、2004 年)。

31) 李鐘旼『植民地下 近代監獄聖 搭廃 統制5徹艦葬 研究－日本稅 刑事処罰体系須稅 比較』(延世大学校社会学科博士論文、1998年)6頁。

3. 事例研究－守屋栄夫関係文書を軸に

　最後に、朝鮮総督府官僚の守屋栄夫を事例として、個人記録を用いた研究の可能性を示しておきたい。守屋栄夫(1884~1973年)は、内務省出身で、1919年に朝鮮総督府秘書課長となり後に総督府庶務部長もつとめた[32]。一見目だたない経歴のようであるが、「守屋は元来が水野〔錬太郎〕系統の官僚出で内務畑切っての秀才だ … 水野が朝鮮総督府の政務総監になった時には総督秘書官として内務参事官から守屋を抜いて行った、頭脳の良い処へ持って行って総監の覚えは目出度いし … 守屋秘書課長の勢威と云ふものは実に素晴らしいもの」だったと言われる[33]。朝鮮植民地支配政策史における最大の転換点であった1919年の3・1運動とその後の「文化政治」[34]を実地に支えた重要な官僚であったことは間違いない。

　守屋栄夫の個人資料(表1、(1)D3、4)については、2006年、筆者および加藤聖文・安藤正人氏の調査により、遺族のもとに日記や書簡、草稿類が大量に残されていることが明らかになった。この資料は、国文学研究史料館において整理が行われ、2016年、『守屋栄夫文書目録(その1)』(国文学研究資料館調査収集事業部刊行)が刊行された。守屋の朝鮮赴任時代の活動の全貌については別稿で論じたことがあるので、そちらに譲り[35]、本稿では守屋

---

32)　守屋は、宮城県古川に生まれ1910年東京帝国大学法律学科を卒業、同年高等文官試験に合格した後、内務省に入省し千葉県理事官(1913~16年)、愛知県理事官(16~17年)、内務省監察官(17~19年)などを歴任した。1919年8月、3・1運動後の朝鮮総督府官制の改革にともない、朝鮮総督府総督官房秘書課長(兼参事官)として赴任し、23年1~12月には欧米に出張してもいる。さらに1922年10月から24年9月までは総督府庶務部長をつとめた。

33)　床枝東京「申年の政治家」(『あかるい政治』第3巻第1号、1932年1月)44頁。

34)　姜東鎮『日本の朝鮮支配政策史研究－1920年代を中心として－』(東京大学出版会、1979年)。

35)　松田「朝鮮総督府官僚守屋栄夫と「文化政治」－守屋日記を中心に」(松田・やまだあつし共編著『日本の朝鮮・台湾支配と植民地官僚』(思文閣出版、

日記を用いて、守屋の人脈を解明することに主眼を置き、「文化政治」を担った総督府の人的構造を見てみたい。(以下、守屋日記は『日記』と略記し、1919年3月15日の条を『日記』19・3・15のように表記する)。

(1) 守屋の朝鮮赴任と「水野人事」

1919年、3・1独立運動の勃発によって、朝鮮統治体制の改革を迫られた原敬首相は、6月、新総督に斎藤実、新政務総監に水野錬太郎を起用した。水野は、武官総督のもと権限を掣肘されることを嫌い、人事権を一任してくれるよう原から約束を取りつけて就任を承諾した[36]。水野が政務総監に内定したとの記事が新聞紙上にあらわれると、守屋は「予は勿論多数地方官の中に朝鮮行の白羽の矢が立」つのではないかと直感した(『日記』19・8・6)。案の定、守屋は、水野から「是非一緒に仕事をして呉れと依頼され」(『日記』8・7)、「真先の交渉なれば是非承諾せよ」と迫られ、朝鮮行きを承諾した(同8・10)。12日には朝鮮総督秘書官兼参事官の辞令を受けている。そして、この直後から、水野の片腕として総督府新幹部の人選に大きく関わることになる(『日記』8・11~8・19)。こうして3・1運動後の総督府におけるいわゆる「水野人事」は、朝鮮に前例のない大量の内務官僚を導入することになった[37]。8月中に任命された者だけでもその数は約30名に及ぶが、表2にみるように少なくとも半数以上の就任交渉に守屋が関わっていた。

このとき抜擢されたのは主に地方の知事・理事官を務めていた内務省官僚であり、新幹部の銓衡には守屋の内務省時代の人脈が活用された(表2中の赤池濃内務局長、西村安吉殖産局長は内務省時代の同僚)。

2009年)。
36) この経緯の詳細については、松田『日本の朝鮮植民地支配と警察』250~254頁を参照せよ。
37) 松田、同前書、254~257頁、李炯植『朝鮮総督府官僚の統治構想』(吉川弘文館、2013年)98~104頁。

〈表 1〉水野鍊太郎新政務総監による総督府幹部人事

		就任部局	氏名	前職	文高試合格年	就任交渉者
內務省出身官僚(「新來種」)	警察系統	警務局長	野口淳吉	警視廳警務部長	1907	水野
		警務局警務課長	白上佑吉	富山縣警察部長	1910	赤池
		警務局保安課長	卜部正一	山形縣理事官	1910	野口、守屋
		警務局高等警察課長	小林光政	警視廳警務課長	1916	同上
		警務局事務官	丸山鶴吉	靜岡縣內務部長	1909	赤池
		警務局事務官	藤原喜藏	青森縣理事官	1914	同上
		警務局事務官	田中武雄	長野縣警視	1915	－
		警察官講習所長	古橋卓四郎	愛知縣理事官	1912	－
		京畿道第三部長	千葉了	秋田縣警察部長	1908	水野、野口守屋
		忠淸北道道第三部長	山口安憲	兵庫縣理事官	1911	野口守屋
		忠淸南道第三部長	關水武	茨城縣理事官	1912	同上
		全羅北道第三部長	松村松盛	福岡縣理事官	1913	同上
		全羅南道第三部長	山下謙一	警視廳理事官	1911	同上
		慶尙北道第三部長	新庄裕治郎	靜岡縣理事官	1910	同上
		慶尙南道第三部長	八木林作	兵庫縣理事官	1909	同上
		黃海道第三部長	馬野精一	富山縣理事官	1909	同上
		江原道第三部長	石黑英彦	群馬縣視學官	1910	同上
		總督秘書官	守屋榮夫	內務省參事官	1910	水野
	警察系統以外	總督秘書官	伊藤武彦	千葉縣石原郡長	1914	－
		內務局長	赤池濃	靜岡縣知事	1902	水野
		學務局長	柴田善三郎	大阪府內務部長	1905	水野 赤池守屋
		學務局宗教課長	半井淸	石川縣理事官	1913	水野 柴田
		殖產局長	西村保吉	埼玉縣知事	1911	水野 守屋
		殖產局事務官	篠原英太郎	大阪府學務課長	1912	－
總督府生え拔き官僚(「旧來種」)		總督官房庶務部長	青木戒三	總督府農商工部事務官		守屋
		鐵道部長	和田一郎	總督府度支部理財課事務官		守屋

出典：『官報』19・8・21 `9・3にあがっている總督府赴任者を基本に `丸山 `前掲『七十年ところ
どころ』54～55頁 `および松波 `前掲『水野博士古稀記念 論策と随筆』717頁 `守屋榮夫『日記』
も參照した `また `赴任時期はやや後だが一般に水野人事の一環と見なされていた人物(田中
武雄と牟井清の2名)も取りあげた `各人物の記事については `秦郁彦編『戰前期日本官僚制
の制度・組織・人事』(東京大學出版會 `1981年)および前掲『朝鮮統治秘話』などに據った `
注1：「就任交涉者」はその人物に對して就任を働きかけた主な者を指す `
　2：表中の網がけ部分は `守屋が就任交涉に当たった人物を示す `

(2) 秘書課長時代における守屋の人脈

　1919年8月以降、水野政務総監－守屋秘書課長を主軸にしてすすめられ
た内務官僚の導入は、官僚組織としての朝鮮総督府を再編する契機となっ
た。人事権をもつ政務総監の政治的地位が武断政治期に比し相対的に上昇
したこと、水野政務総監の率いてきた内務省出身の幹部級官僚が政策決定
過程にもつ発言力が増大したこと、大量に導入された内務官僚は当時「新来
種」と呼ばれ、3・1運動以前から総督府に在任していた生え抜き官僚(「旧来種」)
とともに総督府内に二つの官僚群を形成したことなどは、1920年代、特に初期
の総督府権力構造の特徴となった。

　それでは、このようななかで守屋の占めた位置はどのようなものだったの
か。守屋は青年期以来一日も欠かすことなく日記を付けており、しかも、この
時期の日記の「来信」「発信」「往来」欄には、手紙のやりとりをした人物や面会
した人物が細かに書き込まれている。これを手がかりにすれば、守屋が朝鮮
総督府の内外にどのような人脈を形成していたのか検討が可能であり、ひい
ては当時の総督府を形成していた高級官僚の派閥や力関係をうかがい知るこ
とができる。守屋の朝鮮在任期の『日記』における「来信」「発信」「往来」欄には
のべ約一万名の名が記されているが、家族・親族関係者[38]及び姓のみしか

---

38) 家族関係者中にも、守屋和郎(栄夫の弟。外務官僚)、守屋徳夫(栄夫の弟。
　　朝鮮殖産銀行秘書課長)や成田一郎(栄夫の甥。内務官僚)など官僚、朝鮮
　　関係者がいるが、公務で書信を出したり面会したりしていたとは思われないので除
　　外してある。

わからない者は原則として除き、のべ8117名、実人数1645名を検討対象とした。このうち職業や経歴などが判明した者は、表3のようにのべ5768名、実人数602名となった。このうち日本人についての守屋の人脈をここで検討する。

分類項目		のべ人數	實人數	主要人物の姓名
日本人	朝鮮總督・政務總監（①）	225	3	水野錬太郎(政務總監 ゚面會59回 ゛書簡68通)、齋藤實(朝鮮總督 ゚面會37回 ゛書簡53通)
	生え拔き官僚(「旧來種」)（②）	529	85	渥美義胤(殖産局土地改良課屬 ゚面會40回 ゛書簡12通) ゛伊藤正□[穀に心](秘書課屬 ゚面會18回 ゛書簡21通) ゛八卷春衛(土木部土木課技手 ゛書簡28通) ゛加藤伝作(殖産局屬 ゚面會12回 ゛書簡13通)
	總督府官僚 内務省出身官僚(「新來種」)（③）	1350	68	伊藤武彦(秘書官 ゚面會18回 ゛書簡108通) ゛今野長三郎(秘書課長 ゚面會37回 ゛書簡61通) ゛佐々木忠右衛門(殖産局試補 ゚面會7回 ゛書簡83通) ゛赤池濃(警務局長 ゚面會11回 ゛書簡50通) ゛松村松盛(全北警察部長 ゛學務課長 ゚面會22回 ゛書簡39通) ゛篠原英太郎(面會36回 ゛書簡18通) ゛武井秀吉(平北道事務官 ゚面會11回 ゛書簡43通) ゛丸山鶴吉(警務局事務官 ゚面會12回 ゛書簡35通) ゛齋藤喜三郎(秘書課屬 ゚面會23回 ゛書簡24通) ゛西村保吉(殖産局長 ゚面會8回 ゛書簡36通) ゛菊山嘉男(會計課長 ゚面會23回 ゛書簡19通) ゛岡崎哲郎(平南第二部長 ゚面會19回 ゛書簡22通) ゛安武直夫(殖産局事務官 ゚面會11回 ゛書簡30通) ゛牛井清(學務局宗教課長 ゚面會14回 ゛書簡26通) ゛關水武(忠南事務官 ゚面會19回 ゛書簡18通) ゛山田一隆(警察官講習所教授 ゚面會27回 ゛書簡3通) ゛竹内健郎(警務局高等警察課事務官 ゚面會18回 ゛書簡10通) ゛柴田善三郎(學務局長 ゚面會11回 ゛書簡13通) ゛渡辺豊日子(内務局第一課長 ゚面會4回 ゛書簡19通) ゛石黒英彦(江原道事務官 ゚面會11回 ゛書簡12通) ゛岩切彦吉(土木課屬 ゚面會14回 ゛書簡9通) ゛山下謙一(全南警察部長 ゚面會8回 ゛書簡12通)
	その他の總督府官僚（④）	537	50	細川貞之丞(『朝鮮』編纂雇 ゚面會38回 ゛書簡134通) ゛三浦斧吉(内務部地方課土木課長 ゚面會12回 ゛書簡36通) ゛小田内通敏(中樞院編集課囑託 ゚面會6回 ゛書簡32通) ゛佐々木清之丞(道視學兼司法學校教諭。面會9

				回、書簡21通) ``阿部千一(秘書課事務官 ˚面會14回 `書簡9通) ``和久安行(江原平康普通學校訓導 ˚面會7回 `書簡16通) ``松井文輔(秘書課屬 ˚面會13回 `書簡9通)
	總督府官僚小計(⑤)	2641	206	
	本國內務官僚(⑥)	657	107	水野錬太郎(內務大臣 ˚面會5回 `書簡34通) ``中川陸司(內務省監察官時代の守屋の部下 ˚面會13回 `書簡21通) ``松井茂(警察講習所長。面會2回 `書簡27通) ``加賀谷朝藏(警察講習所教授。面會5回 `書簡23通) ``藤岡長和(和歌山縣知事 ˚面會1回 `書簡23通) ``二荒芳德(靜岡縣學務課長兼社寺兵事課長 ˚面會3回 `書簡17通)
	言論關係者(⑦)	206	20	宮手敬治(京城日報關係者か ˚面會46回 `書簡43通) ``石森久弥(朝鮮公論編集長、朝鮮新聞社會部長 ˚面會16回 `書簡26通) ``牧山耕藏(朝鮮新聞社社長 ``朝鮮公論社長 ``衆議院議員 ˚面會8回 `書簡14通)
	宗教關係者(⑧)	78	6	山本忠美(日本組合教會朝鮮伝道部副主任 ˚面會3回 `書簡26通) ``小峰源作(宗神組合組合長。面會21回)
	同鄕者・恩師(⑨)	724	44	萱場今朝治(古川中學校の恩師 ˚面會8回、書簡84通) ``高橋幸之進(詳細不明 ˚面會7回、書簡63通) ``秋山研亮(大東興業(株)代表。面會14回、書簡40通) ``今井彦三郎(仙台第一高等學校教諭 ˚面會23回 `書簡26通) ``大內俊亮(白石高等女學校校長 ``後に京畿道公立司法學校教諭。面會2回、書簡45通) ``吉城與四郎(大東興業(株) ˚面會38回、書簡7通)、氏家文夫(實業家。面會7回、書簡33通) ``筧彦彦(東京帝國大學法科大學教授 ``守屋の恩師 ˚面會15回 `書簡22通) ``鈴木准之助(實業家 ˚面會7回 `書簡28通) ``萱場昌(面會6回 `書簡27通) ``三原篤治(元古川中學校教諭 ˚面會2回 `書簡29通) ``高城畦造(詳細不明、22年2月に府尹に內定するも實現せず ˚面會2回 `書簡28通) ``武井友次郎(詳細不明 ˚面會9回 `書簡19通) ``菊田辰三(詳細不明 ˚面會8回 `書簡14通) ``千葉胤次(實業家) ˚面會19回 `書簡5通)
	その他(⑩)	544	29	水野万壽子(水野錬太郎夫人。面會16回 `書簡75通)
	日本人 小計(⑪＝⑤~⑩の和)	4848	417	

朝鮮人	「旧世代」エリート(⑫)	151	20	朴重陽(中樞院參議゛黃海道知事゚面會10回゛書簡46通)゛金潤晶(全羅北道參与官゚面會16回゛書簡6通)
	「新世代」エリート(⑬)	273	35	金基善(內務部第一課屬゚面會22回゛書簡18通)、閔元植(國民協會會長゚面會33回゛書簡5通)、徐奎錫(忠南新岩面長゚面會15回゛書簡14通)゛崔晩達(殖産局農務課屬゚面會2回゛書簡27通)゛朴鳳九(海州郡書記゚面會2回゛書簡21通)゛金明濬(國民協會副會長゚面會13回゛書簡7通)
	民族主義者(⑭)	31	5	
	その他・不明(⑮)	276	117	
	朝鮮人小計(⑯＝⑫+⑬+⑭+⑮)	731	177	
歐米人(⑰)		189	8	バウマン(詳細不明。面會47回゛書簡50通)゛マケー(英會話教師。面會67回゛書簡9通)
合計(＝⑪+⑯+⑰)		5768	602	

出典:守屋榮夫『日記』1919年8月13日~1924年9月12日の「面會」「發信」「來信」欄より作成(ただし1923年分の『日記』はない)゚

注1:「のべ人數」「實人數」の數字は面會および書簡のやりとりの回數の合計である゚

2:原則として守屋が面會したり書簡をやりとりしたときの職位や所屬団体を記している゚そのため時期によっては同一人物でも別の分類項目に入れられていることがある゚たとえば「主要人物の姓名」欄で゛水野錬太郎の名が「總督・政務總監」欄にも「本國內務官僚」欄にも現れているのは゛水野が總督府政務總監から內務大臣に異動したことによる゚

3:二つ以上の分類項目に同時に該当する者もあるが(例えば「總督府官僚」でありかつ「同郷者」)゛守屋がもっとも重視していたと思われる屬性のみを考慮し分類した゚したがって゛①~④゛⑥~⑩゛⑫~⑮゛⑰の各分類項目で重複してカウントされている者はいない゚

3:「主要人物の姓名」には面會および書簡のやりとりの回數の合計數が20を超える者について゛數字の大きい者から順に摘記した゚

1) 「総督府官僚」の人脈

総督府官僚について見ると、全体としてのべ人数では水野錬太郎政務総監及びその配下の内務省出身官僚が最も多い。水野政務総監との面会および書簡のやりとりの回数は、いずれも斎藤総督のほぼ1.6倍にあたる。秘書課長守屋の職務だった人事・訓示類の作成・機密費の管理[39]のいずれについても政務総監が

守屋を監督する立場におり、水野との関係こそが守屋の人脈のなかで最も太いパイプとなっていたことは間違いない[40]。さらに水野の配下にあった内務省出身官僚(表3の③)とも交流関係は深い。赤池濃(警務局長)、西村保吉(殖産局長)、柴田善三郎(学務局長)のような局長クラス、伊藤武彦(秘書官)、今野長三郎(秘書課属)、斎藤喜三郎(秘書課属)のような秘書課員、その他、松村松盛(学務課長)、丸山鶴吉(警務局事務官)、菊山嘉男(会計課長)、半井清(学務局宗教課長)ら事務官・課長クラスの若手官僚がいる。

　反面、大塚常三郎内務局長を中心とする生え抜き官僚(表3の②)－1910年代より引き続き総督府に勤務していた官僚－との交流は相対的に少ない。大塚自身とは書簡三通が交わされているだけである。大塚と守屋との間ではむしろ実務的な問題をめぐり摩擦がいくどか生じている(『日記』20・1・15、9・13、20・12・4)。

　ただし、生え抜き官僚が全体として内務省系官僚に対抗する政治勢力となっていたとは必ずしもいえない。総督官僚機構の上層部を主に占めた内務省出身者に対して、生え抜き官僚は大塚のような局長クラスから地方官署課長・技師クラスあるいはそれ以下の階層に幅広く分布しており、その少なからぬ部分は内務省系官僚の下位におかれていたからである[41]。前掲表3からは、交流があった実人数では生え抜き官僚は内務省出身官僚よりむしろ多く、かつ内務省出身官僚の場合のような特定の人物に集中した交流関係がほとんど見られなかったことが判るが、このことは、これらの生え抜き官僚に対して守

39) 松田、前掲「朝鮮総督府官僚守屋栄夫と「文化政治」118~20頁。
40) 水野錬太郎との関係は私生活にも及び、水野万寿子(水野錬太郎夫人)からの書簡も多いこと(表3の⑩)、水野が内相となって本国に帰任した1922年6月以降も、体調が優れず京城に残った夫人の世話をしたことなどにそれは現れている。
41) 李炯植、前掲『朝鮮総督府官僚の統治構想』は、1920年代初期の朝鮮支配政策が、生え抜き官僚と新来官僚の「競合、せめぎ合いの中で作られた妥協・折衷の産物」(124頁)だったとしているが、生え抜き官僚に対する過大評価の可能性が残る。

屋が上司として公務に限定された関係を結んでいたことを示すものだろう。

2) 本国内務省の官僚

　守屋の出身母体である本国内務省の官僚(表3の⑥)を検討したい。ここでも水野錬太郎が最多であり、水野が内相となって本国に戻った以降も深い関係が続いていたことがわかる。それ以外は、基本的に特定の人物に偏らず広く浅い人脈を形成していた。とはいえ、これらの人脈を守屋が軽視していたわけではなく、東京に出張した際には、内務省少壮官僚と会合をもっている(『日記』20・3・1、3・2、3・20)。守屋はじめ内務省出身の総督府高級官僚は、依然として内務省への帰属意識が強かったことを読みとれるだろう。こうした内務省とのあいだで保たれつづけていた人脈は守屋の秘書官としての職務の一つだった人事においても活かされることになる。本国からの官僚の導入は、先述の1919年8月の水野人事を頂点とし、それ以後も内務省を中心に人材が本国から移入されていたことは少なからぬ事例でうかがえる[42]。「文化政治」期初期における官僚の陣容を固める上で守屋が内務省とのパイプを生かしながら大きな役割を果たしたことが見てとれる。こうした人選の際に、守屋はかつて内務省勤務時代に自分の部下だった者を採用している場合もあり[43]、このことも総督府と内務省の人事を連動させる一つの要因として働いた。

---

42) 松田、前掲「朝鮮総督府官僚守屋栄夫と「文化政治」」119頁。

43) 武井秀吉(守屋の千葉県内務部教育課長期に同県内務部属→1920年総督府平北理事官)、菊山嘉男(守屋の千葉県内務部教育課長期に同県知事官房属→19年総督府総督官房会計課長)、斎藤喜三郎(守屋の千葉県内務部教育課長期に同県内務部属→1921年総督府総督官房秘書課属)、今野長三郎(守屋の千葉県内務部教育課長期に同県内務部属、守屋の内務省監察官時代に地方局属→1922年総督府総督官房秘書課属)など。

3) 在朝鮮日本人言論人

守屋は、朝鮮で新聞や雑誌を経営していた言論人(⑦)とも交流があった。宮手敬治(京城日報関係者か)、石森久弥(朝鮮公論編集長、後に朝鮮新聞社会部長)ら言論関係者の名は『日記』では1920年後半頃より増えてくるが、彼らとの接触の理由はさまざまである。一つには、守屋が時に新聞社の内部問題に関与したことがあげられる。1921年初め総督府御用紙たる京城日報で社長人事をめぐる内訌が起こった際に守屋は仲裁に介入した[44]。逆に、総督府に対して攻撃を行った『朝鮮新聞』の社長・牧山耕蔵に対しては、守屋が面談し圧力をかけている[45]。また、守屋が彼らを情報源として利用した場合(『日記』21・9・19、24・1・24)や守屋の管理していた総督府機密費から援助を得るべく訪れる新聞雑誌記者も多かった(『日記』20・6・28、10・25、12・19、21・3・15、22・5・26)。

4) 同郷者・恩師

最後に、「同郷者・恩師」(表3の⑨)については、高等小学校時代から大学時代の恩師にいたるまでこまめに連絡をとり、同郷者(宮城県出身者)に何かと便宜をはかってやっている。守屋の律儀な一面がうかがわれる。総督府官僚のなかにも実は同郷者が少なくなく、守屋による縁故採用もあった。

---

44) 京城日報社長・加藤房蔵が1921年初頭に辞職願を出した際、後任人事が紛糾し、結局、前読売新聞社長の秋月左都夫が次期社長となった。これについては、森山茂徳「現地新聞と総督政治−『京城日報』について−」(大江志乃夫・浅田喬二他編『岩波講座　近代日本と植民地』第7巻、岩波書店、1993年)12~13頁参照。『日記』では、21・1・25、2・1~2・10、4・8などにこの問題に関する記事がみえ、その後も21・5・26、22・8・11などで京城日報社の内情について記されている。

45) 牧山が「政務総監の悪口」を書いているとの記事は『日記』20・6・21、9・18にみえる。「牧山制御」については守屋以外に総督府警務局や他の言論人を巻き込んで行われた様子が、『日記』21・5・7、5・9、7・15~7・19、11・22~11・29などに記されている

(3) 朝鮮人との接触

ここで守屋の朝鮮・朝鮮人観を検討しておこう。一般に、第一次世界大戦後の内務官僚は、米騒動後の民本主義的思潮を正面から弾圧しようとはせず、また欧米洋行の経験をもつ比較的自由主義的で柔軟な思考様式をもつグループといわれるが、省内少壮官僚の一人だった守屋も例外ではなかったと思われる[46]。とはいえ、日本人支配者としての意識からやはり自由でなかったことは『日記』の何気ない記述からもうかがわれる。東京で朝鮮人留学生に面会した際の「在京学生中優秀のものであるが、それでも何処かに朝鮮じみた所がある」という所見(『日記』22・2・7)、あるいは、朝鮮人道知事の「判らぬ日本語」を批判しつつも自身は朝鮮語にはほとんど関心を示さない姿勢(同19・10・14)などから、いわゆる「帝国意識」を見いだすのは容易である。1919年秋、上海の大韓民国臨時政府外交次長の呂運亨が日本政府高官に面会し、記者会見でも朝鮮独立を主張して物議をかもしたいわゆる呂運亨事件においても、守屋は「彼等を大人扱にすることが已に誤り」だと見下した(『日記』19・11・24)。

しかしながら、守屋はそのような朝鮮人観をそのまま表出させていては朝鮮統治が立ちゆかぬことも自覚していた。守屋は、朝鮮人への下等視や独立運動への拒否感を基底にもちながらも、言動においてはそのような意識を露出させないという二面性を示すことになった。総督府官吏としての公的な発言では、朝鮮人差別を当然視する在朝日本人を非難した[47]。また、東上中の

---

46) こうした内務官僚の一定の進取性については、松田、前掲『日本の朝鮮植民地支配と警察』第四部第三章、参照。守屋については米騒動後、内務省監察官として事件の原因と対応策を調査し「八月騒擾ト其善後策」(1918年。荻野富士夫編『特高警察関係資料集成』第19巻、不二出版、1993年、所収)にまとめたが、そこでは米騒動に民本主義の普及を見てとり、対策として各種社会政策を実行し言論取締りを緩和せねばならぬと主張している。

47) 守屋『朝鮮の開発と精神的教化の必要』(朝鮮総督府、1924年)29、31頁。李昇

守屋を来訪した「白といふ朝鮮人からはいやといふほど独立論を聞かされたが辛抱して非難してやらなんだ」というように(『日記』19・11・4)、朝鮮独立論をあからさまに否認せずに相対する姿勢を示している。

それでは、守屋の朝鮮人関係の人脈を見てみよう。前掲表3から守屋と交渉のあった朝鮮人を析出してみると、大きく三つのグループに分類できる。

1) 「旧世代」の親日派エリート

第一は、朝鮮貴族や中枢院参議・道知事クラスの親日派の門閥・高級官僚である(表3の⑫)。彼らは、韓国「併合」前から大臣や観察使など一定の高官職についていた旧世代エリートというべき人物である(以下、「併合」の括弧を省略する)。朴重陽(黄海道知事(併合前は慶尚北道観察使))、金潤晶(全羅北道参与官(併合前は仁川府尹)、李軫鎬(全羅北道知事(併合前は平安北道観察使)。面会4回、書簡6通)など、今日「親日派」として知名度の高い人物が多い。もっとも、実際の接触の内容は会食のような儀礼的なつきあいが多い[48]。

ただし、宋秉畯(併合前は内部大臣。面会6回、書簡1通、ただしこれ以外にも頻繁に接触していたようである)はこのグループでは特異な例であり、守屋は宋を通じて朝鮮語新聞の操縦を試みたり(『日記』21・7・2)、内地の政界情報を得たりしており(『日記』24・6・26、6・30、9・8)、守屋の方でも宋による朝鮮人親日派への爵位授与の推薦や宋自身の北海道拓殖計画に便宜をはかって

燁「3・1運動期における朝鮮在住日本人社会の対応と動向」(『人文学報』第92号、2005年3月)136~137頁、も参照。

48) 朝鮮貴族や中枢院参議が催した招待会に参席したり、あるいは彼らと総督や政務総監との会食で同席したりしたという記事は、『日記』20・1・7、4・17、4・26、6・14、12・13、21・8・15、22・7・19などに見られる。こうした儀礼的な接触以外では、李夏栄(朝鮮貴族)が自分の土地問題で守屋に相談している例が見られる程度である(『日記』22・9・11、9・13)。

やっている(『日記』22・4・13、24・1・29、1・30)。

2)「新世代」の親日派エリート

　第二のグループは、韓国併合後に郡守・郡書記などの地位を得て台頭してきた「新世代」の親日派朝鮮人であり、第一のグループに比べるとより下位の実務官僚に属する(表3の⑬)[49]。このグループは、朝鮮貴族などよりも頻繁に守屋と接触し、その活動も朝鮮人一般の懐柔や世論誘導など統治に直接関わるものが多い。その代表格で守屋との面会回数ももっとも多いのは、閔元植(1911年以来京畿道各郡の郡守を歴任し、20年に国民協会を結成、帝国議会への請願を中心とする運動を展開した親日派)である[50]。

　守屋が初めて閔元植と会ったのは、1919年12月、出張中の東京でのことだった。「曰はく参政権を十年後に与ふる公約を為すこと、曰はく普通教育の普及、曰はく小作人の保護政策、曰はく天道教の公認等」などの主張に「面白い所がある様に感じた」(『日記』19・12・5)。そして、翌年1月に結成された国民協会と守屋は以下のような点で相互依存の関係をつくっていった。

　　第一は、資金援助を度々行った(『日記』20・6・4、6・23、10・4、10・5、21・1・11)。第二に、守屋にとって閔との接触は、他の朝鮮人との交流範囲を拡大する一つの契機となった。1920年初めの『日記』(20・1・14)によれば、閔元植や高羲駿(当時は朝鮮「自治」論者とみられていたが後に国民協会に合流する)らに守屋が働きかけて「懇親会」を開催している(『日記』20・1・19)。閔以外にも国民協会関係者との接触は多く、守屋の朝鮮人人脈の中心の一つとなっている。金明濬(国民協会副

49) 「併合」以降に総督府官僚となり1920年代以降高級官僚として台頭してくる叩き上げの朝鮮人官僚については、本書所収の松田「朝鮮における植民地官僚－研究の現状と課題－」第2章第二節を参照せよ。

50) 閔と国民協会については、松田「植民地期朝鮮における参政権要求運動団体「国民協会」について」(浅野豊美・松田共編著『植民地帝国日本の法的構造』信山社、2004年)参照。

会長)、李東雨(同会総務。面会5回、書簡4通)、李勲永(同会会員、郡守。面会2回、書簡7通)、厳峻源(閔の義父。面会3回、書簡2通)などである。

第三に、人事の実権をもつ守屋は国民協会員から郡守を選任してもいる。1920年の間島出兵以降、鴨緑江対岸に根拠地を移動した朝鮮人抗日勢力による越境侵攻や国境地域の地方官殺害に総督府は悩まされていたが、この対策の一つとして、守屋は国境接壌地域の郡守を国民協会員から補充した。

なお、1921年2月閔元植は暗殺され国民協会は資金不足と内部分裂、活動の停滞に直面した。しかし、その後も、守屋は残留幹部に運動方針を指示したり(『日記』21・3・14)、閔の借財の処理に助力したりしている(同21・6・17、7・14、8・8、10・20)。

このように新世代の「親日派」朝鮮人エリートは、親日的主張に基づく宣伝をしたり民心についての情報を守屋にもたらす一方で、守屋からは補助金や官職を得たりした。守屋の朝鮮人人脈のなかで、いわゆる「バーゲニング」[51]の関係がもっとも明瞭なグループを形づくっていたといえる。

小 結

朝鮮時代の守屋の日本人人脈は、水野錬太郎政務総監をはじめとする内務省出身総督府官僚を中心に形成され、それ以外にも総督府生え抜き官僚・本国内務官僚・言論人・同郷者などのなかにもネットワークが張り巡らされており、それらは時に相互に重なり合った。

他方、守屋は、朝鮮人のなかにも相当な人脈をつくっていた。朝鮮人への下等視や独立運動への拒否感を基底にもちながらも、言動においてそのような意識を露出させないという二面的な姿勢をとった守屋は、韓国併合以前から親日派として高官職にあった門閥出身の高級官僚、併合後に台頭した「新

---

51) 「バーゲニング」の概念については、金東明『支配人 抵抗、益軒壱 協力－植民地朝鮮拭辞税 日本帝国主義人 朝鮮人税 政治活動』(景仁文化社、2006年)。

世代」の親日派朝鮮人などと交流をもった。特に後者の場合、国民協会関係者のように、双方が互いに利用価値を見いだし頻繁に接触した。なお、民族運動関係者は右派民族主義系統の人士と若干の接触が確認されるにとどまった[52]。

　朝鮮時代の守屋の活動は、3・1運動後の総督府官僚の中心勢力となった水野錬太郎系の内務省出身官僚が日本人と朝鮮人それぞれに広げた人脈などを如実に示してくれている(図1、参照)。

図 1920年代初期の朝鮮総督府の権力構造（概念図）

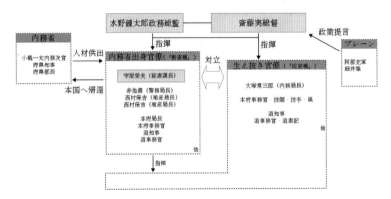

52) 朝鮮時代の『日記』を通じて確認しえたのは、張徳秀、金性洙、呂運弘(呂運亨の弟)など少数である。

「토론문」

김영미(강원대학교)

발표자는 연구 저서 『戰前期の在日朝鮮人と參政權』(明石書店, 1995), 『日本の朝鮮植民地支配と警察 : 一九○五〜一九四五年』(校倉書房, 2009), 『東亞聯盟運動と朝鮮·朝鮮人 : 日中戰爭期における植民地帝國日本の斷面』(有志舍, 2015)을 비롯해, 『韓國「倂合」期警察資料 : 松井茂博士記念文庫旧藏』第1卷~第8卷(ゆまに書房, 2005)의 監修·解說 뿐만 아니라 한국에서는 「일본 육군의 중국대륙침략정책과 조선(1910~1915)」(『한국근대사회와 문화 2, 1910년대 식민통치정책과 한국사회의 변화』, 서울대학교 출판부, 2005), 「한국주차군 참모장 오타니 기쿠조와 한국 : 오타니 관계 자료를 중심으로」(『일기를 통해 본 전통과 근대, 식민지와 국가』, 소명출판, 2013) 등과 같은 다수의 논문을 통해, 한국과 일본에서 정열적으로 연구 성과를 구축하고 있다. 본 논문은 이러한 성과의 연장선에 있는 것이자 그를 반영한 것으로 위치 지을 수 있다.

본 논문은 日本 所在의 近代朝鮮史 關係史料 혹은 日本近代史 전반에 걸친 史料의 현황과 그 특색에 대해 個人記錄 收集·保存의 歷史라는 측면에서 살펴보고 있다. 여기서는 일제시기 한국통치에 관계했던 정책담당자들의 私文書·伝記·人名錄 등을 대상으로 하고 있으며 이러한 개인기록이 어떤 역사를 걸쳐 收集·保存되고 있는가에 대해서 戰前와 戰後 그리고 근래에 이르기까지의 현황을 개괄하였다. 여기에서는 일본의 공공기관에서 소장하고 있는 자료뿐만 아니라 조선총독부 관료연구에서 독보적인 영역을 구축하고 있는 발표자의 직접적인 조사에 의해 정리된 자료의 설명도 포함되어 있는데, 일목요연하게 정리된 표를 통해 쉽게 이해할 수 있다. 한편 이러한 개인기록을 활용한 사례연구로 본고에서는 3·1운동 후 朝鮮總督府 秘書課長로 부임한 守屋榮夫의 일기에 주목하고, 소위 水野鍊太郎 政務總監 계열의 內務省 出身 官僚인 守屋가 넓힌 日本人과 朝鮮人 각각의 인맥에 대해 분석하고자 했다.

본 논문이 다루고 있는 내용은 식민지기를 대상으로 하고 있는 한일 양국의 연구자에게 매우 유익한 정보를 제공하고 있다. 특히 후학의 입장에서 총독부 관료의 개인자료가 어떤 경위에서 만들어졌는지, 현재 어디에 소장되어 있고 또 이를 어떻게 이용할 수 있는지 등 여러 가지 시사점을 제시하고 있다. 이러한 짧은 이해를 바탕으로 토론자가 가진 단편적이고 지엽적인 수준의 몇 가지 의문에 대해 발표자의 견해를 듣는 것으로 토론을 대신하고자 한다.

첫째, 발표자가 서론에서 언급하고 있듯이 일본의 私文書를 중심으로 한 자료의 殘存 상황이 가지는 문제점에 公文書에 대한 정리·공개가 늦어지고 있다는 것을 지적하고 있다. 公文書이 갖는 성격상 이것의 공개에는 국가의 입장이 강하게 개입되어 있다고 생각한다. 그렇다면 公文書 공개와 정리에 관련해 일본 연구자(혹은 시민단체)에서 그것을 도모하는 조직적인 움직임이 구성되어 있는지, 있다면 어떻게 전개되고 있는지 그 동향에 대해서 알고 싶다.

둘째, 본고에서 개인기록을 활용한 사례연구로 守屋榮夫의 일기에 주목했는데, 이미 다른 논고를 통해 守屋의 조선 赴任時代의 활동 전모를 규명한 것에 이어(「朝鮮總督府官僚守屋榮夫と「文化政治」－守屋日記を中心に」, 松田·やまだあつし共編著, 『日本の朝鮮·台灣支配と植民地官僚』, 思文閣出版, 2009), 여기서는 守屋의 인맥을 解明하는 것에 주안점을 두고 있다. 이를 위해 총독부 내 관료, 일본 본국의 내무성 관료, 재조선일본인, 同鄕者·恩師 그리고 조선인으로 구분하여 살펴보고 있는데 水野

錬太郎 政務總監의 두터운 신임을 배경으로 한 守屋의 인맥구조의 큰 틀을 엿볼 수 있었다. 이러한 점은 1920년대 식민지 지배정책을 검토하는데 있어 당시 總督府를 형성하고 있었던 인적구조를 이해하는 것이 하나의 실마리가 된다는 점을 시사하고 있다. 그러나 한편으로는 관료 개개인과 그들의 인간관계를 통해 어느 정도까지 의도했던 역사적 고찰이 가능할까에 대해서는 다소 의문을 품지 않을 수 없다. 가령 조선총독부 안에서도 서로 다른 배경과 이해관계를 가진 관료 집단들이 존재하고 있었지만 그러한 관료 간의 파벌이나 알력관계가 눈에 띄지 않는(혹은 없었던) 守屋의 인맥에 관해서 본고가 처음 지향했던 목적과는 달리 1차원적인 분석에 머물러 있는 것이 아닌가라는 인상을 받았다.

셋째, 水野錬太郎 政務總監의 두터운 신임을 배경으로 조선에 부임하게 되었다는 점 이외에 守屋가 가진 관료로서의 특별함이 있는지 궁금하다. 일례로 조선인을 下等視하거나 조선의 독립운동에 대해 거부감을 기저에 두면서도 겉으로는 그러한 의식을 표출시키지 않는 二面的인 자세를 취한 측면에서, 이것이 조선인과의 인맥관계에서 守屋에게만 볼 수 있는 것인지 의문이 든다. 한편 守屋는 한국 병탄 전부터 親日派로서 관료직에 있었던 門閥 出身의 高級 官僚, 병탄 후에 대두한 「新世代」의 親日派 朝鮮人 등과 교류를 가졌는데, 이러한 점 역시 守屋만의 독보적인 인맥 관리 차원에서 이해할 수 있는지 궁금하다. 이러한 점들은 守屋와 비슷한 위치에 놓은 다른 관료와의 비교·분석을 통해 좀 더 명확하게 이해할 수 있지 않을까 생각한다. 앞서 열거한 발표자의 다대한 연구를 통해 이러한 측면이 충분히 고려되었을 리라 생각하는데 아마 본고의 지면 관계상 생략된 설명이 있는 듯하다. 이에 대한 부연 설명을 부탁드린다.

넷째, 역사 연구자라면 모두가 품고 있는 고민일 것 같은데 私的 자료를 이용하는데 있어서의 한계와 그에 대한 자료 비판을 어떻게 접근해야 하는지에 대한 발표자의 견해를 듣고 싶다.

대한민국임시정부의 『韓日關係史料集』 편찬과 그 내용

한상도(건국대)

1. 머리말

제1차 세계대전 종전 직후 열린 파리강화회의에서 국제연맹을 결성키로 했다는 소식이 전해지자, 대한민국임시정부에서는 이를 한민족 독립의 당위성을 제시하고 알릴 기회로 활용할 계획을 세우고, 이를 위한 자료집의 편찬을 기획하였는데, 『한일관계사료집』[1])이 그 결실이었다.

4부 739쪽으로 구성된 이 책은 임시정부가 편찬한 최초의 사료집이자 역사서였다. 이 책은 일제의 침략과 무단통치 실상을 국제사회에 알리고, 한국이 일제의 식민지가 될 수 없다는 역사적 논리와 증거를 제시하는 데 목적이 있었다.

그리하여 객관적인 자료를 제시함으로써 한민족이 당하는 고통의 실상을 제대로 알리는 데 목표를 두었다. 일제 침략의 부당성과 한국 독립

---

1) 이 글에서는 대한민국임시정부자료집 편찬위원회, 『대한민국임시정부자료집』 7, 한일관계자료집, 국사편찬위원회, 2005을 저본으로 이용하였다. 이하 『임정자료집』으로 줄여 부른다.

의 당위성을 논리적으로 설명하는 행위는 그 자체로 항일투쟁의 한 방편이었다.

오늘 발표에서는 『한일관계사료집』의 편찬 과정과 내용 등을 통해, 수립 직후 대한민국임시정부의 일본에 대한 인식의 일단을 살펴보고자 한다.

2. 『韓日關係史料集』의 편찬

1) 편찬 배경과 동기

1919년 4월 제1차 세계대전 종전 후 새로운 국제질서 구축을 논의하기 위한 목적으로 프랑스 파리에서 '강화회의'가 열리게 되었다. 이에 상해의 新韓靑年黨에서는 金奎植 등을 파견하여 한국의 독립 문제를 회의 주제에 포함시키려 노력하였다.

그러다가 파리 강화회의에서 국제연맹 결성을 의결하자, 임시정부에서는 국제사회에 한국 독립의 역사적 당위성을 알릴 자료로써 『한일관계사료집』 편찬에 착수하였다. 급하게 임시사료편찬회를 조직하여, 5개월만인 1919년 9월에 국제연맹 제출 자료로 이 책을 발간하기에 이르렀던 것이다.

4권으로 구성되었고, 서명은 약칭으로 '史料集'으로 불렸지만, 목차 앞에 있는 정식명칭은 '國際聯盟提出朝日關係史料集'이었다. 제1권의 표제는 『韓日關係史』이고, 『獨立新聞』 1919년 9월 29일자에서는 '韓日關係史料集'이라는 이름으로 발간 사실을 소개하였다. 이에 근거하여 그동안 학계에서는 '韓日關係史料集'이라는 명칭을 널리 사용해 왔는데,

이는 임시정부의 편찬 의도를 가장 선명하게 드러낸 것이기도 하였다.[2]

1919년 5월에 열린 제4회 대한민국임시의정원(이하 임시의정원) 회의에서 국무원 위원 趙琬九가 3·1운동 이후 전개된 역사를 편찬하겠다고 밝혔다. 3·1운동으로 표출된 한국 민족의 독립의지를 국제사회에 널리 알리려는 의도였다.

이어서 1919년 7월 8일 제5회 임시의정원 회의에서 내무총장 安昌浩는 자료 조사를 위한 대표 파견과 편찬작업의 진행, 그리고 국제연맹에 제출할 필요성 등을 역설하였다. 또 안창호는 「임시정부 진행방침」의 하나로 "自來로 韓日의 관계를 국무원에서 조사 편찬 중"이라고 밝혔는데, 이는 임시정부가 국제연맹에 제출할 목적으로 이미 '한일관계사' 편찬을 진행 중이었음을 말해준다. 이어서 7월 11일 회의에서는 특별위원 金秉祚·吳義善·崔昌植·鄭仁果·李春塾 등 5인을 선출하고 '國際聯盟會提出案件作成特別委員會'를 구성하였다.

수립 직후 임정이 『한일관계사료집』의 편찬 사업을 추진하게 된 이유와 관련하여, 임시사료편찬회 주임으로 편찬 업무를 주관했던 李光洙는 사료집의 '서언'에서 "종래의 한국에 관한 보도는 전적으로 일본인 측으로부터 나왔으니, *Annual Reports on Reforms and Progress in CHOSEN*(『조선의 개혁추이에 관한 연례 보고서』)을 중심으로 한 일본인의 과장된 선전"이라고 밝혔다.

3·1운동을 계기로 세계인의 주목을 받게 된 일제의 한국 식민통치와 한민족의 독립운동을 일본인들이 오도하고 있기에, 이를 바로잡기 위해 세계인에게 직접 호소하려는 목적이었다. 이광수가 지목한 *Annual Reports on Reforms and Progress in CHOSEN*[3]은 일제가 강제병합 이후 한국 침략과

---

2) 이 글의 작성에는 박걸순, 「大韓民國臨時政府의 역사서 편찬」, 『대한민국임시정부 수립80주년 기념논문집』 하, 1999이 크게 참조되었다. 참고한 내용을 일일이 각주로 처리하지 못했음을 양해 바란다.

지배를 '개혁과 진보'로 미화시켜, 이를 외국에 선전하기 위해 영문으로 작성, 배포한 것이었다.

내용은 1907년부터 1910년 사이 韓國統監府에서 발행한 『韓國施政年報』와 『統計年報』, 1910년부터 1922년에 이르기까지 朝鮮總督府에서 발행한 『朝鮮總督府施政年報』 및 『統計年報』 내용 중에서 발췌 영역한 것이다. 1922년까지 발간된 것으로 파악되는 데, 일제는 영국 일간지에 광고로 게재하는 등, '韓國統治美化論'의 전파 선전에 이를 적극 활용하였다.

여기에서 1917~18년간 한국 식민통치 상황을 자평한 *Annual Reports on Reforms and Progress in CHOSEN(KOREA)*의 'INTRODUCTION' 부분의 내용을 살펴보기로 하겠다.

> 러시아 혁명의 발발과 미합중국의 전쟁 가담으로 인하여 유럽 전쟁은 그 범위가 더욱 확대되었을 뿐만 아니라 전 세계 경제에 지대한 영향을 미쳤다. 조선에서는 전쟁이 몇몇 부문에서 재앙과도 같은 결과를 초래하였지만, 다행이 일반적으로 그 여파는 다소 나은 방향으로 나아갔다. 또한 7년간의 새 정권 치하, 정부 조직은 안정되었으며, 모든 공식적 행사가 상당한 성공과 함께 이름을 떨치고 있다.
>
> 이 기간 동안 무역과 산업 또한 주로 세계대전으로 인한 식민지 본국의 드문 번영에 자극 받아 현저한 진보를 이루어 냈다. 농민층의 경제생활 또한 크게 향상되어 마치 현대사에서 처음으로 전체 반도가 번영의 여명을 통해 축복받고, 과거 백년 동안 국민들이 복종해야 했던 이루 말할 수 없는 빈곤과 불황에서 회복한 것으로 보인다. …
>
> 교육정책은 근본적으로 일본의 국가 정책에 준거하였다. 그러나 일본인과 조선인들 사이의 습관 차이와 문명화 정도의 차이를 고려하였

---

3) 한국통감부 시기의 명칭은 *Annual Reports on Reforms and Progress in KOREA*이었고, 조선총독부 시기의 명칭은 *Annual Reports on Reforms and Progress in CHOSEN (KOREA)*이었다.

다. 궁극적으로 이는 이 둘의 융합을 통하여 대제국을 실현함에 있다. 이를 고려하여, 교육 시스템을 시행하기 위한 필수기관의 계획과 설비는 매년 계속되었다. 학교 통합 또한 성공적으로 실현되어 산업·교육뿐만 아니라 초등교육은 현지인들에게 좋은 평가를 받고 있으며, 소도시와 농촌에 있어서 문명표준을 촉진시키는 것을 지원하고 있다.

검토 연도 중 '面 시스템'의 채택은 합병 후 지방행정사에 있어서 획기적인 사건이라 할 수 있다. '면 시스템'은 공무에 있어서 조직화와 절차 통합을 불러오는 데 지대한 가치를 가지고 있다. 다른 주목할 만한 경향은 산업 발달과 농업 번영으로 인하여 삶의 질이 매우 높아졌다는 것이다.

통신서비스와 교통시설은 상업과 산업 발달에 필수적이므로 지속적인 여분의 노력이 통신·교통개선과 확장을 위하여 행해졌다. 검토연도 동안 조선에서의 최근 보다 큰 경제활동 때문에 국유철도의 관리가 남만주철도회사에 맡겨짐으로서, 조선과 만주 사이의 교통 통합의 첫 발걸음을 내밀었다. 국유 도로의 건설과 개발에 관해서는 그 해 첫 번째 계획이 완성되었으며 두 번째 계획 시행이 즉시 시작되었다. 주요 항구의 개선에 있어서도 상당한 진척이 있어 이후 약간의 작업만 남겨두었다.

반도의 성장은 대부분이 산업 발달에 의존하고 있으므로, 정부는 지속적인 산업 장려의 필요성을 고려를 멈추지 않았다. 또한 검토 연도와 1910년도의 주요 상품 수익 비교에서 확인할 수 있는 엄청난 결과물에 대한 공로를 의심의 여지없이 인정받아야 한다. …

조선의 현 상황이 세계적인 진보의 흐름과 같은 수준이라고 할 수는 없다. 그러나 과거의 행정실책으로 인한 많은 악습이 없어졌다는 것과, 모든 정부 기능에 있어서 지속적인 개선이 이루어지고 있다는 것은 용기를 북돋는 결과이다. 비록 느리지만 신문명의 여명이 의심의 여지없이 조선의 대지를 밝히고 있다.[4]

---

4) INTRODUCTION, *ANNUAL REPORT ON REFORMS AND PROGRESS IN CHOSEN (KOREA)* (『조선의 개혁추이에 관한 연례 보고서』)(1917~18), COMPLIED BY GOVERNMENT-GENERAL OF CHOSEN(조선총독부 편찬), KEIJO(SEOUL), JULY, 1920. 7.

일제의 통치가 한국을 근대화·문명화시켰다는 논리는 "조선총독부의 설립 이래로 견고한 행정기반이 자리 잡았다는 것은 본국과 세계에서 익히 알려진 바이다. 거의 모든 방면, 특히 산업과 경제수준이 눈에 띄게 향상되어 국민들의 일반적 교양과 복지 수준이 확연히 진보하였"으며, 총독부는 조선의 문화를 돌보며, 조선인들의 자원을 개발하고, 일본인과 조선인들 사이의 화해를 도모하여 극동과 세계평화에 공헌함으로써 병합의 원대한 목적을 위해 진중히 노력하고 있다"[5]는 이어진 호수의 '서문(PREFACE)'에서도 확인된다.

이처럼 일제가 악의적으로 조작한 영문판 선전물을 배포하여, 일제의 침략과 잔학상, 한민족의 독립운동이 은폐·날조되는 현실에 대응하는 한편, 국제연맹에 한국의 실상을 제대로 알리는 데 목적을 두고, 『한일관계 사료집』의 편찬에 착수하였던 것이다.

2) 편찬 과정

대한민국임시정부에서는 『한일관계사료집』의 편찬을 위해 임시사료 편찬회를 설치하였다. 임시사료편찬회의 편제와 참여인물을 살펴보면, 총재: 安昌浩, 주임: 李光洙, 간사: 金弘敍, 위원: 金秉祚·李元益·張鵬·金翰·金科奉·朴賢煥·金興濟·李泳根, 조역: 金明濟·金錫璜·金成奉·權址龍·柳榮國·朴錫弘·朴舜欽·朴炎玉·朴址朋·禹昇圭·申均敞·車均賢·車貞信·鄭明翼·李起榮·李康夏·姜賢錫·金恒信·鄭惠善·趙淑景·李메리·李奉順 등이었다.

참여 인원이 33명에 이르는데, 수립 직후 임정의 상황을 감안하면, 결

---

5) *Annual Reports on Reforms and Progress in CHOSEN*(『조선의 개혁추이에 관한 연례 보고서』) (1918~1921), COMPLIED BY GOVERNMENT-GENERAL OF CHOSEN (조선총독부 편찬), KEIJO(京城), December, 1921.

코 적은 규모하고 할 수 없었다. 또한 이는 한일관계사료집 편찬·간행에 대한 임정의 관심과 열의를 뒷받침한다. 이광수가 쓴 '서언'에 따르면, 國際聯盟會提出案件作成特別委員會 특별위원 5인 가운데 한 사람인 金秉祚·金枓奉·李元益 등이 핵심 역할을 한 것으로 여겨진다.

1919년 7월 초순부터 임시사료편찬회의 활동이 시작되었다. 자료 수집을 위해 국내에 인원을 파견하였으나 한 명도 돌아오지 못하였고, 東京에 거주하는 한인에게 참고도서 목록과 대금을 보내 자료 수집을 부탁하였으나, 일제에 압수당하고 말았다.

시일의 급박성, 자료 확보의 곤란, 전문인력의 부족 등을 무릅쓰고 한 달여 만인 8월 하순에 이르러 편찬을 위한 정리 작업을 마치고, 시간 부족 등으로 인해 활판 인쇄를 하지 못하고 필경작업으로 등사에 착수하였다.[6] 10여 명이 참가하여 100여 질을 등사하고 편찬을 마친 때가 9월 23일이었다. 한 달이 조금 더 걸린 셈이다. 시작부터 84일 만에 발간을 마친 셈이다.[7] 임시사료편찬회는 『한일관계사료집』 완성과 함께 해산되었다.

그리고 책의 이름을 『史料集』 또는 『한일관계사료집』이라 부른 것은 체재나 서술내용, 시간적 부담 등에서 한계를 느꼈기 때문이었다. 이와 함께 내용의 객관성과 실증성을 부각시켜 호소력을 높이려 한 데 있었던 것 같다. 사실만을 채록한 것이라고 강조하면서 애써 근거를 명시하려

---

6) 당시 상황을 독립신문은 "임의 月餘를 두고 諸氏의 苦心編纂한 史料는 近日에 거진 完了되야 時間의 問題로 活版印刷에 附치 못하고 十數筆家 諸氏를 聘하야 複寫를 行하는데 略今月末에 終結云"(「史料編纂의 複寫」, 『獨立新聞』 1919년 8월 21일)이라 보도하였다.

7) 편찬 경과에 대해 독립신문은 "安昌浩氏를 總裁로 하고 李光洙氏를 主任으로 한 臨時史料編纂會는 八名의 委員 二十三名의 助役의 連日 活動으로 本年 七月 二日에 始하여 九月 二十三日에 韓日關係史料集의 編纂及 印刷를 終了하다. 該 史料集은 國際聯盟의 提出할 案件에 對한 參考의 目的으로 編纂됨인데, 此를 四册에 分하여 合一百帙을 完成하다"(「史料編纂 終了」, 『獨立新聞』 1919년 9월 29일)라고 보도하였다.

한 점, 제1부의 부록으로 '丙子修好條約'에서부터 '合併勒約'에 이르기까지 17개 조약의 원문을 게재한 점, 제4부에서 '日本留學生宣言書' 이하 '露領韓僑老人同盟團致日本政府書' 등 17개 독립운동관련 자료를 실은 사실 등이 그러한 정황을 뒷받침한다. 서술 과정에서 일제가 공포한 각종 법률의 원문을 그대로 실은 사실도 이를 확인해 준다.

또 책 이름이 『한일관계사료집』이라고 해서, 자료를 편집한 정도로 평가해서는 아니 될 것이다. 삼국 초기 이래의 한일관계사를 역사적으로 검토하고, 일제 침략과 강점에 이르는 전 과정과 식민지 지배의 잔학상을 실증적으로 서술하였으며, 또 일제 침략과 지배의 부당성을 논리적으로 접근하고, 한민족의 독립운동을 구체적으로 서술한 점 등으로 미루어 보면, 사료집이라기보다 '한민족의 항일 독립운동사'라고 평가할 만하다.

3. 『한일관계사료집』의 체재와 내용

이 책은 4부로 구성되었는데, 제1부는 고대로부터 1876년 병자수호조약에 이르는 한일관계사를, 제2부는 병자수호조약 이후 1910년 경술국치까지의 한·일 관계를, 제3부는 경술국치 이후 3·1운동 직전인 1919년 2월까지 일제의 식민지 지배정책을, 제4부는 3·1운동의 정황을 다루었다.

4부로 구성된 『한일관계사료집』 가운데에서 편찬자들이 각별한 관심을 기울였고 세계인들이 주목하여 주기를 바랐던 부분은 제3부였는데, 이는 사료집 발간을 통해 일제의 침략과 지배의 잔학상을 폭로하려는 의도였음을 알려준다. 또 편찬자들은 서술 내용이 모두 진실에 입각한 것임을 강조함으로써, 선전활동의 난관을 극복하고자 하였다.[8]

1) 제1부의 체재와 내용

제1부는 삼국 초(B.C 50년, 신라 시조 8년)부터 합병 후까지의 한일관계사를 시대 순서로 정리하였다. 삼국시대 이래 경술국치에 이르기까지 일본의 한국 침략 과정을 개괄하였는데, 한일관계사를 '일본의 한국 침략사' 관점에서 서술함으로써 일본의 침략성을 부각시키고자 하였다.

특히 선진문화를 전파해 준 은혜를 배신한 일본의 부도덕성을 강조하고, 우리 전통문화의 비교우위를 천명하였다.

> 紀元二六〇四, 百濟古爾王三八, 日本應神二, 晋武帝太始七, 西二七三
> 辛卯에 日本에서 荒田別使를 命하야 百濟의 有識한 者를 搜聘하거늘 國王이 宗族孫辰孫王을 擇遣하얏더니 應神이 喜하야 王子의 師를 삼는지라 이에 書籍을 始傳함에 儒風과 文敎가 興하더라(『日本書紀』)9)
>
> ----------
>
> 紀元二六一六, 百濟古爾王五〇, 日本應神一四, 晋太康四, 西二八三
> 癸卯에 百濟에서 縫衣하는 女子를 日本에 送하니 日本의 服色이 此에서 始하더라(東史年表)10)
>
> 紀元二六一七, 百濟古爾王五一, 日本應神一五, 晋太康五, 西二八四
> 甲辰 秋八月에 百濟王이 阿直妓者를 遣하야 易經·孝經·論語·山海經을 日本에 送할새 阿直妓가 經典을 能通함으로 王子 菟道雅郎이

---

8) "吾等은 人力이나 財力으로 日本에 對抗하리 만한 宣傳을 하기 不能하다. 오직 吾等은 上帝의 前에 眞이라 할 것만을 採錄하여 眞으로써 世界에 訴하노라. 만일 吾等의 記述에 一의 虛僞가 有하다 하면 吾等은 其不明의 過失을 羞恥하여 此를 指摘한 者의 前에 謝禮하기를 不惜하노라."(『한일관계사료집』, 2쪽).
9) 『임정자료집』, 6쪽.
10) 『임정자료집』, 6쪽.

師하야 經典을 始學하더니 應神이 曰 汝國에 勝汝한 博士가 有하냐 하거늘 對曰 王仁이 有하다 함애 於是에 上毛野君祖荒田別巫別을 遣하야 王仁을 徵하거늘 王仁이 論語와 千字文을 持到하얏더니 菟道雅郞이 諸典籍을 王仁에게 習하야 通曉하고 難波王子도 坕 然함에 儒敎와 沃文이 日本에 始行하더라(『日本書記』「和漢三才圖會」)[11]

紀元二八八五, 百濟聖王三〇, 日本欽明一三, 梁承聖元, 西五五二 壬申 冬十月에 百濟에서 金銅釋迦像彌勒石佛과 幡蓋經論을 送하니 日本의 道場佛院이 始러라(『日本書紀』,『宋史』)

是歲에 百濟에서 五經博士·醫博士·曆博士를 日本에 送하더라(「和漢三才圖會)[12]

紀元二九二一, 百濟威德王三五, 日本崇峻元, 陳禎明二, 西五八八 戊申 百濟에서 寺工太良末·太文·賈古子 三人과 畵工 白如를 日本에 送하더니 百濟의 僧 等을 請하야 受戒의 法을 問하니 是가 日本僧의 始이더라.[13]

西曆一千八百八十三年 英國海軍記錄에 云ㅎ엿스되 高麗의 戰船은 鐵板으로써 船을 包ㅎㅇ기 龜甲과 如ㅎㅇ야 日本의 木造兵船을 破ㅎ엿스니 世界에 最古鐵甲船은 實로 朝鮮人이 創造ㅎㅇ엿다 ㅎㄴ라[14]

고종 즉위 이후 일제침략에 대한 기술은 구체적이고 상세하였다. 특히 제4장의 '甲申革命黨의 亂'에서는 '갑신혁명당의 亂'부터 '합병 후의 사정 일반'에 이르기까지 47개 항의 소제목으로 나누어 일제의 침략과 한민족의 국권수호운동을 기술하였다. 제5장은 부록 성격으로, 일제의 침략 과정을 보여주는 '修好條規' '合倂勒約' 등의 조약 원문을 수록하였다.

----

11) 『임정자료집』, 6쪽.
12) 『임정자료집』, 10쪽.
13) 『임정자료집』, 10쪽.
14) 『임정자료집』, 19쪽.

2) 제2부의 체재와 내용

제2부는 우리나라가 일본에 병합되거나 지배받을 수 없는 역사적 당위성을 규명하는 데 초점이 맞춰졌다. 1장부터 5장까지는 양국 병합의 불가론을 설명하였고, 6장과 7장에서는 일제의 탄압을 서술하였다.

1장 [民族及國民性의 差異]은 언더우드(Horace Grant Underwood, 1859. 7. 19~1916. 10. 12)와 존스(Johnes) 박사의 말을 인용하여, 한국과 일본은 민족이 다르고, 국민성이 다르다는 사실을 강조하였다.

> "(한·중·일) 세 민족을 살펴본다면 … 현저한 차이점을 확인할 수 있다. … 조선인들은 중국인처럼 냉정하지 않으며 일본인처럼 변덕스럽지 않다. 종종 변화에 대한 꺾을 수 없는 완고함과 같은 보수성을 제외한다면, 조선인들에게는 침착하게 장단점을 가려 정말 유익한 것이라면 이전의 신념과 관습을 너무 급격히 폐기처분하지 않으면서 변화를 수용하고 새로운 것을 받아들일 의지가 있다. 그들은 미신에 노예와 같이 종속되어 있지 않으며 구 종교에 헌신적이지 않고 아마 중국인만큼 과거의 전통에 독실하지 않으며 일본인처럼 모방적이고 야심이 넘치지도 않는다."
>
> ["Considering, then, these three peoples … we find marked differences. … They (the Korean people) are not as phlegmatic as the Chinese nor as valatile as the Japanese. Without the stolid conservatism often amounting to impregnable obstinacy to fickleness, of the other, calmly weighing pros and cons, they are willing to accept change if it is really good and receive what is new without too rashly discarding long-established beliefs and customs. They are not as slavishly bound by superstition, not as devoted to their old religions, not as faithful, perhaps, to the traditions of the past, as the Chinese, nor so imitative and ambitious as the Japanese"/ Horace Grant Underwood, The Call of Korea]

"기질적 측면에서 조선인들은 천성적으로 친절한 민족이다. 조선인
들은 자신들에게 존경과 신뢰를 표하는 사람들에게는 환대의 화신이
된다. 조선인들은 지적인 성향을 가지고 있으며 그들의 국가적 이상은
학자이다. 중국인들의 기질은 상업적이기 때문에 상인의 나라라 할 수
있으며 일본인들의 기질은 군사적이라 군인의 나라라 할 수 있는 반면
조선인들은 학자적 기질을 가지고 있어 학자의 나라라고 할 수 있다."

["In character the Koreans are naturally friendly. To those who inspire the
m with respect and confidence they are the soul of general hospitality. The Kor
eans are intellectually inclined, the national ideal is the scholar. Whereas in Chi
na the cast of mind is commercial, giving us a nation of merchants, and
in Japan it is military, giving us a nation of warriors, in Korea it is
literary, giving us a nation of scholars."/ [Dr. Johnes]]

2장 [韓族의 日本族에 對한 輕蔑]은 '왜놈'이란 말의 뜻이 서양의 사
악·교활·유해·야만·건방의 개념과 같다고 하고, '금수'와 같던 일본족에
게 우리가 문화를 전파하여 주었으며, 우리가 漢族과 경쟁을 벌이고 있
을 때 일본족은 '海島 中 一蠻族'에 지나지 않았음을 상기시키며, 우리민
족이 그들을 경멸하는 이유를 설명하였다. 또한 한민족이 일본족에 비해
문화 흡수·소화력과 창조력의 우월성을 설명하였다.

3장[韓族의 日本族에 對한 怨恨]은 신라 남해 차차웅때부터 '왜구'라
는 명칭으로 시작된 일본의 한국 침략사를 서술하였다.

紀元二七二六, 新羅奈勿王三八, 日本仁德八一, 東晋孝武一八, 西
三九三
癸巳 夏五月에 倭人이 新羅 金城을 來圍하야 五日을 不解하거늘
將士ㅣ 다 出戰키를 請한대 王이 가로대 이제 賊이 舟를 棄하고 深入
하야 死地에 在하니 其鋒을 當함이 不可하다 하고 門을 閉하고 固守
하니 賊이 이에 退하거늘 王이 勇騎二百을 先遣하야 그 歸路에 要케

하고 쏘 步卒一千을 遣하야 獨山에 追하야서 夾擊하야 크게 敗하고
殺獲함이 甚이 多하다.15)

紀元二七七七, 新羅訥祗王二八, 日本久恭三三, 宋元嘉二七, 西四
四四

甲申 夏四月에 倭ㅣ 新羅에 寇하야 金城을 圍한 지 十日에 糧盡
하야 歸하거늘 王이 出兵하야 追코자 한대 左右 가로대 兵法에 窮寇
를 勿追라 하니 王은 그 舍하소서 王이 聽치 아니하고 數千騎를 率하
고 獨山東에 追至하야 合戰하야 賊의 敗한 바ㅣ 되여 將士ㅣ 死한 者
ㅣ 半에 過한지라 王이 蒼黃히 馬를 棄하고 山에 登하니 賊이 王을
圍하기 數重이러니 忽然히 昏霧ㅣ 咫尺을 不辨한지라 賊이 陰助ㅣ 有
하다 하야 兵을 收하고 退하니라.16)

紀元三六八三, 西一三五〇

庚寅 春二月에 倭가 固城 竹林과 巨濟 等處를 寇하거늘 合浦千戶
崔禪 等이 戰하야 破하니 賊의 死한 者 三百餘人이러라 倭寇의 興함
이 일노 始함이더라

夏四月에 倭賊 數百艘가 順天府를 寇하고 南原 求禮 靈光 長興府
等의 漕船을 掠하더라

五月에 倭賊六十六艘가 順天府를 寇하거늘 我兵이 追하야 一艘를
獲하고 十三級을 殺하니라

倭賊二十艘가 合浦를 寇하야 其營을 焚하고 쏘 固城 會源 長興府
를 寇하더라

翌辛卯 八月에 倭船百三十艘가 紫岩, 三木 二島를 寇하야 其民舍
를 焚하고 쏘 南陽府 雙阜縣을 焚하거늘 萬戶 元顥을 西北面에 萬戶
印璫과 前密直 李權을 江西에 遣하야 兵을 遣하야 守備케 하고 쏘
璫 等을 命하야 海에 入하야 倭를 捕케 하니라 十一月에 倭가 南海縣
을 寇하더라.17)

----

15) 『임정자료집』, 7쪽.
16) 『임정자료집』, 9쪽.
17) 『임정자료집』, 13쪽.

紀元三七一二, 西一三七九

己未 七月에 鄭夢周가 日本으로붓터 還함에 九州節度使 源了俊이 周孟仁을 遣하야 偕來케 하니라 是行에 人이 다 危타 하되 夢周 難色이 無하더니 及至에 古今의 交隣하는 利害를 極陳함에 主將이 歎服하고 舘待함이 甚厚하더라 倭僧이 詩를 求하는 者ㅣ 有하거늘 筆을 援하고 立就하니 稱徒ㅣ 坌集하야 日로 肩轝를 握하고 奇勝의 觀함을 請하더니 歸함에 及하야 被俘된 尹明 安遇世 等 數百人과 良家子弟 百餘人을 刷還케 하며 또 三島의 侵掠을 禁케 하니라 倭ㅣ 夢周를 稱義함이 不已하더니 後에 其卒함을 듯고 嗟惋치 안는 者 無하더라

倭賊 五百艘가 鎭浦口에 入하야 州郡에 散入하야 焚掠을 恣行할 시 屍ㅣ 山野에 積하고 穀을 其船에 轉運할새 米ㅣ 地에 棄함이 尺이 되더라 羅世·沈德符·崔茂宣 等이 鎭浦에 至하야 茂宣의 所製한 火砲를 始用하야 其船을 焚함에 烟熖이 天에 漲하고 賊이 燒死되야 殆히 盡하고 海에 赴死한 者 또 衆한지라 賊이 所俘한 子女를 殺함이 山積하고 所過에 血이 波와 如하더라.[18]

紀元三九二五, 宣祖二五, 日文錄元, 明萬曆二〇, 西一五八九

壬辰에 豊臣秀吉이 朝鮮의 假道치 아니흠을 怨ᄒ야 이에 小西行長과 加藤淸正과 黑田長政과 島津義弘과 小早川隆景 等으로 ᄒ여곰 二十萬兵을 率ᄒ야 海를 渡ᄒ고 또 別로히 九鬼嘉隆과 藤堂高虎 等은 水軍九千餘人과 戰舡으로써 海上應援을 備ᄒ고 行長이 釜山에 上陸ᄒ야 攻ᄒ니[19]

倭寇가 韓土의 沿海에 侵入하야 財物을 掠奪하여 城邑과 村落을 燒燬하며 入民을 虐殺하야 倭寇 一過處에 人烟이 絶하다 이러하기를 一千五百年間이나 繼續하니 그동안에 數百萬의 韓族의 生命이 無辜히 日人의 手에 斃하다.[20]

이 부분에서는 맥켄지(F. A. Mckengie)의 저술을 원용하고, 박은식의

18) 『임정자료집』, 14~15쪽.
19) 『임정자료집』, 17쪽.
20) 『임정자료집』, 62쪽.

『韓國痛史』에 소개된 일본군의 무도 참혹한 한인 학살을 예로 들며, 한 민족은 일본족과 한 나라 안에서 살 수 없다고 하였다.

　　내가 그 도시를 떠나기 직전, 한양의 일본인 지도자이자 왕자의 가까운 동료인 이토가 말했다. "조선인들에게 일본의 좋은 패를 보여줄 필요가 있습니다. 동부 산악 지역의 조선인들은 일본인 군사들을 거의 본적이 없어 그 힘을 전혀 알지 못합니다. 그들에게 반드시 우리의 힘을 증명해야 합니다."

　　나는 산길에 서서 이촌으로 흐르는 계곡을 내려다보며 그 말을 회상했다. 그곳에서 나는 "일본의 좋은 패"를 확실히 볼 수 있었다. 나는 잿더미가 되어버린 마을을 바라보았다.

　　"나는 가장 가까운 폐허더미로 내려왔다. 그곳은 꽤나 큰 마을이었으며 아마 70채~80채 정도의 집이 있었을 것이다. 마을은 철저하고 완전하게 파괴되었다. 집은 한 채도 남아있지 않았으며 심지어는 벽 한 칸마저도 남아있지 않았다 …

　　"다음 며칠간, 이러한 광경은 너무나도 흔해 큰 감정의 동요를 일으키지는 못했다." … "나는 무거운 마음으로 마을을 빠져나왔다" … 이후 나는 적어도 한 소도시와 수십 개의 마을이 이렇게 불 타 내리는 것을 바라보았다. 한 도(道)에서는 적어도 가택 방화로 인해 이전까지 번영하던 지역사회가 파멸하였고 반란군의 수는 증가하였으며, 뿌리째 뽑기 위해서는 몇 세대가 걸릴 증오의 씨앗을 심게 만들었다.

　　["It is necessary for us to show these men (the Korean people) something of the strong hand of Japan", one of the leading Japanese in Seoul, a close associate of the Prince. Ito told me shortly befor(e) I left that city, "The people of the eastern mountain districts have seen few or no Japanese soldiers, and they have no idea of our strength. We must convince them how strong we are."

　　As I stood on a mountain pass, looking down on the valley leading to I－Chhon, I recalled these words of my friend. The "Strong hand of Japan" was certainly being shown here. I beheld in front of me village after village reduced to ashes.

"I rode down to the nearest heap of ruins. The place had been quite a large village, with probably seventy or eighty houses. Destruction, thorough and complete, had fallen upon it. Not a single house was left, and not a single wall of a house ……

"During the next few days sights like these were to be too common to arise much emotion." …… "I rode out of the village heavy hearted." … "During the next few days I was to see at least one town and many scores of villages treated as this one." "In one province at least the policy of house-burning has reduced a prosperous community to ruin, increased the rebel forces, and sown a crop of bitter hatred which it will take generatrons to root out."/ F. A. Mckengie, Tragedy of Korean]

4장 [韓族의 日本族에 對한 不信任]은 병자수호조약 이래 일본의 배신을 설명하고, 일본인은 관리와 상인만이 아니라 교사와 종교인까지도 신임할 수 없다면서, 사례를 들어 논증하였다.

5장 [韓族의 民族力]은 한민족은 농업·광업·수산업·공업·세입출 면에서 뛰어난 富力과 문화 창조력을 갖춘 문화민족이라고 설명하였다. 특히 공업 부문에서 총독부의 정책은 일제가 한국의 공업권을 독점하기 위한 술책으로, 한민족에게는 아무 쓸모도 없을 뿐만 아니라 오히려 일대 타격을 입힌 데 지나지 않는다고 지적하였다.

「士」라 하면 日本人은 武人을 朝鮮人은 文人을 指稱하다 日本은 古來로 尙武國이오 韓國은 右文國이라 今次 獨立運動도 韓人은 文字와 言語를 가지고 正義와 理論으로 解決을 求하거늘 日本은 오직 武力을 恃하다.[21]

韓族의 日本族에 對한 恐怖는 오직 武器의 恐怖라 三十萬의 日本人이 全韓各地에 散在하야 韓人과 密接히 接觸함으로부터 韓人은 日

21) 『임정자료집』, 61쪽.

本人의 虛勢를 看破하야 日本人에게 對한 輕蔑의 情을 增加하다.[22)]

6장 [集會及結社言論出版의 禁止]에서는 '한 개의 한인 결사도 없으며, 한 개의 언론기관도 없다'는 개탄으로 보안법의 폐해를 지적하고, 학회의 해산, 신문·잡지의 발행 정지 및 금지, 도서 압수, 창가와 민요의 금지 등에 관해 구체적으로 상술하였다.

7장 [宗敎壓迫]에서는 기독교·불교·천도교에 대한 탄압 실상을 구체적으로 지적하였다. 기독교에 대한 탄압은 회유기만정책·압박정책·박멸음모정책·차별대우 등 4장으로 구성되어 있다. '회유·기만정책'에서는 외국인 선교사와 한인 교역자 및 신도들에 대한 책동을, '압박정책'에서는 '테라우치(寺內)총독 암살미수사건'이란 이름으로 조작 날조된 탄압을, '박멸음모정책'에서 기독교와 선교사 탄압정책을, '차별대우'에서는 일본 조합교회와 조선 교회에 대한 차별을 지적하였다.

불교 탄압에 대해서는 먼저 사찰령이 '조선 불교'가 아니라 '조선 사찰'을 보존하는 데 목적이 있는 것으로 분석하였고, 승려 申尙玩의 논설을 소개하여, 서산대사와 사명대사 등 불승들의 애국정신의 전통을 강조하고, 이를 불교계가 독립 선언에 참여한 배경으로 설명하였다.

천도교 탄압에 관한 부분에서는 먼저 천도교의 역사를 설명하며 동학을 淸나라로부터의 독립과 사대파 전복을 시도한 혁명운동으로 파악하였다. 그리고 일제 관헌이 천도교 교역자들을 가축처럼 취급하였으며, 천도교도를 '일제 치하에서 가장 노예 같은 학대를 받는 자들'이라고 평가하였다.

---

22) 『임정자료집』, 62쪽.

3) 제3부의 체재와 내용

제3부는 구체적 사례와 자료를 근거로 하여 강제병합 이후 3·1운동 발발 직전까지 일제 식민지배 실상을 서술하였다. 일제의 선전용 자료에 의래 식민통지의 실상이 크게 왜곡되어 있던 상황에서, 제3부는 3·1운동 전후 일제 식민정책의 실상을 말해주는 자료로서 거의 유일본에 가깝다. 임시정부 관계자들이 직접 체험했거나 듣고 본 사실을 중심으로 하고, 여기에 일제가 작성한 통계 자료를 상당 부분 인용함으로써 서술의 사실성과 객관성을 높이고자 하였다.

1장 [官公署의 韓人 排斥及差別待遇]에서는 조선총독부 체제하에서 한인이 차별받는 상황과, 일본인이 각종 관청 용달을 독점하는 상황 등을 구체적으로 서술하였다. 한인 郡書記는 일본인 書記의 보조원이고, 한인 교원은 일본인 교원의 보조원이며, 특히 헌병 보조원은 일본인 헌병의 '노예'라고 지적하였다.

2장 [東洋拓殖會社]에서는 동양척식회사로 말미암은 한국 농촌사회의 피폐상을 서술하였는데, 일제가 토지조사사업을 통해 한국 국유지를 강점해 버려 한인들이 농토로부터 유리되어 서북간도로 유랑하게 되고 소작인이 급증한 현상을 지적하였다.

3장 [會社令及組合組織]에서는 會社令으로 말미암아 빚어진 심각한 피해상황을 간략히 서술하였다. 회사령이 일제가 한인의 사업경영을 제한하기 위해 허가주의를 채택한 것에 지나지 않는 사실과, 회사령 시행 이후 한인에 대한 회사 설립 인가가 절대적으로 제한적이었음을 일제측 통계를 토대로 입증하였다.

4장 [鑛山蠶繭及製造工業의 獨占]에서는 광산과 잠견 분야를 예로 들어, 일본의 독점 횡포를 서술하였다. 조선광업령과 일본광업령을 대비하여 한인을 차별하고 있음을 지적하고, 잠견에 있어서도 일본인만 지정 상인이 되고, 각 지방관청은 일본인 잠견 매수상인을 위한 거간으로 전락하였다고 비판하였다.

5장 [朝鮮人 私有財産의 監視]에서는 강제병합 시 일본으로부터 작위와 금전을 받은 자들의 재산이 강제 관리당하고 있고, 개인의 은행 예금과 인출 내역, 사찰 재산 등이 감시당하고 있고, 교회나 학교에 내는 의연금과 기부금까지 감시 단속받고 있다고 폭로하였다.

6장 [法令에 드러난 日本의 朝鮮人 敎育의 宗旨]에서는 먼저 조선교육령과 사립학교령 등 교육관련 악법을 분석하여 일제의 우민화 정책을 지적하였다. 각종 교과서와 교과과정에 나타난 식민지 열등교육과 한민족 말살 의도를 논리적으로 파헤쳤고, 사립학교에 대한 탄압도 구체적으로 설명하였다.

7장 [행정]에서는 조선총독부가 2천만 조선 민족이 아닌, 30만 일본인 이민자들을 위한 移民政廳에 지나지 않는다고 평가하고, 예산도 武壓政治 또는 利己政治를 위한 것일 뿐 이라고 비판하였다.

8장 [사법]에서는 일제의 사법정책이 동화정책을 강행하여 관철시키려는 불법적인 재판제도일 뿐으로, 이는 고압정치·강도정치와 보조를 같이하는 것이라고 하였다. 감옥제도 역시 한인 범죄자를 만들어 낼 뿐이라고 단정하였다.

9장 [경찰]에서는 우리나라에 실시된 일본 헌병·경찰의 연혁과 제도의 변천과정을 설명하고, 이어서 1918년 9월 현재 경찰기관의 배치상황을 표로 제시하여, 이들이 불법통치의 선봉자 내지 무단정치의 도구임을 강조하였다.

　　伊藤의 統監時代(檀君紀元 四二三八－四二 西洋紀元 一九〇五－九)

保護條約이 締結된 후 伊藤은 卽時 韓國統監이 되며 曾彌荒助가
副統監이 되다 統監은 事實上 韓國의 最高支配者러라.

이 後로는 警察이ᄂ 農商部 其他 各機關이 어드든지 日人의 支配
人, 顧問이 아니 가 잇는 곳이 업게 되다 極少數의 高等官을 除ᄒ 外
에는 官吏의 任命신지도 一切히 統監命令을 기다리게 되다. 日本은
韓國을 통채로 삼킬여 ᄒ엿다 韓國의 國民性이라고는 털끗 ᄒ나 만치
라도 남길여 ᄒ지 안이 ᄒ엿다. 日人은 征服者의 威嚴을 充分히 發揮
ᄒ엿다 그들의 念頭에는 半個의 韓國種이라도 업시려 ᄒ엿다. 韓國의
모든 企業 모든 計劃은 다 日人의 見地에서 되엿다, 죠곰이라도 有益
ᄒ 或은 有利ᄒ게 보이는 모든 特許는 日本人에게만 限ᄒ엿다. 이째
頒布된 移民制限令, 土地收用令 其他 모든 行政方針은 다 日人의 利
益을 標準ᄒ여 된 것이엿다.

所謂 韓國의 産業發達을 圖謀ᄒ기 爲ᄒ여 ᄒ 것은 名目下에 된
日本銀行借款 一千萬円은 (其條件의 無法홈은 勿論ᄒ고) 其中에 二
十五萬円은 仁川에 잇는 日本人市街에 水道施設ᄒ기에 浪費되다. 그
밧게는 太半은 日人을 爲ᄒ여 使用되다.

所謂 侈奢禁止令이라는 것이 發布되다. 이것은 衣服의 式樣과 個
人의 趣味 慣習에신지 干涉ᄒ 것이엿다 新政의 德澤에 不浪者(其實
愛國志士)大減ᄒ게 되다. 隱密ᄒ ᄆ온대 當ᄒ 敎會(特히 耶蘇敎)의
逼迫은 調査홀 길이 업다 西人이 宣敎師 受侮ᄒ 者도 多數이엿다.
羅馬加特立敎 監督 웨이골夫妻(Mr. or Mrs. Weigall) (Rev. Mr. Moare)
의 中 二·三人이엿다. 그러ᄒ고 日人은 무엇이든지 取ᄒ려ᄒ면 願딕
로 아니되는 것이 업섯다. 이를 敢히 防害ᄒ려는 者는 大變이다, 我
皇太子御體에 特命全權大使로 왓든 男爵 田中光顯이 新天寺玉塔을
盜取ᄒ 事件과 如ᄒ 것은 임의 適例이더라.[23]

東洋拓殖會社

대개 拓殖會社는 其名은 荒蕪地를 開拓ᄒ여 農業을 增殖홈에 잇
다 ᄒ나 其實은 日本의 退五兵士를 我國에 移植ᄒ여 그윽이 屯田之
策을 行ᄒ며 써 將來의 不虞에 가촐여 홈이라. … 東洋拓殖會社가 韓

國에 設置된 以後로 衣食을 일은 者 住宅을 일은 者 其數가 數十萬에 達ᄒ니라[註, 露領 及 西北間島 移住民은 太半이 此에 原因홈][24]

合倂勒約(檀君紀元 四二四三 西洋紀元 一九一〇)

合倂이 宣布된 後 日警이 韓國人의 感想을 問ᄒ며 卽答치 아니하ᄂᆫ 者는 毆打를 주며 또 合倂讚文 一通을 作ᄒ여 各民의게 巡示하며 署名捺印을 勒請ᄒ고 若此를 拒絶ᄒᄂᆫ 者는 嚴罰에 處ᄒᄂᆫ 故로 逃避하는 者 多ᄒ엿스며 鄕村人民中 印章이 無한 者는 日警이 代造ᄒ여 捺印ᄒᆫ 者多ᄒ니라.[25]

現在 朝鮮內에는 朝鮮사람끼리 ᄒᄂᆫ 結社는 一個도 無ᄒ다. 會가 解散될 時에는 重要人物은 반다시 무슨 罪名으로 惡刑과 罰을 受ᄒ다.[26]

韓人은 朝鮮內에서 絶代(對)로 新聞을 發行홈을 不許ᄒ다. 上表를 觀ᄒ건댄 一年間에 押收된 圖書總數 三百二十九種이오 그中에 三百二十四種은 韓人의 發行이라.[27]

京城 私立 五星學校 歷史敎員 崔昌植은 東洋史 時間에 安重根이 伊藤博文을 殺ᄒ고 李在明의 李完用(合倂時의 韓國總理大臣)을 刺ᄒᆫ 事實을 言ᄒᆫ 罪로 一個年禁錮의 刑을 受ᄒ다

京城 私立 普成學校 歷史敎員 柳秉敏은 西洋史時間에 케살의 殺害에 關ᄒᆫ 부르트쓰 及 안토니우쓰의 演說을 朗讀ᄒᆫ 罪로 敎員資格을 剝奪되다.[28]

各會堂에 日曜日이나 水, 木曜日에 敎友가 會集ᄒ야 禮拜ᄒ며 宣講ᄒ면 必히 警官을 派送ᄒ야 秘密히 行動을 偵探홀쑨 아니라 其目

---

24) 『임정자료집』, 39쪽.
25) 『임정자료집』, 43쪽.
26) 『임정자료집』, 75쪽.
27) 『임정자료집』, 77쪽.
28) 『임정자료집』, 78쪽.

擊혼 事實에 對ᄒ야 다시 逐條質問ᄒ며 敎友의 出席 多少와 宣講題
目과 特히 西洋人의 出席數 等을 問ᄒᄂᄃᆡ(此ᄂ 西洋宣敎師ᄂ 秘密
偵探者로 認ᄒᄂ 緣故라) 毫末만치도 寬大의 處分이 無ᄒ고 敎友들
로 ᄒ여곰 敎會에 對ᄒ야 厭惡ᄒᄂ 念을 增長케ᄒᄂ 詭計러라.29)

韓國境內에 基督敎機關紙ᄂ 二 三種에 不過혼ᄃᆡ 다 言論은 홀
수 업고 다만 聖經을 解釋홀 짜름인ᄃᆡ 萬一에 此를 越ᄒ야 神靈的으
로도 自由라던지 自立이란 意味가 有ᄒ면 直時 發行禁止를 命ᄒ고
其主筆된 者ᄂ 警察署로 呼出ᄒ야 百方으로 詰責홈으로 不得已 平
平凡凡혼 文句로 紙面만 充홀 쑨이오.30)

日本 ᄆᆡ도듸스트敎會 傳導局長 石坂龜治가 日本基督敎 各派同盟
會를 代表ᄒ야 親히 韓國 獨立運動事件을 視察ᄒ고 日本에 歸去ᄒ
야 其意見書를 發表ᄒ엿더라(四月二十二日 發刊혼 東京時事新報에
登載됨)/ 現今 宣敎師의 傳導ᄒᄂ 地方인 水原郡堤岩里 等에 日本軍
隊가 群集혼 韓民을 敎會內로 驅入케 ᄒ고 遂히 放火 發砲ᄒ야 慘殺
을 當혼 者가 不少ᄒ며 或은 宣敎師學校의 生徒에 對ᄒ야 他校로 轉
學ᄒ기를 强行ᄒ며 或은 宣敎師와 相面ᄒ고 歸ᄒᄂ 者를 中路에 邀
ᄒ야 脅迫亂打ᄒ며 或은 同一혼 敎會에 屬혼 者이면 宣敎師의 敎會
를 棄ᄒ고 日本人經營ᄒᄂ 敎會로 往ᄒ라고 强請31)

丁. 私立學校生徒를 强制로 公立學校에 入學케 홈

每年 三月末 生徒募集期에 達ᄒ면 憲兵隊長 又ᄂ 警察署長은 二
三人의 部下를 率ᄒ고 郡守, 郡書記, 公立普通學校長으로부터 各 私
立學校 又ᄂ 面所에 出張ᄒ야 學齡의 子女가 有혼 人民을 會集ᄒ고
私立學校의 不完全홈과 卒業後에도 就職에 道가 無홈과 人民이 되
여서ᄂ 子女를 天皇陛下의 學校에 入學케ᄒ여야 홀 것을 說明혼 後
人民에게 公立普通學校 入學請願書를 公給ᄒ고 署名捺印ᄒ기를 請
ᄒ다 만일 그 子女가 이믜 私立學校에 在學혼다ᄂ 緣故로 不肯ᄒ면

----

29) 『임정자료집』, 87쪽.
30) 『임정자료집』, 92쪽.
31) 『임정자료집』, 102쪽.

이에 天皇陛下를 背反흔다 흐야 或은 憲兵隊長이나 警察署長이 親
히 或은 部下를 식혀 그에 쌤을 쓰리고(日本人의 打人法) 발길로 차다
그리도 不聽흐면 捕縛흐야 憲兵隊 又는 警察署에 拘留흐고 公立普
通學校의 入學請願書에 署名捺印흐기를 强要흐다 만일 耶蘇教人이
거던 「耶蘇와 天皇陛下와 어느것이 重흐냐」 흐야 만일 「耶蘇가 重흐
다」 흐면 곧 排日黨이라 逆賊이라 흐야 凌辱 毆打 監禁흐다.[32]

人民이 或 事情으로 因하야 官公署에 訴請할 境遇에는 本件의 輕
重大小를 勿論하고 必히 日本文의 書狀 及 其他 一定한 繁雜한 手續
을 經치 아니하면 如何한 緊急事項이라도 此를 不許하는 等 不法理
的 行政의 狀態는 一般國民의 願憐을 作할 뿐이라.[33]

4) 제4부의 체재와 내용

제4부 「獨立運動의 事件」은 3·1운동의 원인, 경과, 결과를 종합적으
로 정리하였다. 3·1운동사에 대한 당대의 정리이고, 임시정부의 공식기
록이란 점에서 의의가 크다.

1장 [거사의 원인]에서는 3·1운동의 원인으로 일제의 가혹한 무단통
치, 일본 유학생의 활동, 광무황제의 급작스런 죽음 등 세 가지를 꼽았다.

즉 일제의 가혹한 식민통치가 '宗教一同 社會一團 貴族 學生 凡高等
貴族이 共手로 義旗를 揭'하게 한 배경이라고 보고, "물은 막아도 반드시
쏟아져 나오고, 풀은 밟아도 다시 살아난다"고 하여, 독립에 대한 확신을
피력했다. 또 광무황제는 일제 강제병합 이후로 복수심을 가지고 있었기
때문에, 일제가 독살한 것이라고 결론지었다.

2장[擧事의 來歷]에서는 3·1운동의 경과를 상해 대한청년단(당)의 활
동, 동경 유학생의 2·8독립선언, 미주지역의 활동 등으로 나누어 설명

----

32) 『임정자료집』, 147쪽.
33) 『임정자료집』, 154쪽.

하였다. 3·1운동의 배경으로써 국내외 독립운동의 흐름 가운데 만주와 노령지역 독립운동은 누락되었다.

3장 [독립운동에 관한 약사]은 3월 1일 독립선언부터 8월 5일 임시정부 임원 개편과 만주지역의 독립운동 상황까지를 날짜별로 약술하였다.

4장 [독립운동의 형편]은 18개 절로 나누어 국내외에서 전개된 3·1운동의 상황과, 일제의 탄압 사실을 상술하였다. 서술 내용의 사실성과 객관성을 입증하기 위하여 근거를 충실하게 밝히려 애 썼으며, 註記를 붙여 보완 설명하였다. 특히 만세시위에 참여한 군중을 '獨立軍'으로 지칭하였으며, 외국인 선교사의 증언을 인용하여 일제의 탄압과 만행, 출감자의 증언에 의한 수감자에 대한 만행을 구체적으로 서술하였다. 시위군중에게 저지른 일제의 17가지 만행 사례, 감옥에서 행한 25개 만행 사례를 구체적인 근거를 밝혀 입증하고자 하였다.

5장 [한인의 일인에게 대한 적개심]은 일제의 만행에 대한 한민족 전계층의 적개심을 서술하였다. 1919년 8월 28일 국치일에 서울 상가가 철시하고 독립운동에 나선 것까지 기술하였다.

6장 [일본의 허위적 전파]은 3·1운동에 대한 일본인의 왜곡 사실을 폭로하였다. '정치계의 허위' 부분에서는 총독과 일본군의 왜곡 사실을 지적하였으며, 함경도를 만세시위 지역에서 제외한 데 대해 의혹을 제기하였다. 특히 "이른바 '文化政治'라는 이름을 내걸고 세계인의 이목을 속이고, 또 명칭과 복장만 변경하여 新朝鮮이라고 칭하는 짓이 羊面狼心에 지나지 않는다"고 왜곡 시도의 본질을 짚었다. '종교계의 허위' 부분에서는 일본 종교인의 왜곡 사실을 서술하였고, '사회계의 허위'에서는 일본 언론의 허위 보도를 지적하였으며, '보통 일인의 허위'에서는 일본인이 한복을 입고 '獨立軍'으로 가장하여 행패를 부린 사실을 밝혔다.

7장 [독립운동에 관한 서류]은 3·1운동과 관련된 17종의 선언서와 각종 문서의 원문을 전재하였다. 여기에 덧붙여 '別附'로 「독립운동일람표」를 실었다. 「獨立運動一覽表의 注意」에서 "적의 계엄으로 전체 조사가 불가능한 점, 전국에서 자료수집이 가능한 지역만을 기입한 것, 피해 상황을 전부 파악할 수 없는 한계가 있다"고 밝혔지만, 3·1운동 직후에 제작된 최초이자 당대의 통계로서 그 가치가 적지 않다.

4. 맺음말

대한민국임시정부 수립 직후인 1919년 4월, 프랑스 파리에서 개최된 베르사이유 회담에서 국제연맹의 창설을 결정하였다. 이에 임정에서는 장차 국제연맹을 무대로 외교·선전활동을 펼치기로 하였다. 즉 3·1운동을 계기로 한민족의 독립운동이 세계인의 주목을 받게 된 상황을 배경으로, 일제의 한국 식민통치와 한민족의 독립운동을 호소키로 하였던 것이다. 그리하여 당시 일제가 왜곡 선전하고 있던 한국 식민통치의 실상과 한국인의 독립 의지를 세계인에게 직접 호소하려는 목적이었다.

당시 일제는 *Annual Reports on Reforms and Progress in CHOSEN(KOREA)* *라는 영문판 선전물을 제작하여* 일제가 강제로 병합한 이후 한국 지배를 '개혁과 진보'로 미화시켜 배포해 왔다. 이는 1907년부터 1910년 사이 韓國統監府에서 발행한 『韓國施政年報』와 『統計年報』, 1910년부터 1922년에 이르기까지 朝鮮總督府에서 발행한 『朝鮮總督府施政年報』 및 『統計年報』 내용 중에서 발췌 영역한 것이다. 1922년까지 발간된 것으로 파악되는 데, 일제는 영국 일간지에 광고를 게재하는 등, '韓國統治美化論'을 전파 선전하는 매체로 적극 활용하였다.

사료집의 내용을 살펴보면, 첫째, 삼국시대 이래 경술국치에 이르기까지 일본의 한국 침략 과정을 개괄하였는데, 한일관계사를 '일본의 한국 침략사'관점에서 서술함으로써 일본의 호전성과 침략성을 부각시키고자 하였다.

둘째, 한민족이 일본민족에 비해 문화 흡수·소화력과 창조력이 우월함을 설명하면서, 불교·성리학·미술·인쇄술 등의 선진문화를 전파해 준 은혜를 배신한 일본의 부도덕성을 지적하였다.

셋째, 일제가 한국 통치를 호도하는 주요 논리인 근대화론의 허구성을 지적하였는데, 특히 공업 부문에서 총독부의 정책은 일제가 한국의 공업권을 독점하기 위한 술책으로, 한민족에게는 아무 쓸모도 없을 뿐만 아니라 오히려 일대 타격을 입힌 데 지나지 않는다고 하였다.

넷째, 일제 침략과 강점에 이르는 전 과정과 식민지 지배의 잔학상을 실증적으로 서술하였으며, 또 일제 침략과 지배의 부당성을 논리적으로 접근하고, 한민족의 독립운동을 구체적으로 서술하였다. 아울러 맥켄지·언더우드 등 외국인의 목격담 및 증언이나 평가를 인용함으로써 사실의 객관선을 높이고자 하였다.

다섯째, 3·1운동 전후 일제 식민정책의 실상을 말해주는 자료로서 거의 유일본에 가깝다. 임시정부 관계자들이 직접 체험했거나 듣고 본 사실을 중심으로 하고, 여기에 일제가 작성한 통계 자료를 상당 부분 인용함으로써 서술의 사실성과 객관성을 높이고자 하였다. 3·1운동사에 대한 당대의 정리이고, 임시정부의 공식기록이란 점에서 의의가 크다고 할 것이다.

"대한민국임시정부의 『韓日關係史料集』 편찬과 그 내용"에 대한 토론문

＊본고는 대한민국임시정부의 『韓日關係史料集』 편찬과 내용에 대한 발표문이다. 한상도 교수님이 결론에서 말씀하셨듯이 다음과 같은 의미 부여가 가능하다. 첫째, 한일관계사를 '일본의 한국 침략사' 관점에서 서술함으로써 일본의 호전성과 침략성을 부각시켰다. 둘째, 불교·성리학·미술·인쇄술 등의 선진문화를 전파해 준 은혜를 배신한 일본의 부도덕성을 지적하였다. 셋째, 일제가 한국 통치를 호도하는 주요 논리인 근대화론의 허구성을 지적하여, 특히 공업 부문에서 조선총독부의 정책은 일제가 한국의 공업권을 독점하기 위한 술책임을 밝혔다. 넷째, 일제 침략과 강점에 이르는 전 과정과 식민지 지배의 잔학상을 실증적으로 서술하였다. 다섯째, 3·1운동사에 대한 당대의 정리이고, 임시정부의 공식기록이란 점에서 의의가 크다.

＊이런 의미와 함께 토론자는 다음과 같은 사실을 통해 대한민국임시정부의 『韓日關係史料集』 편찬과 내용에 대해 사족을 달아 토론에 대신하고자 한다.

1. 전체 4부인 책을 구성하고 제작함에 왜 '사료집'으로 했는지를 다

시 말씀해 주시면 본 책의 의미와 한계가 분명해질 것으로 생각한다.

  2. 특히 3부의 내용에 있어 서술의 당위성에 대한 평가가 필요치 않을까 싶다. 장의 구성을 왜 이렇게 했는지를 추적해 보면, 본 자료집의 가치가 제고될 수 있을 것으로 생각해 본다.

  3. 제4부의 서술에서 3.1운동의 배경 설명에서 만주와 노령지역 독립운동을 누락시킨 이유를 혹시 생각해 볼 필요는 없는지. 책을 만든 사람들의 구성과 관련지어 보면 흥미롭지 않을까...
  아울러 8장의 '임정수립과정'을 서술에서 뺀 이유가 있는지 궁금하다.

  4. 일제강점기 역사서 가운데 박은식의 『한국독립운동지혈사』와 서술의 태도, 자료의 선택 등에 있어 비교할 부분이 있으면 설명을 부탁한다. 아울러 다른 서적과의 비교도 희망한다.

  5. 『韓日關係史料集』 간행의 실질적 효과와 관련한 논의가 필요한 것은 아닌지도 생각이 든다.

  6. 본 학술회의의 주제와 관련해서 역사서를 만들었던 대한민국임시정부의 기록태도와 관련한 평가도 부탁드려 봅니다. 우리는 빠른 작업을 참 잘하는 민족이라는 생각이 든다. 『韓日關係史料集』도 5개월의 성과이다.

종합토론

■ 손승철: 오늘 종합토론 사회를 맡은 강원대학교 손승철입니다. 이제부터 종합토론을 시작하도록 하겠습니다. 오전에 오늘 학술회의를 시작하면서 제가 이런 말을 했습니다. 역사는 기록과 사료를 남기고 기록과 사료는 후세의 역사를 설명한다. 그렇게 말씀을 드렸습니다. 오늘 하루종일 심포지엄을 하다보니 그말이 맞는 것 같네요. 오늘 고대부터 현대까지 사실 2000년간 한일관계가 남긴 기록과 사료들을 중심으로 학술회의를 했습니다. 그런데 그 내용을 보니 관계의 형태가 참 정말 다양했던 거 같아요. 인간관계에서 나타나는 모든 형태가 한일관계 속에 다 들어가 있는 것 아닌가 이런 생각해봤습니다. 5년 전에 1910년 한일 합방 100년을 맞이해서 KBS에서 특집 5부작을 했습니다. 그때 제가 KBS방송국에 한일관계 2000년의 키워드를 한 다섯 가지 정도로 정리할 수 있지 않겠느냐하고 이야기 했습니다. 바로 선사·고대부터 시작해서 한일관계의 인연, 만남이 어떻게 시작되나 그래서 한일관계의 인연을 이야기 했고, 그것이 고대에서 중세로 넘어가면서 한국과 일본이 독립적인 국가형태를 갖춰가면서 적대관계로 들어갔습니다. 그래서 아까도 나왔습니다만 여몽연합군의 일본침략, 왜구의 한반도 약탈 이런 것들로 적대관계가 형성이 됐다. 그리고 그 다음에 조선시대 아까도 많이 나왔습니다만 함께 살아가는 방법이 없겠느냐 그래서 공존이라는 것을 생각을 했습니다. 그래서 인연, 적대, 공존 그리고 한일관계는 다시 대립의 시대로 가면서 개항이후의 식민지 시대가 끝날 때 까지 대립의 관계가 지속됐다. 그리고 해방이후에 한일관계는 재회의 시대가 아니냐? 다시 만남의 시대가 아니겠느냐 그런데 어떻게 만나야할지 한국도 그렇고 일본도 그렇고 아직 준비가 덜 된 것 같아요. 그래서 갈등은 또 계속이 되고 그래서 2000년을 말씀이 되는지 모르겠지만 키워드를 가지고 이야기를 해보면 인연, 적대, 공존, 대립, 재회의 모든 형태를 다 가지고 있는 것이 한일관계가 아니냐? 이런 생각을

해봅니다.

　사실 아침에 개회사에서도 이사장님이 말씀을 하셨지만 우리가 이번에 한일문화교류기금에서 이 학술대회를 기획한 의도는 과거 이천년간 다시 말해서 한일관계가 각 시대별로 어떤 사료와 기록을 남겼는지 그것을 한번 통시대적으로 보자 하는 것이었습니다. 그래서 각 시대 발표자들께서 그 시대에 남긴 사료가 어떤 것이 있다는 것을 먼저 소개를 하고 그 가운데서 사례로 한두 가지를 뽑아서 그것을 가지고 그 시대의 한일관계의 어떤 특징이라든지 형태라든지 이런 것을 어떻게 정리해 볼 수 있지 않을까? 그런 목적이었습니다. 그래서 결국에는 2000년의 한일관계를 통시대적으로 상호인식이나 또는 관계사적인 측면에서 한 번 검토를 해보자 이게 이번 학술대회의 기획의도입니다. 그래서 오늘 아침 9시 반부터 시작해서 거의 하루 온종일 학술대회를 하고 있는데 저도 사실은 한일관계사를 전공하고 있는 입장이지만 아마 여러 선생님들도 거의 용량이 초과하고 있는 것이 아니냐? 이런 생각을 합니다만 그러나 이제 지금부터 종합토론을 해보면서 어떤 형태로든지 그것을 쓸어 담아야할 것 같아요. 그래서 뭔가 한 두 줄로 정리를 해서 결론이 되든 안 되든 마무리를 지어야지 오늘 학술대회가 의미를 갖는게 아닐까 이런 생각을 하면서 토론을 시작하도록 하겠습니다.

　진행방식은 오늘 6개의 주제를 다루었습니다. 그래서 그 6개의 주제에 관해서 약정토론을 먼저 하겠습니다. 그런데 시간이 그렇게 많지 않기 때문에 대개 한 주제 당 10분입니다. 그래서 5분정도 질의를 하시고 5분정도 답변을 해서 약정토론을 1시간 이내에 끝내도록 했으면 좋겠습니다. 그리고 기타지마선생님께서 한두 가지 보충말씀이 있다고 하여 조금 말씀을 간단히 듣고, 그리고 자유토론 또는 상호토론을 해서 자유롭게 오늘의 결론에 이를 수 있도록 그렇게 진행을 하도록 하겠습니다. 오늘 우리가 약속한 시간은 6시까지 입니다. 그래서 가능하면 6시에 마칠 수 있도록 이미 토론문을 다 미리 준비를 했기 때문에 어떤 질문을 하실 지는 다 파악이 되었거든요. 그래서 중요한 것만 말씀을 해주시고 또 답변도 중요한 것만 말씀해주시고 또 기획의도가 이렇다는 것을 말씀을 드렸기 때문에 거기에 준해서 답변을 해서 하나의 어떤 공통적인 어떤 결론의 도달할 수 있게끔 그렇게 토론을 진행해주셨으면 감사하겠습니다.

먼저 시대적으로 고대부터 우리가 발표를 했는데 지금 현대사 부분에 김인덕선생이 국회에서 다른 일이 있어야지고 현대를 먼저 하고 고대 중세로 넘어갈까 이렇게 생각을 하고 있습니다. 자 그러면 우선 먼저 김인덕 선생님부터 말씀을 해주시지요.

■ 김인덕: 네. 무례를 끼치게 되어서 대단히 송구합니다. 순천에 있는 청암대학의 김인덕입니다. 저는 한상도 교수님께서 발표하신 대한민국 임시정부의 한일관계사료집 편찬과 관련된 내용에 대해서 토론하겠습니다.

교수님께서 결론에서 말씀을 다섯 가지로 하셨는데요. 의미는 확실히 한일관계사자료집이 분명한 것 같습니다. 그리고 실제로 이 책은 국내에서 한국사를 하는 사람들도 그렇게 많이 주목하지 않은 책이라서 교수님께서 이 책의 편찬과 내용에 대해서 설명하는 것은 아주 저로써는 신선한 충격이었다고 생각됩니다. 특히 한국의 침략과 관련된 내용을 부각시킨 점이나 근대화의 허구성 문제 그리고 3.1운동에 관한 당대의 기록을 공식적으로 임시정부의 것으로 논의를 해낸 부분에 대해서 정확한 지적은 선생님의 글에 가장 중요한 그리고 저한데 많은 도움이 되는 그런 내용이었습니다. 아울러서 일본의 부도덕성을 지적하는 그러 부분에까지 이야기를 해 주셨는데요 사실 이것과 관련해서

는 조선총독부에서 상당히 많은 간행물들이 나왔고 제 기억에는 조선
총독부에서 나온 기록 중에서 아마 조선총독부박물관이 간행했던 고
적조사도보 같은 경우에는 굉장히 많은 돈을 들여서 영문과 일문 그
다음에 각종 유료판 사진을 현장조사에 기초해서 만든 아주 훌륭한 그
런 책들도 간행했거든요. 그것과 대비해서 내용적으로는 임정이 간행
한 이 책도 절대로 떨어지지 않는다는 생각을 합니다. 그런 전제하에
서 저는 임정이 간행했던 한일관계사료집의 편찬내용과 관련되어 선
생님의 글에 대한 간단한 사족을 붙이고자 합니다.

첫 번째는요, 왜 사료집으로 했는가에 대한 이야기입니다. 팩트를
알린다는 사실에서는 분명히 맞는데 꼭 그렇게 하는 것이 유의미했을
까? 편찬의도에 혹시 한계가 이런 것으로 드러난 것이 아닌가 뭐 그런
생각을 해봅니다. 서술의 사실성과 객관성 확보를 위해서 사료수집의
문제에서부터 전반적으로 있지 않아서 그냥 사료집으로 한 것이 아닌
가 그런 생각을 해보았고요.

두 번째로는 3부에 관한 내용입니다. 3부는 구체적 사료와 자료를
중심으로 해서 논의에 들어가고 있는데 서술의 당위성에 대한 평가 혹
시 좀 해봐야하지 않을까라는 생각을 합니다. 이게 인제 사례와 자료
입니다. 그래서 식민지배의 본질이나 그것에 대한 조선의 대항과 제도
의 한계와 각종 총독부 관리의 문제점 등등의 관한 구조로 사료와 자
료를 재구성할 방법도 하실 수 있었을 텐데 왜 이렇게 편찬을 했을까?
라고 저는 생각을 해봤고요. 아울러서 제4부에 있어서는 3.1운동의 배
경설명에 있어서 노령과 만주에 부근을 누락을 시켰거든요. 그래서 혹
시 궁금해서 이것은 여쭙고 싶고요.

본 내용과 관련된 것은 아닌데 이 책은 박은식의 독립운동지혈사와
상당히 일제강점기 서술에 있어서는 기본적인 자료가 동일한 것들도
보이는데 혹시 박은식의 한국독립운동지혈사와 서술의 태도나 자료선

택 등에 있어서 비교사적인 부분이 있으면 설명해주시면 왜그러냐면 유사성이 많은 부분이 좀 발견되기 때문에 혹시 다른 책도 좋습니다만 그런 생각을 가져봤고요 아울러서 이것 간행을 해가지고 무슨 효과가 있었느냐 혹시 영어책으로 발간할 생각을 하고 있었는지 왜 그러냐면 어차피 국제사회에 나갔다면 고적조사도보같은 경우에도 굉장히 훌륭한 제작비가 많이 들고 영문과 일문이 아주 탄탄하게 만들어진 책이거든요. 그렇다면 이 책도 영어책이 좀 나왔어야 하지 않을까 이런 생각을 해봤고요. 아울러서 저는 말을 많이 하는 것 같지만 마지막인데 이것은 중요하다고 생각을 합니다. 본 학술회의 주제와 관련된 것인데요. 임정에 도대체 기록태도 이것 혹시 이 책만, 한일관계사료집에 편찬된 내용만이 아닌 임정은 도대체 어떤 기록태도를 갖고 있었느냐? 이것도 사실 조직을 만들어서 5개월 만에 굉장히 손작업이 빨랐던 그런데 혹시 교수님께서 평가를 객관적으로 할 부분이 있지 않을까? 있으면 혹시 그런 것도 아울러 말씀해주시면 제가 많은 공부가 될 것 같습니다. 네 간단하게 토론을 마치겠습니다.

■ 한상도: 예 감사합니다. 우리가 앞에 우리 세키네 교수님도 한일관계사료집, 이런 책을 우리가 아직 관심을 덜 가졌던 이런 좋은 자료를 이런 우리의 모임의 성격과 딱 부합하고 해서 한번 모두가 관심 갖는 사람이 이렇게 그만큼 늘어나게 되는 것도 우리가 그 자체가 한일관계 발전에 보탬이 될 수 있을 것이다. 그 의견에 전적으로 동의하고요. 김인덕 교수님이 토론하신 지적에 대해서 제가 우선 시간 나는 대로 해서 참석한 우리들만이라도 공감대를 확보해나가는 계기가 되었으면 좋겠습니다.

먼저 왜 사료집으로 했냐? 앞에 뭐 정식명칭도 있고 그랬는데 쉽게 이야기해서 시간과 전문인력의 부족이죠? 뭐 현실이, 이광수가 서문에서도 밝혔지만 솔직한 이야기가 아니겠습니까? 말은 5개월이었지만 실제로는 80일 한 석달? 더 짧게 그리고 그게 전문인이 없죠. 사실, 이광수정도도 작가고 지식인, 문학적이지 역사, 오늘날 우리가 배타적인 입장이라고 생각할지 모르지만 역사가 입장에서의 그런 사료집이든 서술할 수 있는 능력을 갖춘 사람은 당시 임정에는 없었으니깐요. 그리고 국제연맹이 9월이고 10월이고 창설하니깐 거꾸로 역산해도 시간도 없고, 이렇다보니 또 수립직후 4월 16일날 임정이 수립되었으니 뭐가 있겠습니까? 사실은 안 그렇겠습니까?

이제 쉽게 말하면 살림집 하나 차려가지고 자기들 살기에도 지금 갖춰나가기도 빠듯한 시간인데 국제연맹이 개최된다니깐 거기에 대한 준비도 해야 되니깐 전문성도 떨어지고 자금문제도 떨어지고 이런 당시 수립직후 임시정부가 처했던 어떠한 환경 이런 부분을 한 번 꼽으면 우리가 어떤 세세한 제한이나 제약은 좀 이해가 될 수 있을 것이라고 봅니다. 그래서 다시 말씀드리면 국제연맹을 염두해 두었기 때문에 역으로 시간이 굉장히 부족했고 그리고 33명이 되는 많은 인원이 참여했지만 전문성 면에 있어서는 아까도 말씀드렸지만 3명 정도, 그나마 이런데 부합할 수 있는 전문 인력이 부족했고, 또 그다음에 더 중요한 것은 편찬하는데 참고하거나 이용할 수 있는 자료를 확보한다는 것이 현실적으로 참 어려웠다는 점, 그런 점을 우리가 이해를 해야 할 것 같습니다.

그 다음에 3부 내용에서, 뭐 꼭 3부 내용만이 아니라 전체적으로 내용 서술에 있어서 오늘날 우리가 전문학자 입장에서 고대사든 한일관계사든 여기 계신 발표자와 토론자가 고대, 중세, 시대별로 전문영역이 오늘날에는 다 따로 따로지 않습니까? 아마 우리가 한일관계사료집을 오늘 여기 참석한 시대별 전문가들이 공동작업으로 한일관계사료집의 내용을 만약에 공통적으로 분석한다면 굉장히 많은 문제점이 있을 겁니다. 그러나 문제점이 있다고 한일관계사료집에 가치가 떨어지는 것이 아니라 학문적 객관성을 확보하는 입장에서는 굉장히 지적할 것이 많이 나온다. 그러나 우리가 이해해야 될 것이 수립직후에 그 사회에서 이 책 자체가 정치적 목적으로 군이 이야기 하자면 당시 한국이 처했던 정치적 목적, 그런 상황을 알려야 한다는 목적에서 시작되었기 때문에 내용 서술상에 있어서 어떤 객관성 이런 부분은 책으로써, 학문적 기준에서는 굉장히 한계가 있지만 그 부분이 이 책의 간행의 빛을 가린다거나 가치를 떨어뜨린다거나 그런 것으로서 평가를 받을 수는 없을 것 같다. 그런 점은 우리가 양해를 해야 한다고 말씀을 드리고 싶습니다. 뭐 제 생각은 그렇습니다.

그 다음에 세 번째 질문에서 3.1운동의 배경을 설명하는 부분에서 김인덕 교수님께서 만주와 노령지역의 독립운동을 누락시킨 이게 지금 일부러 누락시켰다기보다는 아시다시피 10년 이후에는 이미 압록강 건너편에는 우리가 아는 신흥무관학교로 대표되는 경학사, 부민단, 한적회 등 서로군정서로 이어지는 주로 평안도 분들에 의한 10년대부터 신흥무관학교로 대표되는 독립운동의 어떤 기반성이 있었고, 그 다음에 두만강 건너편에는 중광단, 정의당, 북로군정서로 이어지는 그 나름대로의 독립운동의 기반이 10년대부터 이미 이 책이 나온 19년까지 조성이 돼있었습니다. 아시다시피 여기에 임시정부 수립에 참석한 그 당시의 1919년 4월 달 그 시점에 상하이 모인 분들은 역설적으로 만주, 노령지역에서 오신 분은 적었거든요. 이미 그분들은 상하이로 군이 올 이유가 없죠. 이미 그 곳에서 나름대로 서간도, 북간도 지역에서 항일운동을, 무장투쟁을 전개하고 있었기 때문에 군이 임정으로, 그게 또 교통편이나 이런 면에서 만주, 노령에서 상하이로 온다는 것이 3.1운동 이후에 일본의 엄정한 감시망이나 이런 것을 감안했을 때 온다는 것 자체도 좀 불가능하고 온다고 노력하는 것 자체가 효율성이 떨어지고 그러니깐 전문가도 없고 소문으로만 들었고 이러니깐 그런 상황이 반영된 결과로써 한일관계 사료집에 만주노령지역에 관한 독립운동부분은 그리고 독립운동은 주로 3.1운동에 집중되어 있고 기타부분에 대해서는 시기적으로 봤을 때도 3.1운동 직후 불과 몇 달 만에 만들어졌기 때문에 독립운동 범주나 이런 전반적인 부분에서는 근본적인 한계가 있다. 그런 점을 우리가 이해할 수 있겠습니다.

그 다음에요. 이 책이 조금 전에 김인덕 교수님이 말씀하셨지만 우리가 이시기에 20년 초반 이시점이 대표적인 것으로 박은식 선생님의 독립운동지혈사를 해서 거기에 독립운동지혈사에 나오는 독립운동일람표나 3.1운동 때 피해상황, 3.1운동 때 만세시위 상황 이런 부분이 도표나 기타형태로 참 많이 있거든요? 이 부분이 사실은 한일관계사료집의 내용과 유사해요. 그 부분은 이시기에 독립운동지혈사가 만들어진 것이 조금 한일관계사료집보다 시기적으로 뒤거든요. 그러니깐 거꾸로 이야기하면 이게 학계에서도 다 동의하는 부분인데 박은식 선생님이 독립운동지혈사를 쓰게 된, 본인이 쓰겠다는 결심을 촉발시킨 원인 중에 하나로 임정의 한일관계사료집의 이런 부분이 계기가 됐다. 그 역할을 했다. 그것은 우리가 충분히 동의를 할 수 있는 얘기고 그러다보니 또 박은식 선생이 나중에 25년쯤 와서 임시정부의 대통령도 하시지 않습니까? 박은식 선생이 임시정부 대통령하시고 이 시기 20년대 초반에 임시정부에서 간행한 신문인 독립신문에도 보면 박은식 선생이 굉장히 많은 우리 고대사나 이런 역사 논설들을 이 시점에 독립신문에 굉장히 많은 글을 기고하셨거든요 그런 상황을 보면 일종의 연속성 그래서 한일관계사료집에 어떠한 간행됨으로써 9월 23일 날로써 임시정부나 임시지정부에 참여했던 인물이 우리역사에 대한 관심을 접었다든가 그다음에 간행하려고 노력을 하지 않았던 것이 아니라 그것이 계속 지속됐다. 이것이 거꾸로 박은식 선생의 독립운동지혈사가 그러한 지속성을 입증해 주는 것이다. 그리고 그것을 또 뒷받침해주는 것이 뭐냐면 우리 아까 발표 때도 말씀드렸지만 이광수, 김병조, 이원익이 아니었습니까 사료위원 33명 중에서 특히 집필위원 5분을, 본격적인 주된 역할을 하신 5분 중에 김병조목사가 이분이 결국 이 시점 뒤에 한국독립운동사략이라는 책을 내거든요. 단행본으로 당신 이름으로, 개인 자격으로 그러니깐 김병조 선생이 한일관계사료집 집필에 참여했고, 그리고 이 작업이 끝난 다음에 그것에 이어서 당신의 이름으로, 김병조의 이름으로 한국독립운동사략이라는 단행본을 간행했다. 이 사실만 입증하더라도 당시 임정의 역사서 편찬에 대한 관심, 그리고 정책적으로 이게 그당시 여건이 어려워서 얼마나 끝까지 갔는지는 모르겠지만 어려움은 있었겠지만 그러한 관심을 가지고 있었다. 그것이 독립운동지혈사로도 뒷받침 되는게 아니겠는가 이렇게 이야기 할 수 있을 것 같습니다.

그 다음에요. 한일관계사료집의 실실적인 효과, 이 부분이 저도 김인덕선생님하고 지적해주시면서 생각을 많이 해봤는데 사실 우리가 간행했으면 효과 뭐 당장 그렇습니다. 이거 보시다시피 한국어하고 한자어로 되었거든요. 그럼 이걸 국제연맹에 제출하려면 일단 영어로 되야 할 것 아닙니까. 국제연맹에 냈다고 가정을 했을 때 국제연맹에 참석한 유럽권이나 아시아에서 일본이나 중국권을 빼면 한국어와 한자로 쓰인 이 책을 누가 읽을 수 있겠어요. 그래서 그런 부분이 충돌되는 이야기인데 그게 이 책의 서지학적으로 가치를 보면 첫 번째 한계로 되고 있죠. 그러나 당시 임정에서 물론 당시 일본의 와세다나 도쿄대학이나 10년에 일본의 유학생으로써 임정의 참석한 사람들이 많거든요. 독립신문에 주관자도, 주필이 이광수였으니깐 그래서 그분들이 영어실력에 대한 부분, 또 하나는 5개월 동안 영역이 현실적으로 가능했겠느냐 이 내용 차제가 서술자체가 어려운데 그냥 에세이처럼 쓰는 것도 아닌데 팩트, 사실자체를 영어로 번역해서 국제연맹에 재출했으면 딱 좋은데 그것까지는 못가지 않았겠는가 그런 유추를 해 보는데요 그것은 제 유추이고 그것에 대한 접근이 학계나 연구자의 접근이 아직 미흡하기 때문에 제가 이번에 우리 손승철교수님께서 좋은 기회를 주셔지고 제가 여기서 개발된 바가 큰데요. 이거 끝난 다음에, 이 발표 끝나면 이어서 과연 이게 배포가 되었을까? 배포가 될려면 상하이에서 9월 23일 날 만들었어요. 그러면 이게 어디 국제연맹으로 가려면 그게 과연 임시정부나 한국인 이름으로써 상하이에서 일본의 정보망을 피해서 국제우편으로 어디 나갈 수가 있겠는가. 이런 부분 그리고 또 하나는 영어로 이게 현실 아닙니까? 그리고 또 하나는 그것이 루트가 있었다면 실패를 했든 성공을 했든 어떤 루트든 시도는 있었을 것이다. 시도가 있었는지 없었는지 그러면 어떤 루트를 통해서 시도를 했는데 어떻게 해서 좌절을 했다든가? 아니면 또 일부가 남아서 어디선가 발견이 된다든가 사실은 이런 부분에 대한 호기심, 그게 또 우리가 연구 작업에 주어진 이후의 과제가 아니겠는가. 그런 제 나름대로의 생각을 해보았습니다.

그리고 마지막으로 이것을 통해서 임시정부의 기록 태도, 이 부분은 기록하면 사실 요즘에 와서는 일본분들이나 일본학자분들이 훨씬 저희보다 제가 볼 때에는 더 기록에 대한 열정이나 애정이나 이게 더 강하고 높다고 생각합니다. 그래서 저도 부끄러운 마음을 가지고 있는데 이 시기에 한 번 보면요. 이 한일관계사료집 뿐만 아니라 일단 1932년 4월 29일 날 상하이 홍커우 공원에서 일어났던 윤봉길 의거를 계기로 해서 상하이 주제 일본 영사 경찰부에서 독립운동가들을 전부 체포를 하게 됩니다. 체포를 해가지고 그때 수집한 자료들을 가지고 만든 것이 조선민족운동연감이에요. 그것을 가지고 만든 것이, 목록만 그게 일본의 김정명 선생이 쓰신 조선독립운동에 조선운동연감이 단행본인데 그대로 목록이 사실 전제가 되어 있어요. 그 목록에 보면 무지무지하게 많아요. 4월 29일날 상하이에서 일제가 압수한 수집자료 목록이 몇 백 페이지가 돼요. 목록만. 그리고 그 다음에 일기 같은 것도 이게 그것이 역설적으로 그때 다 압수가 됐겠죠. 그 압수 된 것이 일본 외무성, 그 당시 한국 식민통치에 필요한 관계기관에 다 그 사료들이 전해졌겠죠. 그리고 또 하나 민족운동연감에 실린 목록에 양과 질로 봐서 역설적으로 그것을 생산해 낸 것은 임시정부니깐, 생산된 것은 임시정부와 독립운동가들이 생산한 문서 아닙니까. 그것이 임시정부의 기록태도를 뒷받침해 줄 수 있고, 그리고 또 하나는 우리가 지금 대한민국 국회도서관에서 1976년도에 간행된 대한민국임시의정원 자료집 회의록이 있어요. 대한민국임시의정원회의록이 이렇게 두꺼운데 그게 그 당시에 펜으로 쓴 것이다. 활자가 아니고 이게 19년부터 그 다음에 윤봉길의거 32년 5월 달부터 이제 임정이 도망 다니기 시작하지 않습니까? 윤봉길 의거 이후에 항저우로 해서 중경까지 가는데 그 피난하는 과정에서도 임시의정원회의를 열어요. 많이는 못 열어도 회의를 열고 회의록이 그대로 남은 것이에요. 그 회의록을 요즘으로 말하면 펜으로 써가지고 그것이 다 남은 것인데 나중에 일부는 잃어버리기도 했지만 지금 나와 있는 것이 대한민국임시정부의정원 회의록 그 책이 남아있는 사실로도 임시정부의 기록태도를 충분히 뒷받침 해주는 것이 아니겠는가라고 생각을 합니다. 이상 저의 답변을 마치겠습니다.

■ 손승철: 아주 열변을 토하시는데 혹시 이와 관련해서 의견 있으신 분 있으십니까? 안계시면 바로 현대사에 마쯔다 선생님 발표에 대해서 김영미 박사가 토론을 하겠습니다.

■김영미: 네 토론을 맡은 김영미라고 합니다. 오늘 이 자리는 제 개인적으로 감상을 먼저 잠깐 말씀을 드리면 수많은 사료를 섭렵해온 여러 선생님들의 연구내공이 정말 집약되어진 시간이 아닌가 생각이 듭니다. 작년에 박사학위를 받고 신진연구자로서 이렇게 한발을 내딛을려고 하는 그런 입장인데 부담스럽지만 매우 영광스럽고 큰 공부가 되었습니다. 더욱이 마쯔다 도시코 선생님은 한일양국을 통해서 매우 정열적으로 연구 성과를 내고 계시는 권위 있는 연구자로 제가 성함을 귀동냥만 하던 입장이었는데 오늘 가까이서 뵙게 되서 큰 영광인데요. 선생님께서 일찍이 조선부분이나 경찰 관료해서 관료에 대한 체계적인 연구를 꾸준히 해오 신 것으로 알고 있습니다. 작년에만 해도 동아연맹과 조선, 조선인이란 저서를 내시고 그 외에도 다수의 관료인사에 대한 어떤 자료의 감수와 해설을 하고 계신 것으로 알고 있습니다. 한국에서도 그와 관련된 논문을 발표하서서 상당히 독보적인 연구 성과를 구축하고 계신데요. 오늘 발표하신 내용도 그러한 성과의 연장선에서 연동되는 일부분이라고 생각이 됩니다. 저는 식민지 시기라는 시대적인 공통점 외에는 선생님께서 세우신 그런 부분에 대해서는 문외한이나 다름없습니다. 그러한 입장에서 선생님의 글을 읽으면서 많은 공부가 되었고 나름 단편적이고 지역적이지만 제가 든 생각을 중심으로 해서 토론을 대신하고자 합니다.

아까 내용은 너무 요약을 잘해주서서 그 부분은 생략을 하고요. 오늘 설명을 해 주신 내용이 후학입장에서 보면 특히 식민지시대를 대상으로 하고 있는 연구자 입장에서 보면 상당히 유용한 정보를 제공해주는 그런 내용이 아니었나 생각이 듭니다. 특히 총독부관료의 개인자료가 어떤 경위에서 만들어졌고 또 현재 어떻게 소장되고 있는지 이런 것들이 단순히 홈페이지를 통해서 객관적인 것을 설명해주는 것으로 그치는 것이 아니라 선생님께서 다 발로 뛰시면서도 거기서 직접 경험하신 노하우가 다 같이 들어있는 것 같아서 매우 감동을 받았습니다. 그래서 저는 크게 4가지로 일단 질문을 구성을 했는데요.

첫 번째로, 선생님께서 물론 서론에서 언급을 하고 계십니다만 일본의 사문서에 중심으로 한 자료의 상황이 가지는 문제점에서, 군이 문제점을 꼽자면 공문서에 대한 정리 공개가 늦어지고 있다는 점을 지적하고 계십니다. 제가 생각하기로는 공문서라는 것이 성격상 그것을 공개하는지 어떻게 해야 하는지는 국가의 입장이 강하게 반영되어 있는 영역이 아닌가 이런 생각이 드는데요. 공문서 공개와 정리에 관련해 이 시대의 일본 연구자 또는 일본 내에서의 시민단체 같은 그런 조직을 통해서 어떤 조직적인 움직임이 이루어지고 있는지, 그러한 현황에 대해서 알고 싶습니다.

그리고 두 번째는, 선생님께서 오늘 개인 사료를 인용한 사례연구에서 守屋榮夫일기에 주목을 하셨고 그것에 대한 인맥관계를 분석을 하고 계십니다. 모리야 일기는 이미 다른 논고를 통해서 선생님께서 활동 전모를 규명한 것이 있다고 주석을 달아놓으셨는데 오늘은 아마도 이 분량 상 그 부분에 대한 설명을 많이 생략하신 부분이 있다고 생각이 됩니다. 그래서 그런 부분에 대해서 조금 보충설명을 해 주시면 모리야 인맥을 파악하는데 있어서 좀 더 이해가 깊어지지 않을까라는 생각이 들고요. 그래서 선생님께서 이렇게 하시는 처음에 생각하셨던 주제를 이끌어가시면서 1920년대 식민지 지배 정책을 검토하는데 있어 개인 그 당시에 엘리트 측에 속한 개인관료의 기록을 분석함으로써 이러한 부분들이 인적구조를 하나의 실마리로 해서 들여다 볼 수 있다. 이렇게 이야기 하셨는데 제가 급하게 읽다가 보면 느낌이 그런 것들이 1차적인 어떤 객관적인 분석이 그치고 있는 것이 아닌가라고 하는 인상을 받았습니다. 그것은 모리야라고 하는 관료가 가졌던 인맥관계에서 어떤 특별한 갈등관계라든지 그런 것들이 명확하게, 물론 없었을 수도 있었겠지만 그런 것들이 없었기 때문에 오히려 밋밋하게 읽혀나가는 구조가 아니었는가 하는 그런 아쉬움이 있었는데요. 근데 아까 마지막에 PPT자료를 표로 다 정리를 해주면서 보충설명 하시는 것을 듣고 이 부분에 대한 인상은 해소가 되었던 것 같습니다.

그리고 세 번째로는, 그렇다면 모리야가 가진 관료로서, 외무성 출신의 가장 엘리트라는 부분을 설명을 하고 계시는데 그렇다면 그 외에 모리야가 가지고 있는 어떤 관료로써의 특별함 그것이 있는지가 궁금합니다. 이러한 부분은 모리야와 비슷한 처지에 있었던 다른 관료의 비교나 이런 것들을 통해서 설명하셨다면 제가 좀 더 명확한 이해를 하지 않았을까라는 생각이 드는데요. 예를 들면 모리야가 조선인을 속으로는 하대하면서도 그것을 겉으로는 드러내지 않았다든지 아니면 특이하게 조선인 사회에서도 여러 인맥을 넓혔다고 설명을 하셨는데 그러한 부분들이 모리야라는 관료에게만 볼 수 있는 독특한 것인지 그것이 궁금했습니다.

그리고 끝으로는 선생님께서도 2장 끝에서도 잠깐 언급을 하고 계십니다만 역시 역사 연구자로서 제가 느끼게 되고 고민하게 되는 부분으로 선생님의 견해를 듣고 싶은 것이 역시 이런 사적자료를 이용하는데 있어서 그 자료가 가지고 있는 한계점, 그리고 그에 대한 자료비판을 어떻게 접근해야되는지 후학에 입장에서 선생님의 견해를 조금 더 한말씀 듣고 싶습니다.

저의 토론에 대한 내용은 이것으로 마치겠습니다.

■松田利彦: 감사합니다. 여러 가지 제 논문에 부족한 점을 지적해주셔서 감사합니다. 4가직 정도의 질문이 있었기 때문에 그 부분에 대해서 순서대로 가능한 대답을 해드리도록 하겠습니다.

첫 번째 질문입니다. 공문서의 공개나 정리에 대해서 어떤 연구자라든가 시민단체가 조직적으로 어떤 공개를 요구한 적이 있는가에 대한 질문이셨는데요. 전반적으로 활발하다고 할 수 는 업겠다만 사회적으로 문제가 될 만한 역사적 사건에 대해서는 그 같은 움직임이 있습니다. 예를 들면 아시는바와 같이 일본군 위안부 문제, 종군위안부 문제라든가 처음의 이 문제가 한일정부관련의 문제가 되었을 때 일본정부는 종군위안부 관련 문서는 존재하지 않는다고 이야기를 했는데요. 시민단체의 압력을 받아서 경찰청의 문서가 공개된 적도 있습니다. 현재도 이러한 위안부 관련 문서 공개운동은 여성단체 등등의 의해서 계속되고 있습니다. 다만 그러한 사례는 굳이 말하자면 예외적인 사례라고 할 수 있겠습니다. 왜냐하면 일본의 역사학자들의 힘이 약하기 때문이다. 라는 것을 들 수 있겠습니다. 그 이외에도 여러 가지 움직임이 있을 것 같습니다. 일본의 경우에는 예를 들면 미국과 비교했을 때 문서가 현존하고 있는지가 불명확 한 경우도 자주 있습니다. 어떠한 문서가 공개되고 어떠한 문서가 미공개가 되어있는지라는 것 이전에 어떤 문서가 애초에 존재하는지라는 것이 분명하지 않다. 특히 조선지배와 관련된 것이라면 예를 들면 戰前에 총무성, 정무성이 어디에 있는지 알 수가 없습니다. 1929년에 만들어진 조선과 타이완을 식민지 지배하던 관청의 이름인데요. 이 당시의 식민지 지배와 관련된 행정문서를 대량으로 가지고 있을 터인데 지금도 그것이 어디에 있었는지 알 수가 없는 것입니다. 그래서 탁무정무차관 스미코우지 같은 사람들, 사문서를 통해서는 이 사람의 기록이 남아있는데 그런 부분에서 탁무성문서의 존재가 있다는 것은 추측은 할 수 있지만 어디에 있는지는 알 수가 없기 때문에 그것과 관련된 요구운동 자체가 이루어지지 않고 있는 것입니다.

그 다음에 두 번째, 세 번째는 공통된 지적인 것 같습니다. 다시 말해서 후반부 제 발표에서 모리야에후의 인관관계를 고찰하는 것을 통해서 얼마만큼의 역사적 고찰이 가능한가라는 것을 다른관료와 비교를 통해서 비로소 이 시기에 쓰였던 시대상이 명확해지는 것이 아니겠는가라는 질문이십니다. 지적하신 부분은 타당하다고 생각합니다. 원래 제 구상은 모리야의 인맥을 조사를 하고 그것의 파벌들이 어떠한 권력구조를 만들고 있는지를 파악하고자 하는 것이었습니다. 그것이 1920년대의 조선지배정책에 어떻게 반영되었는가하는 것들을 고찰하고자 하는 것이었습니다. 다만 실제로 보면 너무 대대적으로 분량이 많아졌기 때문에 그냥 전반부에서 멈춰버렸습니다. 선생님께서 지적하셨듯이 오늘 제 발표는 정책분석을 위한 전제를 되어야 한다는 것을 논한다는 지점에서 멈추고 있습니다. 이 부분은 사실 어떤 의미에서는 핑계가 될 수 있겠는데요. 이전에 제가 썼던 책에서 모리야를 포함해서 다른 내무성 출신관료들을 분석을 한 것이 있습니다. 기본적인 제 생각은 내무성 출신 관료들, 이 사람들은 일정의 공통된 사고를 가지고 있다고 생각됩니다. 뭐냐면 일본 국내에서 이 사람들은 대중데모크레시에 대해 어느 정도 유연한 사회정책을 펼쳤다고 생각합니다. 그리고 조선으로 온 이사람들은 조선에 그것을 응용하려고 했다. 예로 들면 독립운동에 대해서 혹은 민중에 대한 캠페인이라든가 이런 부분에 그러한 경향을 보인다고 생각합니다. 그러한 점에 있어서는 3번째 질문, 특별한 부분이 있었는가라는 지문에는 물론 있었습니다만 이것은 군이 말하자면 그렇지가 않고 모리야의 특이성을 강조하기 보다는 3.1운동 이후의 대량으로 조선의 도입된 내무성 출신 관료들을 대표하는 관료로써 거론하고 싶다 그렇게 말씀드리고 싶습니다.

　마지막으로 사문서의 유용의 한계, 자료비판 방법에 대한 질문이셨습니다. 여기에 대해서는 어려운 문제입니다. 그렇기 때문에 사실 다른 발표자들의 의견도 들어보고 싶은데요. 저는 기본적으로는 복수의 자료를 통해서 앞으로 조치하는 것이 좋지 않겠느냐라는 생각을 합니다. 오늘 이야기했던 모리야에후의 문서에서도, 지금까지 사이토마코토 총독부의 문서, 사이토마코토의 문서하고도 보면 좀 다른 역사적인 그런 모습을 볼 수 있을 것 같습니다. 다시 말해서 지금까지의 문화정책이라고 하면 사이토총독 한사람의 발의한 것으로 만들어졌다하는 이미지가 강했는데요. 모리야의 문서를 보면 그것을 보완하기 위해서 모리야를 비롯한 내무성출신 관료들을 기용을 했고 그러한 관료들의 행동이 있었다. 라는 것을 알 수가 있었던 것입니다.

또한 사문서로써의 한계가 있다는 것도 분명히 맞는 말씀이십니다. 발표에서 지적을 했듯이 사문서는 잘못하면은 개인의 공적을 칭송하는 그런 자료가 되어버리기 쉽다고 말씀을 오늘 발표에도 말씀을 드렸는데 모리야의 내부에도 조선인 차별이라든가 이런 것들이 굉장히 강하게 나타나고 있었습니다. 여기에 추가해서 말씀을 드리고 싶은 것이 있는데요. 그것은 한계는 한계로서 인정을 하면서 한계이기 때문에 배제하는 것이 아니라 한계 그 자체를 역사적인 현상으로써 분석할 필요가 있지 않겠는가라고 생각합니다. 모리아에 조선이 차별이라고 하는 것도 그 당시에 조선에 있었던 일본인들의 사고방식을 분석하는데 있어서 굉장히 중요한 자료가 될 것이라는 생각이 들고요. 이것은 다른 사문서의 한계에서도 같은 것을 볼 수 있지 않겠는가라고 생각합니다. 네 감사합니다.

■ 손승철: 이렇게 해서 현대분야의 두 분 발표에 대한 약정토론을 했습니다. 우리가 약속한 시간보다 상당히 오버가 됐습니다만 혹시 현대사 부분에 추가로 코멘트하실 내용이 있으면 지금 시간에 해주셨으면 좋겠습니다. 안계시면 중세로 넘어가겠습니다. 중·근세에는 먼저 조선전기에 해당되는 마쓰오 선생님 발표에 대해서 장순순 교수께서 토론을 해주시겠습니다.

■ 장순순: 예. 저는 토론을 하게 된 장순순입니다. 사실은 제가 한국으로 말하면 조선전기, 일본으로 말하면 중세 후기에 대해서 잘 아는 것이 없습니다. 그런데 발표를 듣고 토론을 하게 되면서 제가 또 이 분야의 마쓰오선생님이 연구를 계속 해오신 분이고요. 공부가 많이 됐습니다. 일단은 제가 간단히 247페이지에 토론문을 작성을 해왔는데요. 논문의 의의부분은 그냥 생략을 하겠습니다. 다만 간단하게 세 가지만 말씀을 드리겠습니다.

일단은 첫 번째 발표자 분께서는 기존의 논의와 차이가 뭐냐면 도서제도 성립이라고 하는 것이 일반적으로는 조선측의 통교라고 하는 통교제한, 통제라는 측면에서 만들어졌다고 하는 것이 일반적이었는데 그것은 그러기보다는 일본 통교자가 스스로 요구하는 것에서 시작이 되었다라고 이야기를 했습니다. 그래서 결국에 결과로써 조선의 통교규제가 나왔다고 이야기 하고 계십니다. 그런데 기본적으로 보면 태종대 板倉宗壽나 세종대의 板倉滿景의 사례 그리고 攝川씨 같은 경우에 그다음에 攝川씨와 증가하는 조선통교자 사이에서 규슈지역에서의 영향력 확보 내지 일본의 대외무역을 실제로 담당하였던 博多 상인들의 조선 무역에 대한 기대가 맞아떨어진 결과였다고 본 논문에서 발표를 하고 계십니다. 특히 1405년에 경우에 태종5년에 있었던 攝川滿賴의 도서청구의 경우에는 당시 筑前에서 세력이 약했던 攝川氏가 조선통교를 보존할 목적으로 博多 상인의 주도하에 이루어진 것이라고 해석, 새로운 의견을 말씀해주셨는데요. 결국에 물론 이게 오늘 같은 경우에도 보다시피 한일관계, 조일관계의 측면에서 보면 선생님께서 그동안의 연구가 일본 국내사의 입장에서 이것들을 보신 것이고요. 그러한 견해로 하면 그러한 견해에 대해서 저도 동의하는 바가 있습니다. 그러나 이것을 양국관계의 측면에서 보면 여기서 제가 첫 번째로 말씀을 드리고 싶은 것은 일본 쪽에서 일본 통교자가 이러한 도서요구를 수용을 했고 라고 했는데 그렇다면 조선은 이러한 수용을 왜 했을까? 그러니깐 그것이 일본 측의 요구에 대해서 수용에 대한 상응한 무언가를 얻기 위한 것은 없었는가 뭐 이런 것들을 추적을 해봐야하지 않을까라는 생각을 해보았습니다.

두 번째 같은 경우에는 선생님께서 도서가 어떻게 운용이 되었는가. 도서 운용 실태라고 하는는 측면에서 도서를 보면 도서에 관명이 아니라 그 사람의 이름, 실명이 각인되었다는 측면에서 도서라고 하는 것이 본래 官印文이라기보다 私印적인 성격을 가지고 있다고 이야기하고 계십니다. 실질적으로 일률적으로 관명이 아니라 어떤 사람의 인명이 쓰였다는 측면에서 보면 그것 또한 저도 납득할 수 있습니다. 그러나 이것도 첫 번째와 마찬가지로 이게 실명이라고 하는 측면에서 일본 측 관점에서 봤을 때는 설득력이 있지만 그러나 발급을 해준 조선의 입장에서 보면 도서의 발급처가 사실은 관, 특히 예조, 그래서 그것이 조선국왕의 명에 따라서 예조에서 일본 통교자들에게 만들어서 지급되었다는 사실을 본다면 이것을 꼭 사인이라고 한정지을 수 있을까라고 하는 부분입니다. 특히 도서라고 하는 것이 문서에서 독립적으로 사용되는 것이 아니고 조선측에서 보면 관에서 만들어지고 지급된 書契와 文引이라는 것과 함께 사용되었다는 측면에서 본다면 이것은 도서의 성격을 단순하게 私印이라고 평가하기에는 조금 재고되어야할 필요가 있지 않을까 생각이 듭니다. 아울러 도서가 갖는 본래의 성격이 인제 보면 실용권 활용의 부분에 있어서 조선통교인의 통제라는 부분은 기본적으로 다 받아들이는 부분이고요. 더 더욱이나 이러한 것이 그 자손에게 자동적으로 계승되는 것이 아니라 당대에 한정된다는 측면에서 보면 이것은 바로 조선의 입장이 표현된 것이라고 보입니다. 그래서 이러한 부분도 조선의 입장, 조선 측 부분도 같이 고려해서 검토가 된다면 이러한 도서에 대한 성격에 관해서도 다른 견해도 좀 도출되지 않을까라고 생각을 해봤고요.

　마지막 질문은 사실 제가 평소에 고민을 해왔던 질문이고 마침 마쓰오 선생님이 이 분야의 전문가이기 때문에 고견을 듣고 싶은 것인데요. 이 16세기가 아까 자료도 없고 또 하나는 위사의식이라고 이야기를 하고 있습니다. 근데 이 시기가 공교롭게도 한일관계에서 중요한 외교통로라고 볼 수 있는 통신사가 단절이 되고 있는 시기이기도 합니다. 위사의 시기가 통신사 단절되고 있다는 이러한 시기적인 상황 속에서 전문가로서 이 부분이 위사라고 하는 것과 통신사 단절이라고 하는 부분에 있어서 조일관계의 어떤 상관관계를 설명할 수 있는 방법은 없나라는 부분의 고견을 듣고 싶습니다. 이상입니다.

■ 손승철: 네 정확히 5분안에 질문을 마쳐주셨습니다. 근데 첫 번째 질문은 굉장히 중요한 질문 같아요. 조선시대 저도 전공하는 입장에서 보면 도서가 일본 측의 요구에 의해서 시작되었다고 하는 것은 이제까지 한국에서의 통설을 뒤엎는 것이거든요. 그래서 그것과 관련해서 좀 말씀을 해주십시오.

■ 마쓰오: 참고가 되었습니다. (52:00~04) 수도서가 일본인에 요청에 의해서 이루어졌다면 왜 조선이 도서를 주었는가라는 점에 대해서는 우선은 이것을 생각하기 전에 당시 조선 왕조는 명에게 사대를 하고 있었다는 전제가 있다는 것을 주의를 해야 할 것 같습니다.

　우선 첫 번째로 시부까와 미쯔요리가 서인을 조선 왕자에게 서인을 요구하는 것인데 그때에 태종은 명에 대한 사대정책에 맞지 않는다는 것을 우려해서 주지 않았다. 라는 것입니다. 그래서 처음에는 조선은 일본인 통교자에게 도서를 주고 싶지 않다. 라는 것이 원칙이었습니다. 그랬는데 이러한 방침이 뒤집어지게 되는 계기가 있는데요. 통제를 위한 것 같습니다. 다시 말해서 조선 측에서는 일본인 통교자를 규슈탐제나 쓰시마통제에게 통제시키기 위한 하나의 도구로써 주고 있었던 것입니다. 그런데 이것을 보고 다른 통교자들도 도서를 요구를 하게 되어진 것인데 전례가 있는 것도 있고 또 공적인 틀을 만들어서 통교자를 확정 시켜 둔다는 것은 조선 측에 있어서도 이익이라고 생각을 해서 도서를 주게 된 것이 아닐까라고 추측을 하고 있습니다. 다시 말해서 일본인 측에서 요구를 했고 그 요구에 따라서 조선쪽도 사정이 좋으니깐 그렇게 하는 것이 더 좋으니깐 그렇게 부응하게 되는 것이 조선이 도서요구를 수용한 경위가 아닐까라고 저는 생각합니다.

다음 두 번째인데요. 공적인 통교가 있었으니깐 관명이 아니냐. 그리고 실명을 각인한다는 것은 수도서 있어서 억제책이 아니냐. 라는 질문을 주셨는데요. 우선 그렇습니다. 분명 무역에 있어서 공적인 거래를 할 때 날인을 하는 것이었기 때문에 도서는 한일교섭에 있어서 공적인 성격을 가지고 있었다는 것은 아시는 바와 같이 지적하신 바와 같습니다. 하지만 여기에 있어서도 명에 대한 사대주의를 하고 있었던 것이 그때 사정이었다는 것을 역시 고려를 해야할 것 같습니다. 즉 조선이 일본인데 대해서 관명을 각인한 인감을 주었다. 라는 것은 책봉체제에서 인정된 관계, 교린관계를 넘어서는 월경행위가 됩니다. 그래서 조선에서는 명의 체면을 생각을 해야하고 그리고 어디까지나 사적인 관계고 이것은 공적인 것이 아닙니다라고 하는 것을 자세로 해야겠다. 그것을 표명해야 했기 때문에 공적인 의미를 갖는 관명이 아니라 실명을 각인한 인감을 주었다고 생각합니다. 즉 도서의 본질은 공적인 것이었습니다만 겉으로는 어디까지나 사적인 체제를 관통해야했기 때문에 실명을 거론한 사인으로서의 도서가 발급되었던 것이다. 고 생각됩니다. 그리고 또 실명을 사용을 하는 것에 수도서인 증가를 방지하는 의도가 있었다는 지적에 대해서는 네 그런 효과는 분명 있었다고 생각됩니다. 실제 16세기 조직적인 위사파견에서도 장기적으로 도서를 이용하기 위해서는 계급프로세스 다시 받는 프로세스가 가장 필요했기 때문에 도서를 주면 통교자가 줄기는 하지만 줄고 늘어나지는 않기 때문에 실명을 각인하는 것에는 숫자적이 틀을 설정하는 효과가 있었을 것이라고 생각을 합니다. 그러나 실명을 사용하는 것은 아까 말씀드렸던 것처럼 명에 대한 어떤 체제를 지킨다는 것이 첫 번째 이유였기 때문에 조선이 관명이 아니라 실명을 각인하는 것에 명확하게 통제적인 의미를 주고 있었는지 없었는지에 대해서는 조선왕조실록 같은 사료를 가지고 잘 확인해야 할 것이라고 생각합니다.

다음은 세 번째 질문을 주셨는데요. 여기에 대해서는 예전에 규슈사학회라는 학회에서 제가 발표를 한 적이 있었습니다. 그런데 16세기에는 임진왜란 직전에만 왜 밖에 통신사가 파견이 안 되는데요. 이러한 경향은 이미 15세기 중엽부터 나타나고 있었습니다. 통신사는 일본과의 통교관계에 조정이라는 중요한 역할을 한 한편, 일본의 국정상황을 관찰해서 보고하는 임무도 있었다. 라는 것은 15세기 전기의 통신사나(57:52)로써 파견된 관인들의 복명서에서 잘 나타나고 있습니다. 하지만 이것은 위사를 파견하고 있는 세력 입장에서 보면 아주 불편한 것이죠. 위사로 파견을 하고 있는 사자의 파견 주체가 이미 죽었다. 라는 것이 판명이 되면 통교권을 빼앗기는 것은 물론 통교관계에 많은 지장을 불러오게 되기 때문입니다. 특히 쓰시마에 입장에서는 이러한 것은 반드시 피해야 되기 때문에 당시의 북부 규슈에서는 전란이 많이 있었다는 것을 또 내세워서 조선통신사 파견을 저지하려고 하는 움직임을 보이고 있는 것입니다. 그렇지만 계속 파견되는 일본인 통교자들의 사자를 의심쩍어해서 일본의 국정조사를 목적으로 손종희 등에게 통신사를 실제로 파견이 되었는데요. 조선 입장에서는 운이 안 좋게, 일본 쓰시마 입장에서는 운이 좋게 이 사자가 일본 본토에 가지 못하고 죽고 마는 사태가 발생하고 마는 것입니다. 또 마침 당시 명으로부터의 사자가 조선에 오기 때문에 그것이 조선 정부 내에서 논의의 주체가 되다 보니깐 통신사 파견은 잊어지는 형태로 논의가 없어지게 된 것입니다. 그래서 조선은 일본 본토 정황에 대해서 관심을 점점 잃게 되어 갑니다. 반대로 일본은 전국시대로 돌입하게 됩니다. 무로마치 막부 등이 공적으로 조선왕조와 교섭을 하는 상태가 이제 없어지게 되었고 공적인 사자는 안하게 된 것입니다. 16세기 한일관계는 완전하게 이런 상태로 계속 굳어지게 되는데요. 이 때의 조선의 정치상황 때문에 한일관계를 저해시키는 정치적인 요인에 대해서 혹시 여기 계신 분들 중에 잘 아시는 분이 계시면 또 알려주시면 감사하겠습니다. 이상입니다.

■ 손승철: 네 감사합니다. 도서 문제에 관해서는 우리 한문종 교수님 한 말씀 안하셔도 됩니까?

■ 한문종: 좀 있다 하겠습니다.

■ 손승철: 네 알겠습니다. 자 그럼 이렇게 해서 지금 도서문제에 대해서 장순순선생님 토론 하셨고, 함문종 선생님 발표에 대해서 이와카타 교수님께서 토론을 해주시겠습니다.

■ 이와가타 히사히코: 네 전남대학교 이와가타라고 합니다. 한문종 교수님이 발표를 하시면서 말씀을 하셨는데 교수님은 조선전기를 전공하시고 저는 조선후기를 전공하고 있습니다. 그렇기 때문에 저의 관심사는 조선 후기 쪽에 있다는 것을 먼저 말씀을 드리고 싶습니다. 오늘 전객사일기에 대해서 교수님께서 말씀을 하셨는데요. 사실은 저도 전

객사일기를 한 번 찾은 적이 있었습니다. 그것은 조금 있다가 통신사와 관련된 부분에서 말씀드리도록 하겠습니다. 그래서 발표를 들으면서 반가웠습니다. 제가 정말 그 때 고생을 했는데 이렇게 같이 같은 것을 들 수 있다니 정말 기쁘고 행복했습니다.

질문은 제가 4가지 준비를 했습니다. 네 첫 번째부터 질문을 하도록 하겠습니다. 네 첫 번째는 제목과 관련된 것인데요. 아까 ppt를 보시면서 혹시나 생각하셨을지도 모르겠지만 제목이 좀 바뀌었습니다. 처음에는 여기에 나온 것처럼 중·근세 한국의 일본관계 기록과 전객사일기 이렇게 써있는데요. 아까는 조선시대로 바뀌었습니다. 교수님에게 잠깐 물어봤더니 제가 이렇게 질문을 해서 바꿨다고 하셔서 좀 송구스럽기도 합니다. 제가 말씀드리고 싶었던 것은 사실은 중·근세라는 표현이 한국사에 있어서는 정말 애매하기도 합니다. 그래서 조선전기, 조선후기 이렇게 나누어서 하는 것이 중·근세라는 표현보다는 차라리 조선시대 이렇게 하시는 것이 어떻겠냐? 이렇게 썼고, 그리고 전객사 일기라고만 써져 있습니다. 원래 제목에는 그래서 전객사 일기에 대해서 어떻게 하고 싶다는 것을 써주셨으면 어떨까 이런 말씀을 드려서 그래서 일단 ppt에서는 그렇게 제목을 바꿔서 일단 괜찮지 않을까 싶습니다.

그리고 2장에 대한 질문인데요. 사실은 조선왕조실록을 비교한 것입니다. 조선왕조실록을 비교해서 조선 전기에는 이렇게 많은 일본 관련된 언급이 있고 조선 후기에는 이만큼의 언급이 있다. 그런 것입니다. 저도 사실 이것을 보면서 조선 후기 전공자로써 참 고민이 많습니다. 왜 이렇게 차이가 날까? 물론 이것을 단지 조선왕조실록만으로 비교할 수 없다는 것도 있습니다. 왜그라냐면 조선 후기 같은 경우에는 다른 기록들이 있어서 원래는 승정원일기라든지 일성록이라든지 다른 자료까지 다 합쳐서 원래는 비교를 해봐야 할 텐데 근데 그렇게 하면은 조선 전기같은 경우에는 조선왕조실록 이외에 특별히 자료가 없기 때문에 어렵고 그래서 일단 이렇게 비교를 하신 것 같습니다. 근데 이 부분은 왜 이렇게 바뀌었을까 물론 조선왕조실록에다가 어떤 자료를 넣고 어떤 자료를 빼야 되겠다. 그건 조선왕조의 권한이지만 왜 이렇게 차이가 났을까? 저도 한 번 생각을 해보고 싶어서 말씀을 드렸습니다. 일단 일반적으로는 일본외교에 대한 위상이 떨어졌다거나 그리고 현안들이 별로 없었다는 식으로 하고 있습니다. 그런 것이 한번 교수님의 의견을 듣고 싶어서 그랬습니다.

3장에 대한 것은 사실은 사행록에 대한 부분에 대해서 말씀을 하셨습니다. 근데 이 사행록은 지금은 번역된 것도 있고 번역 안 된 것도 있습니다. 근데 제가 요즘 놀랐던 것이 필담을 한 것이 국문학 쪽에서 다 책으로 나왔거든요. 연세대에서 한 것. 그래서 그런 부분도 여기에다가 넣으면 어떨까 하는 왜 그러냐면 그게 정확한 숫자는 생각이 안 나는데 100권, 200권짜리 책이 나왔습니다. 그래서 지금까지 했던 모든 필담 자료들을 모았다고 그러거든요. 그니깐 그것을 언급하셔도 괜찮지 않을까? 물론 우리는 역사학이고 거기는 국문학이고 하겠지만 그런부분이 요즘은 상당히 활발하게 이루어지고 있습니다. 그래서 그런 부분도 언급하셨으면 어떨까하는 생각을 했습니다.

그리고 4장에 관한 것인데요. 이건 두 가지 질문이 있습니다. 첫 번째는 아까도 말씀드린 것처럼 제가 19세기 조선통신사에 대해서 쓰고 있습니다. 아시다시피 1815년에 간 것이 마지막이고 그래서 통신사등록이 거기까지만 남아있습니다. 그 이후에는 없어요. 그래서 그 이후에 찾고있다가 전객사 일기를 만난 것입니다. 만나서 자료를 찾으려고 했는데 교수님 말씀하신대로 55권까지는 그래도 영인본으로 나와 있는데 그 후에는 영인본도 없고 하나하나 마이크로 필름으로 찾아야 해서 도저히 안 되겠다 해서 제가 포기를 했습니다. 근데 교수님 말씀하신대로 그렇게 만약에 영인본으로 나왔거나 더군다나 번역까지 되었으면 정말 제가 논문 쓸 때도 잘 이용할 수 있을 것 같다는 그런 생각을 했고, 그래서 그런 식으로 등록에 없거나 그런 부분을 활용할 수 있는 충분한 가치가 있다. 이렇게 생각합니다. 전객사일기는. 그리고 두 번째는 교수님께서 발표문에서는 171페이지가 되겠습니다. '역지교빙'이라는 용어를 쓰셨거든요. 근데 제가 '역지교신'은 전공했지만 역지교빙이라는 말은 처음 봤습니다. 그래서 어떻게 이 단어를 쓰셨는지 궁금해서 질문을 드렸습니다. 이상입니다.

■ 한문종: 예. 이와카다 선생님 여러 가지 구체적으로 질문을 해주었습니다. 저한테 많은 도움이 되지 않을까 생각이 듭니다. 4가지 질문인데요. 첫 번째는 논문 제목과 관련된 것입니다. 제가 학술대회 의도를 얼마나 충실히 따를 것인가 아니면 제가 관심 있는 분야를 발표를 할 것인가 고민을 많이 했습니다. 그래서 한일관계 자료를 소개를 해주는 쪽으로 그렇게 발표를 하자 생각을 하고 전객사 일기라고 하는 자료를 제가 선정을 했습니다. 그렇다 보니깐 의외로 제가 규장각에서 하루 종일 앉아서 그것을 보는데 하루 종일 해야 3책정도 밖에 못 봤습니다. 아마 뒤에 표에 있는 것처럼 제가 다하지 못하고 시간이 없어가지고 빠진 부분들이 그래서 생겼다고 생각을 합니다. 그래서 전객사 일기에 무엇을 뒤에 붙였으면 좋았을 것 같은데 제가 뒤에 대한 아직 보지 못 한 자료에 대한 확신이 없어서 일단 전객사 일기 그렇게 써놨었지만 좀 자료를 보완하면 전객사 일기의 사료적 가치, 이런 식으로 정리를 해야 하지 않을까 뿐만 아니라 중·근세라고 하는 용어도 주최 측에서 주어진 용어를 그대로 쓰다 보니깐 그렇게 되는데요. 발표에서도 나왔다시피 조선 전기에 관련된 사료는 그렇게 많지 않습니다. 그래서 주로 조선 후기와 관련된 내용들이 굉장히 많습니다. 그 중에서도 제

가 주안을 두었던 부분은 등록류와 관련된 부분입니다. 등록류와 전객사 일기와 관련성, 그와 같은 것들을 좀 이야기 하려고 생각을 했었습니다. 그래서 추후에 제목을 바꾸면 대일관계 등록류와 전객사 일기의 사료적 가치 그 정도로 해야 논문의 완성을 높일 수 있지 않을까? 그렇게 생각을 하고 있습니다.

두 번째 질문입니다. 두 번째 질문은 왜 조선전기에는 대일관계 사료가 많은데 조선후기에는 왜 그렇게 적냐? 저도 이 문제에 관해서 고민을 굉장히 많이 했습니다. 똑같은 조선 전기지만 조선 전기를 보면 중종 대 까지는 적어도 대일관계 기록이 굉장히 많이 나타나고 있습니다. 근데 중종 대를 넘어가면 임진왜란 이전까지 대일관계 사료가 거의 나타나지 않고 있는 특징이 있습니다. 그래서 이런 요인이 무엇일까? 저는 무엇과 연결을 시켜서 생각을 해보았냐면 조선의 대일외교정책의 현안이 무엇인가 그래서 저는 조선전기 대일외교정책의 현안을 두 가지로 봤습니다. 하나는 왜구문제를 해결하는 것, 그럼 다른 하나는 일본으로부터 조선으로 들어오는 왜인들, 통교왜인들을 통제하는 것, 아마 이 두 가지가 조선전기 대일정책을 실행하는 사람들의 외교 핵심이라고 생각을 합니다. 근데 이 두 가지의 외교정책이 대체적으로 성종 대를 기점으로 하면 마무리 되어 갑니다. 그래서 대일외교의 대한 필요성이 줄어들게 되죠. 그래서 아마 대일외교에 대한 필요성이 줄어들었기 때문에 실록에도 일본관계에 대한 기록이 좀 적지 않았을까 그런 생각을 해보고 또 하나는 혹시 주자학이 도입이 되게 되는데 이쯤되면 사림파들이 정권을 장악하게 됩니다. 사림파가 정권을 장악하면서 아마 주자학과 관련이 돼서 명 이외에 지역에 대한 관심도 줄어들지 않았을까 하는 막연한 생각을 해봅니다만 전 개인적으로 대일외교의 필요성이 줄어든 것이 아닌가? 그런 생각을 해봅니다.

세 번째 질문은 당연하신 질문입니다. 그래서 제가 여기서 소개는 하지 않았지만 사행록과 더불어서 이들 사행원들이 일본에 가서 주고 받은 필담창화록도 굉장히 중요한 연구자료 중 하나입니다. 그래서 연세대학에서 필담창화집 178권을 한글로 번역을 해서 1차로 10권을 출간한 상태입니다. 그래서 이런 자료들이 좀 더 출간이 되면 특히 일본에 대한 인식 이런 것을 연구하는데 굉장히 중요한 자료가 되지 않을까. 그래서 추후 논문을 완성할 때에 제가 이런 부분을 첨가를 하도록 하겠습니다.

네 번째 질문은 제가 비교검토라는 말을 썼는데 비교검토부분에서 빠진 부분이 어떤 것인가 없는 부분을 어떻게 보충할 것인가 아마 그런 부분들도 포함이 된 것이라 생각이 듭니다. 특히 전객사 일기는 1640년에서부터 1886년까지의 기록이 수록이 되어 있습니다. 반면에 제가 많이 이용을 했던 대일관계 등록류는 1637년부터 1754년까지의 기록이 주로 중심이 되고 있습니다. 그래서 1754년부터 1886년까지 대일관계 각각의 등록류들을 보충할 수 있는 굉장히 중요한 자료가 아마 전객사 일기이지 않을까 그래서 아까 말씀드렸던 방물에 관한 것도 역시 전객사 방물등록 일부하고 전객사일기에 나오는 것들하고 하면 조선후기 방물 전체에 관한 내용을 정리할 수 있지 않을까 그런 의도를 가지고 제가 전객사일기를 소개하려고 오늘 발표를 했습니다.

그 다음에 역지교빙이라고 하는 말은 제가 아무 의미도 없이 그냥 그 시대의 용어를 역지빙례, 역지통신 많은 용어로 쓰는데 그냥 제가 타자를 치면서 아무 생각 없이 통교, 교빙이라는 의미에서 역지교빙 그런 용어를 썼는데 그것을 지적을 받고 보니깐 역지통신이라고 하는 용어로 대체하는 것이 좋겠다는 생각이 들었습니다. 예, 이상입니다.

■손승철: 예, 고맙습니다. 그 역지통신을 제가 제일 처음에 썼는데 그대로 쓰지 그것을 왜 안써가지고, 교빙이라는 말은 안 될 것 같습니다.

그러니깐 선배가 가는 길을 따라가셔야지. 농담입니다만 혹시 도서에 관해서 한 말씀 안 해도 됩니까?

자 그럼 이렇게 해서 조선시대까지의 토론을 마치고 고대로 올라가겠습니다. 고대는 아까 우리 발표에서도 느꼈습니다만 상당히 양국의 사료 내지는 내용인식이 첨예하게 대립되고 있습니다. 그래서 먼저 하마다 선생님 발표에 대해서 한국학중앙연구원에 신종원 선생님께서 토론을 해주시겠습니다.

■ 신종원: 예, 9시 30분에 와가지고 이제 겨우 말할 기회를 얻었습니다. 하마다 선생은 한국고대사, 관계사에 권위자이십니다. 오늘 한일 고대 관계의 전 세기별로 전체를 다루었고, 또 중요한 말씀을 많이 해주셨는데 제가 이쪽 분야를 특별히 연구한 것이 없습니다. 그래서 읽고 그래도 이해가 좀 안 되는 부분 이런 것을 좀 더 설명해 주십사하는 의미에서 몇 가지 질문을 드리겠습니다. 전체 써 놓았는데 뒷부분 가서는 두 개 합쳐서, 즉 뭉뚱그려서 질문을 하도록 하겠습니다.

첫 번째 칠지도 문제입니다. 하마다 선생께서는 인제 야마오 선생의 의견을 받아들여서 칠지도가 앞면과 뒷면의 즉 한 면은 중국에서 처음 백제에 내려준 그것을 그대로 싣고 그 다음 반대 면은 백제가 왜한테 주는 그러한 문장이라고 하셨습니다. 근데 사실 칼 하나에 그렇다면 거기에 적어도 나라가 네 나라가 나옵니다. 물론 백제는 같으니깐 세 나라죠. 중국에서 백제, 백제에서 일본, 그렇게 칼 하나에 전혀 관계없지 않습니다만 다른 이야기를 또 새길 수가 있었을까? 하는 저는 아주 소박한 질문입니다. 그 말씀을 먼저 드리고 싶습니다.

그 다음에 김정학 선생 같은 경우 아예 칠지도 자체가 위조라는 말을 70년대에 하셨습니다. 이게 우리가 오래 전부터 일본서기에도 나오고 그런데 사실은 금인 같은 것 금인도 일본학계 사이에서는 위조라는 말이 굉장히 많습니다. 제가 소소한 것까지는 알지 못합니다만 혹시 일본학계에서도 칠지도도 위조에 관한 이야기가 없는지 여쭤봅니다.

두 번째는 이제 광개토왕 비문인데 거기에 왜왕이 안 나온다. 그 이야기를 하면서 왜왕이라는 것은 사실 고구려와 불구대천의 원수라고 할까? 그런 존재이기 때문에 말을 안했다. 피했다. 어쨌든 간에 그렇게 이해를 하셨습니다. 근데 어떻게 보면 왜를 그 정도로 인정을 한다면 사실 광개토대왕의 비문에 왜군·왜적이 굉장히 많이 나오는데 그것 자체만으로도 사실 왜를 굉장히 의식을 하고 어떻게 보면 광개토대왕비문의 지은이가 왜를 상당히 크다고 할까? 강력한 상대로 이미 인식을 시켰습니다. 그러한 마당에 굳이 왜왕이라는 말을 피할 필요가 있었을까? 그런 의문에 제가 질문을 했습니다.

그다음에 또 사실은 여기서 백제왕, 신라왕이 다 나오는데 왜왕은 왜 안 나오는가. 강화한 사실이 없기 때문에 싸우고 즉, 왜적이 왔지만 자 이제부터는 전쟁을 안 한다. 이제부터 너희가 항복한다. 라든지 네가 더 큰 세력이다. 그런 패배를 인정한다. 라든지 그런 강화 사실이 없기 때문에 왜왕이 나올 이유가 물리상으로, 문맥상으로 그런 이유가 없다고 보는 것이 타당하지 않은가라고 하는 생각을 선생님 글을 읽으면서 했습니다.

그 다음에 7세기에 왜, 일본관련 내용인데 저희도 광개토대왕비문에 왜하고, 사실은 삼국사기의 왜, 삼국유사의 왜가 모습이 상당히 다릅니다. 똑같이 한자로 왜라고 해가지고 똑같은 존재로 볼 수 있을까? 또 그렇다하더라도 어떤 텍스트에 따라서 광개토대왕비문을 작성하는 사람의 의도와 거기에 따라서 왜를 서술하고 인식하는 것하고 또 삼국사기 지은이가 왜를 인식하는 것하고 삼국유사가 왜를 인식하는 것은 상당히 차이가 있습니다. 제 생각에는 지금까지 고대사에서 왜를 이해하면서 이것을 다 한 면에 두고 다 같이 이해를 하는데 사실은 텍스트

별로 지금부터라도 이야기를 그래도 한 이야기의 결과, 무언가 소산이 있으려면 텍스트 클립집을 해가지고 하나하나 많은 의도들을 이야기 해야 하는데 지금은 왜를 똑같이 봅니다. 이런 것도 오늘 제가 생소한 이야기를 합니다만 어떤 문헌비판, 문학도 마찬가지겠지만 그 글을 쓴 사람, 그 글, 그 책, 아니면 그 비문 자체에서 이야기를 하지 그 비문을 이야기하는데 삼국사기 삼국유사를 끌어들여서 이야기하는 것은 오히려 이해를 그르칠 소지가 있다라는 것이 제 소박한 생각입니다.

그 다음에 그래서 이 이야기는 더군다나 최근에 중국 서안 쪽에서 백제 유민의 묘지명이 나왔는데 거기에 일본이 나옵니다. 그래서 일본은 공식적으로 701년부터 우리는 왜라는 말을 안쓰고 일본이라 부르겠다고 했는데 이것은 이미 670년인가 40년 이전에 나오는 겁니다. 그럼 이것은 뭐냐 해가지고 지금도 상당히 많은 학자들이 아직까지 결론을 못 내리고 있습니다 만은 아 그럼 우리가 왜를 왜로부터 일본으로 부르는 시점은 40년 앞당기자고 하는 일부가 있는데 이건 한국도 그런 학자가 있고 일본도 마찬가지입니다. 또 중국 이렇게 삼국의 학자가 이것에 대해서 논란이 많고 지금도 이것에 대해서 논문이 있고 학술대회가 나오고 있습니다.

그런 것이 아니라 해가 솟는 쪽이라 하면 중국 쪽에서 보면 오히려 중국에서 해가 솟는 쪽, 일출의 나라는 백제라는 것입니다. 우리는 일본, 왜 하면 다 당연히 지금의 일본열도를 말하지만 일본이라는 것도 이렇게 편차가 있는데 광개토대왕의 비문도 마찬가지고 삼국사기의 신라상대라 그럽니다. 2, 3, 4세기 정도는 사실은 왜와 관련이 없는데 상당히 밀접한 거의 서울에, 경주 가까이에 왜군이 수시로 들락날락하는 겁니다. 이것은 또 어떻게 이해할 것인가? 그랬을 때에 글자가 같다고 해서 왜, 일본 글자가 같다고 해서 이것을 다 천년, 이천년 똑같은 민족, 주민 아니면 세력으로 볼 것인가 하는 그런 의문을 제가 한번 선생님께 말씀을 드립니다.

　맨 마지막으로는 성덕대왕신종 또 최치원 그런 문제인데 저는 그쪽에 특별히 연구한 것도 없고 아는 것도 잘 없습니다. 다만 동도성립기, 안홍이라는 사람의 동도성립기라는 것은 무엇인가 하면 결국은 신라가 삼국을 즉, 백제·고구려를 멸망을 시키고 삼국을 통일할 것이다. 그래서 그 사상에 입각해서 사실 황룡사 9층탑을 세우는 이야기입니다. 그 이야기를 맨 처음 한 사람이 바로 신라 때 승려인 안홍입니다. 그래서 이 이야기를 한 것은 신라 선덕여왕 때이니깐 거의 7세기 초반이죠. 610년·620년 그때는 신라는 사실은 백제·고구려를 누르고 삼국을 통일한 포부조차도 없었다. 왜냐하면 세 나라 중에 가장 약소국이고 그렇기 때문에 사실은 우리가 말하는 신라가 삼국을 통일했다는 것은 어떻게 어떻게 하다가 보니깐 결과적으로 당나라 세력도 끌어당기고 자기가 살려고 하다보니깐 결과적으로 통일을 한 것이고 통일한 뒤에 이것을 아주 의미를 부여하고 높이기 위해서 나중에 안홍이라는 사람이 삼국통일에 대한 원대한 포부가 원래부터 있었다.하는 안홍의 동도성립기는 말하자면 위서다. 이것은 고려 때 나온 이야기라고 하는데 사실은 그 당시만 하더라도 안홍이 실제 인물인지 아닌지도 잘 몰랐습니다. 그런데 안홍이라는 사람은 정확하게 이미 神行禪師 비문에 안홍의 선대가 정확하게 나옵니다. 안홍의 가계가 그렇게 나오고 그 다음에 그 외에도 위서라는 이야기가 몇가지 근거가 있습니다. 즉, 안홍의 동도성립기는 동도라는 말은 뭐냐? 개경에 대한 동도이다. 신라는 자기가 서울인데 동도가 어딨느냐? 라고 하지만 이미 그 이전에도 동도라는 말을 씁니다. 이 동도라는 것은 내가 서울인데 동쪽 서울을 왜 또 설정하느냐? 이런 것이 아니고 당나라 아니면 인도, 즉 이 세계의 이상향, 불교국의 이상향이 인도인데 우리는 인도와 똑같은, 인도는 아니지만 또하나의 인도이다. 해야지고 동도라는 이름이라 해서 그런 이야기를 씁니다. 해동의 동도 성립기가 위서라 이야기는 1980년대 이후로 한국학계에서는 거의 그런 말을 안 쓰는데 일본학계에서는 그런 이야기가 통용되고 있는지 아니면 한국학계에서 나온 학문적인 결과를 부정할 수 있는 새로운 근거가 있는지 그 말씀을 해주셨으면 좋겠습니다.

■ 손승철: 예, 여러 가지 질문을 많이 하셨는데 죄송합니다만 좀 간단하게 답변을 해주십시오.

■ 하마다: 간단하게 대답을 드리면 신교수님께 너무 실례가 되지 않을까라는 생각이 드는데요. 신교수님은 제 입장에서 보자면 한국 고대문화사의 불교정신이 전공이시고 그런 의미에서 일본에 있는 한국고대사 연구자들에게 있어서는 굉장히 많은 자극이 되는 그런 연구·발표를 하고 계십니다. 고대 한일관계에 있어서 전문적인 연구를 안 하시기 때문에 조금 대답하기 어려운 부분도 있을 것 같습니다. 활자화 되어 있는 139페이지의 이 질문에 대해서 대답을 드리려고 합니다. 또 저는 고대 한일관계 연구자라고 소개를 해주셨는데요. 저의 연구·발표의 출발점은 연민수 교수님과 마찬가지로 1970년대 초에까지의 일본에서의 한국의 고대 사상을 다시 한번 돌아보자, 재검토하자라는 입장에서 연구를 시작했습니다. 그때에는 한국 측에 자료, 한국 측에서는 고대 한일관계를 어떻게 보고 있는지 어떻게 생각을 하고 있는 지라는 관점을 제 나름대로 정리를 해서 연구를 하려 했던 것이고요. 일본사라는 밭에서 고대 한일관계를 재검토하자라는 입장은 아니었기 때문에 저의 고대 한일관계연구 논문은 반드시 일본사 연구들이 주장하는 것과 뉘앙스가 같다고는 할 수 없습니다. 다릅니다. 그리고 한국의 고대 한일, 일한 연구자들과의 관점과도 또 다른 부분이 있을 것 같습니다. 같은

입장에 있으면서도 저와 연민수 교수님과도 좀 다른 부분이 있습니다.

그러면 칠지도 질문부터 말씀을 드리겠습니다. 칠지도의 위작설은 현재의 일본에서는 천리에 고등학교를 하고 계시는 후지이 선생님 이 한분만 그렇게 말씀을 하고 계십니다. 위조설이 성립을 하게 되면 지 금까지 일본에서의 연구라든가 한국에서의 연구 그 모든 것이 사상누 각이고 신기루가 되어 버리는 것입니다. 또 하나의 칠지도가 어딘가에 있어서 그것이 출몰하게 되면 다 문제가 해결되겠지만 안 나오고 있습 니다. 일본에서 칠지도는 중국에서 백제로 귀화한 사람이 백제에서 만 들었던 것이 아니겠는가? 라고 생각하는 것이 스즈케 교수님 중심으로 그런 생각을 하고 있고 저도 같은 입장입니다. 제 설은 야마오 선생의 설과 함께 새로운 설이라고 생각을 합니다.

두 번째 삼국사기 혹은 백제 유민에 대해서 이것은 신교수님의 질 문과는 조금 다른 부분일지도 모르겠습니다만 백제가 멸망하고 중국 에 망명한 분이 있습니다. 내이군이란 사람인데요. 이분은 678년에 돌 아가셨는데 묘지명에 명문이 적혀있는데 백제가 멸망하고 그 이후에 제 해석으로는 일본과 요쇼라고 하는 것이 백제가 부여 출신의 왕족이 있는데 중국은 단성이 기본이기 때문에 여씨가 되는 것입니다. 지금 한국에도 여씨가 있는데요. 여슈오라는 것은 백제 왕족 중에서 살아남 은 사람들 그러니깐 일본과 백제의 왕족들이 중심이 되는데 이 사람들 이 후소라는 것이 일본인데요. 중국에서 보면 동쪽으로 가서 중국으로 부터의 토벌을 피했다. 그러니깐 백제가 멸망을 하면 백제 유민들, 특 히 부여 여씨 성을 가진 사람들이 모여서 백제 부흥군 그러니깐 백제 를 부활시키자는 부흥운동을 하게 되는데 그것을 나타내는 것이고요. 그렇게 해석을 할 수가 있고 그런 내용입니다. 그래서 백제 삼서가 7 세기 후반에 일본이라는 국명 혹은 천황이라는 명칭이 표현할 즈음에 저서라고 했는데 7세기 후반에 이미 중국에서도 일본을 일본이라고,

왜국이라고 하지 않고 일본이라고 불렀다는 것이 증명되었다. 그러면 왜국을 일본이라고 표현하는 것이 일본 독자적으로 생겨난 것인지 아니면 백제삼서를 표현한 백제인 혹은 당에서 왜국이 태양이 떠오르는 곳이다. 라는 의미에서 지리적으로 봤을 때 그런 의미에서 니혼, 일본이라는 이름을 붙였는가라는 것들을 생각을 해볼 수가 있는 것입니다.

마지막으로 4번째 동도성립기 이것은 신교수님의 중요한 연구분야의 한 부분이라고 할 수 있을 것 같은데요. 고대 한국에 있어서 일본을 鄰國이라고 생각하고 있었다. 그리고 그 중에서 鄰國이면서 사이좋게 지내야 하는 이웃나라인지 경계해야 하는 이웃나라인지 하는 것에 대해서 동도 성립기를 보면 각각의 경계해야 하는 鄰國을 다 정리를 하고 있는데 그 안에 일본이 들어가 있는 것입니다. 그런데 이번에는 제가 삼국사기를 다루지 않았는데요. 삼국사기 혹은 삼국유사에 표현되어 있는 기록되어 있는 일본이라는 것은 이번에 제가 언급한 동시대 자료·사료에 의한 일본상과 후세가에 의해 편찬된 삼국사기·삼국유사에서 다루어지는 일본은 거의 이것을 병행해서 볼 수 있는 것입니다. 신교수님의 질문에 충분히 답이 되었는지 모르겠습니다. 이상으로 저의 대답을 마치도록 하겠습니다.

■ 손승철: 다음 마지막 약정토론으로 연민수교수님 발표에 대해서 나행주 선생님 토론해주시겠습니다.

■ 나행주: 연민수 선생님 발표에 대해서 토론을 맡게 된 나행주라고 합니다. 제 이름이 행주라고 해서 행복에 행자입니다. 제 이름대로 하루에 한 가지씩 저를 만나는 사람들에게 행복을 주는 것을 모토로 삼고 있습니다. 근데 오늘 특별하게 제가 잘생긴 것도 아니고요. 행복을 드리지는 못해서 다만 착한 이야기를 한 가지 하도록 하겠습니다. 보니

간 종합토론에서 사회를 맡고 계시는 손승철교수님이 시간이 조금 촉박하신 것 같고 무엇보다도 멀리서 기타지마 선생님이 일본에서 오셨는데, 제일 연로하신 분이신데 혼잣말로 피곤하다. 피곤하다고 여러 차례 하고 계셔서 그런의미에서 간단하게 질문만 드리고요. 시간을 아끼도록 하겠습니다.

손교수님께서도 역사는 기록·사료 말씀 하셨는데 결국은 기록 사료 속에 결국 인물이 아닌가 생각합니다. 그런 차원에서 연민수 선생님 발표와 관련되는 문어에 관련되는 한 가지 그리고 논어가 다름 아닌 칠지도고요 하마다 선생님도 여러 차례 칠지도에 관한 일본학계의 통설과는 또 다른 새로운 이해를 제시하고 있는 측면도 있어서요. 칠지도에 관해서 간단하게 질문 하나만 드리도록 하겠습니다.

잘 아시는 것처럼 칠지도는 물건이라고 하는, 또 손교수님이 5가지 키워드라고 하는 한일관계 2000년을 고대는 인연이라고 하셨는데 결국 백제하고 일본이 인연의 상징으로써, 인연의 징표로써 보낸 물건이 칠지도라고 할 수 있습니다. 다만 그 칠지도를 백제 쪽에서는 어떤 의미로 인연의 징표로 남겼는지, 또 받아들이는 일본 쪽에서는 칠지도를 어떤 의미로써 받아들였는지의 차이가 바로 한국과 일본의 고대 인식 차이로 나타나지 않았나. 그리고 오늘 발표에서도 연민수 선생님께서는 인연인데 앞으로 여러 가지 보살펴 줘야하는 자기보다는 한 단계 격이 아래인 친구로서 그 증표를 내렸다고 생각하는 것이고, 또 하마다 선생님은 친구사이에 우정의 상징으로서 받은 것으로 이해해야 하지 않겠느냐. 이런 두 가지 상반된 입장이고 사실은 칠지도와 관련된 이러한 해석 차이를 어떻게 메꾸느냐 이게 손교수님 말씀대로 마지막 재회에 어떤 마음으로 준비하느냐 거기에도 일맥이 통한다고 할 수 있겠지만 그런 의미에서 첫 번째 질문이자 마지막 질문은 연교수님께서 말씀하신 칠지도 헌상설, 물론 자세하고 구체적인 것은 시관관계상 말씀안하고 결론적인 부분으로만 말씀하셨기 때문에 예컨대 자료집 79페이지에 나와 있는 것은 엄밀하게 말하자면 칠지도는 백제가 일본에 보낸 우호의 표시이긴 한데 엄밀하게 말하자면 여기에는 백제왕의 우월의식이 반영된 하사품의 성격이 강하다 이런 말씀을 하셨습니다. 물론 이전에 연선생님이 발표하신 논문에 종래의 칠지도의 일반적인 예와 다르게 칠지도 자체가 보통은 4세기, 360년대 후반에서 370년대 초반정도가 제작시기라고 이야기 하는데 연교수님께서는 특별히 6세기 정도로 생각을 하고 계시고 당연히 칠지도를 만든 주체도 보통은 근초고왕대로 생각하는데 반해서 무령왕대로 생각하는 그런 전제하에서 칠지도의 성격을 헌상설로 규정하고 계십니다. 그래서 질문을 드리고 싶은 것은 만약에 통설의 입장에서 서서 369년에 만들어졌거나 아님 372년에 일본에 보내진 물건이라고 전제를 했을 때 과연 칠지도의 명문을 통해서 하사설의 입장으로 해석이 가능한 것인지 그 부분에 대한 보충설명을 듣고 싶습니다. 이상입니다.

■ 손승철: 예. 간단히 질문했으니깐 간단히 답변해주십시오.

■ 연민수: 토론문에는 질문을 4개를 하셨는데 첫 번째 질문만 하신 것 같습니다. 칠지도 문제는 아까 신종원선생님, 하마다 선생님 발표·토론에서도 나왔는데 제가 칠지도 논문을 쓸 때는 22년 전에 썼습니다. 하마다 선생님이 계신 구주대 연보조선학에 참 오래전에 썼는데 지금도 그때 논리라던가 해석을 지금도 그대로 유지하고 있습니다. 칠지도를 우리가 금석문을 읽을 때 일단 신공기에 관련기록도 나오지만 있는 그대로, 써진 그대로 한문의 용법, 문장의 흐름에 따라서 일단 읽는 것이 중요하다고 저는 생각합니다. 그래서 61자, 양면에 61자가 써져 있는데 거기서 일부 빼놓고 대부분 판독이 됐죠. 그래서 거기에 백제왕

이 나오고 왜왕이 나오고 칠지도라는 명칭이 나오고 또 후왕이라는 이
야기가 나와요 후왕에게 줄 만하다. 그래서 백제가 후왕에게 줄 만하
다. 그러니깐 왜왕을 후왕으로 지칭했다. 그러니깐 왜왕은 백제의 제
후국이다. 이렇게 보는 사람들도 있어요. 그러나 너무 오버하는 것이
고 당대 국제관계로 볼 때는 상호동맹국 우호관계 이 정도로 평가하는
것이 좋습니다. 다만 '후왕'이라는 용어를 썼기 때문에 후왕이라는 이
미지가 아무리 우호관계라도 상대보다 우월하다는 그런 표현의 한 방
식인데 상당히 기분 나쁘겠죠. 받는 입장에서는 대등관계인데 제후국
이란, 후왕이란 용어를 쓰면 기분이 나쁠 텐데 백제에서는 칠지도에
썼습니다. 그래서 아마도 이런 것이 마음에 걸리니깐 야모 선생이나
우리 하마다 선생님같이 동진에서 백제에 준 것을 모방을 해서 복제품
을 다시 하나 만든 것이 아니냐하는 학설까지 나오게 되는 것입니다.
복잡하게 나가는 것은 저는 자신이 없어서 있는 그대로 해석을 하고
후왕의 존재를 백제가 실제로 썼다. 이렇게 보고 그리고 또 하나는 백
제왕 명문을 보면 백제의 왕세자가 왜왕을 위해서 만들었다고 나옵니
다. 백제왕이 만든 것이 아니라 백제 왕세자가 왜 왕을 위해서 만들었
다. 원래 외교문서의 성격을 띈 이러한 문서에는 상대가 왕이면 주는
쪽도 왕이고 왕자면 왕자끼리 오가는 것이 관례이고 그런데 백제의 왕
세자가 왜왕을 상대로 그러니깐 격이 벌써 백제의 왕세자가 왜왕에게
보냈다는 것은 백제 우위를 표현한다고 해석이 되죠. 또 하나는 마지
막에 뭐라고 되어 있냐면 백제 왕세자가 왜왕을 위해서 만들었으니깐
후세에까지 길이길이 보전을 해라. 전시후세라는 마지막 문구가 나오
는데 후세에 전하여 보이라는 말은 이 문구 자체가 일종의 명령구에
해당하는, 한문을 잘 아시는 분들에게 물어봐도 이것은 명령구다. 그
래서 백제의 왜왕에 대한 자존의식이라고 할까 우월의식 이런 양국 간
의 객관적으로 국제관계의 그런 우월관계를 논하는 것을 떠나서 명문

자체를 보면 그런 것을 충분히 읽을 수 있다. 그래서 저는 상하관계를 떠나서 백제의 우월의식이라고 할까 자존의식이 반영된 명문이다. 그런데 이것을 저는 무령왕대 기존의 신공기에 나오는 연도와 비슷하기 때문에 동진의 연호로 보고 369년설, 일본학계에서는 대부분 이렇게 보고 있죠. 국내에서는 이렇게 보기도 하고 또 다양한 학설이 나누어져 있습니다. 그런데 어느 설을, 어느 제작시기를 하던 간에 이 명문의 독법은 변하지 않는다고 생각됩니다. 그래서 이것을 신공기 4세기 후반에 적용을 하던 어느 시기를 적용을 하던 별 문제가 되지 않는다고 생각이 되요.

■ 손승철: 자 8분 남았습니다. 그래서 일단 정리할 시간도 필요하고 기타지마 선생님 한 말씀 기조강연 때 못하신 말씀을 한 말씀 듣기로 하겠습니다.

■ 기타지마 만지: 자료집 27페이지부터 인데요. 여러 가지 제가 써놓았는데 제가 한 가지 말씀 드리고 싶은 것은 오늘 3가지 정도 전투장면을 말씀 드렸는데요. 그 외에도 전투와 외교절충자료에서 전체적으로 명나라 쪽 실록에 기술이 굉장히 적다는 것입니다. 조선왕조실록과 명실록은 국가적 정사인데요. 둘 다 같은 실록이라 하더라도 조선 측의 데이터는 명에 대해서 아주 상세하게 기록을 했습니다. 그러나 명 실록은 아주 간결하게 써 놓았습니다. 즉 다른 것보다도 명은 조선 이외의 국가에 대해서도 포인트만 집어서 쓰고 있습니다. 무슨 뜻이냐 하면 역시 조금 더 검토를 해야 하겠지만 조선인은 명에 대한 자세 이것은 사대적인 자세입니다. 그러니깐 명에 대한 기술을 굉장히 자세하게 해 놨는데 명 입장에서 본다면 여러 가지 종속국가가 많이 있는 가운데서 그것을 전부다 대응하고 있다가는 명 실록에 다 쓸 수가 없습니

다. 그러니깐 아주 간단하게 쓴 것을 염두해 두고 삼국의 자료를 보아야 된다고 저는 생각을 합니다. 이것은 앞으로의 검토 과제라고 생각합니다.

그 다음에 또 오늘 오전에 손교수님께서도 소개를 해 주셨는데 제가 21년 전부터 임진왜란 자료집을 만들기 시작했습니다. 그래서 금년 말에 이것이 완성이 되는데요. 이정도 크기로 천 페이지 짜리가 3권이 나옵니다. 그런데 출판부 사정이 안 좋다 보니깐 500부 한정이라고 하더라고요. 그래서 어떻게 되는지 잘 모르겠지만 어찌되었던 간에 전체 공유했으면 좋겠으니깐요. 손선생님 측에서 책이 나오면 한국어로 번역을 해주신다고 말씀을 하셨잖아요? 그니깐 그렇게 해서 '손교수님 잘 부탁드리겠습니다.'라는 말씀을 드리고자 합니다.

그리고 고대 쪽에 질문을 드리겠습니다. 신공황후 전설이 어느 시점에서 나오느냐 하는 것입니다. 굉장히 관심이 있는데요. 720년에 일본서기가 완성이 되는데 그 전에 제가 생각될 때는 중국에 대해서 그 밑에 속하는 것이 일본, 조선반도 이렇게 3국인데 이게 '어디가 위고 어디가 밑이냐?'라는 투쟁 안에서 이런 것들이 나온 것이라 생각하고요. 그렇다보면 그런 것들이 그때 무슨 일이 있었는지 아는 것이 좋을 것 같아서 가르쳐주셨으면 좋겠습니다.

■ 하마다: 신공황후 전설은 오늘 연민수 교수님께서 말씀을 해주셨는데요. 일본서기에 기재됨으로써 확정이 되었습니다. 분명히 그 안에서 '고구려, 백제, 신라가 일본에 조공을 한다.'라는 '삼국의 왕이 그렇게 맹세했다.라는 내용이 일본서기 안에서 혹은 일본서기가 새로 만들어진 국가의 역사로서 거기에 이념이라든지 모델 같은 것을 거기에 표현을 하고 있는 것인데요. 일본 국가체제가 만들어지는 과정에서 신공황후 전설이 가공이 되었다. 그러나 그것은 100% 가공은 아니고요. 학계

전체적인 분위기가 이것이 전체 가공은 아니고 광개토대왕비문에 나와 있는 것처럼 왜국의 백제·신라에 대한 침입, 백제에 대한 군사적인 지원, 그리고 혹은 가야지역, 이것은 백제가 우세이긴 하지만 왜국도 그 나름대로 관계를 했다. 군사도 보냈다. 분명히 백제와 협력을 했다. 어느 쪽이 주인공인가는 제쳐두더라도 왜의 세력이 한반도 내에서 군사행동을 백제의 요청을 받았다 하더라도 하긴 했다. 라는 것이 일본의 입장에서 보면 일본의 입장에서 기록을 할 때에는 그러한 신공황후 전설의 씨앗이라고 할까요? 모델이 된 것이 아닌가? 라고 생각하는 것이 일본 대부분의 고대사를 연구하는데 있어서 이해가 되어 있는 부분입니다. 그래서 신공황후 전설이 나오니깐 어려운 것이 임진왜란 때에도 일본의 해안지역에서 배를 준비를 할 때에 신공황후의 삼한 정벌을 또 한 번 한다.라는 것을 내세우고 그 다음에 수병을 모은다. 병력을 모은다 해서 그래서 와카사에서 규수 이런 지역까지 인제는 신공황후를 숭배하고 있는 데가 많거든요. 그런 신사에 가보면요. 신공황후 전설은 한일관계에서 가끔씩 반복이 되어 가면서 이야기가 되어 진다. 라는 아주 복잡한 문제, 골치 아픈 문제가 있습니다. 그래서 이것을 왜곡이다. 가공이다. 허구다. 라고 이야기를 해 버리면, 치부해 버리기엔 힘이 좀 부족하다. 그러니깐 다른 관점에서 비판을 해야 한다는 것이 제 생각입니다. 이상입니다.

■ 손승철: 네 알겠습니다. 하루종일 오전 9시 30분부터 서포트 석에 계신 분들이 많은데 한 말씀씩만 듣겠습니다.

■ 전성기: 저는 우선 일단 학계에 있지도 않고 역사에 대해서 문외한이지만 상식적으로 제가 이런 저런 자료를 보고 느낀점을 정리하도록 하겠습니다. 신공황후 이야기가 나와서 그런데 일본서기나 신일본서기

가 7세기 말 8세기 초에 나오지 않았습니까? 근데 지금 하마다 선생님께서 말씀하신 백제삼서, 백제삼서를 인용해서 이런 이야기를 썼다고 했는데 백제삼서는 백제유민들이 썼다는게 학계에 있는 이야기 아닙니까? 그런데 그 시기가 같아요. 왜냐하면 백제가 670년 경에 망했으니깐 그 유민들이 썼다면 일본서기 쓴 시기랑 같지 않습니까 그렇다면 백제삼서가 현재 원본이 남아있는지 그것이 궁금하고요. 상식적으로 남아 있는지 모르겠습니다. 그리고 또 하나 질문이 있습니다. 제가 어떤 책을 읽으니깐, 어떤 역사서를 보니깐 신공황후는 근초고왕의 처가 쪽 인물이다. 한국출신이다. 이런 고증이 나와 있는 것을 봤습니다. 그다음에 신공황후가 섭정을 하던 시기인 오진천황의 대를 이어서 천황이 된 민토쿠 천황이 근초고왕의 손자이다. 이런 고증이 나와 있는 책을 저는 본 적이 있습니다. 거기에 대해서 혹시 아시는 것이 있으시면 답변해주시면 감사하겠습니다.

■ 연민수: 원 백제본기에는 남아있는 것이 없고 일본서기에 인용만 되어 있습니다. 그러니깐 백제삼서는 일본서기에 인용만 되어 있고 원본은 지금 없죠. 그것도 여러 학설이 있지만 주로 백제기는 4세기 대, 백제신찬이라는 책은 5세기 후반 대, 백제본기라는 책은 6세기 전반 대에 인용이 되어 있습니다. 그래서 사료가 일본서기 편찬할 때 백제와 가야 관련 내용들이 주로 많이 있고 그래서 6세기 중반 이후에는 백제삼서가 인용이 안돼요. 그래서 누가 편찬했느냐는 다양한 학설이 있지만 백제서 원래 유민들이 갖고 있던 원 오리지널 백제삼서가 있는데 일본서기 편찬과정에서 또 일본의 영압적인 내용으로 윤색이 되었다. 라는 학설이 대세를 이루고 있죠. 그리고 또 하나 이상한 책을 읽으시고 누가 근초고왕의 손자다 그런 것은 읽지 마세요. 그런 것은 전부 근거 없는 이야기니깐.

■ 손승철: 예 감사합니다. 이재춘 대사님. 먼저 러시아 대사를 하셨습니다.

■ 이재춘: 죄송합니다. 시간이 지났는데 저는 잠깐 손승철 교수님에게 질문이 있습니다. 오늘 저는 정치외교가 전문이고 역사는 전혀 문외한인데 아침 9시 30분부터 지금까지 쭉 들으면서 느끼는 것이 고대 근대 현대까지 오는 역사에 여러 가지 중요한 이슈와 관련해서 서로 다른 시각을 가지고 있으면서도 이렇게 장시간 화기애애한 가운데서 이런 학술토론을 진행한다는 것이 정말 믿어지지 않을 정도로 좋습니다. 그런데 아시는 것처럼 지금 한·일 양국 관계는 물론 최근에는 조금 좋아졌습니다만 지금 3, 4년간 아주 험한 길을 걸어왔는데 그것은 우리가 양국의 국익을 위해서도 하루빨리 이러한 분위기가 모든 분야에 확산되면 좋겠다. 저는 그런 느낌을 가지고 있고, 따라서 한일역사공동연구위원회라는 조직이 한동안 있었습니다. 1차도 있고 2차까지 있었는데 그러한 기구가 상시·상설 적으로 운영돼서 우리의 모든 문제를 이러한 분위기에서 계속 존이구동이라고 그래서 물론 생각의 차이는 있지만 항상 서로 이익이 되는 부분을 추구하면서 나가는 그런 것이 이번 학술대회를 통해서 확산이 되었으면 좋겠다는 느낌인데 거기에 대해서 손승철 교수님의 의견을 묻습니다.

■ 손승철: 네 제가 답변은 마무리하면서 마무리 말씀으로 답변을 대신하겠습니다. 그 전에 오늘 행사를 총괄하시고 주관하시는 이사장님 개회사를 아침에 하셨는데 하루 종일 자리를 같이 하셨습니다. 그래서 간단하게 한 말씀 듣도록 하겠습니다.

■ 이상우: 10초 동안 인사드리겠습니다. 오늘 많이 배웠습니다. 고맙습니다. 그리고 이제 시작입니다. 이상입니다.

■ 손승철: 저는 대학원 강의를 하면서 학생들에게 역사가는 요리사와 마찬가지다, 그런 이야기를 합니다. 요리를 하려면 결국 좋은 재료가 있어야 하고 요리를 맛있게 하는 요리기술이 필요합니다. 결국 우리 역사가들도 좋은 재료가 사료가 되는 것이고 그 다음에 그 사료를 가지고 어떤 역사인식을 가지고 결국 작품을 만들어내느냐 역사를 서술하느냐 그게 아닐까 생각이 듭니다. 사실 오늘 학술대회의 기획의도와 목적은 고대부터 현대에 이르기까지 2000년간 한·일 양국의 어떤 사료들이 남아있나 그것을 한 번 개괄적으로 다루고 싶었습니다. 그리고 각 시대마다 그 가지고 있는 사료의 내용이라든지 특징은 무엇일까 그러면서 그것을 통해서 인식을 보려고 했습니다. 의도한 만큼 그렇게 100% 되었다고 생각은 되지 않습니다. 그러나 고대부터 일제강점기까지 여러 사료가, 어떤 사료가 있었다는 것을 우리가 알게 되었습니다. 그리고 그런 사료들이 어떤 내용을 가지고 어떤 특징을 가지고 있는지 그래도 그나마 조금 이사장님 말씀처럼 그림을 그릴 수 있게 되었습니다. 그래서 늘 그래왔습니다만 좀 완성도를 더 높이기 위해서 시간이 그리 많지 않으시겠지만 10월 말까지 발표한 논문을 수정·보완 해주셔가지고 제출을 해주시면 내년 2월까지 단행본으로 책이 발간이 돼서 관심 있는 사람이 다 읽어볼 수 있고 우리의 이 하루 종일의 내용을 공유할 수 있도록 그렇게 하겠습니다. 우리가 이렇게 관중이나 청중, 참여자에 대해서 집착하지 않는 이유는 반드시 이것을 나중에 단행본으로 내서 학계에 공개를 하기 때문에 그런 의도를 갖고 있습니다. 그래서 마지막 오늘 하루 종일 고생 많으셨고 오늘 내용들을 좀 더 보완 하셔가지고 논문을 완성하셔서 다음 달 말까지 보내주시면 감사하겠습니다. 이렇게 해서 하루 종일 학술대회의 마침표를 찍어야겠습니다. 아까도 말씀드렸습니다만 역사는 사료와 기록을 남기고 사료와 기록은 결국 역사를 다시 만들어낸다. 그것이 바로 우리가 해야 할

일이 아닌가 하는 이런 말씀으로 결론을 내리면서 학술대회를 마치도
록 하겠습니다. 감사합니다.

필자소개(집필순)

발표

기타지마 만지(北島万次, 前 日本 共立女子大學)
연민수(동북아역사재단)
하마다 코사쿠(濱田耕策, 日本 九州大學名譽敎授)
한문종(전북대)
마쓰오 히로키(松尾弘毅, 九州大)
마쓰다 도시히코(松田利彦, 國際日本文化硏究セ
　　ンター敎授)
한상도(건국대)

토론

나행주(대진대)
신종원(한국학중앙연구원)
이와가타 히사히코(岩方久彦,
　　전남대)
장순순(가천대)
김영미(강원대학교)
김인덕(청암대)

사회

손승철(강원대학교)

韓日兩國, 서로를 어떻게 記錄했는가?

초 판 인 쇄　2017년 2월 21일
초 판 발 행　2017년 2월 28일

편　　　자　한일문화교류기금
발 행 인　한정희
발 행 처　경인문화사
총괄이사　김환기
편 집 부　김지선 나지은 박수진 문성연 유지혜
관리·영업부　김선규 하재일 유인순
출판신고　제406-1973-000003호
주　　　소　경기도 파주시 회동길 445-1 경인빌딩 B동 4층
전　　　화　031-955-9300　팩　　스　031-955-9310
홈페이지　www.kyunginp.co.kr
이 메 일　kyungin@kyunginp.co.kr

값 32,000원
ISBN 978-89-499-4260-5　93910